Vorwort

Heutzutage werden moderne Präsentationen im Internet immer aufwendiger und vor allen Dingen sehr oft mit dynamischen, häufig zu aktualisierenden und häufig multimedialen Inhalten versehen. Insbesondere die Aktualisierung von Inhalten muss schnell, einfach und bequem zu machen sein. Die traditionelle Erstellung von Webseiten mit HTML (**Hyper Text Markup Language**), CSS (**Cascading Style Sheets**) und JavaScript sowie gelegentlich mit sogenannten Frameworks per Hand beziehungsweise der manuellen Erstellung und Programmierung bleibt mittlerweile meist großen Firmen und vor allen Dingen speziellen Anwendungszielen vorbehalten, wobei am „anderen Ende" auch manche Laien und Designer auch noch Webseiten von Hand erstellen – vor allen Dingen, wenn Inhalte sich eben nicht häufig ändern.

Aber eben diese **Inhalte** sind das (!) Argument beziehungsweise Stichwort. Wenn Content (Inhalt) im Fokus steht, werden immer mehr „normale" Webseiten über mächtige **Rich Internet Applications (RIAs)** bis hin zu kompletten Portalen für Communitys und soziale Netzwerke im Internet mit **Content Management Systemen (CMS)** oder damit eng verwandten Systemen erstellt. Denn solche Systeme erleichtern nicht nur die Erstellung dieser Web-Präsenzen. Oft ermöglichen sie gar erst deren Umsetzung. Ein System wie WordPress stellt zahlreiche Features, Ablaufverfahren, Verwaltungsmöglichkeiten, Layouts und Bausteine bereits zur Verfügung, die Sie ansonsten selbst anfertigen müssten – sofern Sie das überhaupt von den Kenntnissen als auch vor allen Dingen dem Zeitaufwand hinbekommen würden.

Gerade die Entwicklungen im Internet, die etwa seit dem Jahr 2005 mit dem Buzzword **Web 2.0** verbunden sind (Wikis, Blogs, Tauschbörsen, soziale Netzwerke etc.), haben den Boden zum Boom dieser CMS bereitet und durch deren rasante Entwicklung ebenfalls die Notwendigkeiten reduziert, dass Sie direkt HTML, CSS oder JavaScript lernen und entsprechenden Code erstellen müssen, von der serverseitigen Programmierung ganz zu schweigen. Zumindest was die Bereitstellung von reinen Inhalten angeht. Wobei diese Kenntnisse ganz und gar nicht schaden, wenn Sie beispielsweise WordPress ausreizen wollen.

Schauen wir uns einmal an, wofür sich WordPress eignet:

- Sie wollen einen Blog (eine Art elektronisches Tagebuch) betreiben? Das ist die Kernkompetenz von WordPress.
- Wollen Sie einfach und schnell eine reine Webseite aufsetzen, die modernen Ansprüchen genügt? Das kann man mit WordPress schnell und bequem machen.
- Wollen Sie oft und regelmäßig aktuelle Inhalte im Web veröffentlichen, ohne jedes Mal eine neue Webseite zu programmieren oder eine bestehende Webseite im Quellcode aktualisieren zu müssen? Dazu bietet sich WordPress an.
- Sie wollen ein Wiki aufsetzen? Das ist eine Webseite, in der viele Personen gemeinsam an Inhalten arbeiten und diese Inhalte und Personen müssen verwaltet und synchronisiert werden. Auch dazu und zu vielen anderen Anwendungen gibt es Erweiterungen (Plug-ins) von WordPress, mit denen Sie das System spezialisieren können. Etwa auch für einen Online-Shop.
- Sie brauchen professionelle Layouts für Ihre Web-Präsenz, die Sie nicht selbst erstellen wollen? Bei WordPress gibt es eine Vielzahl an vorgefertigten Designvorlagen (Themes), mit denen Sie ein Layout und Design per Knopfdruck auswählen und anpassen können. Das bietet sich besonders auch dann an, wenn man häufiger ein Layout und Design wechseln möchte.
- Wollen Sie eine mächtige, interaktive Web-Präsenz mit modernen Features erstellen, die man im Web 2.0 nutzt? Das kann man mit WordPress machen.
- Wollen Sie eine Community im Internet, lokal oder in einer Firma oder einem Verein aufbauen? Auch das kann man mit WordPress machen.

Die Liste ließe sich ziemlich lange fortsetzen, aber Sie werden vermutlich schon wissen, warum Sie sich mit WordPress und diesem Buch beschäftigen.

Alles in allem finde ich die Arbeit mit einem CMS auch sehr spannend und sie macht zudem viel Spaß. Und solchen Spaß als auch Erfolg wünsche ich auch Ihnen. Ihr Autor

Frühjahr 2016   Ralph Steyer
http://www.rjs.de

Inhaltsverzeichnis

Abbildungsverzeichnis

Tabellenverzeichnis

Grundlagen – Los geht es

Um was geht es bei WordPress?

1

Zusammenfassung

Im einleitenden Kapitel wollen wir uns erst einmal kompakt ansehen, was WordPress eigentlich ist. Was zeichnet WordPress aus? Darüber hinaus werden zuvor in diesem ersten Kapitel des Buchs die Zielgruppe für WordPress und dieses Buch, empfohlene Vorkenntnisse und die Ziele von diesem Buch beschrieben. Zudem stelle ich mich Ihnen als Autor kurz vor.

1.1 Überlegungen zum potenziellen Leser sowie Informationen zum Autor und das Ziel des Buchs

Wenn man ein Buch schreibt, muss man sich im Vorfeld natürlich gewisse Dinge überlegen. Ich möchte Ihnen zunächst eröffnen, was ich mir an Gedanken zu Ihnen als erwartete Leser und der Zielrichtung des Buchs gemacht habe.

1.1.1 Wer ist die Zielgruppe von dem Buch?

Dieses Buch richtet sich ganz allgemein an alle Leser beziehungsweise Interessenten, die sich mit einem Content Management System im Allgemeinen und natürlich WordPress im Speziellen vertraut machen wollen, um damit einen zeitgemäßen Internetauftritt zu realisieren. Dabei stehen insbesondere Personen im Fokus, die noch keine Erfahrung mit einem System wie WordPress haben. Aber auch Umsteiger von anderen Systemen wie Typo3 oder Joomla! kann ich mir gut als Zielgruppe vorstellen. Ebenso Personen, die bisher Webseiten auf „klassische Art" erstellt haben. Ein paar erweiterte Themen wie die Erstellung von eigenen Themes und manuelle Datenbankzugriffe sind auch für erfahrene Web-Entwickler gedacht. Aber das sind immer nur ergänzende „Bonusabschnitte".

© Springer Fachmedien Wiesbaden 2016
R. Steyer, *WordPress*, DOI 10.1007/978-3-658-12830-2_1

1.1.2 Was sind die empfohlenen Vorkenntnisse?

Um dieses Buch effektiv zu nutzen und mit WordPress umgehen zu können, sind gewisse Kenntnisse und Grundlagen hilfreich:

- Unabdingbar ist ein gutes Internet-Grundwissen (als Anwender). Sie sollten also im Internet surfen können, E-Mails verwenden etc.
- Sie benötigen gewisse Grundkenntnisse des Betriebssystems, mit dem Sie arbeiten (in der Regel Windows, Linux oder OS X). Das muss allerdings kein Expertenwissen sein. Aber das Öffnen und Speichern von Dateien und Aktionen auf einem analogen Level sollten Sie nichts ins Schlingern bringen.
- HTML- und CSS-Grundkenntnisse sind von Vorteil, aber fast im gesamten Buch nicht zwingend. Erst beim abschließenden Kapitel zur Erstellung eigener Themes bzw. Templates und der Anpassung vorhandener Themes sollten Grundlagen auf jeden Fall vorhanden sein. Im Anhang finden Sie dazu einige Erklärungen.
- Grundkenntnisse in PHP und/oder JavaScript sind bei fortgeschrittenen Themen ebenso von Vorteil. Auch diese sind aber keinesfalls zwingend. Erst beim besagten Abschlusskapitel zur Erstellung eigener Themes bzw. Templates müssten Sie sich zumindest an etwas PHP herantrauen oder Erfahrung damit haben. Im Anhang finden Sie auch dazu einige Ausführungen.

1.1.3 Was lernen Sie und wie ist das Buch aufgebaut?

Mit diesem Buch lernen Sie, wie Sie

- WordPress installieren,
- das System betreiben,
- mit WordPress einen Internetauftritt erstellen und
- wie Sie allein oder mit mehreren anderen Personen zusammen in WordPress diesen Internetauftritt kontinuierlich betreuen, erweitern, anpassen und aktualisieren können.

Dabei sind die Kapitel von dem Buch strukturell immer gleich aufgebaut. Zuerst wird kurz skizziert, was wir uns in einem Kapitel erarbeiten wollen und dann gehen wir die Themen an.

▶   Im Buch wird immer wieder auf Quellen im Internet verwiesen. Beachten Sie, dass sich diese Adressen über die Zeit ändern können. Falls eine Internet-Adresse nicht mehr aktuell ist, lassen sich die Seiten aber in der Regel leicht über Suchmaschinen finden. Für die permanente Erreichbarkeit der Internet-Ressourcen kann selbstverständlich keine Garantie übernommen werden.

Behalten Sie desgleichen im Auge, dass sich die Versionsnummern von Programmen permanent ändern. Das betrifft natürlich auch WordPress – die **Referenzversion**, mit der im Buch gearbeitet wird, ist die Version **4.4**. Aber wir halten die gesamten Versionen der Serie 4 im Auge und die Ausführungen sollten auch für kommende Versionen weitgehend Gültigkeit behalten.

1.1.4   Zur Person

Es ist möglicherweise ganz hilfreich oder zumindest interessant, wenn Sie mich als Autor etwas kennenlernen, konkret: Was habe ich an Erfahrungen rund um das Internet und WordPress sowie dem Schreiben von Büchern?

Zur Beantwortung der Frage gebe ich Ihnen erst einmal einen kurzen Abstract über meine berufliche Laufbahn und meine Erfahrungen mit Computern und Programmierung:

- Studiert habe ich in Frankfurt/Main an der Johann Wolfgang Goethe-Universität. 1990 ging diese Phase mit meinen Abschluss als Diplom-Mathematiker zu ende.
- Ich stamme aus einer Generation, die noch nicht mit Computern im Kinderbett aufgewachsen ist. Aber wir wurden auch noch nicht zu spät mit den Computern konfrontiert, um sich auf diese Gegenstände einzulassen, zumindest diejenigen, die in einem Bereich aktiv waren, der eine gewisse Berührung zu Computern bot. Das ist bei Mathematik definitiv der Fall. Dementsprechend habe ich mir in meinem ersten Semester an der Universität (mit 19 Jahren – also noch vor der irreversiblen Entwicklung einer Aversion gegen Computer) einen ZX81 mit gigantischem Hauptspeicher von 1 KB (kein Fehler – Kilobyte) ohne Festplattenspeicher zugelegt. Heutzutage sind manche Lichtschalter leistungsfähiger, aber ich habe damit angefangen, in Basic zu programmieren.
- Mein erster Job nach dem Studium hat mich zu einer großen Versicherung in Wiesbaden geführt. Zuerst wurde ich dort als Programmierer für versicherungsmathematische PC-Programme eingesetzt. Wir haben damals in Turbo Pascal und C/C++ für DOS und später Windows programmiert. Nach knapp vier Jahren habe ich innerbetrieblich in die Konzeption von Großrechnerdatenbanken gewechselt, um nach einem weiteren Jahr die Versicherung zu verlassen und mich selbstständig zu machen.
- Seit 1996 verdiene ich meinen Lebensunterhalt als Freelancer. Dabei teile ich die Arbeit in verschiedene Tätigkeitsgebiete auf: Fachautor, Fachjournalist, EDV-Dozent und Programmierer/Consultant. Das macht aus meiner Sicht einen guten Mix aus und bewahrt mich auf der einen Seite vor Langeweile, auf der anderen Seite hält es mich am Puls der Entwicklung und in der Praxis.

Meine Erfahrung mit dem Schreiben von Büchern und dem Erstellen von Videopublikationen im Internet- und Programmierumfeld reicht bis 1996 zurück – meinem ersten

HTML-Buch, das ich immer noch in Ehren halte. Unmittelbar nach dem Wechsel in die Selbstständigkeit bekam ich Kontakt zu verschiedenen Computerzeitschriften, bei denen ich als freier Fachjournalist diverse Beiträge veröffentlicht habe. Bei einem der Verlage wurde ein Buchautor gesucht, der sich mit dem immer populärer werdenden HTML und WWW beschäftigen und ein Buch dazu schreiben sollte. Damals konnte ich nicht ahnen, wie viele Bücher und Veröffentlichungen noch folgen sollten und wie populär vor allen Dingen das WWW wirklich werden sollte.

Aber Publikationen waren und sind immer nur ein Teil meiner Arbeit. In diversen Schulungen und Vorlesungen in Firmen sowie an Akademien und Fachhochschulen als auch Vorträgen auf Kongressen gebe ich mein Fachwissen weiter und nutze umgekehrt die dort gewonnenen Erfahrungen für meine nächsten Veröffentlichungen.

Diesen Zyklus ergänzen immer wieder kleinere Praxisprojekte und vor allen Dingen Beratungen von IT-Firmen.

Kommen wir zu meinen Erfahrungen mit WordPress. Damit bin ich auch schon einige Jahre aktiv. Ich betreue als Administrator verschiedene WordPress-Installationen, aber im Grunde komme ich definitiv von der Programmiererseite. Wie gesagt habe ich 1996 mein erstes HTML-Buch geschrieben, dem diverse Publikationen zu JavaScript, Java, AJAX bis hin zu PHP und Server-Administration gefolgt sind. Ich kümmere mich also beruflich seit dieser Zeit um so ziemlich alles, was mit Webseiten und deren Erstellung als auch Programmierung zu tun hat.

Und da bin ich irgendwann natürlich auch mit Content Management Systemen konfrontiert worden. Zuerst mit einem CMS mit Namen **Typo3** und dann 2005 mit **Joomla!**. Mit WordPress bin ich erstmals 2006/2007 in Berührung gekommen. Das kann ich ganz zuverlässig zurückverfolgen. Ich betreibe als Hobby Gleitschirmfliegen und wollte dazu ein Flugtagebuch führen. Natürlich nicht auf Papier. Ganz klar war dafür ein Blog sinnvoll, was irgendwie zwangsläufig zu WordPress führte, dessen Inhalte bis Ende 2006 zurückreichen. Mittlerweile habe ich zwei Blogs auf Basis von WordPress, aber vor allen Dingen erstelle ich auch reine Webseiten und Portale immer mehr mit WordPress. Ich fokussiere mich bei CMS eindeutig entweder auf WordPress oder Joomla!.

1.2   Was ist ein CMS?

WordPress wird oft als ein CMS bezeichnet. Aber das ist etwas mit Vorsicht zu genießen. Die Details möchte ich zurückstellen und erst einmal klären, was ein CMS eigentlich ist. Ein Content Management System steht erst einmal nur für ein System, das auf die Verwaltung und Bereitstellung von **Inhalt** (engl. Content) spezialisiert ist. Wie der Name deutlich macht, steht der **Inhalt** und **nicht** die **Struktur** oder die **technische Basis** im Mittelpunkt. Insbesondere kann der Inhalt von der Struktur, dem Aussehen und der technischen Basis getrennt werden – anders etwa als beispielsweise bei konventionellen Webseiten, bei denen HTML-Elemente mit Text und oft sogar dem Design gemischt sind.

Hintergrundinformation
Man redet hier bei dem Aufbau der meisten CMS von einem sogenannten Entwurfsmuster in Form eines **Model View Controllers** (MVC). Die verschiedenen Bestandteile nennt man Schichten oder Ebenen.

Solch ein Konzept erlaubt eine schnelle Aktualisierung der Inhalte, aber ebenfalls eine flexible Anpassung und Änderung des Layouts und Designs bis hin zum gesamten Aufbau einer Seite, ohne irgendwelche Anpassungen am Inhalt (und oft auch nicht an der Struktur) vornehmen zu müssen. Denn die verschiedenen Ebenen sind getrennt.

Daten in der Datenbank oder in Dateien
Die Inhalte werden bei den meisten CMS in einer Datenbank geführt. Aus denen wird die konkrete Webseite, die ein Anwender sieht, bei Bedarf dynamisch generiert. Kleinere CMS speichern Inhalte aber auch hin und wieder in Textdateien (theoretisch auch anderen Dateiformaten), was bis zu einer gewissen Komplexität durchaus funktioniert. Bei den meisten CMS gibt es eine zeitliche Verwaltungsmöglichkeit von Inhalten (Content Life Cycle Management), um Inhalte **automatisch** zeitlich begrenzt zu veröffentlichen oder zu archivieren.

Auch **mehrsprachige** Versionen eines Internetauftritts sind bei einem CMS möglich (multilingual) – wobei hier konkret WordPress etwas schwächelt.

Desgleichen lassen sich Inhalte hierarchisch organisieren.

Zusätzlich zum Hauptinhalt einer einzelnen CMS-Seite (oder eines Beitrags im Allgemeinen) werden oft weitere Inhalte damit verknüpft – etwa **Metainformationen** wie

- das Veröffentlichungsdatum,
- das letzte Aktualisierungsdatum,
- eine Kategorie,
- der Autor,
- Kommentare etc. oder auch
- externe Dateien (Bilder, Videos, Musik etc.) oder Datenquellen (Kalender, Karten, Nutzerdaten etc.).

Ein modernes CMS beinhaltet außerdem in der Regel eine integrierte Suchmaschine, um Besuchern schnellen Zugriff auf die Inhalte zu ermöglichen. Bei dieser Suche spielen die verbundenen Metainformationen eine tragende Rolle, denn darüber kann man Informationen auch gut filtern.

Bei einem CMS können meist mehrere Benutzer an den Inhalten als auch der Verwaltung dieser Inhalte sowie des gesamten Systems arbeiten (zwingend ist das aber nicht). Diese Benutzer haben dann jedoch meist verschiedene spezifische **Aufgaben** und **Rollen** innerhalb des CMS. Gerade solch ein **Rollensystem** macht ein CMS so mächtig, denn man kann damit genau festlegen, welche Benutzer was an einem System machen und ändern dürfen. Insbesondere können unberechtigte Änderungen verhindert und Änderungen nachvollzogen sowie wieder rückgängig gemacht werden. In dem Fall wird das CMS auch **Redaktionssystem** genannt, bei dem es einem oder mehreren Autoren möglich ist Texte und Bilder mithilfe von Upload- und Editierwerkzeugen online zu stellen. Vor allem als soziale Netzwerke konzipierte CMS binden Besucher inhaltlich sehr stark ein und erlauben Einträge in Gästebüchern, Kommentare, Inhalte oder Verknüpfungen von Inhalten. Aber auch ohne diese soziale Ausrichtung kann das Aufteilen von Aufgaben die effektive Bereitstellung von Inhalten erheblich voranbringen.

▶ Obwohl es verschiedene Arten an CMS gibt, ist mit dem Bezeichner so gut wie immer ein Online-CMS (auch Web-CMS oder kurz **WCMS**) gemeint, bei dem sowohl der Inhalt als auch die gesamte Verwaltung über einen Browser dargestellt werden. Die gemeinschaftliche Erstellung, Bearbeitung und Organisation von Inhalten basiert dabei auf interaktiven Webseiten, die insbesondere durch die Techniken des sogenannten Web 2.0 Möglichkeiten wie bei normalen Desktop-Programmen eröffnen. Gerade das Erstellen und Bearbeiten der Inhalte erfolgt in einem WCMS meist direkt über ein Online-Textverarbeitungs-Modul im Browser, wobei die Daten unmittelbar auf dem Server gespeichert werden. Dabei steht vorwiegend auch eine integrierte Versionsverwaltung zur Verfügung, um Änderungen zu protokollieren und bestimmte Versionen im Fehlerfall wiederherstellen zu können.

Besonderer Wert wird bei vielen CMS in neuerer Zeit desgleichen auf eine medienneutrale Datenhaltung gelegt. So kann ein Inhalt auf Wunsch beispielsweise als Druckversion, PDF- oder als Webseite bereitstehen oder aber das CMS stellt maschinenlesbare Ausgaben von Inhalten zur Verfügung. Auch die Ausgabe für mobile Geräte wird immer wichtiger.

Technisch sind moderne WCMS (vor allen Dingen diejenigen auf Basis von Open Source) meist auf dem neusten Stand der Web-Technologie, denn eine Community kümmert sich in der Regel laufend um die Integration der aktuellsten Features des Webs. Das gewährleistet bei vernünftiger Konfiguration, dass ein CMS sowohl benutzerfreundliche Funktionen nach dem aktuellen Status quo im Web bereitstellen kann, aber ebenso bequem für Suchmaschinen optimiert und gegen Attacken abgesichert werden kann. Die meisten CMS können ferner individuell erweitert werden.

Von der Programmierung her arbeiten die meisten CMS auf Serverseite mit PHP, Ruby, Perl, Python oder ASP.NET und im Client kommen die üblichen Web-Sprachen

HTML, CSS und vor allen Dingen JavaScript inklusive Ajax (**A**synchronous **J**avaScript **a**nd **X**ML) zum Einsatz.

Als Webserver sind in der Regel Apache oder IIS (Internet Information Services beziehungsweise vormals Internet Information Server) beteiligt.

Als Datenbank wird von praktisch allen CMS MySQL bzw. dessen Ableger MariaDB unterstützt, aber häufig finden auch PostgreSQL, SQLite oder Microsoft SQL Server Verwendung.

1.3 WordPress – CMS versus Blog-System

Ich hatte oben angedeutet, dass man etwas vorsichtig sein muss, wenn man WordPress als CMS bezeichnet. Denn ursprünglich war WordPress rein zum Erstellen und Führen von einem **Blog** beziehungsweise **Weblog** (eine Verbindung von *Web* und *Log* für Logbuch) gedacht. Das bezeichnet in der strengen Form erst einmal nur ein im WWW geführtes, meist öffentlich zugängliches Online-Tagebuch. Dieses kann von einer Person oder auch mehreren Personen geführt werden, die **Blogger** oder **Weblogger** genannt werden.

Charakteristisch bei einem Blog ist eine chronologisch abwärts sortierte Liste von Beiträgen, von denen meist nur die aktuellsten auf der Frontseite der Web-Präsenz unmittelbar sichtbar sind. Ältere Beiträge sind oft über ein Archiv verfügbar (Abb. 1.1).

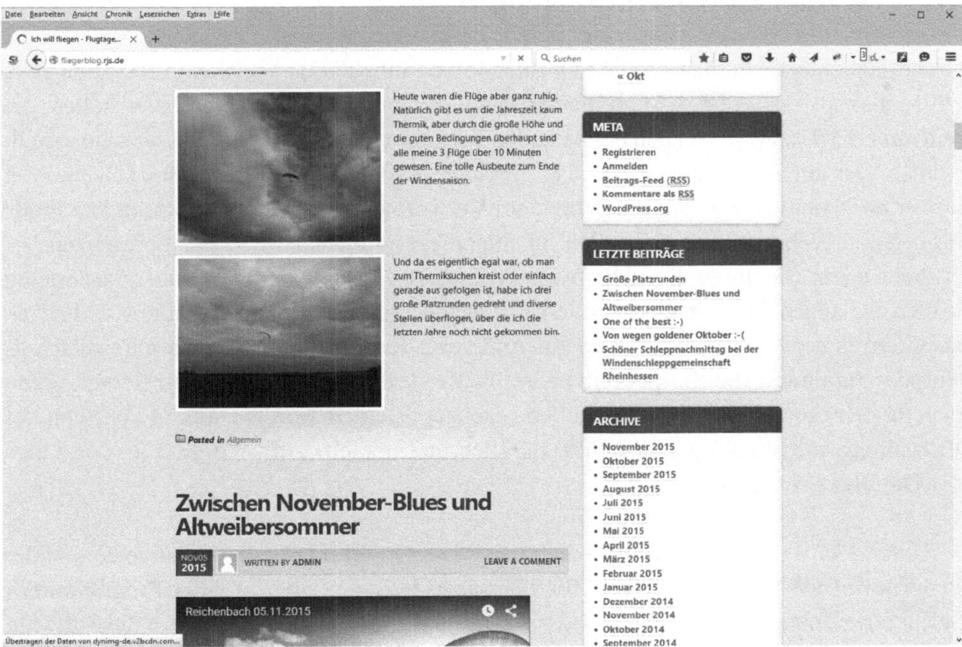

Abb. 1.1 Ein Blog zeigt Beiträge chronologisch an und stellt ältere Beiträge oft über ein Archiv bereit

Oft sind auch Kommentare oder Diskussionen der Leser zu einem Beitrag erlaubt mit der Möglichkeit, diese vor der Veröffentlichung erst zu prüfen. Dabei werden Blogs entweder bei einem Provider geführt, der eine passende Software bereitstellt, oder von dem jeweiligen Betreiber des Blogs auf seinem individuellen Server oder Webspace mit einer eigenen Software – dem **Weblog-Publishing-System**, wie es eben WordPress genau genommen ist.

Viele Blogs leben auch davon, dass sogenannte **Pingbacks** gesetzt werden.

▶ Mit **Pingback** bezeichnet man eine Methode, die es Bloggern oder auch allgemein Webseitenerstellern erlaubt, eine Benachrichtigung anzufordern, sobald jemand anders ihre Inhalte verlinkt. Dies erlaubt den Autoren, nachzuverfolgen, wer auf ihre Seiten verweist oder Teile davon zitiert. Allerdings muss der verknüpfende Autor das Pingback unterstützen. WordPress unterstützt ausdrücklich Pingbacks.

Letztendlich sind aber auch Weblog-Publishing-Systeme schon von Anfang an spezialisierte Content Management Systeme gewesen. In den letzten Jahren sind die Grenzen zwischen einem Weblog-Publishing-System und einem CMS nahezu vollkommen verschwommen und man fasst das alles unter dem Begriff CMS zusammen.

1.4   Warum ein CMS einsetzen?

Grundsätzlich braucht man für die Präsentation von Inhalten im Web kein CMS. Seit etwa 1991, aber spätestens 1995, kann man problemlos (statische) Webseiten bereitstellen, die rein mit HTML und später auch ergänzenden Technologien wie CSS und JavaScript erstellt werden. Das gilt auch heute noch und es gibt unbestreitbare Gründe, warum solch ein Weg immer noch sinnvoll sein kann. Ich hatte im Vorwort angedeutet, dass insbesondere große Firmen und Webseiten mit speziellen Inhalten diese Vorgehensweise noch oft nutzen.

Aber wenn Sie Ihren Besuchern im Web stets viele **aktuelle Inhalte** präsentieren wollen, gelangen Sie mit einem solchen Konzept mit statischen Webseiten schnell an die Grenzen der Machbarkeit. Denn zur Änderung der Inhalte müssen die statischen Seiten oder zumindest die Skripts (entweder im Browser oder auch auf dem Server, wenn man da nicht mit externen Datenquellen arbeitet) geändert werden, was sowohl von der Verwaltung und Wartung sehr unübersichtlich und immens aufwendig ist. Es wird also der **Quelltext** verändert.

▶ Unter dem Begriff **Quellcode** beziehungsweise **Quelltext** (englisch source code) oder **Programmcode** versteht man den für Menschen lesbaren, aber in einer Programmier-, Skript oder Dokumentenbeschreibungssprache geschriebenen Text, aus dem die Software erstellt wird. Quelltext wird meist mit Hilfe einer integrierten Entwicklungsumgebung oder eines Texteditors erstellt, aber es gibt auch Codegeneratoren, die den Code automatisch generieren.

Zwar kann man mittels JavaScript und dem asynchronen Datenaustausch mit einer Technik namens **Ajax** (**A**synchronous **J**avaScript **a**nd **XML**) diese Aktualisierung von Inhalten zumindest etwas von der Struktur abkoppeln, aber in der Regel kommt man auch bei dem Weg an gewisse Grenzen und man muss vor allen Dingen dann bei Ajax zusätzlich auf dem Webserver aktiv werden, um die Daten dort bereitzustellen.

Wir wollen uns kurz einige Vor- und Nachteile eines CMS ansehen und dies mit Blickpunkt auf statische Webseiten als Alternative zum Einsatz eines CMS.

1.4.1 Vorteile eines CMS

Die Vorteile von einem modernen CMS gegenüber konventionell erstellten und programmierten (statischen) Seiten sind u. a. folgende (das gilt weitgehend unabhängig von eine konkreten CMS):

- Vorhandene Inhalte können sehr rasch ergänzt, aktualisiert oder gelöscht werden.
- Es gibt eine zeitliche Verwaltung von Inhalten. Inhalte können also in bestimmten Zeitrahmen angezeigt und dann wieder weggenommen werden.
- Seiteninhalte können direkt und ohne Programmierkenntnisse erstellt und bearbeitet werden, zumindest solange man in den Vorgaben von dem System bleibt.
- Inhalte im CMS können für verschiedene Medien optimiert werden.
- Das gesamte System kann meist ziemlich unkompliziert und schnell erweitert werden.
- Mehrere Benutzer können größere Aufgaben gemeinsam erledigen.
- Man hat (wenn man nicht bewusst Regeln bricht) ein konsequent angewendetes einheitliches Design (Corporate Design beziehungsweise Corporate Identity), das zudem schnell und einfach gewechselt werden kann.
- Die Designs, die größtenteils über sogenannte Templates (Vorlagen) oder Themes (Themen) bereitstehen, sind vielfach frei verfügbar und sehr oft bereits hochprofessionell gestaltet, was es auch Laien ermöglicht, schnell und einfach ein vernünftiges Design einer Web-Präsentation anzubieten. Das gesamte Design einer Webseite kann damit auch nahezu ohne Aufwand geändert werden.
- MVC-Logik zur strikten Trennung von Programmcode, Design und Inhalten.
- Automatische Ausführung vieler Routineaufgaben und Prozesse.
- Sehr schnelle Erstellung von Web-Präsentationen, wenn man auf vorgegebene Strukturen und Vorlagen zurückgreift.
- Aufteilung der Webseite in einen Bereich für Besucher (Frontend) und einen administrativen Bereich (Backend). Beide Bereiche sind aber über den Browser und in der Regel eine gemeinsame Internet-Basisadresse erreichbar.
- Auswertungen über diverse Statistiken.
- Bereitstellung von Metainformationen.

- Viele Erweiterungen, die für fast jede denkbare Anforderung (Forum, Kalender, On-line-Zeitung, Sicherheitsabfrage, Diashow, E-Mail-Verwaltung etc.) bereits vorge-fertigte Module (Plug-ins) anbieten.

Darüber hinaus lassen sich sicher noch weitere Vorteile eines CMS anführen, die oft auch an individuellen Gegebenheiten hängen.

1.4.2   Nachteile eines CMS

Den Vorteilen stehen auch Nachteile eines CMS gegenüber. Sonst gäbe es ja nicht sinn-volle Gründe, ohne ein CMS zu arbeiten. Diese Nachteile eines CMS sind also in der umgedrehten Sichtweise Vorteile, die für eine manuelle Erstellung einer statischen Webseite sprechen:

- Mit der Verwendung eines bestimmten CMS begeben Sie sich in absolute Abhängig-keit von dem CMS beziehungsweise der zukünftigen Entwicklung des CMS-Projekts an sich. Sollte ein CMS eingestellt werden, bleibt auch Ihre Webseite auf dem letzten Stand des CMS-Projekts stehen. Das ist speziell bei nicht ganz so großen und po-pulären CMS-Projekten ein erhebliches Risiko. Ein Wechsel zu einem anderen CMS oder die manuelle Weiterentwicklung ist meist nur schwer möglich, so dass in dem Fall eine komplette Neuentwicklung erfahrungsgemäß weniger Aufwand bedeutet.
- Sie haben eine hohe Abhängigkeit vom technischen Aufbau des CMS. Sie haben nicht mehr die vollständige Kontrolle über den gesamten Code und die Struktur, sondern kaufen zum Teil „die Katze im Sack". Und wenn für ein bestimmtes Problem in dem CMS keine Lösung bereitsteht, sind Sie auf sich selbst angewiesen und müssen Ihre eigene Lösung irgendwie in das CMS integrieren. Auch würden inkompatible Updates des Systems Probleme geben (was sich mit Punkt 1 überschneidet).
- Sie brauchen eine Infrastruktur mit passendem Webserver, Programmierumgebung und meist auch einer Datenbank, um das CMS betreiben zu können.
- Sie benötigen einen Systemadministrator für das CMS und müssen sich grundsätzlich in die Arbeitsweise von einem CMS einarbeiten.
- CMS können sehr schwergewichtig werden. So sind oft Dinge einfach dabei, die Sie gar nicht brauchen. Oder gewisse Vorgänge werden durch vorgegebene Strukturen unnötig komplex.

Auch hier lassen sich sicher weitere Gründe anführen, warum man besser eine Webseite von der Wurzel auf selbst erstellt.

1.4.3 Für Webseiten auf dem Server programmieren

Obwohl bei Webseiten im Browser neben multimedialen Daten nur HTML, CSS und maximal JavaScript ankommen, ist die Erstellung von diesem Quellcode oft durch Skripte und Programme auf dem Webserver generiert worden. Das soll bedeuten, dass dies dann keine statischen Webseiten im klassischen Sinn sind, bei denen direkt HTML, CSS und maximal JavaScript erzeugt werden. Sondern dies sind Webseiten, die mit serverseitiger Programmierung – durchaus auch mit serverseitigem Datenbankzugriff – generiert werden.

Wenn man das macht, erstellt man Webseiten genauso, wie das ein CMS technisch macht. Damit vermeidet man die Nachteile von statischen Webseiten und gleichzeitig die Nachteile der fehlenden Flexibilität eines CMS sowie die Bindung an ein solches.

Der Preis ist jedoch ein sehr großer Aufwand, weil man viele Dinge selbst programmieren muss. Nicht zuletzt benötigt man die entsprechenden Kenntnisse in serverseitiger Web-Programmierung. Dieser Weg lohnt sich deshalb meist nur für größere Firmen oder Organisationen, die eine maximal individuelle, angepasste und flexible Lösung mit vollständiger Kontrolle benötigen.

1.4.4 Das Killerargument für ein CMS

Das (!) Killerargument für ein CMS ist Content. Häufig zu aktualisierender Inhalt. Wenn so etwas notwendig ist, führt oft kein Weg an einem CMS vorbei. Bei den anderen Argumenten greift die persönliche Gewichtung, ob Sie ein CMS einsetzen sollten oder nicht.

1.5 Was ist WordPress?

Kommen wir nun zu dem CMS, das in dem Buch im Fokus steht – **WordPress**. Zusammen mit **Joomla!**, **Typo3** und **Drupal** zählt WordPress zu den großen vier CMS, wobei derzeit WordPress und Joomla! im Web am häufigsten eingesetzt werden. Die mittlerweile schon recht lange Geschichte von WordPress und seine Popularität sprechen auf der einen Seite für eine Beständigkeit als auch auf der anderen Seite für die Zukunftssicherheit, die sehr wichtig bei der Auswahl eines CMS ist.

Hintergrundinformation
Wie die anderen genannten CMS ist WordPress **Open Source** – es gibt allerdings auch diverse weitere CMS, die nicht Open Source sind. Das bedeutet, diese Programme stehen unter einer freien Lizenz, bei der der Quelltext der Programme für jedermann diese Open-Source-Programme öffentlich einsehbar ist und frei verändert, kopiert und verbreitet werden darf. Im Fall von WordPress kommt die GPL-Lizenz (GNU **G**eneral **P**ublic **L**icense) der Free Software Foundation zum Einsatz, die im Internet eine sehr verbreitete Lizenz ist (GNU GPLv2+ – https://www.gnu.org/licenses/gpl-2.0.html).

1.5.1   Die technische Basis von WordPress

Technisch basiert WordPress serverseitig auf **PHP** (in der aktuellen Version mindestens PHP 5.2.4, aber das kann sich mit jeder neuen Version von WordPress ändern) und verwendet in der Regel **MySQL** (aktuell mindestens MySQL 5.0.15) als Datenbanksystem. Im generierten Clientcode wird mit vielen derzeit angesagten Techniken inklusive clientseitiger Web-Frameworks gearbeitet. Die Entwickler von WordPress legen besonderen Wert auf Webstandards, Eleganz, Benutzerfreundlichkeit und leichte Anpassbarkeit.

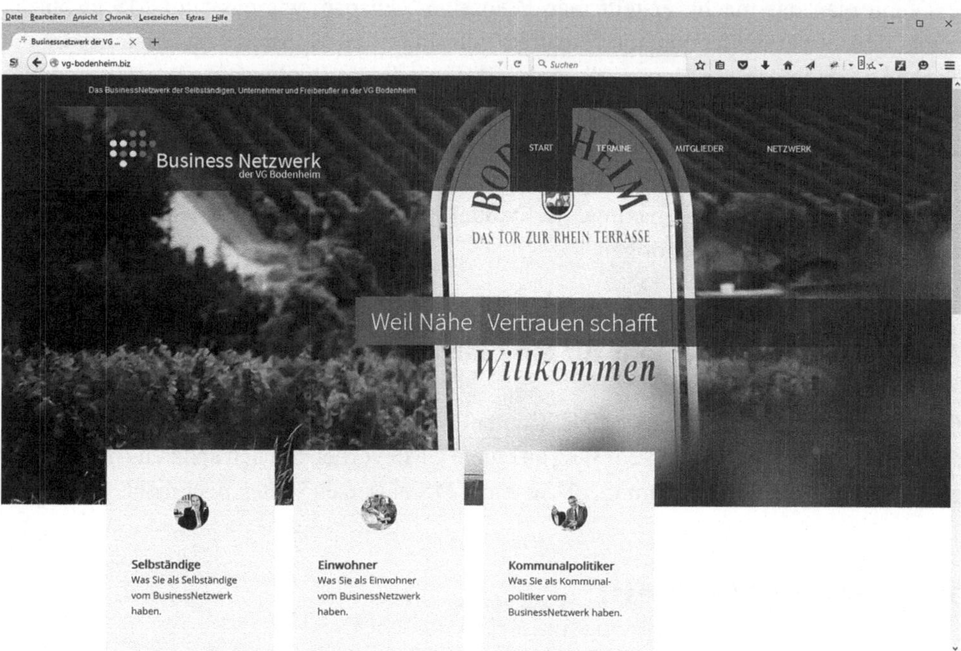

Abb. 1.2   Eine normale Webseite, die mit WordPress gemacht wird

1.5.2   Etwas Historie – von b2/cafelog zur aktuellen Version

Die Geschichte von WordPress reicht bis in die Jahre 2001/2002 zurück. Ein Entwickler mit Namen Michel Valdrighi veröffentlichte unter der GPL ein in PHP geschriebenes Weblogsystem mit dem Namen **b2ncafelog**. Das System wurde zwar bald eingestellt, aber andere Entwickler namens Matthew Mullenweg und Mike Little schrieben auf dessen Basis ab Januar 2003 eine neue Weblog-Software – was ja bei Open Source jederzeit erlaubt und gewünscht ist. Zudem stieß Michel Valdrighi auch sehr bald wieder dem Projekt hinzu.

Die erste stabile Version erschien dann am 3. Januar 2004 unter dem Namen WordPress. Die aktuelle Version von WordPress ist die Schiene 4.x.

Nun ist es fast schon Tradition, dass Software-Produkte – gerade im Open Source-Bereich – über verschiedene Versionen Codenamen bekommen. So auch bei WordPress, bei dem seit der Version 1.0.1 alle Hauptversionen nach bekannten Jazz-Musikern benannt werden.

Wie gesagt war WordPress am Anfang auf die chronologische Darstellung von Beiträgen (eben Blogs) spezialisiert, aber seit der Version 1.5 unterstützt WordPress ebenfalls das Verwalten von statischen Seiten. Das erweiterte WordPress erheblich, denn damit konnte man eben auch konventionelle Webseiten erstellen und dies führte mit diversen weiteren neuen Features bis hin zur aktuellen Version dazu, dass WordPress mittlerweile ein universell einsetzbares CMS darstellt.

1.5.3 Warum konkret WordPress?

Was spricht nun konkret für WordPress? Warum soll WordPress das perfekte Werkzeug sein, um Inhalte im Web zu publizieren – sowohl im privaten als auch im kommerziellen Umfeld?

Es gibt einige Argumente:

- WordPress lässt sich einfach installieren und Aktualisierungen können auf Wunsch sogar automatisch durchgeführt werden.
- WordPress ist eine frei verfügbare Software, die wie gesagt unter einer Open-Source-Lizenz steht. Dabei ist es gestattet, das System nicht nur privat, sondern auch uneingeschränkt kommerziell zu nutzen (was nicht bei allen Open-Source-Lizenzen der Fall ist).
- WordPress erlaubt eine Designanpassung durch Themes (Themen), was die Gestaltungsmöglichkeiten von WordPress fast grenzenlos werden lässt. Ein Betreiber kann aus tausenden frei verfügbaren Themes wählen, die teils sogar kostenlos, teils aber auch kostenpflichtig sind.
- In dem System gibt es eine fast unbegrenzt mögliche Funktionserweiterung durch Plug-ins. Damit passt man bei Bedarf WordPress an ganz unterschiedliche Bedürfnisse an. Derzeit stehen im Internet über 10.000 frei verfügbare Plug-ins zur Verfügung und die Zahl wächst.
- Die Unterstützung von Netzwerken & Communitys ist bei WordPress voll integriert. WordPress bietet alle Voraussetzungen, um eine MultiSite- oder ein soziales Netzwerk einzurichten. Umgekehrt gibt es auch eine sehr rege Community, die bei Problemen und Fragen zu WordPress hilft.
- WordPress ist sehr verbreitet und verfügt damit über die kritische Masse, damit das Projekt zukunftssicher weiterentwickelt werden wird. Über 60 Millionen Menschen haben WordPress bereits für ihre Internet-Präsenzen verwendet und eine weltweite

Gemeinschaft mehrerer hundert Freiwilliger entwickelt das System zuverlässig weiter. Auf regelmäßigen sogenannten WordCamps treffen sich WordPress-Entwickler und tauschen sich aus. Im kleineren Rahmen gibt es lokale sogenannte Meetups, in denen sich WordPress-Entwickler und -Anwender treffen.

- In den neuen Versionen ist WordPress für mobile Anwendungen angepasst worden. Es gibt sowohl responsive Designs, aber auch eigene Apps für Android-, iPhone-, Black-Berry- und Nokia-Smartphones. Bei diesem sogenannten *Responsive Webdesign* (RWD) werden Regeln beachtet, bei denen sich Webseiten auf Eigenschaften des jeweils benutzten Endgeräts einstellen können. Das betrifft vor allem Smartphones und Tablets. Der grafische Aufbau einer „responsiven" Webseite erfolgt anhand der Anforderungen des jeweiligen Gerätes, mit dem die Seite geladen wird. Dies betrifft insbesondere die Anordnung und Darstellung einzelner Elemente wie der Navigation, Spalten oder Texte, aber auch die Nutzung unterschiedlicher Eingabemethoden von Maus oder der Finger bei einem Touchscreen. Die technische Basis hierfür sind die neueren Webstandards HTML5, CSS3 und JavaScript.

Der erste Kontakt – Das WordPress-Projekt und eine erste Seite

WordPress im Internet und eine erste Test-Installation

Zusammenfassung

In diesem Kapitel klären wir, wer hinter dem WordPress-Projekt steht und wo Sie dieses und andere wichtige Informationen im Internet finden. Wir wollen auch einige Webseiten vorstellen, die mit WordPress erstellt wurden und bereits ziemlich gute und aufschlussreiche Vorbilder darstellen, was man mit WordPress machen kann. Dazu machen wir uns erste Gedanken zu einem Provider, den Sie für eine eigene Installation von WordPress in der Regel benötigen. Aber es ist sogar möglich, dass Sie das CMS bereits ohne Installation und Festlegung auf einen Provider ausprobieren können, wenn Sie das wünschen. Das werden wir machen und Sie lernen damit bereits zentrale Aspekte von WordPress wie das Backend und Frontend kennen.

2.1 Das WordPress-Projekt im WWW

WordPress besitzt eine „offizielle" Webseite samt diversen landesspezifischen Ablegern und viele inoffizielle Communitys samt deren Webseiten, die natürlich jeweils selbst mit WordPress gemacht werden. Das „offizielle" WordPress-Projekt ist selbstverständlich im WWW mit einer Webseite vertreten. Über https://wordpress.org/haben Sie Zugang zu allen wichtigen, offiziellen Informationen und Ressourcen rund um WordPress (Abb. 2.1).

Die Originalseite ist in Englisch verfasst (unter https://de.wordpress.org/finden Sie auch eine deutsche Sektion), aber es gibt auch eine direkte deutschsprachige Seite zu WordPress unter http://wpde.org/, die fast als „offiziell" zu werten ist (Abb. 2.2). Das deutschsprachige Projekt ist – wie die weiteren Seiten in anderen Ländern – um Features erweitert, die regionenspezifisch sind.

Darüber hinaus gibt es zahlreiche weitere Seiten, die sich mit WordPress beschäftigen und die unterschiedlichsten Dinge zu WordPress (Erweiterungen, Vorlagen, Quellcodes, Templates, das CMS selbst, Sprachpakete etc.) bereitstellen. Es ist ein wesentlicher

© Springer Fachmedien Wiesbaden 2016

R. Steyer, *WordPress*, DOI 10.1007/978-3-658-12830-2_2

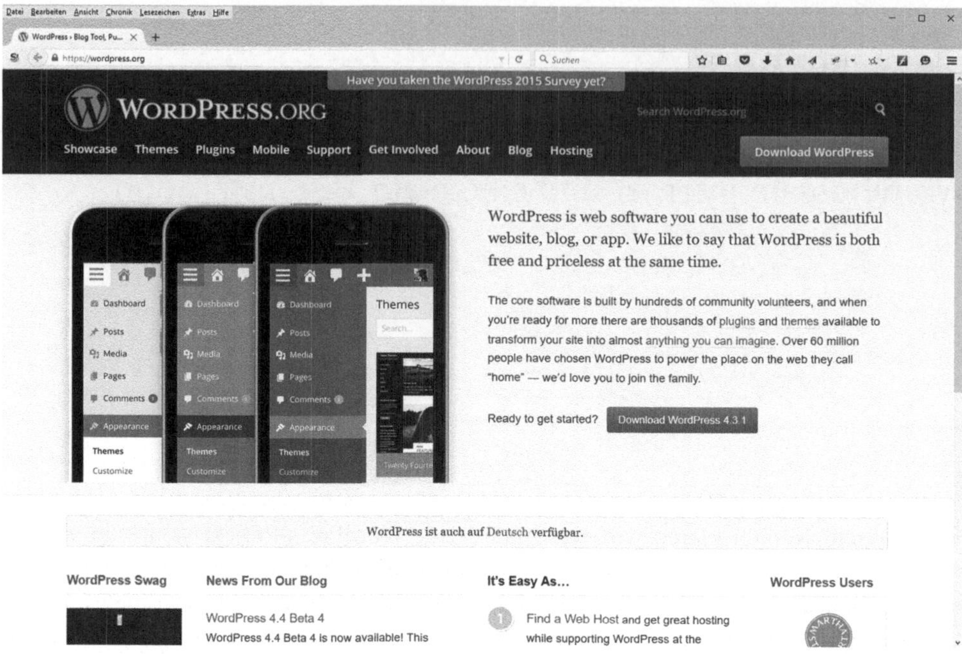

Abb. 2.1 Die Webseite des WordPress-Projekts

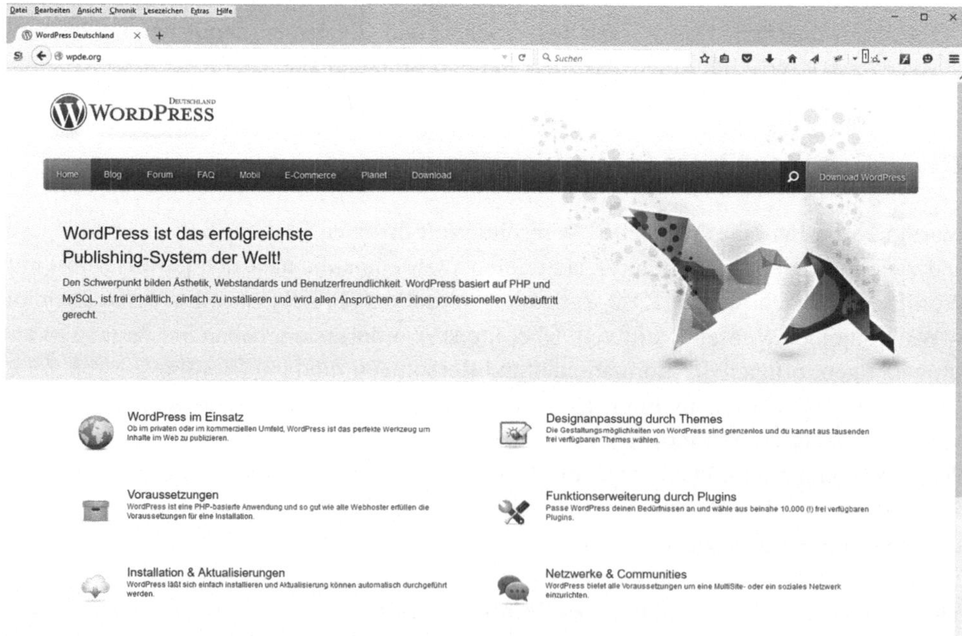

Abb. 2.2 Eine deutschsprachige Webseite zu WordPress

Aspekt eines Open-Source-Projekts, dass sich sehr viele Personen als auch Gruppierungen und Organisationen an dem Projekt beteiligen und eigene Lösungen und Ideen einbringen sowieso andere Resultate und Einfälle einfach spiegeln, um sie damit auf verschiedene Wege zugänglich zu machen. Der Nachteil ist jedoch sehr oft eine gewisse Unübersichtlichkeit und Redundanz, was sich auch rund um WordPress zeigt.

2.1.1   Die Treffen in der realen Welt – WordCamps und Meetups

Erwähnen sollte man in dem Zusammenhang mit Informationen und Hilfe zu WordPress auf jeden Fall die schon im letzten Kapitel kurz angesprochenen **WordCamps**, auf denen sich WordPress-Entwickler in der realen Welt treffen und vor allen Dingen die lokalen **Meetups**, in denen sich weltweit WordPress-Entwickler und -Anwender zusammenfinden, um Informationen auszutauschen, Projekte zu planen (z. B. Workshops) und natürlich um sich kennenzulernen und somit die soziale Komponente von Open-Source-Software zu pflegen. Gerade die WordCamps (https://central.wordcamp.org/ Abb. 2.3) und Meetups (http://wordpress.meetup.com/de/ Abb. 2.4) werden natürlich über das Internet und mit WordPress verwaltete Community-Seiten organisiert und sind damit sehr schöne Beispielseiten, um sich WordPress in der Praxis anzusehen.

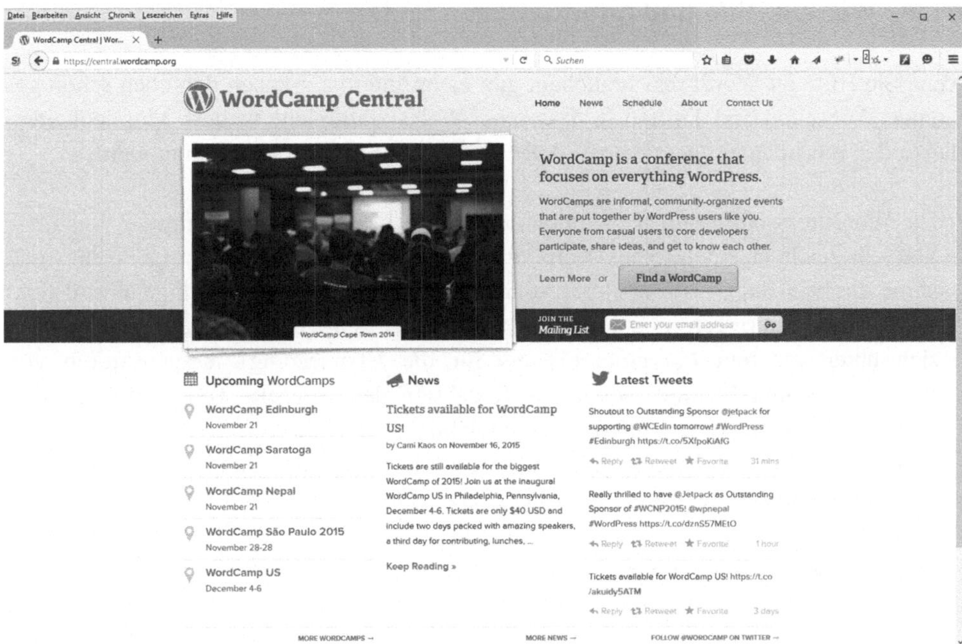

Abb. 2.3 WordCamps werden über WordPress organisiert

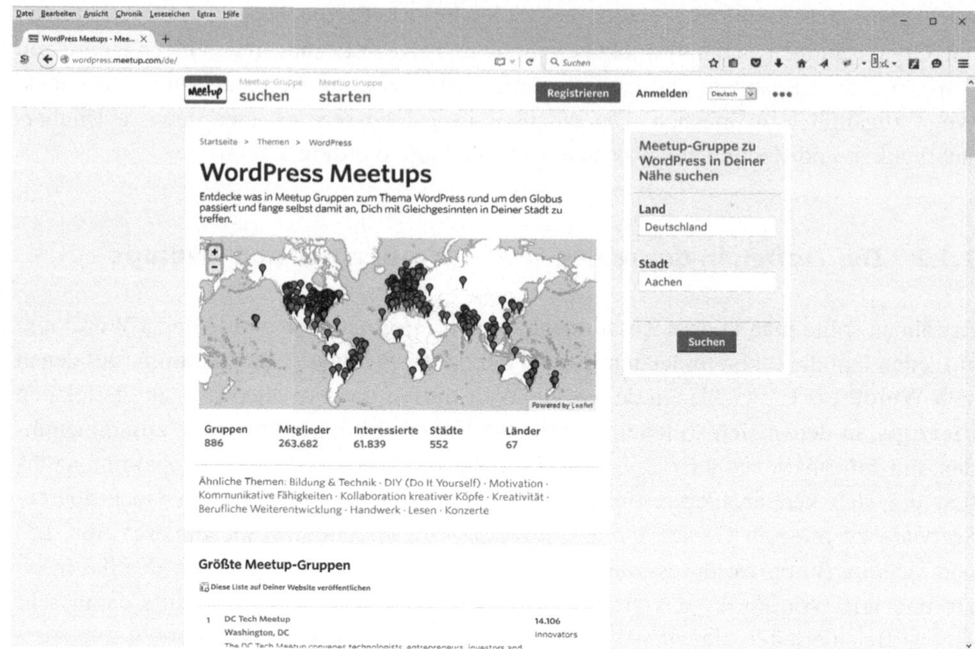

Abb. 2.4 Lokale Meetups gibt es weltweit

2.1.2   Weitere Hilfe und Informationen finden

Wenn Sie Hilfe zu WordPress brauchen, gibt es im Internet – neben den oben schon genannten Webseiten und Treffen in der realen Welt – zahlreiche weitere Möglichkeiten. Hier sollen nur noch ein paar weitere URLs als wichtige Vertreter genannt werden:

- Die WordPress-Hilfe finden Sie online unter https://de.wordpress.org/hilfe/.
- **Slack** bezeichnet ein internes Kommunikationstool bei WordPress.org. Wenn man keine direkten Support-Fragen hat, sondern sich in die deutschsprachige WordPress-Community einbringen möchte, dann ist Slack die richtige Anlaufstelle. Hier treffen sich unter anderem Polyglots (Teams für die Übersetzung), Organisatoren von WordCamps und Meetups sowie die Redaktion der Webseite von WordPress.org. Über https://dewp.slack.com/kommt man dahin.
- Allgemeine Hilfe bei Fragen zu WordPress erhält man in den Support-Foren und Online-Communitys unter https://de.wordpress.org/hilfe/.
- Empfehlenswert sind auch die **FAQ** (**F**requently **A**sked **Q**uestions – häufig gestellte Fragen). Zu WordPress finden Sie diese unter http://faq.wpde.org/.

2.2   Provider & mehr

Wenn Sie sich im Web präsentieren wollen, nehmen Sie sich normalerweise einen passenden Provider und mieten dort einen Server oder zumindest Speicherplatz sowie meist eine passende Domain. Man redet dann auch von einem **Hosting**.

▶ Unter einer **Domain** versteht man einen Teilbereich des hierarchischen **Domain Name System** (DNS), mit dem im Internet Ressourcen adressiert werden, etwa wpde.org. Die damit spezifizierten Aliasnamen (DNS-Namen) werden über sogenannte Nameserver letztlich auf die IP-Adresse eines Servers verweisen. Als **Subdomain** bezeichnet man eine Domain, welche in der Hierarchie unterhalb einer anderen liegt.

Viele Internet-Provider, bei denen Sie Webseiten hosten können, bieten Ihnen bereits ebenfalls an, dass sie Ihnen ein WordPress-System installieren oder automatisch bereitstellen, ohne dass Sie da selbst groß eingreifen müssen.

Allerdings sind die WordPress-Versionen, die von den meisten Providern als Rundumsorglos-Paket angeboten werden, meist nicht auf dem neuesten Stand. Ebenso sind die vorgegebenen Einstellungen nicht immer für jeden Anwender auf dem optimalen Stand und Sie haben meist nicht die vollständige Kontrolle über das Gesamtsystem. Wenn Sie die vollständige Kontrolle über eine WordPress-Installation haben wollen, können Sie das CMS am besten selbst installieren.

Wir gehen das in den folgenden Kapiteln an, werden aber vorab noch einige wichtige Begriffe klären.

▶ Im Internet finden Sie einige Tests, welche Provider sich für WordPress besonders gut eignen. Wie bei allen Tests ist dieses Ranking mit Vorsicht zu genießen, wenn man nicht sicher ist, wer diese Tests in Auftrag gegeben hat und welche wirtschaftlichen Interessen mit eingeflossen sind. Im Grunde sind alle Provider geeignet, die PHP in einer neuen Version (5.2.4 und neuer), MySQL 5.0.1 oder neuer sowie Zugriff auf den Speicherplatz per FTP bereitstellen.

2.3   WordPress ohne Download und Installation betreiben

Wir werden uns in dem Buch genauer mit dem Download und der Installation eines eigenen WordPress-Systems auseinandersetzen. Das ist sogar ein Kernthema des Buchs und bei WordPress besonders einfach. Dessen ungeachtet können Sie WordPress aber auch ohne den Download und die Installation eines eigenen WordPress-Systems betreiben. Ein Weg wurde schon angedeutet – ein Provider stellt Ihnen ein vorgefertigtes System bereit.

Besonders interessant ist die Nutzung von **WordPress.com**, ohne dafür Werbung machen zu wollen. Aber der Bezug zu WordPress, die Art der Bereitstellung des CMS und die Historie lassen mich diesen Bloghosting-Dienst exemplarisch auswählen.

2.3.1   Der Bloghosting-Dienst WordPress.com

Der ursprüngliche WordPress-Erfinder Matt Mullenweg hat mit einigen anderen Personen bereits 2005 eine Firma mit Namen Automattic (https://automattic.com/ Abb. 2.5) gegründet.

Diese stellt allgemein Dienste rund um das Bloggen bereit und will zudem die Entwicklung von WordPress koordinieren. Natürlich ist deren Webseite ein weiteres interessantes Beispiel für eine WordPress-Präsenz. Besonders interessant ist der Bloghosting-Dienst **WordPress.com**, der von der Firma angeboten wird und auf der Multi-User-Version von WordPress basiert (Abb. 2.6). Von diesem gibt es auch eine deutsche Variante unter https://de.wordpress.com/.

Der besondere Charme liegt hier darin, dass Sie auf einfache Art und erst einmal kostenlos und unverbindlich eine Webseite oder einen Blog mit WordPress erstellen und ausprobieren können. Sie können damit eine eigene WordPress-Seite sogar direkt in einem Live-Umfeld testen – sie ist also sofort online.

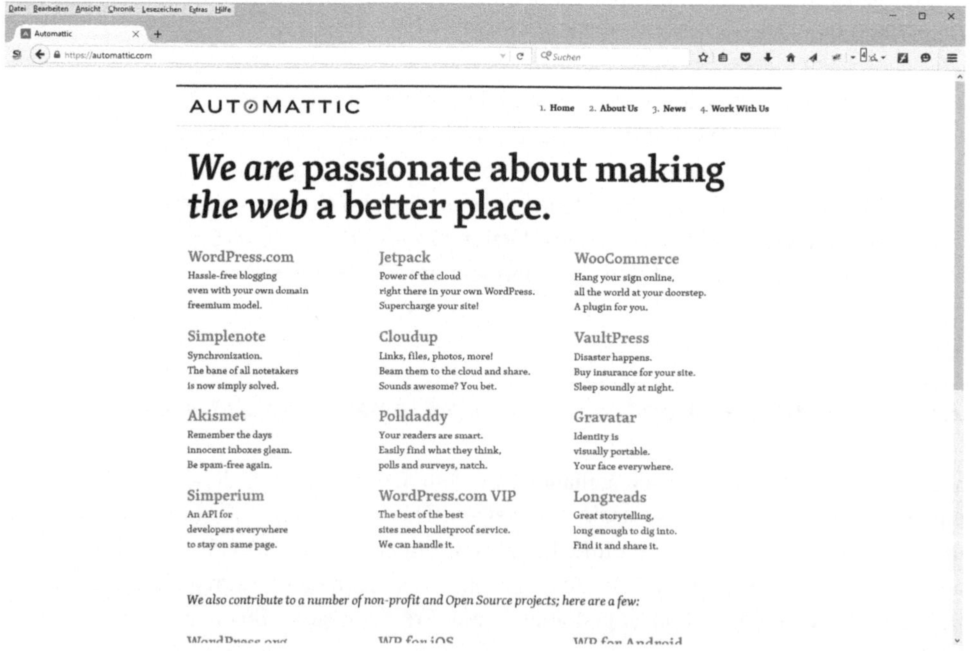

Abb. 2.5 Die Webseite von Automattic – natürlich auch mit WordPress erstellt

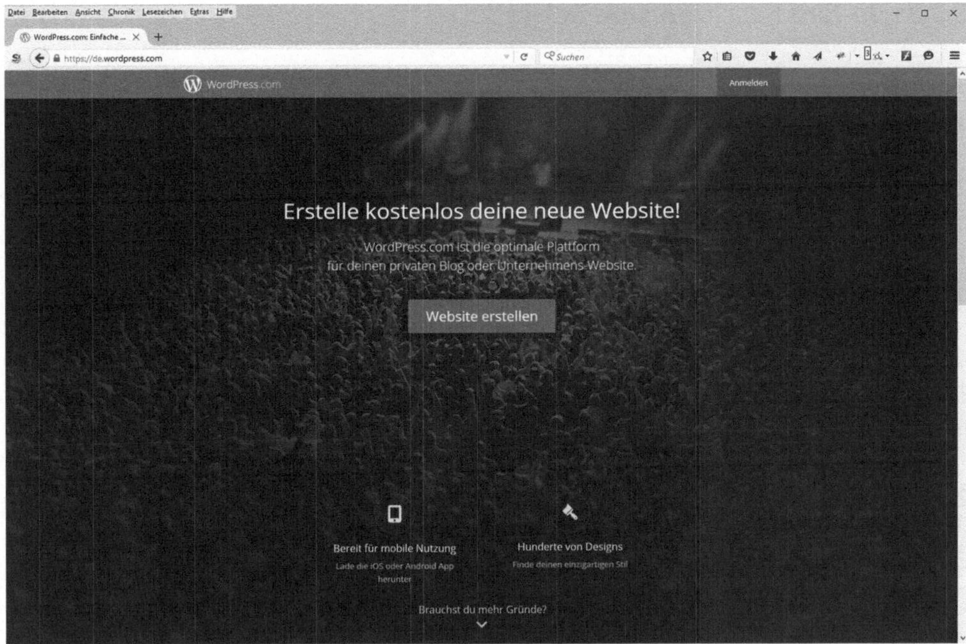

Abb. 2.6 Kostenlos eine neue Website bei WordPress.com erstellen

So ein Test hat einen ziemlichen Reiz, denn dazu benötigen Sie weder einen eigenen Server noch Speicherplatz bei einem „richtigen" Provider. Das System wird bei WordPress.com selbst gehostet (natürlich ist WordPress.com dann wie angedeutet auch eine Art Provider). Ebenso brauchen Sie sich nicht (richtig) um die Installation zu kümmern und haben in „Nullkommanichts" ein WordPress-System zur Verfügung, mit dem Sie Dinge ausprobieren und damit spielen können. Sofern etwas schief geht oder Ihnen die Sache nicht gefällt, vergessen Sie die Installation einfach wieder. Aber Sie können selbstverständlich diese WordPress-Installation auch „richtig" nutzen.

Bei WordPress.com erhält man sogar einen eigenen Domainnamen und die individuelle Domain wird automatisch eingerichtet und konfiguriert.

Die kostenlosen Dienste bei WordPress.com stellen natürlich nur ein einfaches System bereit und für professionellere Ansprüche gibt es kostenpflichtige Premium-Tarife, die ab einem gewissen Anspruch sinnvoll sind. Sollten Sie solch ein Angebot dauerhaft nutzen wollen, sollten Sie sich natürlich auch hier genau um die Konditionen kümmern.

Doch genug der Vorrede – um jetzt ganz schnell von 0 auf WordPress zu kommen, spielen wir nun die Geschichte zur Einrichtung einer WordPress-Seite Schritt für Schritt durch. Vermutlich werden Sie erstaunt sein, wie einfach das ist. Denn ein einfacher Assistent auf Basis von vier Webformularen und der anschließenden Verifizierung Ihrer Identität führt bereits zum Erfolg.

2.3.2 In fünf Schritten zum Erfolg

Klicken Sie zuerst auf der Webseite unter https://de.wordpress.com/auf die Schaltfläche mit der Beschriftung Website erstellen.

2.3.2.1 Theme auswählen

Im folgenden Schritt wählen wir ein Theme (Thema) aus (Abb. 2.7). Dies legt das Design und Layout Ihrer kommenden Seite fest. Später kann man das aber noch sehr einfach ändern und das wird natürlich im Buch vertieft.

Ich wähle hier ein Theme *Boardwalk*. Sollte Ihnen das nicht angeboten werden (die Veränderungen rund um WordPress sind teils rasant), dann suchen Sie einfach ein anderes Theme aus. Es spielt erst einmal keine wirkliche Rolle. Nehmen Sie das erste Theme, das Ihnen angeboten wird.

2.3.2.2 Domain wählen

Wenn Sie sich solch einen Account bei WordPress.com einrichten, wird für Sie auf den Servern von WordPress.com ein eigenes, abgeschlossenes System aufgesetzt, das Sie wie eine eigene WordPress-Installation nutzen können. Insbesondere ist Ihre Seite direkt im Internet erreichbar. Aber dazu brauchen Sie eine individuelle Adresse.

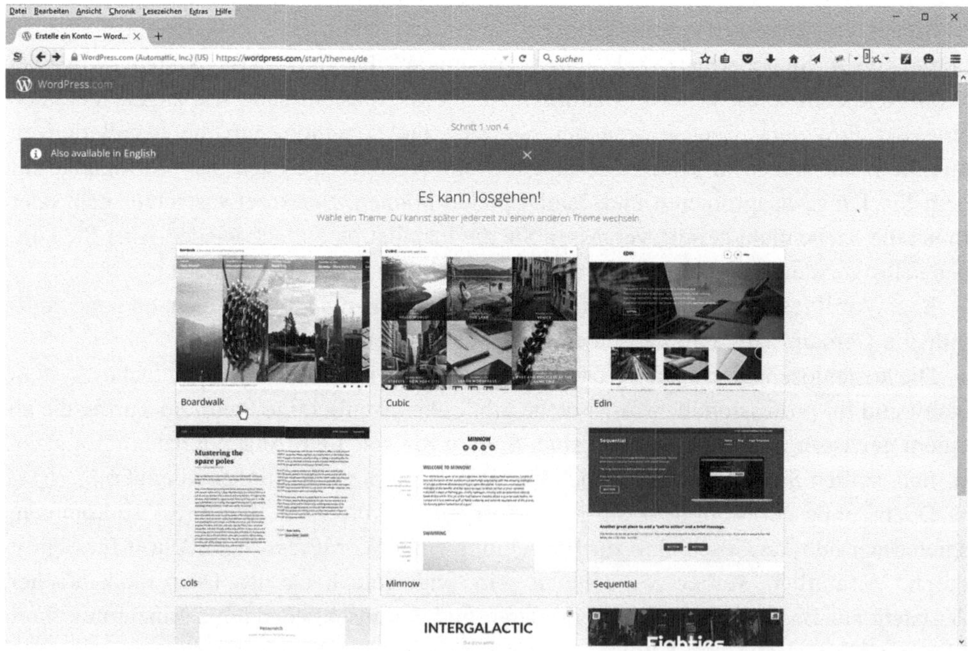

Abb. 2.7 Der erste Schritt – Auswahl eines Themes

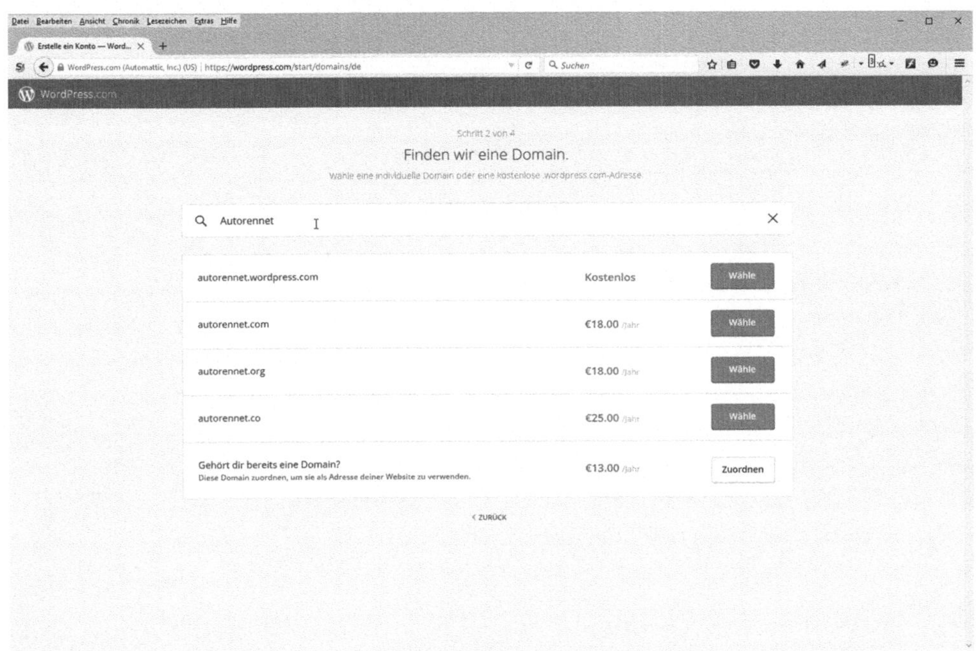

Abb. 2.8 Aus dem Schlüsselwort werden passende Domains gesucht und vorgeschlagen

In zweiten Schritt des Assistenten legen Sie nun eine Domain für Ihr neues WordPress-CMS fest (Abb. 2.8). Dabei haben Sie bei dem Assistenten zwei Möglichkeiten:

- eine Subdomain oder
- eine eigene Domain.

Eine **Subdomain** unterhalb der Domain wordpress.com erhalten Sie sogar kostenlos. Sollten Sie eine echte Domain wünschen, dann wird es allerdings kostenpflichtig und auch hier sollten Sie die Konditionen genau beachten und vergleichen. Insbesondere stellen Sie durch die Wahl einer kostenpflichtigen Domain indirekt die Weiche in Richtung WordPress.com als richtigen Provider.

Für unsere Testzwecke genügt aber auf jeden Fall die kostenlose Subdomain.

Um eine freie und passende Domain oder Subdomain auszuwählen, geben Sie im zweiten Schritt des Assistenten in dem Webformular Schlüsselworte ein. WordPress.com sucht dann passende Vorschläge, von denen Sie einen auswählen können.

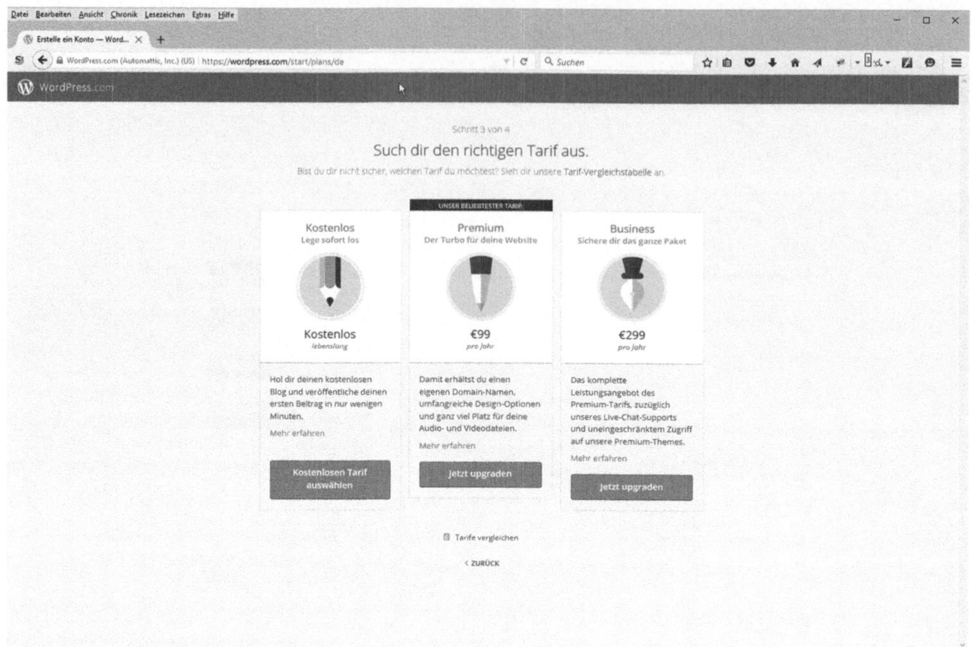

Abb. 2.9 Auswahl des Tarifs

2.3.2.3 Tarifwahl

Wenn Sie einen der Vorschläge angenommen haben (in unserem Fall wie gesagt für eine kostenlose Subdomain), gelangen Sie zu Schritt 3 des Assistenten. Hier wählen Sie den Tarif aus und das ist in unserem Fall der kostenlose Tarif, denn wir wollen ja erst einmal nur eine Art „Testsystem" einrichten (Abb. 2.9).

2.3.2.4 Personalisierung

Im vierten Schritt schließen Sie den gesamten Vorgang des Einrichtens eines vollständigen WordPress-Systems mit nur drei Angaben in einem Webformular zu Ihnen selbst (gewünschter Benutzername, E-Mail-Adresse und Passwort) sowie dem Akzeptieren der Bedingungen für das Hosting ab (Abb. 2.10).

2.3.2.5 Abschluss durch Verifizierung

Nach dem Abschluss des Assistenten muss nun noch die E-Mail-Adresse, die Sie im Assistenten angegeben haben, verifiziert werden. Dazu bekommen Sie an die angegebene E-Mail-Adresse einen Link geschickt, den Sie dann zur Verifizierung anklicken müssen (Abb. 2.11).

Danach ist Ihr neues CMS fertig eingerichtet.

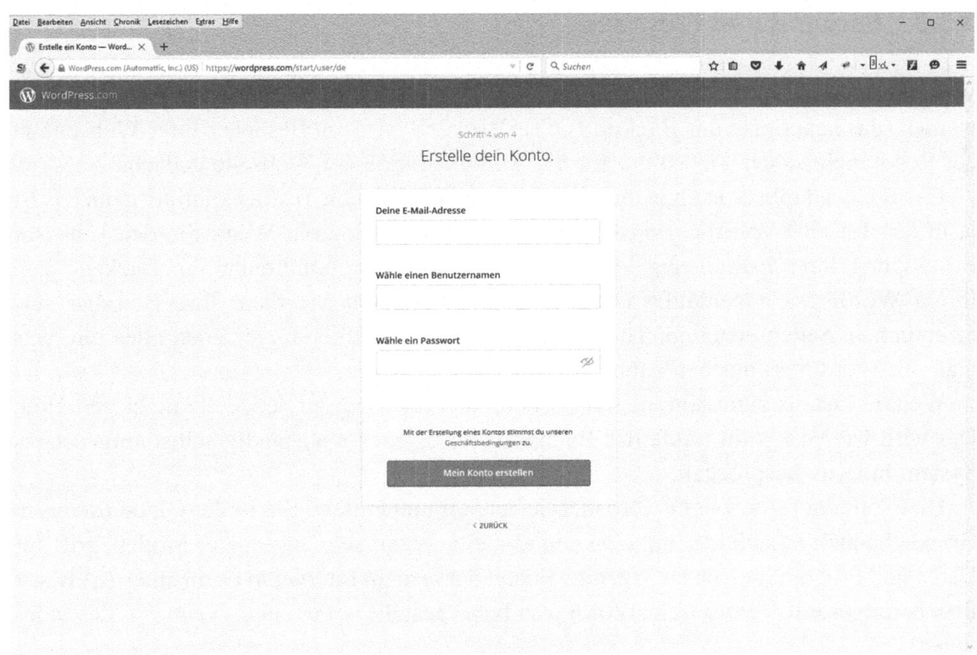

Abb. 2.10 Schritt 4 – Personalisieren des WordPress-Systems

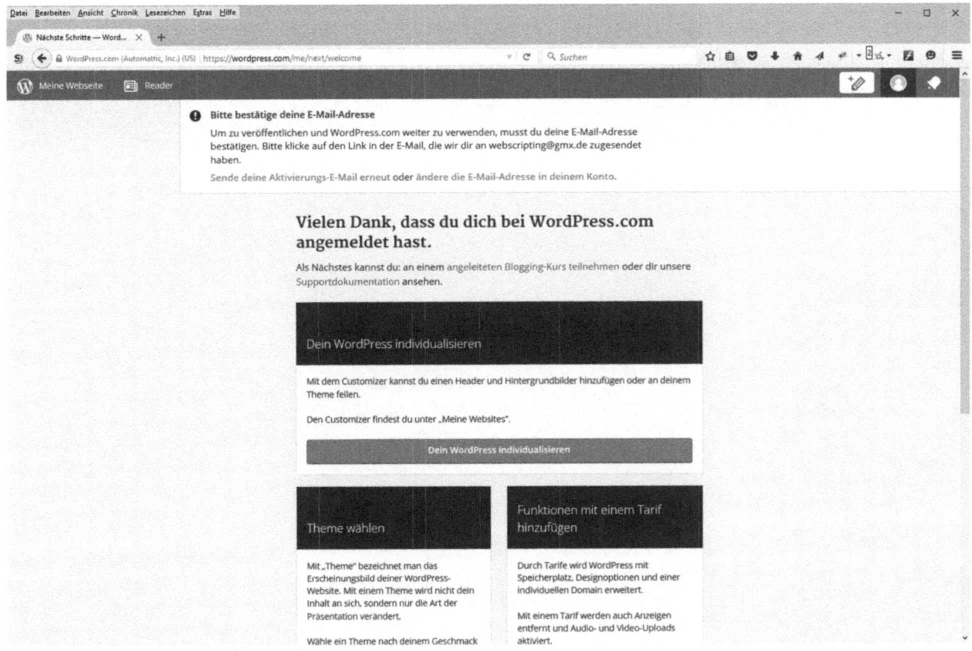

Abb. 2.11 Die E-Mail-Adresse muss noch verifiziert werden

2.3.3 Backend und Frontend

WordPress besitzt einen Administrationsbereich, den wir im Buch ausführlich behandeln werden (das nennt man das **Backend**). Das Backend wird ein Besucher Ihrer Webseite in der Regel nicht sehen – es ist nur für die Administration der Webseite gedacht.

Das Backend gibt es auch in unserer gerade eingerichteten Testinstallation, denn das ist ja in der Tat eine voll funktionsfähige WordPress-Installation. Wenn Sie den Link zur Bestätigung Ihrer E-Mail angeklickt haben, werden Sie unmittelbar im Backend von Ihrem WordPress angemeldet (Abb. 2.12). Dort können Sie dann Ihre Beiträge veröffentlichen, Seiten erstellen, Themes und Plug-ins installieren etc. Eben alles tun, was man mit WordPress machen kann.

Weitere Details zum Administrationsbereich wollen wir an der Stelle nicht vertiefen. Das wird wie gesagt im Laufe des Buchs für Ihr eigenes, vollständig selbst aufgesetztes System intensiv besprochen.

Hier sollte nur vorgestellt werden, wie schnell und einfach Sie in der Cloud (denn im Grunde handelt es sich hier um eine Cloud – ein derzeit sehr angesagter Modebegriff für Daten und Programme, die auf irgendwelchen Servern im Internet in Form einer Art Black Box bereitgestellt werden) ein WordPress bereitgestellt bekommen, wenn Sie das wünschen.

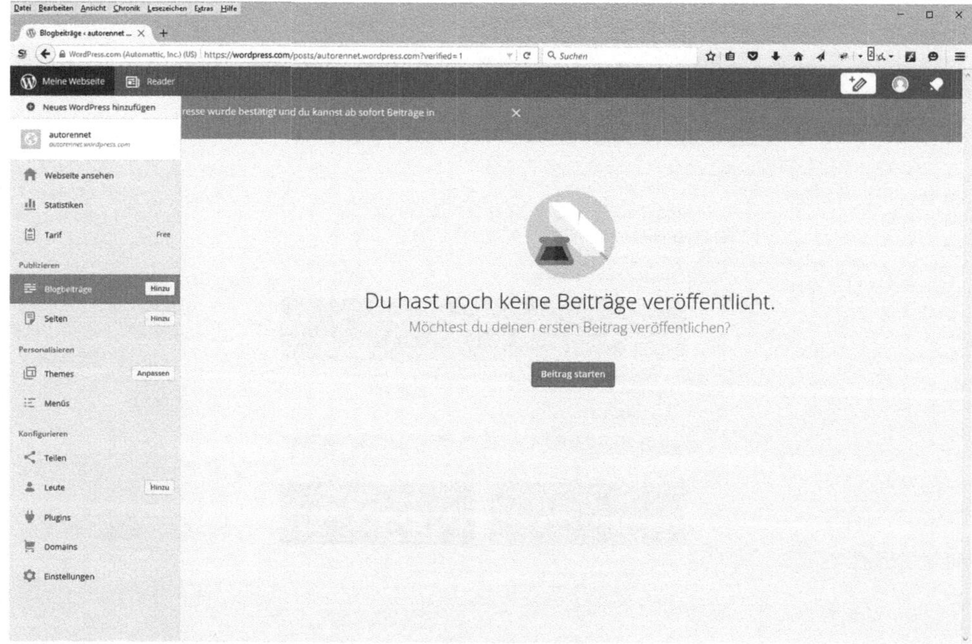

Abb. 2.12 Im Backend Ihrer neuen WordPress-Installation

2.3.3.1 Einen ersten Beitrag erstellen und veröffentlichen

Klicken Sie nun einmal auf den Button auf der linken Seite,[1] mit dem Sie einen Beitrag erstellen können. Sie sehen im folgenden Schritt einen Editor, in dem Sie eine Überschrift und einen Text eingeben können. Danach klicken Sie den Button mit der Beschriftung PUBLIZIEREN an (Abb. 2.13).

2.3.3.2 Den Beitrag ansehen – das Frontend

Anschließend sehen Sie einen Link, mit dem Sie sich Ihren Beitrag ansehen können (es gibt aber auch noch weitere Wege zum Beitrag). Das führt zu dem sogenannten **Frontend**. Dies ist der Bereich, den die Besucher Ihrer WordPress-Seite normalerweise sehen werden (Abb. 2.14).

2.3.3.3 Aus dem Backend abmelden

Wenn Sie auf die Schaltfläche mit dem skizzierten Kopfsymbol für eine Person kommen, können Sie sich dort aus dem Backend abmelden (Abb. 2.15).

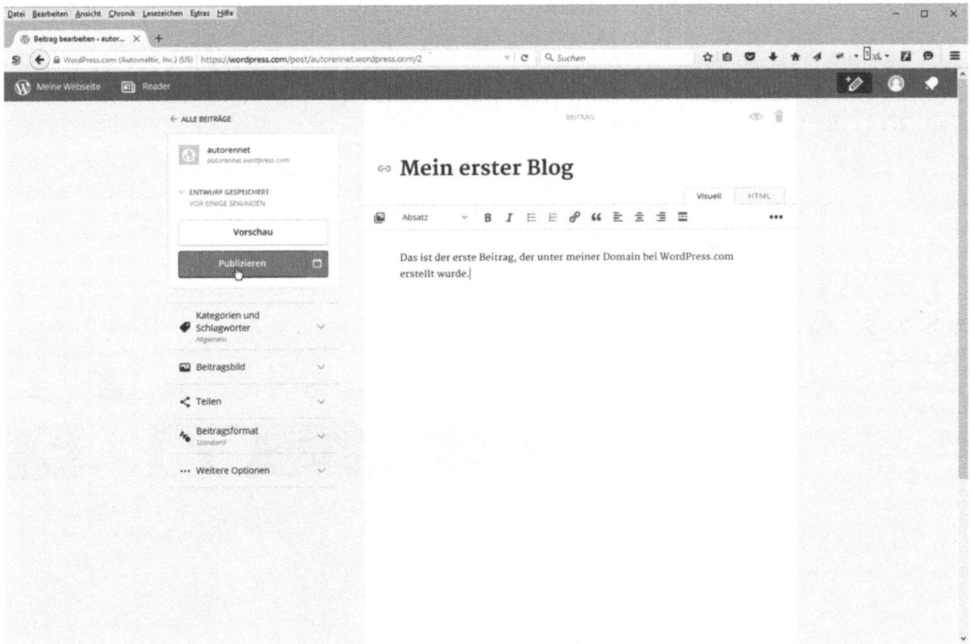

Abb. 2.13   Der Beitrag ist fertig und soll veröffentlicht werden

---

[1] Die Position von der Schaltfläche kann sich ändern, wenn Sie ein anderes Theme verwenden. Aber Sie werden irgendwo im Backend auf jeden Fall eine solche Schaltfläche finden.

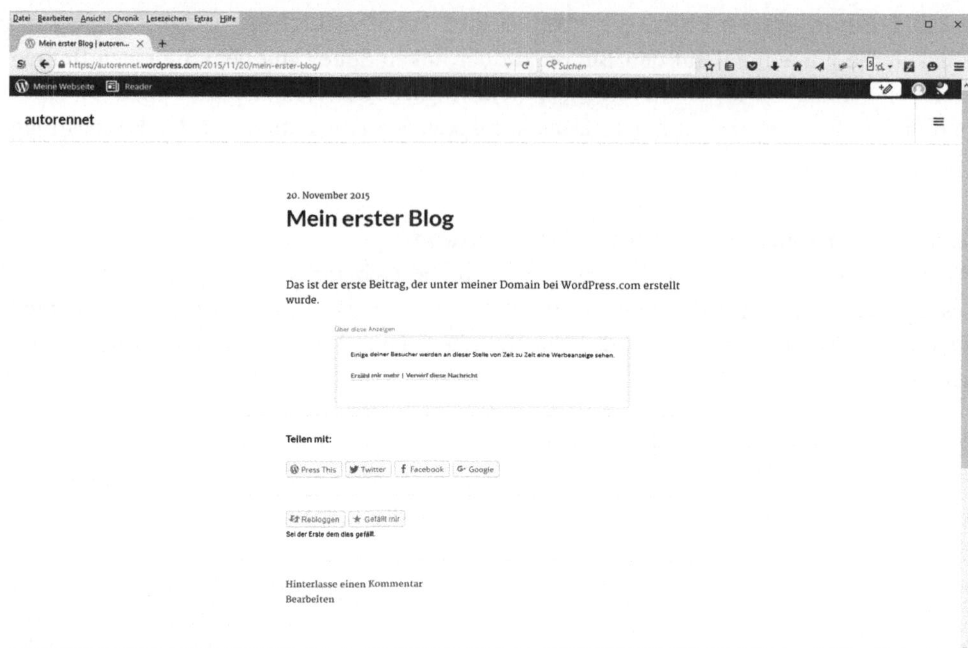

Abb. 2.14 Der Beitrag im Frontend

Abb. 2.15 Abmelden aus dem Backend

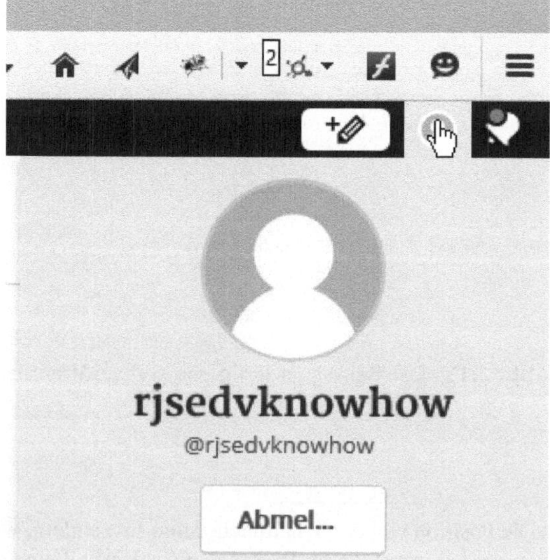

2.3.3.4 Die Webseite aufrufen

Nun haben Sie als URL im Internet bei unserem gewählten Ansatz auch ausschließlich die Subdomain von WordPress.com zur Verfügung und keine eigene „richtige" Adresse. Das ist später für eine Webseite, die gut gefunden werden soll, meistens nicht ausreichend. Aber das soll im Moment nicht weiter beachtet werden und spielt für erste Experimente mit WordPress keine wirkliche Rolle.

▶ URL steht für **U**niform **R**esource **L**ocator und steht für die eindeutige Adresse einer Ressource (etwa einer Webseite). In der Regel meint man damit eine Internet-Adresse.

Über den von Ihnen gewählten Subdomain-Namen (etwa https://autorennet.wordpress.com/) können Sie nun auf Ihr frisch eingerichtetes WordPress-System zugreifen, übrigens auch jeder andere Besucher, der die Internet-Adresse kennt.

Das WordPress-System ist unmittelbar „scharf geschaltet" worden und live im Internet erreichbar. Natürlich enthält die Installation nur ganz wenig Content (Abb. 2.16), maximal den Beitrag oder die Beiträge, die Sie eben erstellt haben und eventuelle Vorgabetexte. Beachten Sie dabei auch, dass das genaue Aussehen Ihrer Seite explizit am gewählten Theme abhängt.

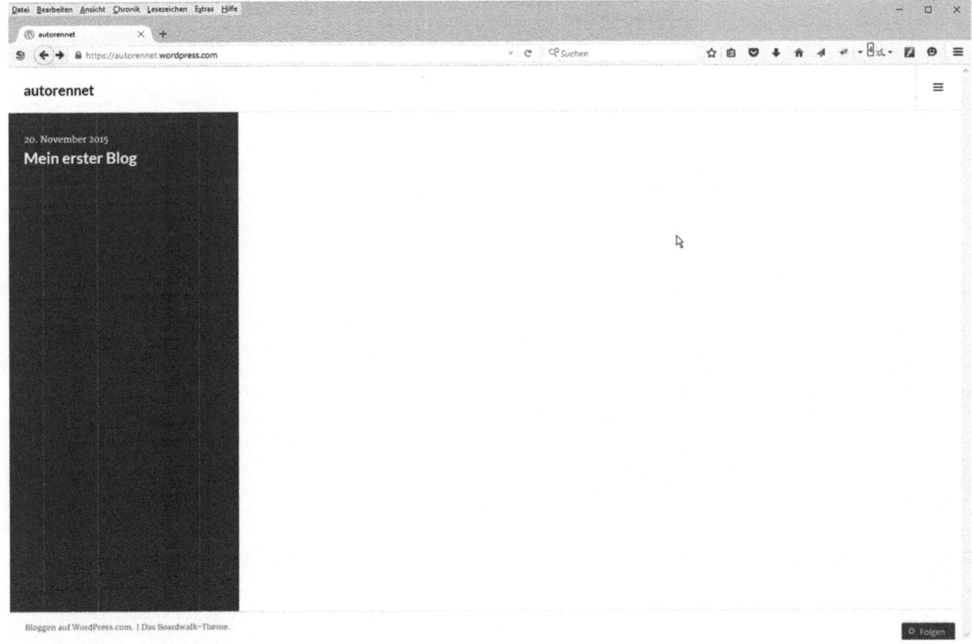

Abb. 2.16 Noch ist die Seite ziemlich leer

Schauen Sie sich dennoch ruhig einmal in Ihrer neu generierten Webseite um. Sie gelangen zumindest zu den Inhalten, die Sie bereits erstellt haben, denn die werden dem Besucher – abhängig von dem Theme – per Hyperlink zugänglich gemacht.

Ebenso können Ihnen noch weitere sensitive Elemente – auch abhängig von dem Theme – angeboten werden. So finden Sie etwa im Theme, das ich als Beispiel-Theme gewählt habe, rechts oben einen Link zu verschiedenen **Widgets**, die einem Besucher auf einer folgenden Seite angeboten werden (Abb. 2.17).

▶ Ein **Widget** bezeichnet eine Komponente eines grafischen Fenstersystems mit einer gewissen Funktionalität. Das Widget besteht zum einen aus einem abgeschlossenen sichtbaren Bereich und zum anderen aus dem nicht sichtbaren Hintergrundcode, das den Zustand der Komponente speichert, den sichtbaren Bereich verändern kann und Funktionalitäten bereitstellt. Widgets sind immer in ein bestimmtes Fenstersystem eingebunden und nutzen dieses zur Interaktion mit dem Anwender oder anderen Widgets des Fenstersystems. Widgets sind also keine eigenständigen Anwendungsprogramme, sondern sie benötigen eine Umgebung, in der sie integriert werden.

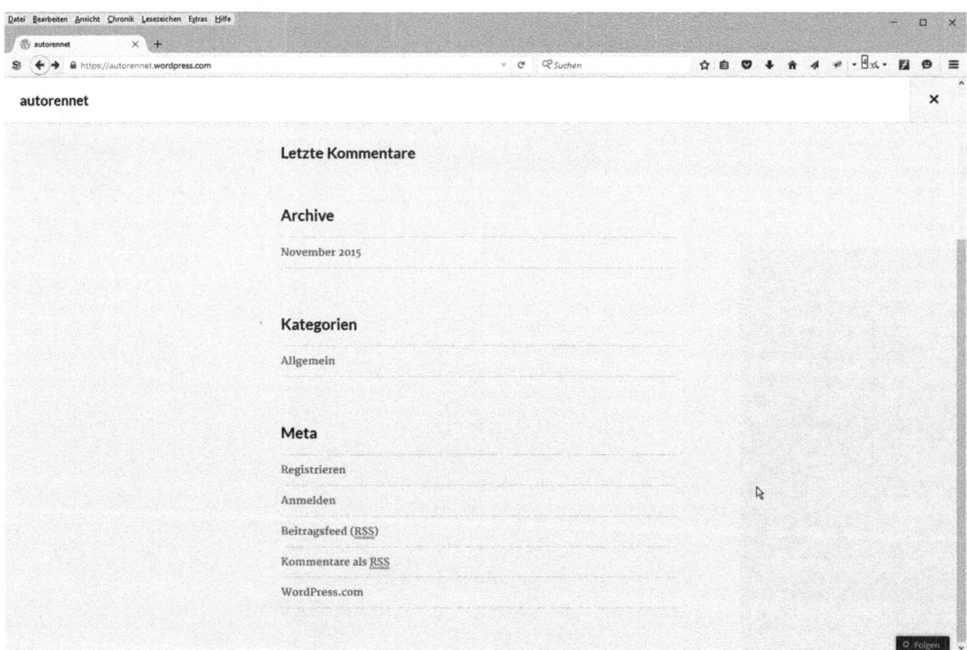

Abb. 2.17 Verschiedene Widgets, die in dem WordPress-Theme bereitgestellt werden

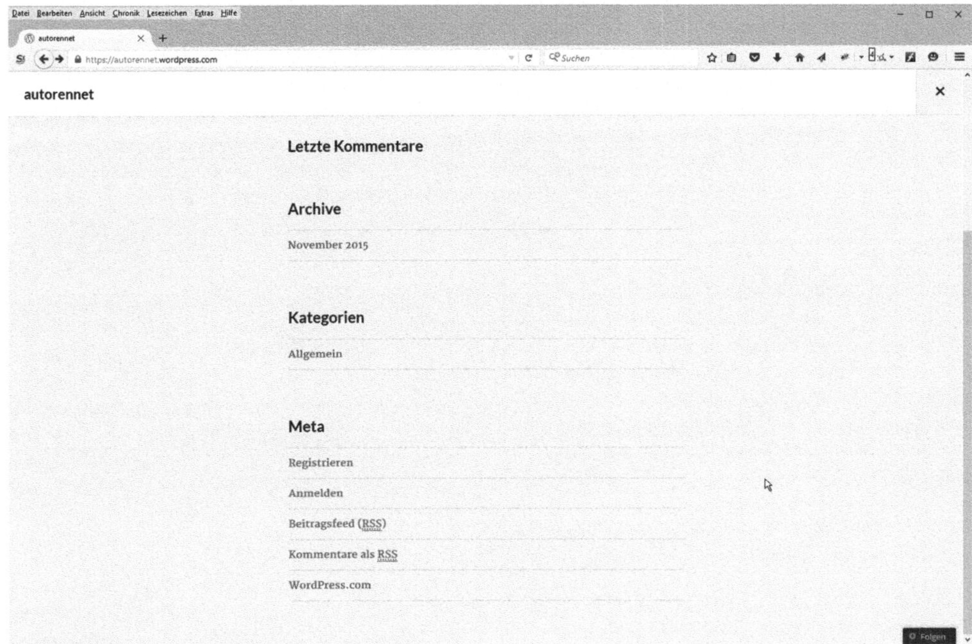

Abb. 2.18   Erneuter Zugang zum Backend

2.3.3.5 Wieder zum Backend gelangen

WordPress besitzt wie gesagt einen Administrationsbereich, den wir in dem Buch ausführlich behandeln werden (das **Backend**), und in den Sie ja nach der Bestätigung Ihrer E-Mail-Adresse bereits gelangt waren. Nachdem Sie sich abgemeldet haben, müssen Sie für neue Beiträge oder Änderungen an Ihrem WordPress dort wieder hingelangen.

Das geht entweder mit einem speziellen Widget, dass Ihnen auf Ihrer WordPress-Seite angezeigt werden kann (das Meta-Widget), oder Sie hängen an den URL Ihrer Seite *wp-admin* oder *wp-admin.php* dran.

Im Fall von der oben genannten Domain wäre das dann https://autorennet.wordpress.com/wp-login.php. Dann können Sie sich wieder mit Ihren Nutzerdaten im Backend der WordPress-Installation anmelden (Abb. 2.18).

Hinter den Kulissen – Das World Wide Web 3

Wichtige Hintergründe und Fachbegriffe rund um das WWW

Zusammenfassung

In diesem Kapitel machen wir einen kleinen Exkurs weg von WordPress und werfen einen Blick auf das Umfeld, in dem WordPress eingesetzt wird. Das ist natürlich das World Wide Web. Denn Sie erstellen auch mit WordPress im Grunde „nur" Webseiten. Dabei soll nur kurz das WWW selbst im Fokus stehen, denn ein gewisses Grundlagenwissen um diesen Begriff gehört mittlerweile zum täglichen Leben und gerade wenn man im WWW Inhalte bereitstellen will, hat man sich sicher schon einmal damit etwas mehr beschäftigt. Wir konzentrieren uns in dem Kapitel auf die technische Seite (Webserver, Client, Datenbanken, SQL, PHP, HTML, CSS, JavaScript, Ajax, XML etc.) und Fachbegriffe, die Ihnen bei WordPress begegnen können und im Buch auch immer wieder auftauchen. Diese müssen Sie nicht zwingend kennen, aber es erleichtert deutlich das Verständnis und den Umgang mit WordPress und auch dem Buch im Folgenden, wenn Sie davon zumindest schon einmal etwas gehört bzw. gelesen haben. Wir gehen nicht auf tiefere Details der Technologien ein, aber im Anhang finden Sie bei Bedarf dazu weitere Ausführungen.

3.1 Das Internet und das WWW

Gab es früher im WWW nur reine Webseiten, ist das Web mittlerweile so mächtig geworden, dass Web-Applikationen vielfach sogar Desktop-Applikationen ablösen. Das heute so populäre Internet, das kaum noch aus dem täglichen Leben wegzudenken ist, ist jedoch älter als die meisten seiner Anwender vermuten. Die ersten Anfänge gehen bis in die 60er-Jahre des letzten Jahrtausends und zu einem am Anfang rein militärischen Netzwerk zurück. Der ursprüngliche Name **ARPANET** wurde dann irgendwann – mehr schleichend als gezielt – aufgegeben und der Begriff **Internet** setzte sich als Bezeichnung für dieses globales Netzwerk durch.

© Springer Fachmedien Wiesbaden 2016
R. Steyer, *WordPress*, DOI 10.1007/978-3-658-12830-2_3

Aber das Internet der ersten Jahrzehnte war rein konsolenbasiert. Oder anders ausgedrückt: Es gab keine grafische Benutzeroberfläche. Befehle mussten in der Konsole eingegeben werden. Das war weder trivial noch bequem.

Erst die Einführung einer solchen grafischen Benutzeroberfläche samt der interaktiven Verknüpfung von Inhalten hat das Internet wirklich populär werden lassen. Wie ist der Name dieser „Oberfläche"?

World Wide Web. Der Name für das dafür notwendige neue Protokoll zum Verknüpfen von Inhalten über sogenannte Hyperlinks und die Datenanforderungen lautete **HTTP** (**H**yper **T**ext **T**ransfer **P**rotocol) und die Sprache zum Beschreiben der Oberfläche des WWW wurde **HTML** genannt. Das Gesamtkonzept, das sich dahinter verbarg, wurde der Öffentlichkeit 1991 vorgestellt.

3.2   Die Techniken hinter dem WWW

▶   Das WWW und das Internet können **nicht** gleichgesetzt werden. Das WWW ist nur ein – zugegeben äußerst populärer – Teil des Internets. Aber das WWW ist beileibe nicht das gesamte Internet. Dieses besteht aus einer Vielzahl von sogenannten **Diensten** oder **Dienstprotokollen**, die oft viel älter als das WWW sind. So gehört etwa der sehr populäre **E-Mail**-Dienst – die elektronische Post im Internet – nicht zum WWW. Ebenso sind **FTP** (**F**ile **T**ransfer **P**rotocol) zum Up- und Download oder **SSH** (**S**ecure **Sh**ell) zum sicheren, verschlüsselten Fernsteuern von Rechnern eigenständige Internet-Dienste. Allerdings gibt es heutzutage für die meisten Dienste einen Zugang aus dem WWW über Web-Oberflächen. Mit anderen Worten: Die Bedienung der einzelnen Dienste des Internets verschmilzt immer mehr unter dem Dach des World Wide Web. Und für einen Anwender kann es egal sein, ob er aus einer Web-Oberfläche einen eigenständigen Dienst bedient oder einen echten Teil des WWW. Unter einer Web-Oberfläche firmieren viele der einzelnen Dienste des Internets zu einer gemeinsamen Plattform, die von einem Anwender weitgehend über eine zentrale Software bedient werden kann. Von daher werden Internet und WWW umgangssprachlich oft synonym verwendet.

3.2.1   Anfordern von Webseiten von einem Webserver

Im Web arbeiten Anwender mit einem Clientprogramm, das **Browser** genannt wird. Neben der Interpretation von HTML und einiger ergänzenden Techniken ist dessen zentrale Aufgabe, dass es Daten **anfordert**. Diese Daten werden von einem **Webserver** angefordert, wobei dieser Begriff **Server** umgangssprachlich immer wieder für mit dem

Internet oder allgemein einem Netzwerk verbundene Computer gleichgesetzt wird, die Internetauftritte und deren notwendige Ressourcen im Netz bereitstellen.

Dabei ist die Gleichsetzung des Begriffs mit Hardware im Grunde falsch, aber wenn man unter dem Begriff des Webservers einen Rechner versteht, auf dem eine bestimmte Software wie z. B. Apache mit MySQL installiert ist (diese Software ist der Server, nicht die Hardware – manchmal redet man zur Verdeutlichung von *Webserver-Software*), kann man diese Gleichsetzung mit einiger Vorsicht akzeptieren.

Wir benötigen in der Folge allerdings das Verständnis, dass mit Webserver die Software zur Bereitstellung der Ressourcen im WWW gemeint ist, wie es nach der engen Definition auch korrekt ist. Wenn bewusst von dem Computer die Rede sein soll, wird ausdrücklich Webserver-**Rechner** oder der Begriff **Host** notiert.

▶   Ein Webserver bezeichnet in unserem Zusammenhang ein **Programm**, das auf einem Rechner läuft und über http und/oder https auf Anforderung Dateien bereitstellt.

3.2.2   Das Verhältnis von Client und Server

Das WWW ist als Dienst im Internet – wie fast alle dort verfügbaren Dienste – ein klassisches **Client–server-System**, bei dem jede Aktion aus einem Zyklus „Anfordern einer Leistung – Bereitstellen der Leistung" besteht. Konkret bedeutet das, dass im Web so gut wie immer ein Browser (der Client) eine neue Datei (in der Regel eine Webseite oder Inhalt, der in eine Webseite eingebaut werden soll) anfordert und eventuell darin referenzierte externe Ressourcen wie Grafiken, Videos, Animationen oder externe JavaScript- oder CSS-Dateien nachgefordert werden. Diese werden dann zusammen mit der Webseite im Browser dargestellt oder sonst verwendet.

▶   Der Client löst bei http bzw. https immer einen Datenaustausch aus – nie der Server. Der Server antwortet immer nur auf eine Anfrage.

3.2.3   Die Transportwege im Internet

Gehen wir kurz eine Stufe tiefer und werfen einen Blick auf die Transportwege im Internet. Das gesamte Internet (und damit auch das WWW) setzt auf dem Transport-protokoll **TCP/IP** (Transmission Control Protocol/Internet Protocol) auf. Dabei beschreibt TCP/IP ein Übertragungssystem zwischen Client und Server, bei dem die auszutauschenden Daten zwischen den beiden kommunizierenden Systemen in kleine

Datenpakete zerlegt werden. Die gesamte Internet-Kommunikation basiert auf der Datenübertragung in Form einer solchen Paketvermittlung, die mit TCP/IP realisiert wird.

Hintergrundinformation
TCP/IP sind im Prinzip zwei getrennte Protokolle, kommen aber heute fast nur noch in Verbindung vor. TCP/IP soll in unserm Verständnis auch als Familie von Protokollen gesehen werden, unter der auch das Protokoll **UDP** (**U**ser **D**atagram **P**rotocol) gefasst wird. Die Feinheiten sollen hier nicht weiter verfolgt werden.

3.2.3.1 Datenpakete und IP-Nummern

Bei einer Paketvermittlung und der Zerlegung aller zu übertragenden Daten in kleinere Datenpakete werden diese Pakete als abgeschlossene und vollständige Transporteinheiten behandelt, die unabhängig voneinander vom Sender zum Empfänger gelangen. Es werden einfach Datenpakete hin und her verschickt, die nur auf Grund von Adressangaben (die so genannten **IP-Nummern** oder damit gekoppelter Zuordnungen über Namenssysteme wie DNS) zugeordnet werden.

3.2.3.2 Virtuelle Verbindungen versus zustandslose Verbindungen

Dabei wird während der Kommunikation über TCP/IP explizit keine Verbindung im eigentlichen Sinn zwischen dem Server und dem Client aufgebaut oder gehalten. Man schaltet also keine „Leitung", wie es etwa bei der klassischen Telefonverbindung der Fall ist.

Bei einer Paketvermittlung unterscheidet man dennoch allgemein zwischen einer verbindungsorientierten und einer nichtverbindungsorientierten (oder auch zustandslosen) Form. Diese Spezifizierung der Kommunikationsform wird jedoch eben ausdrücklich nicht auf der Transportebene, sondern oberhalb davon jeweils mit spezifischen Protokollen realisiert, die auf TCP/IP aufsetzen.

Solche Protokolle für eine verbindungsorientierte Paketvermittlung sind etwa SSH, Telnet oder moderne Internet-Telefonie.

Ein nichtverbindungsorientiertes bzw. zustandsloses Protokoll ist HTTP samt seinen Verwandten wie HTTPS, wie es im WWW eingesetzt wird.

Diese auf dem eigentlichen Transportprotokoll aufsetzenden Protokolle sind besagte Dienstprotokolle. Die Angabe der Dienstprotokolle und IP-Nummern oder Domain-Angaben sind der zentrale Part einer URL wie http://www.autoren-net.de/.

3.2.3.3 DNS

Ein anderer Teil der URL ist ein eindeutiger Name für eine Ressource wie einen Rechner. Das **D**omain **N**ame **S**ystem (DNS) bezeichnet den Aufbau von aussagekräftigen Internet-Adressen, die dabei statt der nichtsagenden IP-Nummern oft verwendet werden. Das Domain Name System (DNS) ist ein Dienst im Internet (oder ggfls. auch im lokalen IP-Netzwerk), der sich um die Beantwortung von Anfragen zur Namensauflösung kümmert – was also für eine IP-Adresse hinter einem symbolischen Namen steckt, der wiederum gewissen Regeln folgen muss.

Das DNS funktioniert ähnlich wie eine Telefonauskunft. Der Benutzer kennt eine Domain, die über einen für Menschen verständlichen und merkbaren Namen verfügt, zum Beispiel wordpress.org. Diesen Namen gibt er etwa in einem Browser ein. Die URL wird dann vom DNS in die zugehörige IP-Adresse umgewandelt und führt so zum richtigen Rechner.

3.2.3.4 Der Port

Ein Port ist der Teil einer Netzwerk-Adresse, der die Zuordnung von TCP- und UDP-Verbindungen und -Datenpaketen zu Server- und Client-Programmen durch Betriebssysteme bewirkt. Zu jeder Verbindung dieser beiden Protokolle gehören zwei Ports, je einer auf Seiten des Clients und des Servers. Gültige Portnummern sind 0 bis 65535.

Der Einsatz von Ports dient im Wesentlichen zwei Zwecken:

1. Mit Ports lassen sich mehrere Verbindungen zwischen demselben Paar an Client und Server unterscheiden. So kann man etwa in einem Browser mehrere Fenster öffnen und damit von einem Rechner zum gleichen Webserver mehrere unabhängige Verbindungen aufbauen.
2. Ports können auch indirekt Netzwerkprotokolle und entsprechende Netzwerkdienste identifizieren.

▶ Wenn man im Browser explizit einen Port angeben will, stellt man ihn in der URL per Doppelpunkt abgetrennt dem Namen des Hosts nach. Etwa so: http:// localhost:**81**.

3.2.3.5 Geschlossene Netzwerke mit Internet-Technologie – Intranets

Die Techniken, die im Internet eingesetzt werden (TPC/IP, Dienstprotokolle etc.) kann man auch in abgeschlossenen Netzwerken einsetzen. Dies bezeichnet man dann als **Intranet**. Wenn Sie etwa zwei Computer über einen Router verbinden und diese mittels IP-Nummern lokal zugänglich machen (das ist der Regelfall, wenn Sie etwa einen DNS-Router verwenden), dann betreiben Sie bereits ein kleines Intranet. Das kann man etwa dazu nutzen, dass Sie auf einem der Computer einen Webserver installieren und von dem anderen Computer darauf zugreifen.

▶ Oft wird ein Intranet als **lokales Netzwerk** bezeichnet. Das ist keinesfalls zwingend. Es gibt auch geografisch ausgedehnte Intranets, deren Verbindungen öffentliche Räume überbrücken, etwa von sehr großen Firmen und mehreren Zweigstellen in einer Stadt oder sogar einem Land. Das Kennzeichen ist die geschlossene Nutzergruppe – im Gegensatz zum offenen Internet. Wir werden Intranet und lokales Netzwerk oft synonym verwenden.

3.2.4   HTML versus XHTML

Für den Aufbau der WWW-Oberfläche zur Bedienung des Internets musste eine eigene Dokumentenbeschreibungssprache entwickelt werden – **HTML**. HTML wurde mit Hilfe der Sprache **SGML** (Structured Generalized Markup Language) entwickelt und ist eine sogenannte **Dokumentenbeschreibungssprache** (oder auch **Dokumentenformat**) in Klartextform, welche die logischen Strukturen eines Dokuments beschreibt.

Der Kern jeder Webseite ist auch heute noch HTML, obgleich HTML schon in den 90er-Jahren nach dem Beschluss vom W3C durch **XHTML** (Extensible HyperText Markup Language) abgelöst werden sollte. XHTML ist im Kern eine strenge Variante von HTML und auf Basis von **XML** (Extensible Markup Language) neu definiert worden. Allerdings hat sich XHTML nie durchgesetzt und HTML wird gerade mit der Version HTML5 auf einen neuen Standard gehoben.

▶   Mehr Informationen zu HTML und XHTML finden Sie im Anhang.

3.2.5   CSS (Cascading Style Sheets)

Moderne Webseiten reduzieren die Verwendung von HTML fast vollständig auf die reine Strukturierung der Seite, während das Layout gänzlich Formatvorlagen bzw. Style Sheets übertragen wird. Style Sheets stellen im Web einmal den – mehr oder weniger erfolgreich umgesetzten – Versuch dar, den unterschiedlichen Interpretationen von Webseiten auf verschiedenen Plattformen einen Riegel vorzuschieben. Über Style Sheets können Sie in Formartegeln das Layout von Webseiten viel genauer als mit HTML festgelegen. Auch haben Sie viel mehr Formatmöglichkeiten als in HTML.

Aber diese erweiterten Möglichkeiten sind im Grunde nur ein Nebenprodukt. Style Sheets eröffnen die Möglichkeit, das Vermischen von Gestaltungsbefehlen und Informationsträgern aufzuheben. Es kann eine klare Trennung von Struktur und Layout erreicht werden. Nahezu alle bisherigen HTML-Gestaltungselemente werden bei konsequenter Anwendung von Style Sheets überflüssig, was die Qualität und Wartbarkeit einer Webseite exorbitant verbessern kann. Gerade die Vorlagen bzw. Templates von WordPress nutzen diese Aufteilung als auch die Gestaltungsmöglichkeiten von Style Sheets.

▶   Mehr Informationen zu Style Sheets finden Sie im Anhang.

3.2.6   Programmierung bei Webseiten

Wenn wir nun über die Programmierung von und bei Webseiten reden wollen, müssen wir erst einmal grundsätzlich Programmierung im WWW an den Anfang stellen. Über die

Jahre hat sich das WWW von einem eher statischen, passiven Darstellungsmedium von Webseiten zu einem System entwickelt, in dem man als Anbieter von Inhalten sowohl auf dem Server als auch Client programmieren kann.

Man kann im Web insbesondere auf dem Server mit zahlreichen Techniken und Programmiersprachen programmieren. Aber zusätzlich kommen da oft auch noch Datenbanksysteme zum Einsatz, gerade bei einem CMS wie WordPress.

Auf dem Client (also im Browser) nutzt man dagegen so gut wie ausschließlich JavaScript.

3.2.6.1 Serverseitige Programmiersprachen

WordPress verwendet auf dem Server explizit **PHP**. Auf deren Details gehen wir im Anhang etwas genauer ein. Darüber hinaus gibt es aber noch diverse weitere Programmiersprachen, die auf dem Webserver eingesetzt werden. Im Microsoft-Umfeld ist ASP. NET auf Basis von C# oder Visual Basic populär, aber es gibt auch Perl, Python und selbst JavaScript kann man auf dem Server programmieren.

3.2.6.2 Datenbanken auf Seiten des Webservers – MySQL und SQL

Kaum eine größere Webanwendung kommt heutzutage noch ohne die Anbindung an eine Datenbank aus, die aus der serverseitigen Programmierebene heraus genutzt wird. CMS nutzen diese fast immer, wenn es sich nicht gerade um ein sehr schlankes und kleines System handelt, das Daten in einfachen Dateien ablegt. Wenn eine Anwendung größere Datenmengen zur Verfügung stellt oder Daten durch Benutzer bearbeitet oder hinzugefügt werden können, sind **Datenbankmanagementsysteme (DBMS)** im Einsatz. Solche Systeme sind in der Regel schnell, sicher, flexibel und vor allen Dingen stabil. PHP bietet Schnittstellen zu vielen verschiedener solcher Systeme. In der Praxis hat sich besonders die Kombination aus PHP und **MySQL** samt seinen Ablegern wie MariaDB etabliert, was auch bei WordPress die Regel-kombination ist.

MySQL ist sogar ein **relationales Datenbankmanagementsystem (RDBMS)**, das seit Mitte der 1990er-Jahre entwickelt wurde. Seit 2010 gehört MySQL zu Oracle. Neben einigen kommerziellen Lizenzen gibt es MySQL in der Community Edition als Open Source Software. MySQL ist sehr weit verbreitet und in vielen Hosting-Angeboten inkludiert, was durchaus auch die standardmäßige Verwendung in den meisten CMS erklärt.

In RDBMS wie MySQL werden die Daten in Tabellen organisiert, die in einer bestimmten Beziehung zu anderen Tabellen derselben Datenbank stehen können. Ein RDBMS kann mehrere Datenbanken verwalten. Jede dieser Datenbanken kann wiederum eine Vielzahl von Tabellen enthalten.

Wenn möglich, wird pro Projekt eine eigene Datenbank angelegt. Das ist praktisch und übersichtlich. Oft wird die Anzahl der Datenbanken durch Hosting-Anbieter stark limitiert. Wenn Sie beispielsweise nur eine Datenbank zur Verfügung haben, sollten Sie die Tabellen eines Projekts mit einem einheitlichen Präfix versehen. Alle Tabellen, die innerhalb derselben Datenbank diese Kennung tragen, lassen sich dann leicht als zusammengehörig identifizieren.

MySQL verwendet – wie viele andere RDBMS auch – die Datenbanksprache **SQL** (**S**tructured **Q**uery **L**anguage). SQL stellt Befehle zur Datenbankverwaltung, zum Anlegen einer Datenbank sowie zum Erstellen, Ändern und Löschen von Tabellen und Daten zur Verfügung. Außerdem können Sie Abfragen auf den Datenbestand durchführen, um nach bestimmten Kriterien gefilterte Daten zu erhalten.

▶   Zu SQL finden Sie eine kleine Einführung im Anhang.

3.2.7   Die clientseitige Programmierung – JavaScript

Wenn wir nun clientseitige Programmierung im WWW ansprechen, ist über die Jahre als einziger relevanter Vertreter der clientseitigen Zunft **JavaScript** übrig geblieben. Aber dieser wird mittlerweile flächendeckend eingesetzt und akzeptiert. JavaScript ist eine wichtige Erweiterung von HTML und realisiert die clientseitige Logik einer Webapplikation. Dabei handelt es sich um eine Interpretersprache, die im Rahmen eines umgebenden Programms (des Browsers) zur Laufzeit übersetzt und ausgeführt wird. Schauen Sie sich populäre Webseiten im Internet an. Keine einzige der heutzutage angesagten Webseiten kommt ohne JavaScript daher. Und fast alle Anwender im Web haben JavaScript im Browser aktiviert (obwohl man JavaScript im Browser auch deaktivieren kann). Denn kaum ein Anwender möchte auf den uneingeschränkten Nutzen populärer Webangebote wie Google, ebay, Facebook, Twitter oder Wikipedia verzichten. Viele der erweiterten Features von WordPress verwenden zur Umsetzung im Client JavaScript.

▶   Auch zu JavaScript finden Sie mehr Informationen im Anhang.

3.2.8   Das Web 2.0 und Ajax

So genial und im Grunde einfach das Konzept des WWW ist, es gibt ein grundsätzliches und gravierendes Problem mit HTTP, HTML und dem Konzept klassischer Webbrowser. Bei der Anfrage des Browsers an einen Webserver nach neuen Daten muss dieser immer eine vollständige Webseite als Antwort senden. Oder genauer: Der Browser versteht die Antwort so, dass er die bisher im Browser angezeigte Seite durch diesen neuen Inhalt vollständig ersetzt. Offensichtlich ist das ineffektiv, wenn nur kleine Änderungen notwendig sind.

3.2.8.1 Ajax

Und hier kam um das Jahr 2005 **Ajax** (**A**synchronous **J**ava**S**cript and **X**ML) ins Spiel. Allgemein geht es um ein Verfahren, wie man mittels JavaScript eine Reaktion einer Webapplikation in (nahezu) Echtzeit gewährleisten kann, obwohl neue Daten vom Webserver angefordert werden. Statt zu einer vollständigen Webseite mit im Prinzip schon im Browser vorhandenen Daten wird eine Ajax-Datenanfrage dazu führen, dass nur die wirklich neuen Daten vom Webserver geschickt und diese dann mit JavaScript in die bereits beim Client geladene Webseite „eingebaut" werden.

Dabei wird in der Regel nicht einmal die normale Interaktion des Benutzers mit der Webanwendung durch das Laden neuer Daten unterbrochen. Diese kaum vorhandene Verzögerung erlaubt nun auch im Web die Erstellung von Angeboten, die sehr stark auf Interaktion mit dem Anwender setzen. Insbesondere Google hat dafür gesorgt, dass sich Ajax mittlerweile als Standardverfahren solcher interaktiver Webseiten etabliert hat.

3.2.8.2 Das Web 2.0

Unter dem Schlagwort **Web 2.0** hat sich ebenfalls ab ungefähr 2005 eine Art Oberbegriff für die meisten interaktiven Webangebote breit gemacht, die technisch meist mit Ajax arbeiten. Oft nennt man das Web 2.0 auch „Mitmach-Web", weil Anwender nicht nur reine Konsumenten sind, sondern selbst Content beisteuern. Denken Sie beispielsweise an Blogs, Twitter, Wikis oder Communitys wie Xing, Facebook, Youtube etc. Aber auch wenn Anwender etwa Termine in einen Onlinekalender eintragen oder verschieben, wird das zu einer veränderten Darstellung der Webseite führen (der Termin wird beispielsweise unmittelbar in der Webseite angezeigt – und zeitlich im Hintergrund auf dem Server gespeichert). So gesehen ist auch dieses eine Form des Mitmachens im Web 2.0. Ein entscheidender Punkt beim Web 2.0 ist aber, dass die Anwender nicht zwingend neue Webseiten erstellen, sondern sich auf den Content konzentrieren.

3.2.9 RIAs

Diese interaktiven Webseiten des Web 2.0 werden meist **RIAs** (**R**ich **I**nternet **A**pplications) genannt, um sie von einfachen (statischen) Webseiten zu unterscheiden. RIAs mit ihren – etwas schwammig formulierten – reichhaltigen Möglichkeiten verändern seit ein paar Jahren die Art der Nutzung des WWW. Ebenso wird die Bedeutung von klassischen Desktop-Applikationen neu positioniert. Viele früher nur als Desktop-Applikation genutzte Programmtypen finden sich plötzlich im Web und werden mit dem Browser ausgeführt, seien es persönliche Kalender, vollständige Office-Programme, Spiele, Routenplaner, ganz integrierte Entwicklungsumgebungen oder Kommunikations-programme. Aber auch mobile Webseiten oder Anwendungen für Handys oder Smart-phones basieren mehr und mehr auf Web-Technologie. Dies verändert nicht zuletzt das Anwenderverhalten als auch die Anwendererwartung bei Internet-Applikationen im Allgemeinen sowie der Verfügbarkeit von Leistungen. RIAs stehen auf der einen Seite als klassische Web-Applikationen (aber mit einem gewissen Mehrwert) immer zur Verfügung, wenn man einen halbwegs schnellen Internetzugang und einen modernen Browser hat. Und sie sind auf der anderen Seite teilweise von der Bedienung, der Performance als auch Optik mittlerweile fast gar nicht von klassischen Desktop- oder Mobil-Applikationen zu unterscheiden.

Hintergrundinformation
Um diese reichhaltigen Möglichkeiten von RIAs zu gewährleisten, setzt man auf Clientseite immer mehr sogenannte Web-**Frameworks** oder –**Toolkits** ein. Das sind Funktionsbibliotheken, die meist auf JavaScript und teils auf CSS basieren, und die neben vielen vorgefertigten Funktionen auch eine eigenständige Syntax bereitstellen, die JavaScript erweitert. Sehr populär ist beispielsweise jQuery.

Wenn Sie mit WordPress eine Webseite aufbauen, können Sie den Ansprüchen einer RIA genügen, denn die ganzen Features des Web 2.0 stehen in dem CMS bei Bedarf über zahlreiche Erweiterungen bereit. Sie müssen sie nicht nutzen, aber Sie können das. Dabei müssen Sie sich nicht einmal besondere Gedanken darum machen, ob das nun ein Feature vom Web 2.0 bzw. eine RIA ist oder nicht. WordPress sorgt einfach dafür, dass das System funktioniert.

Download, Installation und Aktualisierung von WordPress – Für WordPress brauchen Sie ... 4

Woher bekommen Sie das WordPress-CMS und wie können Sie es installieren und aktuell halten?

Zusammenfassung

In diesem Kapitel werden wir uns nun WordPress selbst „beschaffen" und wir besprechen, welche Voraussetzungen Sie für eine eigene Installation erfüllen müssen. Das betrifft im Wesentlichen den Webserver, die erforderliche Unterstützung für PHP und das benötigte Datenbanksystem. Danach installieren wir WordPress auf einem lokalen System als auch auf einem entfernten Rechner, der sich sowohl im abgeschlossenen und meist lokalen Intranet als auch im Internet befinden kann. Das kann also ein einzelner Rechner, ein Rechner in Ihrem lokalen Netzwerk, aber auch ein Computer im Internet sein. Wir schauen uns ebenso an, was Sie grundsätzlich beachten sollten, wenn Sie ein WordPress-CMS im Internet bereitstellen wollen. Des Weiteren behandeln wir die Aktualisierung eines vorhandenen WordPress-Systems und das Löschen des CMS.

4.1 Voraussetzungen für die eigene WordPress-Installation

Wir haben schon gesehen, dass man WordPress ganz einfach ausprobieren kann, wenn man bei einem Anbieter wie WordPress.com eine Art Baukasten für ein WordPress-CMS verwendet. Das so eingerichtete CMS kann man sogar wirklich in der Praxis verwenden. Wenn Sie jedoch die vollständige Kontrolle über ein WordPress-System haben wollen, können Sie das CMS am besten selbst installieren. Dabei kann man erst einmal vier grundsätzliche Fälle unterscheiden:

- Eine Installation erfolgt auf einem eigenen Server, der auf dem gleichen Computer läuft, von dem Sie aus arbeiten. Erinnern Sie sich daran, dass mit einem Server ein *Programm* gemeint ist.

© Springer Fachmedien Wiesbaden 2016
R. Steyer, *WordPress*, DOI 10.1007/978-3-658-12830-2_4

- Die Installation erfolgt auf einem eigenen Server, der auf einem entfernten Rechner, aber in einem lokalen Netzwerk beziehungsweise allgemein Intranet läuft.
- Sie führen eine Installation auf einem eigenen Server durch, der auf einem entfernten Rechner im Internet läuft.
- Die Installation von WordPress erfolgt bei einem Provider, bei dem Sie ein Hosting-Angebot nutzen.

Diese vier Situationen lassen sich offensichtlich in zwei Fälle klassifizieren. Einmal haben Sie den Server selbst unter Kontrolle (entweder den gesamten Server-Rechner – den Host – oder zumindest das Server-Programm) und einmal bereitet ein Provider für Sie alles Notwendige auf einem Rechner beziehungsweise Server vor, den Sie für WordPress verwenden wollen.

▶   Wenn Sie WordPress auf einem eigenen Webserver betreiben wollen, dann müssen Sie den Server auch bereitstellen und verwalten. Im Fall eines Providers ist aber auch solch ein Webserver notwendig – nur dann stellt ihn der Provider bereit und verwaltet ihn.

Betrachten wir erst einmal davon unabhängig, was eine WordPress-Installation als Voraussetzungen benötigt.

4.1.1   Grundsätzliche Voraussetzungen für die Installation von WordPress

Damit WordPress von Ihnen installiert werden kann, ist wie gesagt ein funktionsfähiger Webserver nötig, der alle notwendigen Voraussetzungen von WordPress erfüllt.

4.1.1.1 Ein lokaler Rechner – zwei Aufgaben

Dieser Webserver kann sogar lokal auf dem gleichen Rechner laufen, mit dem Sie normal arbeiten. In dem Fall laufen der Webserver, auf dem Sie WordPress installieren wollen, samt Datenbankmanagementsystem und letztendlich auch Ihr Client für den Zugriff auf WordPress (also der Browser) auf dem gleichen Gerät.

Das ist überhaupt kein Problem und wird in der Entwicklungsphase beziehungsweise zu Testzwecken oft so gemacht, vor allen Dingen dann, wenn man gar kein lokales Netzwerk beziehungsweise nur einen Computer zur Verfügung hat.

Solch ein Rechner sollte den Webserver und Ihre WordPress-Seiten dann aber nicht live im Internet verfügbar machen, worauf wir am Ende des Kapitels noch einmal eingehen (Abschn. 4.6).

4.1.1.2 Trennen von Client- und Server-Rechner – unter eigener Verantwortung

Wenn der Webserver auf einem „entfernten" Rechner installiert wird, kann das ein eigener Rechner in einem lokalen Netzwerk beziehungsweise Intranet sein (zu Testzwecken ist es die beste Option), aber auch ein Rechner, der mit dem Internet verbunden ist und den Sie auch nur über Internet selbst erreichen (das ist dann im echten Betrieb die beste Lösung). Allerdings sind auch das dann Computer oder zumindest Server, die in Ihrer Verantwortung stehen. In jedem Fall läuft dabei der Webserver auf einem eigens dafür gedachten Computer und nicht auf dem Computer, mit dem Sie normal arbeiten und von dem aus Sie den Webserver über den Browser ansprechen.

4.1.1.3 Fremde Serverrechner

Oder aber WordPress wird auf einem dafür vorbereiteten Rechner Ihres Internetproviders installiert und dann müssen Sie sich gar nicht um die Installation und Einrichtung eines Webservers kümmern. Das ist bequem, hat aber natürlich auch die bereits angesprochenen Nachteile, da Sie die vorkonfigurierten Einstellungen des Providers verwenden und meist mit vielen Einschränkungen leben müssen.

▶   Wir werden uns am Ende des Kapitels noch genauer mit der Auswahl geeigneter Möglichkeiten zum Betrieb eines WordPress-CMS im Internet und den spezifischen Vor- und Nachteilen beschäftigen (siehe Abschn. 4.6.3).

▶   Auch wenn Sie Ihre WordPress-Seite letztendlich im Internet zugänglich machen (das sollte ja fast immer der Fall sein – außer Sie wollen Content für ein abgeschlossenes Intranet bereitstellen), ist ein vorheriger Test in einem lokalen Umfeld auf jeden Fall zu empfehlen. Deshalb wird man in der Regel ein WordPress-CMS zusätzlich zu einer späteren Installation im Internet **vorher** lokal auf einem Rechner installieren und erst dann ins Internet übertragen und live schalten, wenn die wichtigsten Dinge funktionieren.
Am besten experimentieren Sie vor einem Einsatz von WordPress im Internet sowieso ausführlich mit einer lokalen Installation (damit ist insbesondere auch eine Installation in einem lokalen Netzwerk oder allgemein Intranet gemeint). Denken Sie daran: Auch die Testinstallationen bei WordPress.com & Co, die wir bereits besprochen haben, sind unmittelbar im Internet erreichbar (auch wenn Sie bei reinen Subdomains nicht oft und gut gefunden werden). Was immer Sie da experimentieren, ist öffentlich sichtbar und ob das immer gewünscht ist, kann bezweifelt werden. Für die Arbeit mit dem Buch wird auf jeden Fall eine lokale Installation empfohlen.

4.1.1.4 Voraussetzungen zur lokalen Installation von WordPress

Zur lokalen Installation von WordPress benötigen Sie erst einmal folgende Voraussetzungen:

- Einen Computer mit Windows, Mac OS, Linux oder UNIX als Betriebssystem mit etwas freiem Festplattenspeicher; das kann wie angedeutet Ihr normaler Arbeitsrechner sein, aber am besten verfügen Sie über einen zusätzlichen Computer, der in einem lokalen Netzwerk verfügbar ist.
- Eine Webserver-Umgebung, wie sie z. B. das XAMPP-Softwarepaket bereitstellt, das wir gleich genauer besprechen und installieren (Abschn. 4.1.2.2). Die einzelnen notwendigen Bestandteile wurden schon besprochen (PHP-Version 5.2.4 oder höher, MySQL-Version 5.0 oder höher und optimalerweise das Apache mod_rewrite-Modul, um „schönere URLs" erstellen zu können) und sind in dem Software-Paket enthalten.
- Ein aktuelles WordPress-Installationspaket.

4.1.1.5 Voraussetzungen zur Installation von WordPress auf einem entfernten Webserver

Zur Installation von WordPress auf einem entfernten Webserver, den Sie im Internet selbst betreiben, benötigen Sie:

- Einen einigermaßen schnellen Internetzugang.
- Ein Hosting-Paket mit einer Domain, das Ihnen eine Webserver-Umgebung (idealerweise mit Apache) bereitstellt und das die aktuellen Versionen von PHP und MySQL beinhaltet; alternativ müssen Sie auf dem entfernten Rechner die Möglichkeit zur Installation einer solchen Webserver-Umgebung haben oder die einzelnen Bestandteile (Apache, MySQL, PHP) installieren können.
- Die Möglichkeit zum Upload von Dateien auf Ihren Webspace (das macht man meist mit einem FTP-Zugang).

4.1.1.6 Voraussetzungen zur Installation von WordPress bei einem Provider

Zur Installation von WordPress bei einem Provider benötigen Sie folgende Voraussetzungen:

- Einen einigermaßen schnellen Internetzugang.
- Ein Hosting-Paket bei einem Provider, der die Online-Einrichtung von WordPress in der gewünschten Version unterstützt oder möglicherweise bereits automatisch dabei hat.
- Die Möglichkeit zum Upload von Dateien auf Ihren Webspace beim Provider – auch das macht man meist mit FTP.

4.1.2 Einrichten eines eigenen Webservers

Wir hatten bei den Grundlagenbegriffen besprochen, dass ein Server im eigentlichen Sinn nur ein Programm ist, das für Kunden (Klienten oder engl. clients) Anfragen beantwortet. Er ist damit der Diener (lat. servus und engl. server) seiner Kunden. Ein Webserver ist also ein Programm, das Anfragen über das Web beantwortet und die Wünsche der Kunden befriedigt. Als Protokoll müssen der Server und der Diener http oder https verstehen. Das Dienstprogramm des Klienten ist eben der Browser.

4.1.2.1 Indianer an die Macht

Für WordPress werden Sie als Webserver so gut wie immer **Apache** (http://httpd.apache.org/) einsetzen, obgleich auch andere Webserver wie der IIS möglich sind. Die meisten Internetprovider verwenden ebenfalls Apache. Wenn Sie bereits ein Hosting-Angebot mit Apache als Webserver verwenden, werden Sie diesen natürlich nicht mehr einrichten und administrieren müssen. Aber da eine lokale Installation von WordPress zu Testzwecken in jedem Fall zu empfehlen ist, benötigen Sie dann auch erst einmal einen Apache-Webserver. Sie können diesen natürlich von Hand installieren und einrichten, aber das ist nicht ganz trivial. Zudem ist es damit auch noch nicht getan, um WordPress zu verwenden. Sie benötigen ja auch noch MySQL und Unterstützung für PHP.

4.1.2.2 XAMPP als Komplettpaket

Deshalb ist es viel einfacher, wenn Sie ein Komplettpaket installieren, das bereits alle Bestandteile enthält, die wir für WordPress benötigen. Sehr verbreitet ist **XAMPP** (https://www.apachefriends.org/de/ Abb. 4.1), aber es gibt natürlich Alternativen.

▶   Beachten Sie, dass sich der Aufbau der Webseite des XAMPP-Projekts immer wieder ändert. Allerdings werden die Links zum Download der Software grundsätzlich hervorgehoben auf der Webseite zu finden sein.

XAMPP versteht sich als eine kostenlose, leicht zu installierende Apache-Distribution, die MySQL, PHP, Perl, einen FTP-Server und noch einige weitere Features enthält.

▶   Das XAMPP-Paket wurde ausdrücklich für eine ganz einfache Installation und Nutzung bei der Entwicklung und zum Test eingerichtet. In der Grundkonfiguration ist XAMPP nicht für einen Betrieb im Internet geeignet, da es nicht sicher genug eingerichtet ist. Bei neuen Versionen von XAMPP wird das System sicherer konfiguriert als früher (etwa geht in der Grundeinstellung der Zugriff auf das Web-Interface für die Administration von XAMPP nur aus einem lokalen Netzwerk), aber es ist und bleibt im Grunde ein lokales Testsystem. Allerdings kann das System mit der entsprechenden Erfahrung für den wirklichen Internet-Betrieb „gehärtet" werden.

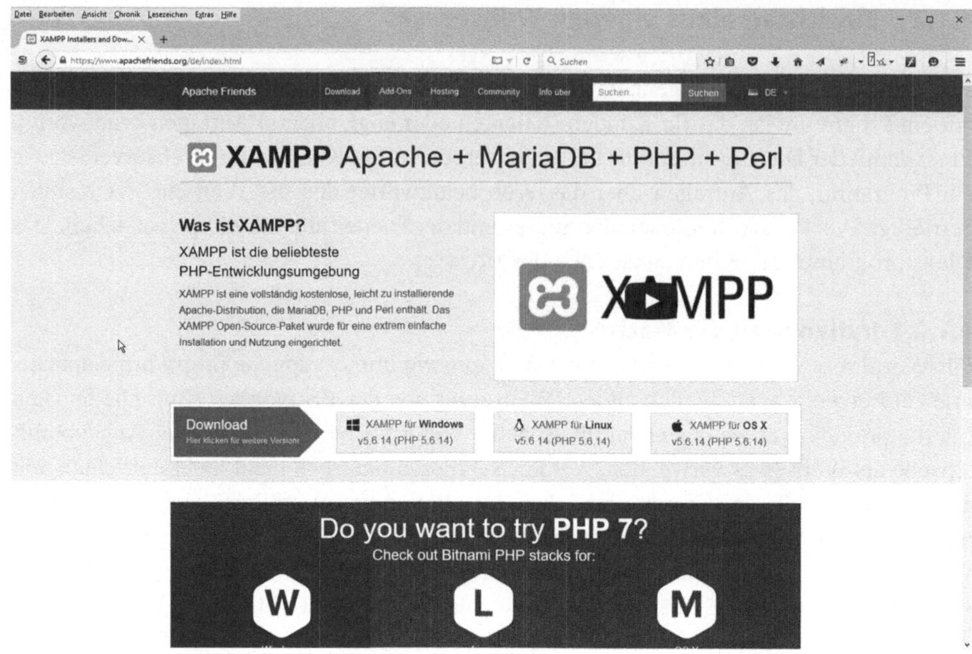

Abb. 4.1 Homepage der Apache Friends

XAMPP steht für die Betriebssysteme Windows, Mac OS X und Linux zur Verfügung. Beachten Sie, dass die meisten Provider jedoch Linux verwenden und deshalb in dem Buch auch immer wieder auf die Besonderheiten von Linux hingewiesen wird, obwohl das hauptsächliche Referenzsystem für den lokalen Einsatz bei den meisten Lesern vermutlich Windows ist. In der Praxis im Internet werden Sie dann aber mit sehr großer Wahrscheinlichkeit einen Apache-Server auf Basis von Linux verwenden. Für den Betrieb eines WordPress-Systems spielt das Betriebssystem des Servers aber ohnehin keine Rolle.

Hintergrundinformation
In dem Bezeichner XAMPP steht das

- A für **Apache**
- M für **MySQL**
- P für **PHP** und
- P für **Perl**.

Bleibt noch das **X**. Das ist ein Platzhalter, der historische Ursachen hat. Ursprünglich gab es die Apache-Distribution nur für Linux und ohne Perl. Das nannten die Apache Friends LAMP und das **L** stand für **Linux**. Dann kam ein Paket für Windows dazu (WAMP mit **W** für **Windows**). Das Betriebssystem wurde dann irgendwann durch den Platzhalter X ersetzt und das zweite P für Perl hinzugefügt, als auch dafür Unterstützung integriert wurde. Den Bezeichner *lampp* finden Sie heute noch als Name für das standardmäßige Installationsverzeichnis des Systems unter Linux.

XAMPP können Sie sowohl auf Ihrem lokalen Rechner, einen Rechner in Ihrem lokalen Netzwerk beziehungsweise Intranet als auch einem Rechner installieren, der mit dem Internet verbunden und nur darüber erreichbar ist und auf dem Sie einen Webserver betreiben wollen.

Das kann ein so genannter **V-Server** (virtueller Server) oder auch ein vollständiger Server sein, den Sie bei vielen Providern mieten können (Abschn. 4.3.3). Die grundsätzliche Installation ist vollkommen gleich, wobei Sie beachten sollten, dass die Apache Friends das gesamte System wie gesagt einfach konfiguriert haben, um bequem ein Testsystem zur Verfügung zu haben. Für den rauen Einsatz im Internet sind die Konfigurationseinstellungen nicht gedacht.

Lokale Installation als realistische Simulation
Wir schauen uns erst einmal die lokale Installation zu Testzwecken genauer an. Eine Installation für das Internet samt der notwendige Administration und Konfiguration samt einer Härtung für den Praxisbetrieb sprengt den Rahmen als auch das Thema des Buchs. Aber grundsätzlich läuft die Installation gleich ab, weshalb an den relevanten Stellen entsprechende Hinweise gegeben werden.

▶   Wenn Sie sich gut mit der Administration von Webservern und MySQL auskennen, können Sie selbstverständlich Apache (oder auch einen anderen Webserver – aber das verfolgen wir nicht) und MySQL ohne die Hilfe von XAMPP installieren und administrieren. Zu MySQL finden Sie unter https://dev.mysql.com/downloads verschiedene Produkte rund um MySQL.

4.1.2.3 Download von XAMPP

Laden Sie sich zuerst die neuste Version von XAMPP von der Webseite des Projekts auf den Rechner, auf dem Sie den Webserver installieren und betreiben wollen. Sie können entweder direkt die empfohlenen Standardvarianten von XAMPP zum Download auswählen (wenn diese auf der Einstiegsseite angezeigt wird) oder Sie wählen gezielt eine bestimmte Version für XAMPP aus (Abb. 4.2).

Je nach Aufbau der Webseite des XAMPP-Projekts finden Sie dazu eine entsprechend benannte Schaltfläche oder einen Hyperlink. Der Download sollte automatisch starten und Sie werden zusätzlich zu einer Webseite des **SourceForge**-Projekts geleitet, auf der weitere Versionen von XAMPP bereitgestellt werden.

Was ist SourcForge?
SourceForge (Quelltextschmiede) ist ein Filehosting-Dienst für Softwareprojekte. Programmierer können dort quelloffene Softwareprojekte erstellen und verwalten.

Wenn der Download startet, wählen Sie den Link zum Speichern und speichern Sie die Datei auf Ihrer Festplatte.

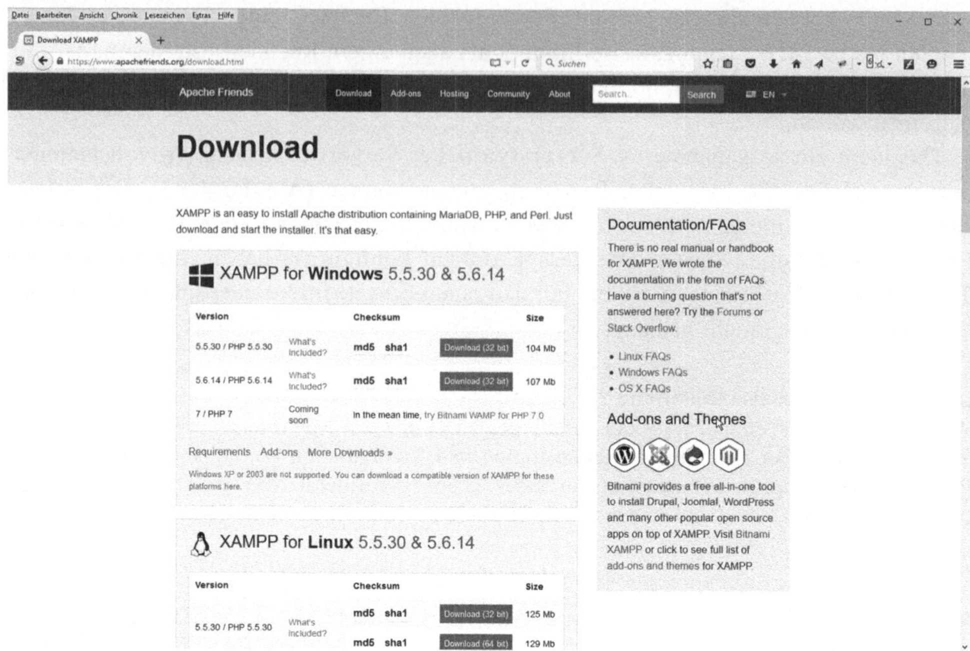

Abb. 4.2 Download des passenden XAMPP

▶ Wenn Sie eine individuelle Auswahl der XAMPP-Version vornehmen, sollten Sie einen **Installer** verwenden. Die nachfolgenden Ausführungen beziehen sich auf solch einen Installer unter Windows als auch Linux.

4.1.2.4 XAMPP als lokale Webserver-Umgebung für Windows installieren

Nachdem Sie das XAMPP-Paket für Windows geladen haben, können Sie XAMPP installieren. Sollten Sie ein lokales Netzwerk zur Verfügung haben, bietet sich auch die Installation auf einem ausgedienten, älteren Rechner an. Dann haben Sie nach der Installation genau die gleiche Situation vorliegen, die in der Praxis im Internet auftritt: Sie werden für den Zugriff auf das WordPress-CMS auf einen anderen Rechner zugreifen, nur halt im lokalen Netzwerk. Aber letztendlich spielt es keine Rolle, ob der Zugriff auf den Server später auf dem gleichen oder einem anderen Rechner erfolgt (das behandeln wir gleich noch genauer – Abschn. 4.1.3). Erst einmal installieren wir jetzt endlich XAMPP. Dazu gehen Sie beispielsweise wie folgt vor:

1. Öffnen Sie auf dem gewünschten Installationsrechner den Windows-Explorer oder den Arbeitsplatz.
2. Wechseln Sie in den Ordner, in den Sie XAMPP beim Download gespeichert haben.
3. Führen Sie einen Doppelklick auf die heruntergeladene XAMPP-Datei aus.

Die Installation von XAMPP sollte nun starten.

▶ Wenn Sie Windows 7, 8.x oder 10 im Einsatz haben, erscheinen wahrscheinlich vor und während der Installation eine oder mehrere Sicherheitswarnung(en). So können aktivierte Virenscanner zu einer Meldung führen und das Installationsprogramm warnt etwa davor, XAMPP in den Ordner *C:\Program Files (x86)* zu installieren, da es hier wegen fehlender Ordner-Schreibberechtigungen zu eingeschränkter Funktionalität von XAMPP kommen kann. Falls Sie solche Meldungen erhalten, ignorieren Sie diese und bestätigen Sie sie alle mit OK. Falls Sie die Meldung zu fehlenden Schreibberechtigungen erhalten, sollten Sie XAMPP in ein eigenes Hauptverzeichnis auf Ihrer Festplatte installieren, z. B. *C:\xampp*.

In den Folgeschritten werden Sie nach verschiedenen Konfigurationen der zu installierenden XAMPP-Version gefragt, zum Beispiel welche Bestandteile von XAMPP zu installieren sind. Bleiben Sie bei allen Dialogen des Assistenten bei den Vorgabeeinstellungen (bis ggfls. auf das oben genannte Problem mit dem Installationsverzeichnis). Hierdurch werden alle benötigten Komponenten, wie zum Beispiel PHP und MySQL, installiert und es wird ein XAMPP-Startmenü-Eintrag sowie eine Verknüpfung zu XAMPP auf dem Desktop erstellt.

Der Installationsvorgang kann einige Minuten dauern. Sobald die Installation beendet ist, erscheint hierzu eine Meldung. Zum Beenden der Installation klicken Sie auf FINISH beziehungsweise FERTIG STELLEN.

Bestätigen Sie die anschließend eingeblendete Frage, ob Sie das XAMPP Control Panel starten wollen, mit JA (Abb. 4.3). Nach der erfolgreichen Installation von XAMPP auf Ihrem Rechner können Sie gleich ausprobieren, ob Sie auch die Webserver-Komponenten problemlos aufrufen können.

Dazu müssen noch die Webserver-Software Apache (die auch PHP bereitstellt) und das Datenbankmanagementsystem MySQL gestartet werden. Das müssen Sie immer erst machen, wenn Sie den Webserver und letztendlich WordPress ausführen wollen.

- Betätigen Sie neben dem Eintrag *Apache* die Schaltfläche STARTEN, um die Webserver-Software zu starten.
- Klicken Sie ebenso neben dem Eintrag *MySQL* auf STARTEN, um das DBMS zu starten.

Weitere Server
In einigen Versionen von XAMPP für Windows sind die Programme FileZillaServer (FTP-Server), Mercury (Mailserver) und Tomcat (HTTP-Server mit Java-Laufzeitumgebung) zwar dabei, werden jedoch für die Installation und den Betrieb von WordPress nicht benötigt. Sie müssen daher auch nicht gestartet werden. Ausnahme ist der Fall, dass Sie per FTP Daten auf einen entfernten Rechner mit XAMPP übertragen oder den Vorgang auch im lokalen Umfeld als Praxisübung durchführen wollen – dann sollte dort ein FTP-Server laufen.

Über das Control-Panel können Sie alle Server von XAMPP einzeln starten und auch wieder anhalten.

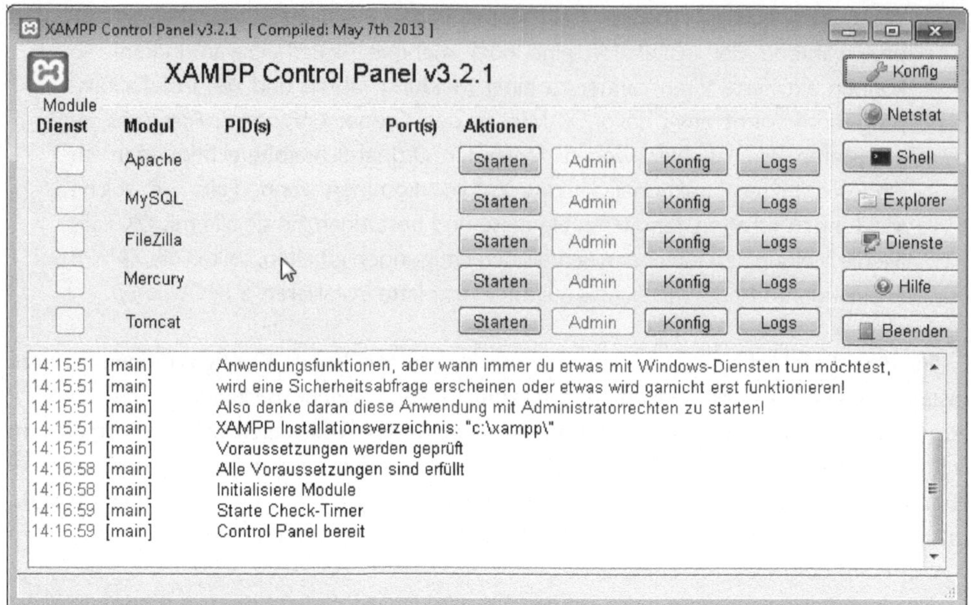

Abb. 4.3 So oder ähnlich (je nach Version) sieht das Control Panel von XAMPP aus

► Sollten Sie bereits einen Webserver auf dem Rechner betreiben, auf dem Sie XAMPP installiert haben, kann es zu Konflikten mit der Apache-Version von XAMPP kommen. Apache kann möglicherweise nicht starten. Ein Webserver läuft standardmäßig auf Port 80 und ein Port kann nur von genau einem Programm verwendet werden. Wenn Sie mehrere Webserver auf einem Rechner betreiben wollen, müssen diese verschiedene Ports verwenden. Sie können das in der Konfiguration eines Webservers einstellen, aber das ist nicht ganz trivial und kann Randwirkungen haben, die für unsere Zwecke zu weit in die Administration von Webservern hineinreichen. Einfacher ist es, wenn Sie immer nur einen Webserver starten. Für den Betrieb des Apache-Webservers unter XAMPP (unser Referenzsystem) beenden Sie also gegebenenfalls einen zusätzlich gestarteten alternativen Webserver.

4.1.2.5 XAMPP als lokale Webserver-Umgebung für Linux installieren

Schauen wir uns noch an, wie die Installation von WordPress grundsätzlich unter Linux abläuft. Die Installation von XAMPP unter Linux ist im Grunde noch einfacher als unter Windows, wobei dazu etwas mehr Kenntnisse zum Betriebssystem vorausgesetzt werden. Insbesondere arbeiten Sie hier am besten in einer Konsole beziehungsweise Shell. Das sollten Linux-Anwender allerdings beherrschen.

1. Öffnen Sie eine Konsole beziehungsweise Shell.
2. Wechseln Sie in das Verzeichnis, in dem Sie die Installationsdatei von XAMPP gespeichert haben (meist das Verzeichnis *Downloads* im Home-Verzeichnis des Anwenders).
3. Ändern Sie die Rechte des XAMPP-Installers in einer Shell mit dem Befehl *chmod 755 xampp-linux-*-installer.run* (der Stern * ist durch die konkreten Versionsnummern zu ersetzen). Sie können das aber mit einem grafischen Dateimanager wie Nautilus machen, der allerdings als root gestartet werden muss (Abb. 4.4).
4. Führen Sie den Installer in der Shell mit dem Befehl *sudo./xampp-linux-*-installer.run* aus (der Stern * ist wieder durch die konkreten Versionsnummern zu ersetzen) – dabei müssen Sie das Passwort für den root-Anwender eingeben. Auch hier wird wie bei Windows ein Standardassistent zur Installation mit einer grafischen Oberfläche gestartet.

Das war alles. XAMPP wird damit standardmäßig in dem Verzeichnis */opt/lampp* installiert.

Abb. 4.4 Auch unter Linux gibt es einen grafischen Assistenten für die Installation

4.1.2.6 XAMPP unter Linux starten und anhalten

Man kann die Server von XAMPP unter Linux automatisch mit dem Start des Betriebssystems starten lassen, aber das wollen wir hier nicht verfolgen. Der manuelle Start vom gesamten XAMPP-System erfolgt einfach mit der folgenden Anweisung:

sudo/opt/lampp/lampp start

Alternativ geht auch das:

sudo/opt/lampp/xampp start

Das Anhalten des gesamten Systems funktioniert ganz einfach: Sie geben als Parameter einfach nur *stop* statt *start* an.

Auch unter Linux gibt es ein Control-Panel, über das die Server gestartet und verwaltet werden können (Abb. 4.5). Der Start vom diesem Control-Panel erfolgt einfach mit der folgenden Anweisung:

sudo/opt/lampp/manager-linux.run

In dem Register *Mangage Servers* können Sie gezielt die einzelnen Server starten und stoppen.

4.1.2.7 Installation von XAMPP auf einem entfernten Rechner

Prinzipiell unterscheidet sich die Installation von XAMPP auf einem entfernten Rechner wie gesagt überhaupt nicht von der Installation auf dem gleichen Rechner, an dem Sie gerade sitzen. Sie benötigen nur die notwendigen Rechte für den Zugriff, müssen die Installationsdatei auf den entfernten Rechner kopieren (etwa mit FTP) oder laden sie dort

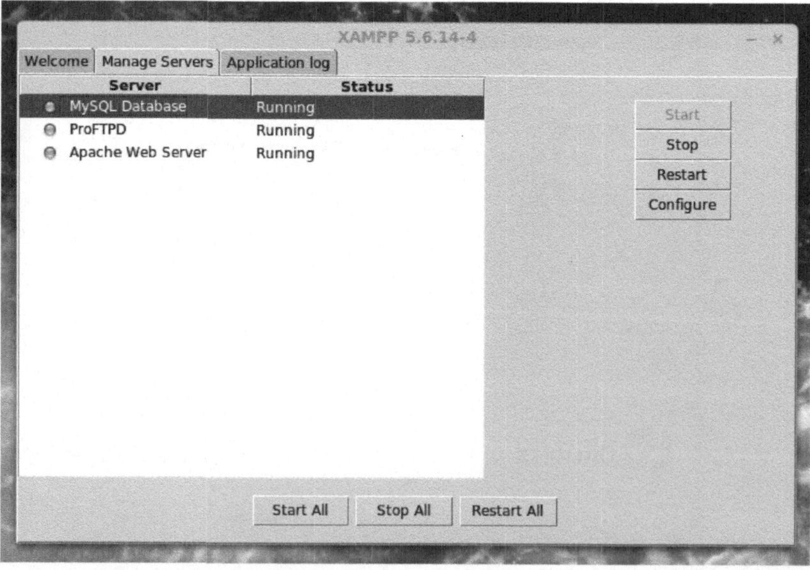

Abb. 4.5 So oder ähnlich (je nach Version) sieht das Control-Panel von XAMPP unter Linux aus

```
root@h2057955: ~
Verwenden Sie »apt-get autoremove«, um sie zu entfernen.
Vorgeschlagene Pakete:
  bash-doc
Empfohlene Pakete:
  bash-completion
Die folgenden Pakete werden aktualisiert (Upgrade):
  bash
1 aktualisiert, 0 neu installiert, 0 zu entfernen und 310 nicht aktualisiert.
Es müssen 615 kB an Archiven heruntergeladen werden.
Nach dieser Operation werden 0 B Plattenplatz zusätzlich benutzt.
Hole:1 ftp://ftp.stratoserver.net/pub/linux/ubuntu/ precise-updates/main bash i3
86 4.2-2ubuntu2.6 [615 kB]
Es wurden 615 kB in 0 s geholt (3.662 kB/s)
(Lese Datenbank ... 91894 Dateien und Verzeichnisse sind derzeit installiert.)
Vorbereitung zum Ersetzen von bash 4.2-2ubuntu2 (durch .../bash_4.2-2ubuntu2.6_i
386.deb) ...
Ersatz für bash wird entpackt ...
Trigger für man-db werden verarbeitet ...
bash (4.2-2ubuntu2.6) wird eingerichtet ...
update-alternatives: /usr/share/man/man7/bash-builtins.7.gz wird verwendet, um /
usr/share/man/man7/builtins.7.gz (builtins.7.gz) im Auto-Modus bereitzustellen.
root@h2057955:~# env x='() { :;}; echo vulnerable' bash -c "echo this is a test"
this is a test
root@h2057955:~#
```

Abb. 4.6 Konsolenbasierter Fernzugriff auf einen Serverrechner im Internet per SSH

über einen Browser, wenn Sie sich mit einem Fernzugriff (etwa SSH) auf dem Rechner einloggen (Abb. 4.6).

Prinzipiell benötigen Sie aber so einen Fernzugriff, um den Rechner auch von Ihrem Computer aus fernsteuern zu können.

Dieser Fernzugriff ist jedoch meistens rein konsolenbasiert und damit nicht ganz trivial, obgleich es auch grafische Fernsteuerungsprogramme und -techniken wie VNC gibt (Abb. 4.7).

► Grundsätzlich erfordert die Installation eines Webservers auf einem entfernten Rechner jedoch einige erweiterte Kenntnisse im Betriebssystem, der Administration und Internet-Techniken wie dem Datei-Upload und vor allen Dingen Fernzugriffen. Die tiefere Behandlung des Themas sprengt damit unseren Rahmen und ist auch für die allermeisten Fälle bei einer Installation eines WordPress-CMS nicht notwendig.

Abb. 4.7 Bildschirmübertragung per VNC zum grafischen Fernzugriff auf einen Serverrechner – hier ein Raspberry Pi

4.1.3 Zugriff auf den lokalen Webserver

Wenn die Webserver-Software auf einem Rechner läuft, können Sie diesen Webserver von jedem Browser aus ansprechen, der den Server-Rechner erreichen kann. Sie brauchen im Browser bloß die URL von dem Server-Rechner eingeben. Dabei ist es vollkommen gleichgültig, ob Sie damit einen Rechner im Internet oder im lokalen Netzwerk adressieren. Ebenso ist es vollkommen gleichgültig, ob Sie einen (DNS-)Namen von dem Server-Rechner oder dessen IP-Adresse eingeben. Sollten Sie allerdings mit einem Namen arbeiten, muss sichergestellt sein, dass dieser in die IP-Adresse aufgelöst werden kann.

4.1.3.1 Zugriff auf einen Webserver im Netzwerk
In einem lokalen Netzwerk gibt man deshalb in der Regel für den Zugriff auf einen Webserver im Browser die IP-Adresse direkt ein (etwa 192.168.178.1), während man im Internet meist die DNS-Namen von einem Webserver verwendet (etwa wpde.org/). Aber auch in einem lokalen Netzwerk und vor allen Dingen größeren Intranets arbeitet man oft mit dem DNS.

4.1.3.2 localhost – Loop back

Wenn nun der Webserver und der Browser auf dem gleichen Rechner ausgeführt werden, liegt eine besondere Situation vor. Im Grunde kann jedes Betriebssystem mehrere Programme gleichzeitig ausführen und das ist in keiner Weise bemerkenswert. Aber die beiden Programme sollen ja miteinander kommunizieren! Und das auch noch über http. Dabei muss zwingend die Adresse der Gegenstelle angegeben werden, auch wenn die sich auf dem gleichen Rechner befindet.

Sie können im Grunde die IP-Adresse Ihres Rechners im lokalen Netzwerk ermitteln und diese dann im Browser eingeben, aber das ist unnötig. Es gibt eine Netzwerkadresse 127.0.0.1,[1] die für eine symbolische beziehungsweise virtuelle Netzwerkverbindung steht und nicht einmal einen physikalischen Netzwerkadapter notwendig macht beziehungsweise verwendet. Man spricht in diesem Zusammenhang von localhost als Adresse oder *Loop Back* als Zugriffsverfahren (einem virtuellen Netzwerkadapter). Damit können Sie etwa aus dem Browser heraus den eigenen Rechner ansprechen und den Webserver aufrufen, der auf dem gleichen Rechner ausgeführt wird.

4.1.4   Das öffentliche Verzeichnis eines Webservers

Wenn auf einem Computer ein Webserver ausgeführt wird, sollte natürlich **auf keinen Fall** (!) das gesamte Dateisystem dieses Rechners für den Zugriff von fremden Personen über den Webserver geöffnet werden. Es gibt immer wesentliche Teile des Dateisystems, die ein Fremder unter gar keinen Umständen sehen oder gar ändern darf. Denken Sie an das Betriebssystem selbst, aber auch private Daten.

Das Bereitstellen von Daten über einen Webserver erfolgt deshalb bei allen Webservern über ein spezielles „öffentliches" Verzeichnis und nur dieses darf von außen zugänglich sein.

Dieses ist das **Wurzelverzeichnis** aller Zugriffe auf Dateien des Hosts über den Webserver. Oder mit anderen Worten: Wenn ein Anwender die Adresse des Webservers ohne weitere Verzeichnis- oder Dateiangaben angibt, bekommt er den Inhalt dieses Verzeichnisses beziehungsweise die Vorgabedatei darin übertragen – sofern der Webserver diese Anzeige nicht deaktiviert hat.

Dateien, die angefordert werden können, müssen sich innerhalb dieses öffentlichen Verzeichnisses befinden. Wurzelverzeichnis eines Webservers bedeutet also darüber hinaus ebenso, dass sämtliche Verzeichnisangaben ab diesem Verzeichnis aus gesehen werden, wenn man mit dem Browser eine Ressource anfordert. Der Webserver darf in der Regel keinesfalls Zugang zu Verzeichnisstrukturen geben, die nicht innerhalb des Wurzelverzeichnisses liegen.

---

[1] Genau genommen kann man alle IP-Nummern von 127.0.0.1 bis 127.0.0.254 dafür verwenden.

4.1.4.1 Das öffentliche Verzeichnis bei Apache – htdocs

Das Wurzelverzeichnis bei Apache für Webzugriffe heißt in der Regel *htdocs*. Dieses finden Sie im Installationsverzeichnis von XAMPP beziehungsweise Apache.

▶   Bei Pfadangaben unter Apache ist in der Regel Groß- und Kleinschreibung relevant. Und Windows-Anwender sollten beachten, dass man zum Trennen von Ebenen im Internet keinen Backslash, sondern den Slash verwendet! Und das gilt natürlich auch beim Zugriff auf einen eigenen Webserver.

Wenn Sie WordPress über das Hosting-Angebot eines Providers installieren, der mit Apache arbeitet, werden Sie keinen direkten Zugriff auf *htdocs* und schon gar nicht auf höher im Dateisystem befindliche Verzeichnisse bekommen, sondern nur Zugriff auf Ihr Webverzeichnis haben, das ein Unterverzeichnis von *htdocs* ist.

4.2   Download von WordPress

Die WordPress-Varianten, die die hauptsächliche Basis dieses Buchs darstellen, sind die Versionen 4.4.x. Allgemein gilt die Regel, dass Sie normalerweise immer die neueste Version von WordPress installieren sollten, die es gerade im Angebot gibt.

Allgemein werden wir allerdings im Buch die gesamten Versionen 4.x beachten, denn bei vielen Providern werden auch ältere Ausführungen auf längere Zeit noch vorhanden sein.

Aber auch Sie selbst werden möglicherweise eine ältere Version von WordPress verwenden müssen. In der Regel gilt zwar wie gesagt, dass man immer die neueste Version einer Software verwenden sollte. Viele Provider stellen aber insbesondere bei günstigen Hosting-Angeboten nicht die aktuellsten Versionen von PHP und MySQL bereit und damit können Sie unter Umständen kein WordPress der allerneusten Reihe installieren.

Es kann also durchaus sein, dass Sie für den Betrieb von WordPress im Internet eine etwas ältere Version benötigen. Aber die Versionen der Serie 4.x sind alle recht ähnlich und zudem lassen die sich auch nachträglich aktualisieren (was wir behandeln werden).

▶   Sollte Ihr Provider (siehe Abschn. 4.6.3) nicht einmal die minimalen Voraussetzungen zum Betrieb von WordPress 4.0 bereitstellen (PHP 5.2.4 +, MySQL 5.0.4 +, Apache 2.x + mit mod_rewrite), dann sollten Sie unbedingt auf ein anderes Angebot wechseln. Eine ältere WordPress-Version ist nicht nur wegen möglicherweise veralteter Features und mangelnder Unterstützung von Techniken des modernen Webs, sondern vor allen Dingen auch aus Sicherheitsgründen keinesfalls mehr akzeptabel.

4.2.1 Welche Sprache?

Nun gibt es WordPress in der englischen Sprachversion (was das Original darstellt), aber in zahlreichen Quellen können Sie auch gleich eine deutsche Komplettversion von WordPress in einer Datei herunterladen.

Der Vorteil der deutschen Version ist, dass alle Dialoge, aber auch Einstellungen landesspezifisch angepasst sind. Die Originalversionen sind dagegen oft aktueller und besser gepflegt. Sie können zudem von zahlreichen Quellen das deutsche Sprachpaket (und auch andere Sprachpakete) zusätzlich laden und dann in einem bestehenden WordPress nachinstallieren. Allerdings ist es nicht ganz gewährleistet, dass die deutschen Bezeichner überall in WordPress verwendet werden. Insbesondere bei Plug-ins und Themes kann es leicht zu einem Sprachenmix kommen – was aber in keiner Weise die Funktionalität beeinflusst.

► Bestehende WordPress-Webseiten können bei Bedarf einfach über das Backend in der Sprache umgestellt werden. Man findet diese Option in WordPress unter Einstellungen -> Allgemein und dann am Ende dieser Seite in dem Drop-down-Menü Sprache der website (Abb. 4.8). Unter Umständen müssen Sie aber vorher die aktuelle deutsche Sprachdatei auf der offiziellen Seite von WordPress Deutschland (http://wpde.org/download/sprachdateien/) herunterladen und das Sprachpaket installieren – darauf gehen wir noch ein.

► Die folgenden Ausführungen laufen in der englischen Originalversion als auch in der deutschen Version vollkommen analog ab. Die Abbildungen für die Installation wurden mit der englischen Version erstellt, aber das spielt keine Rolle. Auch kleinere Unterschiede, die sich selbst in Zwischenversionen ergeben können, sind für die grundlegende Funktionalität vollkommen irrelevant.

Laden Sie also entweder die aktuelle deutsche WordPress-Version von der Webseite oder die englische Version als ZIP-Datei auf Ihren Rechner herunter.

Wenn Sie sich darüber im Klaren sind, welche WordPress-Version Sie benötigen, können Sie diese über verschiedene Webseiten laden, etwa unter folgenden URLs:

https://wordpress.org/download/
https://de.wordpress.org/
http://wpde.org/download/

► Unter http://wpde.org/download/gibt es für *Entwickler* auch Betaausführungen von zukünftigen WordPress-Versionen zum Download. Die sollten aber nicht in der Praxis eingesetzt werden.

Abb. 4.8 Nachträgliches Ändern der Sprache in dem Backend eines installierten CMS

4.3 Die eigentliche Installation

In fast allen Fällen ist die Installation von WordPress vollkommen unkompliziert. Dabei läuft das Verfahren bei einer lokalen Installation als auch einer Installation auf einem entfernten Server nahezu gleich ab. Wir werden bei der nachfolgenden Behandlung der Installation darauf achten, dass sowohl eine lokale Installation unter unserem XAMPP-System als auch die Installation auf einem beliebigen entfernten Rechner im Intranet oder Internet berücksichtigt werden.

4.3.1 Das Installationspaket entpacken

Damit die Installation starten kann, muss erst einmal das Archiv entpackt werden, das Sie aus dem Internet geladen haben.

Im Fall einer Installation auf einem lokalen Rechner ist dazu nicht mehr zu sagen, aber wenn Sie WordPress auf einem entfernten Rechner installieren wollen, muss man sich Gedanken machen, wo und wann man das Archiv entpackt.

1. Das können Sie entweder lokal machen und dann die extrahierten Daten auf den Server übertragen.
2. Oder aber Sie laden das gepackte Archiv auf den Server und entpacken es erst da.

Letzteres hat aber den Nachteil, dass Sie nach dem Upload mit einem Fernzugriff auf den Serverrechner zugreifen müssen und dort auch noch ein Programm benötigen, mit dem man das Archiv dekomprimieren kann. Der Vorteil ist, dass der Upload auf den Server natürlich erheblich schneller geht, da die Daten ja komprimiert sind.

Wir werden uns dennoch auf den Vorgang beschränken, bei dem wir auch bei einer Installation auf einem entfernten Server das Archiv erst einmal lokal dekomprimieren und dann die entpackten Dateien auf den Server laden. Denn wir müssen in vielen Fällen sowieso eine kleine Anpassung in den Konfigurationsdateien von WordPress vornehmen, damit die Installation läuft.

Entpacken Sie also das Paket, das aus dem Internet heruntergeladen wurde. Dazu können Sie ein spezialisiertes Programm wie 7-Zip verwenden, aber mittlerweile geht das in der Regel auch mit den bordeigenen Mitteln des Betriebssystems. Sie erhalten ein Verzeichnis mit allen notwendigen Dateien, die Sie für die Installation von WordPress benötigen.

4.3.2 Die WordPress-Installation vorbereiten

Da WordPress für die Installation und den Betrieb eine Webserver-Umgebung benötigt, wurde für eine lokale Installation das XAMPP-Paket installiert. Damit XAMPP auch für WordPress unmittelbar diese Webserver-Umgebung bereitstellen kann, müssen alle Programme, die eine solche Umgebung benötigen, in einen von XAMPP bereits eingerichteten Ordner installiert werden – das schon ausführlich angesprochene Verzeichnis *htdocs*.

Der vorgegebene Pfad im Betriebssystem hierzu lautet unter Windows *C:\xampp\htdocs*, wenn Sie XAMPP in dem Ordner *C:\xampp* installiert haben. Bei Linux ist das dann */opt/ lamp/htdocs*, wenn Sie die Vorgaben eingehalten haben.

> ▶ Um eine lokale WordPress-Installation nun ausführen zu können stellen Sie zuerst sicher, dass Apache und MySQL auch laufen.

Bei einem entfernen Server werden Sie ebenfalls WordPress in dem *htdocs*-Verzeichnis des Apache auf dem entfernten Rechner installieren. Im Fall eines Hostingangebots eines Providers ist das mit sehr hoher Wahrscheinlichkeit allerdings ein Unterverzeichnis von *htdocs*, dessen genauen Ort und möglicherweise auch Namen Sie gar nicht wissen müssen oder sogar aus Sicherheitsgründen nicht wissen dürfen.

4.3.2.1 Die Datenbankangaben

Um die Installation durchzuführen, benötigen Sie einige Angaben, die Sie bei der Installation auch angeben müssen und ohne die Sie WordPress nicht installieren können. Diese Angaben betreffen den Zugang zu dem MySQL-System, das für WordPress verwendet wird. Sie brauchen zwingend folgende Angaben:

1. Den Namen der Datenbank, mit der Sie arbeiten.
2. Den Benutzernamen für die Datenbank.
3. Das zugehörige Passwort für den Datenbanknutzer.
4. Den Host, auf dem der Datenbankserver läuft.

Im Fall einer entfernten Installation bei einem Provider erhalten Sie diese Angaben allesamt von Ihrem Provider.

Bei unserer Testinstallation mit XAMPP sind die Angaben in der Grundkonfiguration nahezu trivial.

1. Den Datenbanknamen können Sie sich aussuchen, denn die Datenbank wird von Ihnen angelegt.
2. Der Benutzername ist standardmäßig *root*. Diesen gibt es in allen XAMPP-Installation als Vorgabe.
3. Für den Benutzer *root* gibt es in der Standardinstallation kein Passwort. Das ist offensichtlich nicht sicher, aber es wurde schon mehrfach angesprochen, dass XAMPP ohne Anpassungen als Testsystem und keinesfalls als Produktionssystem zu verstehen ist. Achten Sie bei einer Installation auf einem öffentlichen, über das Internet erreichbaren Webserver unbedingt darauf, dass für den Administrator des Webservers, aber vor allen Dingen auch den MySQL-Benutzer ein sicheres Passwort (mindestens 8 Zeichen lang mit Zahlen und Sonderzeichen) eingerichtet wurde. Sie können dies üblicherweise im Konfigurationsbereich des Webservers ändern, wenn Sie diesen selbst verwalten. Wenn Sie eine vorgegebene MySQL-Installation bei einem Provider verwenden, wurde für Sie dort sowieso in der Regel ein eigener MySQL-Benutzer eingerichtet und dessen hoffentlich sichere Zugangsdaten stellt Ihnen wie gesagt der Provider zur Verfügung.
4. Der Host ist *localhost*. Das gilt übrigens auch für die meisten entfernten Server. Denn die Pfadangabe gilt aus Sicht des Webservers, nicht aus Sicht des Clients. Nur wenn Webserver und MySQL-Server auf verschiedenen Hosts laufen, werden hier auf jeden Fall andere Angaben gemacht.

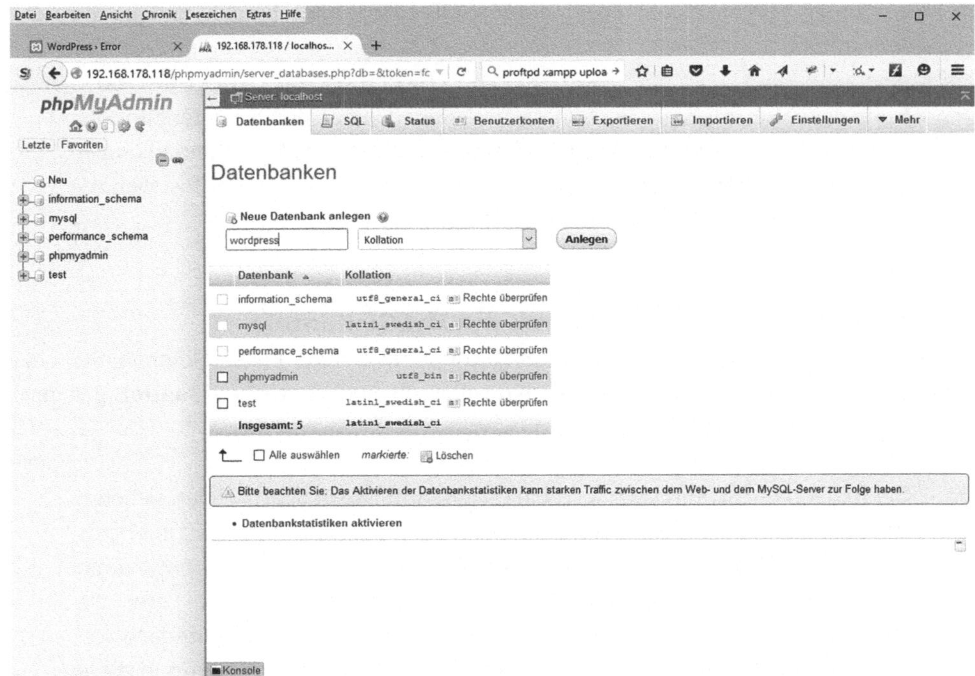

Abb. 4.9   Anlegen einer neuen MySQL-Datenbank

4.3.2.2 Die Datenbank anlegen – mit phpMyAdmin

Für unsere lokale WordPress-Installation benötigen wir eine MySQL-Datenbank. Im Gegensatz zu einigen anderen CMS legt der Installationsassistent von WordPress die Datenbank nicht selbst an, wenn noch keine Datenbank vorhanden ist. Aber das ist keine wirkliche Einschränkung, denn in der Praxis werden Sie bei einem Hosting-Angebot bei einem Provider sowieso die Datenbank nicht selbst anlegen können.

Wenn Sie mit XAMPP arbeiten, können Sie diese Datenbank hingegen mittels eines integrierten Webinterface mit Namen **phpMyAdmin** ganz einfach selbst anlegen. Das ist eine weit verbreitete und sehr bequeme grafische Administrationsoberfläche für MySQL, die selbst – wie der Namen deutlich macht – in PHP programmiert wurde. Sie gelangen dahin über die Einstiegsseite von XAMPP. Dort finden Sie einen Link zu phpMyAdmin.

In phpMyAdmin geben Sie unter der Überschrift NEUE DATENBANK ANLEGEN einfach einen noch nicht vorhandenen Namen[2] für die neue Datenbank an – wir werden *wordpress* nehmen – und dann klicken Sie auf die Schaltfläche ANLEGEN (Abb. 4.9).

Auf der linken Seite von phpMyAdmin wird bei erfolgreicher Ausführung die neu angelegte Datenbank angezeigt. Alternativ können Sie dort weitere Datenbanken auswählen, die von dem Datenbankmanagementsystem verwaltet werden. Unter anderem gibt es

---

[2] Sie sehen auf der linken Seite alle bisher vorhandenen Datenbanken.

da immer einige Vorgabedatenbanken, die MySQL zum Betrieb braucht und die Sie nicht verändern sollten.

▶ Normalerweise müssten Sie nun beim Anlegen einer neuen Datenbank im nächsten Schritt eine oder mehrere Tabelle(n) in der neuen Datenbank anlegen. Das brauchen wir aber nicht zu machen, denn das wird der Installationsassistent von WordPress erledigen.

4.3.2.3 Die Datenbank anlegen – mit der MySQL-Konsole

Sofern Sie kein XAMPP und/oder phpMyAdmin installiert haben, können Sie eine Datenbank auch direkt in der **MySQL-Konsole** (oft auch **MySQL-Monitor** genannt) erzeugen.

▶ Der folgende Abschnitt setzt jetzt ein paar Kenntnisse in SQL und den sicheren Umgang mit dem Betriebssystem sowie in der Regel auch Fernzugriff auf Hosts voraus. Er ist also eher für fortgeschrittene Leser gedacht, die mit phpMyAdmin nicht arbeiten können oder wollen. Oder auch für ambitionierte Leser, die etwas über den Tellerrand von WordPress und dem reinen Web-Interface von phpMyAdmin hinausblicken wollen. Aber in der Regel ist der Sprung in diese Konsolenebene bei WordPress nicht notwendig und Sie können den Abschnitt überspringen.

Bevor Sie Befehle an das MySQL-Datenbankmanagementsystem schicken können, müssen Sie eine Verbindung zum MySQL-Server aufbauen.

4.3.2.3.1 MySQL-Verbindung aufbauen – lokal

Wenn Sie auf dem gleichen Computer arbeiten, auf dem auch der MySQL-Server läuft, dann gehen Sie beispielsweise so vor:

- Sie öffnen eine Konsole, etwa mit dem Befehl *cmd* unter Windows oder dem Eintrag für die Eingabeaufforderung im Startmenü. In Linux können Sie auf viele verschiedene Arten in die Konsole gelangen, was auch von der konkreten Distribution abhängt. Irgendwo finden Sie auf jeden Fall das Terminal. Aber das sollten Linux-Anwender eigentlich sowieso kennen.
- Rufen Sie dann das Programm *mysql* auf. Dabei müssen Sie unter Umständen vorher in das *bin*-Verzeichnis des MySQL-Installationsordners wechseln, wenn dieses nicht in dem Suchpfad des Betriebssystems (path) eingetragen ist (Abb. 4.10). Ebenso werden Sie für verschiedene Aktionen bestimmte Rechte benötigen und deshalb sollten Sie sich mit dem Usernamen und dem Passwort anmelden. Etwa so:

   mysql –u root –p StrengGeheim

```
F:\mysql-5.7.9-winx64\bin>mysql
Welcome to the MySQL monitor.  Commands end with ; or \g.
Your MySQL connection id is 2
Server version: 5.6.21 MySQL Community Server (GPL)

Copyright (c) 2000, 2015, Oracle and/or its affiliates. All rights reserved.

Oracle is a registered trademark of Oracle Corporation and/or its
affiliates. Other names may be trademarks of their respective
owners.

Type 'help;' or '\h' for help. Type '\c' to clear the current input statement.

mysql>
```

Abb. 4.10 Zugriff auf die MySQL-Konsole im lokalen Umfeld

▶ Unter MySQL gibt es nach der Installation einen Standardnutzer *root* ohne Passwort.

4.3.2.3.2 MySQL-Verbindung aufbauen – Fernzugriff

Wenn der MySQL-Server nicht auf dem gleichen Rechner läuft, auf dem Sie die Konsole öffnen, müssen Sie sich per Fernzugriff auf dem entfernten Rechner anmelden. Das macht man – wie schon angesprochen – per Telnet (sehr unsicher, weil unverschlüsselt) oder am besten per **SSH** (Secure Shell), was wir hier nur weiter verfolgen.

▶ Natürlich muss dann auf dem entfernten Rechner ein Telnet- oder SSH-Server laufen und Sie benötigen dort die entsprechenden Anmelderechte und Zugangsdaten.

- Sie öffnen wieder eine Konsole.
- Verbinden Sie sich mit dem entfernten Rechner und geben Sie nach Aufforderung Ihre Zugangsdaten an. Etwa so:
ssh 192.168.178.116
- Oder so, wenn Sie direkt die Zugangsdaten für einen Benutzer angeben wollen:
ssh user @192.168.178.116
Dabei müssen Sie beim ersten Kontakt mit einem neuen SSH-Server den sogenannten Fingerprint des entfernten Rechners akzeptieren (Abb. 4.11).
- Nachdem Sie auf dem entfernen Rechner angemeldet sind, starten Sie – nun aber auf dem entfernten Rechner – wieder das Programm *mysql*. Dazu hängen Sie an den Befehl *mysql* bei Bedarf Ihren Benutzernamen und das dazugehörige Passwort. Etwa so:

mysql --user=root --password=StrengGeheim

Alternativ geht wieder Folgendes:

mysql –u root –p StrengGeheim

```
C:\Users\ralph>ssh 192.168.178.118
The authenticity of host '192.168.178.118 (192.168.178.118)' can't be establishe
d.
ECDSA key fingerprint is 87:62:f8:c8:9b:0c:bd:04:42:0a:40:c6:42:02:d3:c0.
Are you sure you want to continue connecting (yes/no)?
```

Abb. 4.11 Fernzugriff per SSH

```
F:\mysql-5.7.9-winx64\bin>mysql -uroot
Welcome to the MySQL monitor.  Commands end with ; or \g.
Your MySQL connection id is 5
Server version: 5.6.21 MySQL Community Server (GPL)

Copyright (c) 2000, 2015, Oracle and/or its affiliates. All rights reserved.

Oracle is a registered trademark of Oracle Corporation and/or its
affiliates. Other names may be trademarks of their respective
owners.

Type 'help;' or '\h' for help. Type '\c' to clear the current input statement.

mysql> create database if not exists wordpress;
Query OK, 1 row affected, 1 warning (0.00 sec)

mysql>
```

Abb. 4.12 In der MySQL-Konsole wurde eine Datenbank für unser WordPress erstellt

▶   Beachten Sie, dass zur Nutzung von *mysql* auf einem entfernten Rechner bestimmte Voraussetzungen erfüllt sein müssen und wir hier nicht auf diese Bedingungen eingehen können und wollen.

4.3.2.3.3   Der konkrete Datenbankzugriff

Egal ob Sie auf einem lokalen oder entfernten Rechner arbeiten. Ab jetzt ist die Vorgehensweise identisch.

Sie sehen in der Konsole eine – meist blinkende – Eingabeaufforderung *mysql>* vor sich (das sogenannte Prompt). Dahinter geben Sie die SQL-Befehle ein.

▶   Im Anhang finden Sie ein paar Ausführungen zum Umgang mit der MySQL-Konsole.

Durch den nachfolgenden SQL-Befehl wird nun auf dem MySQL-Server eine neue Datenbank erstellt (Abb. 4.12). In diesem Beispielcode erhält die neue Datenbank den Namen *wordpress*, den wir ja oben schon verwendet haben:

create database if not exists wordpress;

Mit dem Parameter *if not exists* wird vor dem Erstellen einer Datenbank überprüft, ob nicht bereits eine Datenbank mit dem gleichen Namen existiert.

4.3.3 Ab zum Server

Der Inhalt des entpackten WordPress-Installationsverzeichnisses muss nun zum Server gelangen. Sofern Sie bereits auf dem Serverrechner arbeiten,[3] können Sie einfach mit dem Dateimanager Ihres Betriebssystem den Ordner *htdocs* für Ihren Apache öffnen und die Dateien dort reinkopieren. Das geht ebenso, wenn Sie ein lokales Netzwerk haben und für die Rechner Zugang über die proprietären Netzwerkverbindungen besteht.

Wir wollen aber den Weg über FTP nicht ganz aus den Augen verlieren, denn das ist letztendlich die Methode, wie Sie in der Praxis (also dem Internet) die Dateien zu einem entfernten Server schaffen (Abb. 4.13). In dem Fall verbinden Sie sich bei FTP also mit dem entfernten FTP-Server. Dieser sollte Ihnen Zugang zu dem *htdocs*-Verzeichnis des Apache-Webservers oder dem Ihnen zugeordneten Unterverzeichnis bei einem Provider geben. Eventuelle FTP-Zugangsdaten erhalten Sie von Ihrem Provider. Stellen Sie mit Ihrem FTP-Programm die Ordner- und Dateiberechtigungen für den Installationsordner von WordPress so ein, dass für diesen Ordner und für alle Unterordner sowie die darin

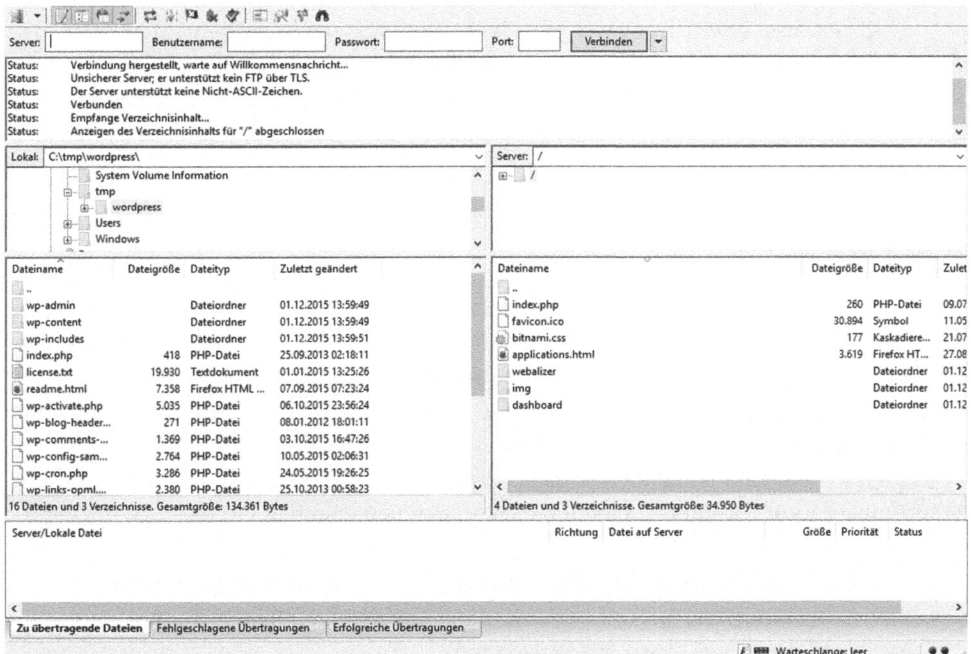

Abb. 4.13 FTP-Zugriff auf den Host mit dem Apache Webserver – hier ein Zugriff auf einen ProFTPD-Server im Intranet

---

[3] Etwa wenn Sie XAMPP auf Ihren Rechner installiert haben.

befindlichen Dateien ausreichende Zugriffsrechte beziehungsweise Schreibrechte beste-hen. Fragen Sie im Zweifel hierzu bei Ihrem Provider nach, welche Einstellungen dieser empfiehlt.

► Wenn Sie auch bei einer lokalen Installation oder in Ihrem Intranet mit FTP arbeiten wollen (etwa um den später real notwendigen Vorgang zu üben), starten Sie im Control-Panel der lokalen XAMPP-Installation den FTP-Server.
Bei **ProFTPD**, was unter Linux bei XAMPP als FTP-Server mitgeliefert wird, sind die Benutzer im Linux-System automatisch als FTP-User und *htdocs* als Wurzelverzeichnis eingetragen. Das ist natürlich sehr bequem. Beachten Sie aber, dass Sie für einen Upload von Dateien in *htdocs* auch Schreibrechte für das Verzeichnis benötigen. Unter Umständen müssen Sie für den Benutzer, mit dem Sie arbeiten wollen, Schreibrechte einrichten. Das geht entweder mit einem grafischen Dateimanager wie Nautilus (als root gestartet) oder aber mit dem Befehl *sudo chown ftpuser/opt/lampp/htdocs* in der Konsole, bei dem *ftpuser* durch den Benutzernamen ersetzt wird.
Beim **FileZillaServer**, der unter der Windows-Version von XAMPP mitgeliefert wird, ist das etwas aufwendiger, denn Sie müssen nach dem Start des FTP-Servers noch über das sogenannte **FileZilla Server Interface** Benutzer eintragen, die auf den Server per FTP zugreifen dürfen. Dafür muss zusätzlich noch *htdocs* oder ein Unterverzeichnis darin als individuelles Wurzelverzeichnis eingerichtet werden.

4.3.3.1 Installationsordner erstellen

Damit der heruntergeladene und entpackte Inhalt der WordPress-ZIP-Datei auf den Server übertragen werden kann, sollte – zumindest in unserer Testinstallation – ein eigener Unterordner im Unterverzeichnis *htdocs* angelegt werden. Den Ordner wollen wir *myWordPress* nennen. Das können Sie mit dem Dateimanager Ihres Betriebssystems oder aber auch per FTP machen (Abb. 4.14).

Kopieren Sie dann den Inhalt des lokal entpackten WordPress-Verzeichnisses, das Sie beim Entpacken des Archivs erhalten haben, in den neu erstellen Ordner *myWordPress.*

► Wenn Sie das Verzeichnis, in dem beim Entpacken die Dateien gelandet sind, bereits *myWordPress* genannt haben, dann können Sie einfach das gesamte Verzeichnis auf den Server in *htdocs* laden.

► Beachten Sie, dass der Verzeichnisname später Teil des URLs sein wird, unter dem Ihre Webseite erreicht werden kann. In der Praxis sollte man ihn sorgfältig wählen oder auf ein solches Unterverzeichnis ganz verzichten. Man kann aber auch einen Domainnamen direkt einem solchen Unterverzeichnis zuordnen.

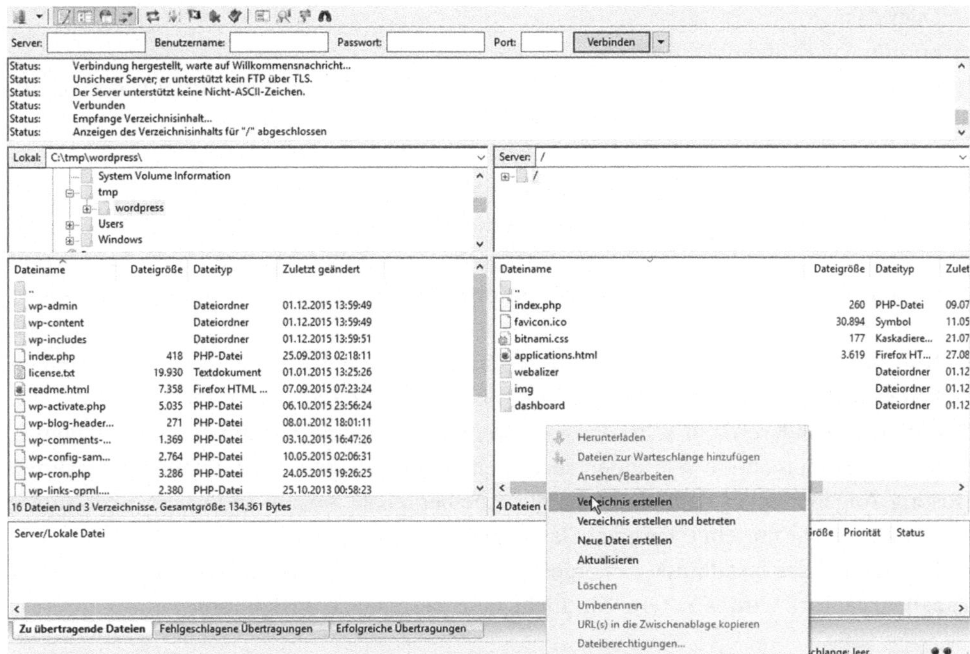

Abb. 4.14 Verzeichnisse kann man auch per FTP-Zugriff auf dem entfernten Rechner anlegen

Sie sollten sich auch noch einmal daran erinnern, dass die Groß- und Kleinschreibung bei einem URL relevant ist. Bei dem gewählten Namen unseres Verzeichnisses würde die folgende Pfadangabe bei einem Zugriff über Loop Back zu einem Fehler führen:

http://localhost/mywordpress

Dahingegen ist das korrekt:

http://localhost/myWordPress

4.3.4 Die eigentliche Installation durchführen

Um die eigentliche Installation nun zu starten, geben Sie in dem Browser die Adresse des Hostrechners (*localhost* oder die IP-Nummer oder den DNS-Namen) und nachgestellt das Verzeichnis *myWordPress* an.

Also beispielsweise:

http://localhost/myWordPress

Oder so etwas:

http://192.168.178.118/myWordPress

Oder das:

http://www.rjs.de/myWordPress

Die Angabe des URL startet „indirekt" die Installation, da zu einer PHP-Datei *install. php* umgeleitet wird, die im Ordner *wp-admin* liegt.

4.3.4.1 Schritt 1 – bevor es richtig losgeht

Sie sollten nun im Browser die erste Seite eines Assistenten sehen, mit dem Sie WordPress einrichten können. Dieser eröffnet Ihnen zunächst, dass Sie für die Installation zwingend die oben angesprochenen Informationen zu der Datenbank benötigen (Abb. 4.15 und 4.16).

Nun finden Sie dort noch einen zusätzlichen Hinweis auf einen sogenannten **Tabellenpräfix**, der bei WordPress allen Tabellen in der Datenbank vorangestellt wird. Das ist insbesondere dann sehr sinnvoll, wenn Sie nur eine Datenbank zur Verfügung haben und damit mehrere Webseiten verwalten wollen. So etwas ist bei vielen preiswerten Hosting-Angeboten der Fall, die Ihnen nur eine begrenzte Anzahl an Datenbanken (unter Umständen sogar nur ein oder zwei Datenbanken) bereitstellen.

Es muss bei der Installation sichergestellt sein, dass der Präfix nicht schon von anderen Tabellen genutzt wird – sofern Sie nicht eine bestehende Installation von WordPress

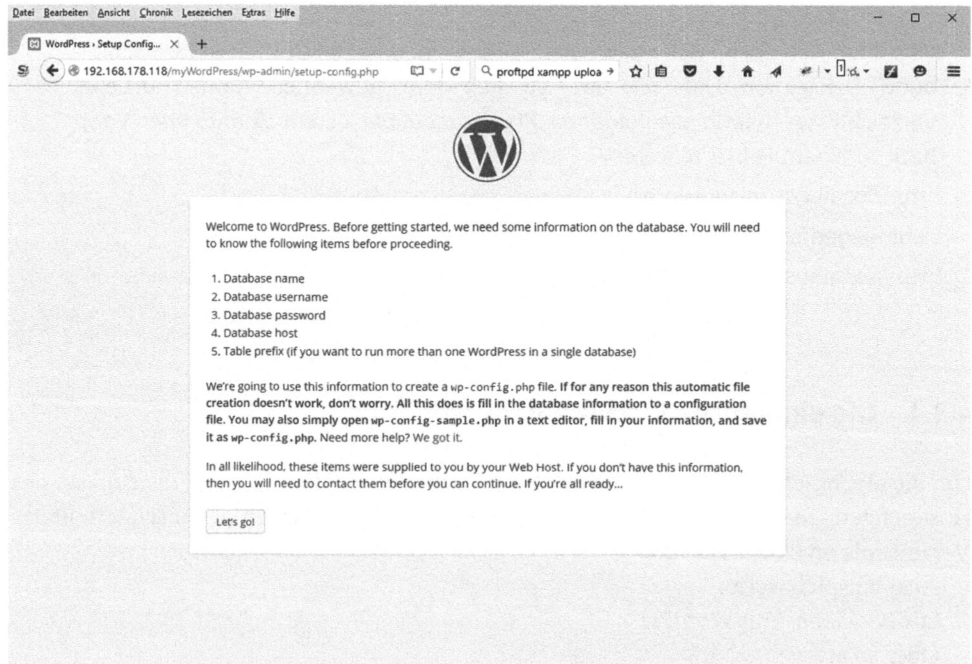

Abb. 4.15 Die Installation der englischen Version von WordPress – Schritt 1

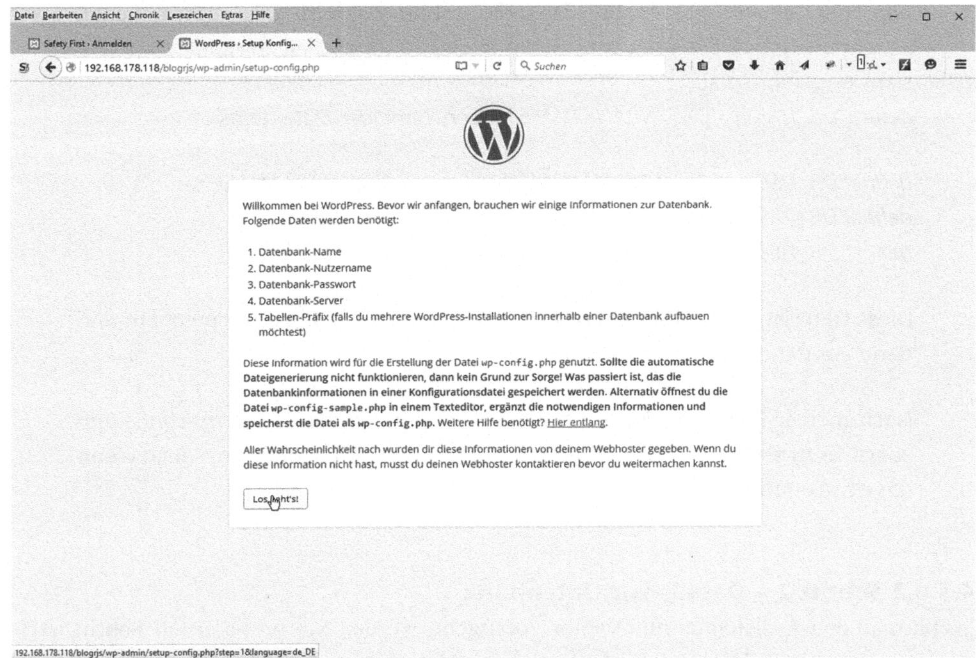

Abb. 4.16 Die Dialoge der Installation von WordPress in der deutschen Version sind vollkommen
synchron

überschreiben wollen! Merken Sie sich auf jeden Fall den Präfix, wenn Sie später direkt in
der Datenbank Änderungen vornehmen wollen.

▶ Nun finden Sie auf der einleitenden Seite des Installationsassistenten ebenfalls
eine Warnung, dass es bei der Installation von WordPress dann und wann
Probleme geben und der Assistent die notwendigen Datenbankinformationen
nicht erstellen kann. Das ist leider immer noch eine kleine Schwäche von
WordPress und hängt mit den notwendigen Schreibrechten auf dem Server
zusammen, die nicht immer gewährleistet sind.
Der Installationsassistent muss auf dem Server eine Datei *wp-config.php* generieren und das geht leider manchmal schief. Man kann nun in manchen Fällen
an den Schreibrechten auf dem Server herumdoktern, aber nicht immer haben
Sie diese Möglichkeiten (gerade bei Hosting-Angeboten). Ebenso ist das nicht
ganz trivial. Es gibt jedoch im Konfliktfall sowieso eine einfachere Möglichkeit.
Für den Fall von Problemen beim Erstellen der besagten Datei gibt es in dem
entpackten WordPress-Verzeichnis eine Beispieldatei *wp-config-sample.php*,
die lokal angepasst und dann in der modifizierten und umbenannten Version
auf den Server übertragen wird. Dazu öffnen Sie die Datei *wp-config-sample.*

php mit einem beliebigen Texteditor und ändern die erforderlichen Datenbankdaten. Die relevante Stelle in der Datei enthält Beispieldaten und sieht ungefähr so aus:

define('DB_NAME', 'DATENBANKNAME');//Der Name der Datenbank

define('DB_USER', 'BENUTZERNAME');//Der Benutzername für MySQL
define('DB_PASSWORD', 'PASSWORT');//Das MySQL-Passwort
define('DB_HOST', 'localhost');//oder so etwas wie dbserver.host.de

Diese Datei ist jetzt unter dem neuen Namen *wp-config.php* abzuspeichern und dann auf den Server zu übertragen.

Nach meiner Erfahrung ist es grundsätzlich sinnvoll, die Datei *wp-config.php* zuerst so zu erstellen und dann erst die Installation durchzuführen – auch wenn das etwas unbequem ist.

4.3.4.2 Schritt 2 – Details zur Datenbank

Wenn man den Assistenten nun weiter vorangeht, werden Sie im nächsten Schritt nach den angesprochenen Datenbankinformationen gefragt (Abb. 4.17).

- Im Feld *Database Name* geben Sie *myWordPress* ein – den Namen der Datenbank, die wir für unsere Beispielseite extra angelegt haben. Wenn Sie bei einem Provider WordPress installieren, können Sie bei den meisten Hosting-Angeboten selbst keine Datenbank anlegen. Sie erhalten den Namen der Datenbank, die Sie verwenden dürfen, aber ebenfalls vom Provider. Haben Sie die Datei *wp-config.php* erstellt, wie es oben in dem Tipp beschrieben wurde, steht hier bereits die richtige Datenbank.
- Ins Feld *User Name* geben Sie für unser XAMPP-System *root* ein, wenn das nicht schon vorbelegt ist. Bei der Installation auf einem Providerrechner mit einem vorgegebenen Hosting-Angebot erhalten Sie die dort notwendige Angabe vom Provider.
- Das Passwortfeld bleibt leer. XAMPP legt in der Vorgabeinstallation für den Benutzer *root* wie gesagt kein Passwort an. In der Praxis oder bei einer Installation bei einem Provider werden Sie hier mit einem Passwort arbeiten. Bei der Installation auf einem Providerrechner erhalten Sie auch diese Angabe vom Provider.
- Geben Sie im Feld *Database Host localhost* ein. Vorsicht – auch wenn Sie WordPress auf einem entfernten Rechner installieren, ist das wie schon erwähnt meist *localhost*. Andernfalls steht hier der explizite URL des MySQL-Servers.
- Nun gibt es noch den angesprochenen *Tabellenpräfix*, der bei WordPress allen Tabellen in der Datenbank vorangestellt werden sollte. Idealerweise besteht dieser aus 2 bis 4 Zeichen, enthält nur alphanumerische Zeichen und einen Unterstrich. Wir verwenden *wp_*.
- Klicken Sie auf *Submit*, um zum nächsten Installationsschritt zu gelangen.

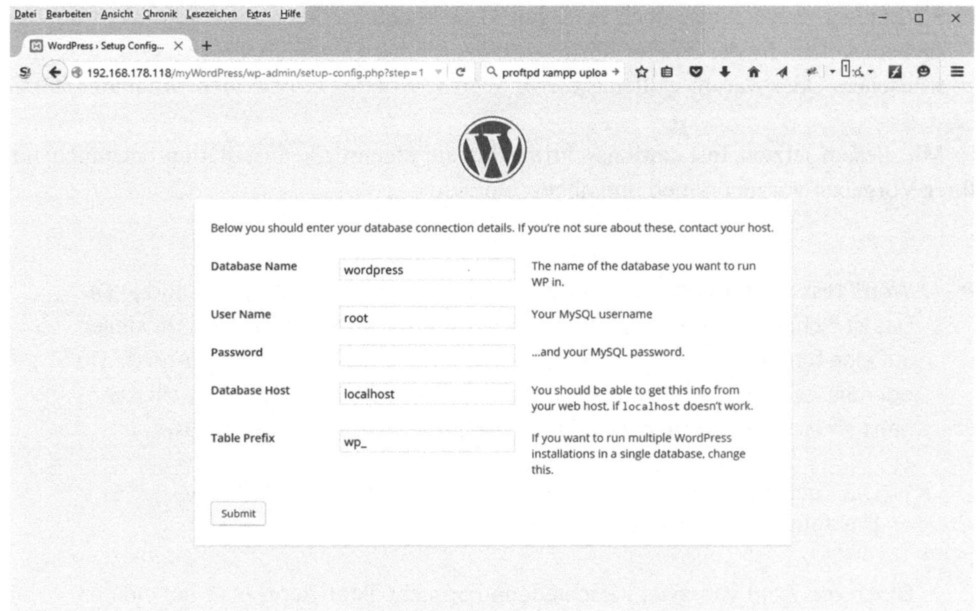

Abb. 4.17 Die Installation von WordPress – Schritt 2

4.3.4.3 Schritt 3 – Grundinformationen zur Seite und dem Standardbenutzer

In dem folgenden Schritt der Installation geben Sie einige Grunddaten für die Seite an:

- Unter *Site Titel* legen Sie den öffentlich sichtbaren Namen der Internetpräsenz fest. Geben Sie in das Feld einen aussagekräftigen Namen ein. Im Beispiel wird als Name *Safety First* verwendet.
- Tragen Sie im Feld *Username* den Benutzernamen für den wichtigsten Verwalter des Systems ein. Das ist der Standardnutzer und Betreiber des WordPress-Systems, was letztendlich den Administrator darstellt. Diesen Namen wählen Sie selbst.
- Geben Sie in das Feld *Password* ein sicheres Passwort ein. Im Grunde können Sie das Passwort selbst auswählen, aber es wird bereits ein sicheres Passwort vorgeschlagen. Wie auch immer – das Passwort müssen Sie sich unbedingt merken. Groß- und Kleinschreibung müssen hierbei beachtet werden! Das Passwort ist zusammen mit dem Benutzernamen die wichtigste Information, um Zugang zu allen WordPress-Bereichen zu erhalten. Ein Verlust dieser Information ist mit sehr großen Problemen bei der Wiederbeschaffung verbunden.
- Sie geben dann noch Ihre E-Mail-Adresse an.

- Sie können zum Schluss noch festlegen, dass Suchmaschinen Ihre Seite nicht durchsuchen sollen. In der Praxis dürfte das genau das Gegenteil dessen sein, was Sie wünschen. Oder warum wollen Sie eine Webseite betreiben, die niemand finden darf?

Mit diesem letzten Installationsschritt wird die eigentliche Installation entsprechend Ihrer Vorgaben vorgenommen und abgeschlossen.

▶ WordPress nutzt bei der deutschen Variante für die Anrede seit eh und je *Du*. Das ist nicht immer gewünscht und in den älteren Versionen war das Umstellen auf eine förmlichere Anrede mit Aufwand verbunden. Die Wahl der Anrede Du oder Sie ist in neuen Versionen von WordPress (seit WordPress 4.3) allerdings ganz einfach – es werden zwei Sprachpakete bereitgestellt (Abb. 4.18):

- Das „normale" Sprachpaket Deutsch, das weiter mit Du arbeitet.
- Das formale Sprachpaket mit der Anrede Sie.

Durch die Wahl von zwei verschiedenen Sprachpakten kann man bei einigen Varianten von WordPress bereits bei der Neu-Installation auswählen, welche Anredeform zum Einsatz kommen soll, denn sie erlauben die Angabe der Sprachversion bereits bei der Installation.
Bestehende WordPress-Webseiten können aber bei Bedarf ganz einfach über das Backend auf die formale Anrede umgestellt werden. Das geht wie jede Umstellung der Sprache: Man findet die Option unter EINSTELLUNGEN -> ALLGEMEIN und dann am Ende dieser Seite in dem Drop-down-Menü SPRACHE DER WEBSITE. Beachten Sie, dass möglicherweise bestimmte Plug-ins diese Einstellungen aber nicht berücksichtigen und oft sogar die englische Sprachdatei des Plug-ins zum Tragen kommt. Dasselbe gilt für Themes.
Nach der Umstellung ist in der Regel ein Update der Sprachdateien notwendig. Doch wie immer bei allen notwendigen Updates weist WordPress in neuen Versionen auch in diesem Fall durch ein Icon oben in der Administrationsleiste auf die notwendige Aktualisierung hin.

Sie erhalten nach der Beendigung ein Backend und ein Frontend, wie wir es schon bei der Installation bei WordPress.com gesehen haben (Abb. 4.19).

Wenn Sie sich im Backend anmelden, erhalten Sie die üblichen Möglichkeiten zum Verwalten Ihres WordPress, was wir in der Folge vertiefen werden (Abb. 4.20).

Wenn Sie die Sprache des Backends umstellen, wird funktional keinerlei Änderung zu sehen sein. Aber möglicherweise werden die Einträge etwas verständlicher (Abb. 4.21).

Abb. 4.18 Der Wechsel
zwischen der Anrede Du und Sie
geht über spezifische
Sprachdateien

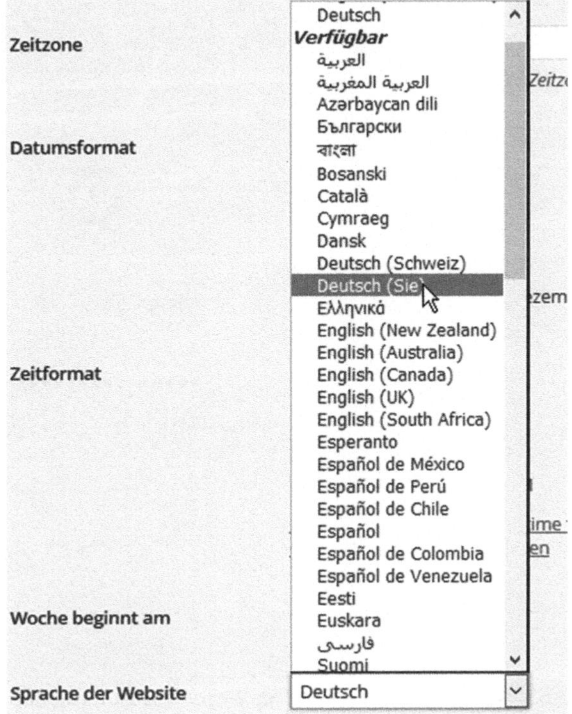

4.4   WordPress aktualisieren

Es ist sinnvoll oder sogar notwendig, dass Sie ein vorhandenes WordPress-System immer
auf den neuesten Stand halten. Zum einen werden Ihnen damit die neuesten Features
bereitstehen, aber vor allen Dingen werden bekannte **Sicherheitslücken** gestopft. Machen
Sie sich keine Illusionen – der Betrieb einer Webseite und vor allen Dingen eines CMS ist
schon mit einer gewissen Arbeit verbunden. Da ist einmal die regelmäßige Pflege der
Inhalte, aber eben auch regelmäßige Aktualisierungen zählen zur Pflicht. Das kann
bedeuten, dass Sie mehrmals im Monat Aktualisierungen in Ihrem WordPress vornehmen
können und auch sollten. Denn insbesondere kleinere **Sicherheitsupdates** erscheinen in
sehr kurzen Zeitabständen. Sie brauchen sicher nicht jedes Update sofort installieren, aber
mir persönlich gibt das schon ein besseres Gefühl, wenn mein System immer auf dem
aktuellsten Stand ist.

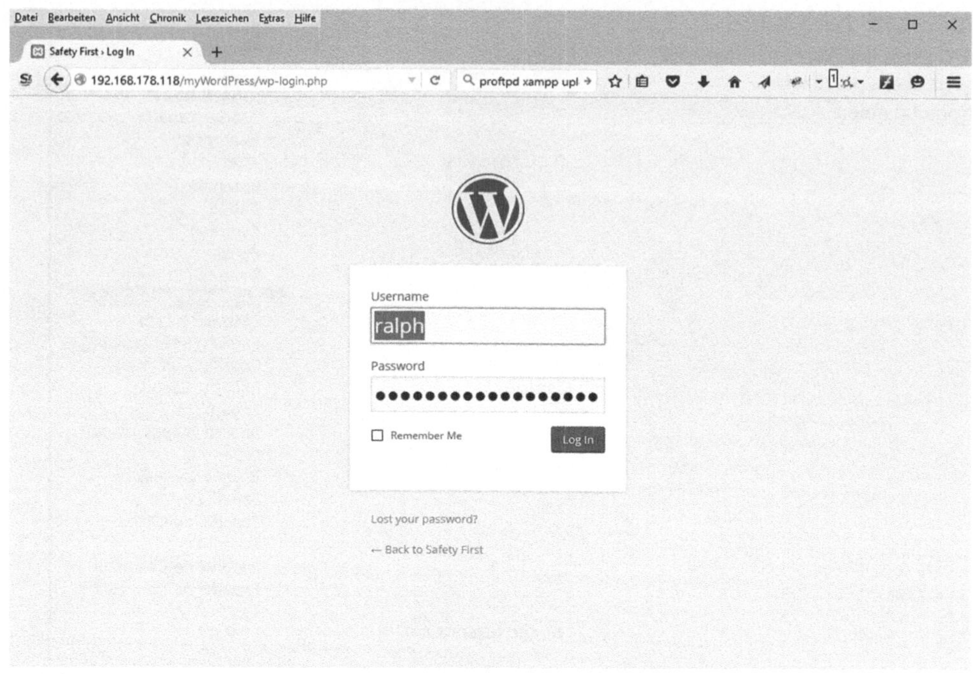

Abb. 4.19 Die Installation von WordPress ist fertig und Sie können sich im Backend anmelden

4.4.1 Die automatische Aktualisierung

Glücklicherweise kann man die Aktualisierung in WordPress mittlerweile fast vollkommen automatisch durchführen lassen.

Wenn Sie sich in Ihrem Backend anmelden, bekommen Sie im Dashboard (der Übersicht) einen Hinweis angezeigt, ob eine Aktualisierung verfügbar ist (Abb. 4.22). Diesen Hinweis – ein Hyperlink – klicken Sie einfach an.

Im folgenden Schritt können Sie entweder die neue Version (je nach Ihrer Installation in mehreren Sprachen verfügbar) von WordPress herunterladen und dann manuell installieren (Abschn. 4.4.2), oder aber Sie aktualisieren diese sogar vollkommen automatisch (Abb. 4.23). Dazu klicken Sie auf Aktualisiere Jetzt.

Bei der Aktualisierung kann es (selten) vorkommen, dass Sie in einem Zwischenschritt die Zugangsdaten zu Ihrem FTP-Server angeben müssen (Abb. 4.24).

In der Regel ist dieser Schritt aber nicht gefordert.

Die weitere Aktualisierung erfordert dann keine aktiven Aktionen durch Sie und das ist natürlich äußerst komfortabel. Von daher macht es wirklich keine Mühe, dass Sie Ihr System immer auf dem neuesten Stand halten.

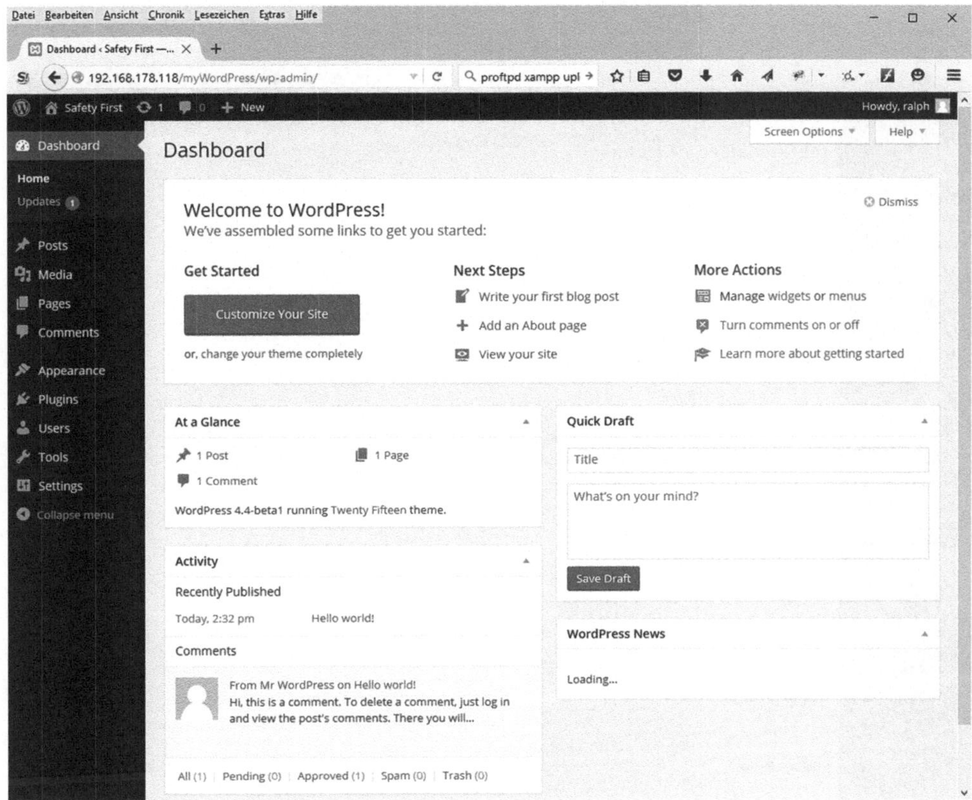

Abb. 4.20 Im Backend der neuen WordPress-Installation

Am Ende der Aktualisierung sehen Sie, dass Ihr System nun auf dem neuesten Stand ist. Wenn durch die Aktualisierung Plug-ins oder Themes jetzt auch erneuert werden sollten, sehen Sie auch dazu einen Hinweis auf dem Dashboard (Abb. 4.25).

▶ WordPress zeigt Ihnen wie gesagt nicht nur an, dass eine Aktualisierung von WordPress selbst verfügbar ist, sondern auch, wenn Aktualisierungen von Themes oder Plug-ins verfügbar sind (Abb. 4.25). Auch diese können ebenfalls automatisch installiert werden. Dabei gehen Sie genau so vor wie bei der Aktualisierung von dem gesamten CMS. Beachten Sie allerdings, dass gerade bei Themes bei einer Aktualisierung alle von Ihnen vorgenommenen Anpassungen verloren gehen. Es kann also durchaus sinnvoll sein, dass man Themes nicht automatisch auf dem neuesten Stand hält.

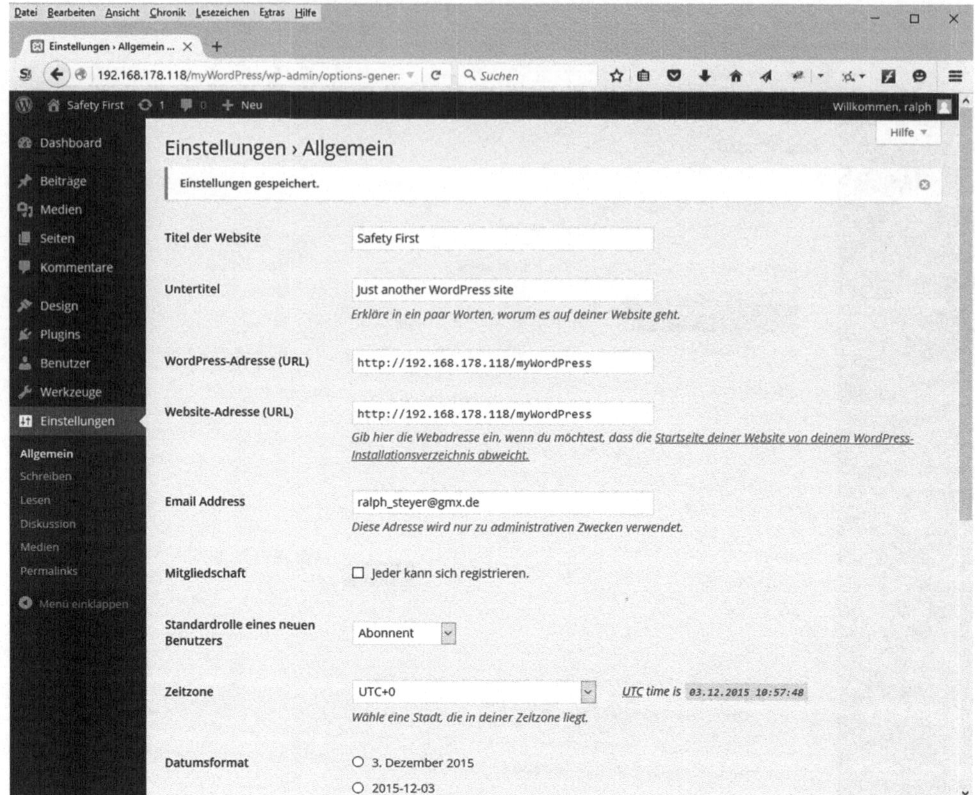

Abb. 4.21 Das Backend mit Deutsch als Spracheinstellung

4.4.2   Manuelle Aktualisierung

Die automatische Aktualisierung von WordPress und den Themes bzw. Plug-ins ist wie gesagt mit minimalem Aufwand verbunden und damit bequem und schnell. Aber es gibt Fälle, in denen der automatische Weg verschlossen ist. Das ist meist dann der Fall, wenn WordPress nicht genügend Schreibrechte auf dem Webserver (bzw. in den relevanten Verzeichnissen) hat. Dann ist aber immer noch nicht Hopfen und Malz verloren. Sie können WordPress oder die Themes bzw. Plug-ins auch manuell aktualisieren. Denn es müssen ja nur eine Reihe von Dateien und Verzeichnissen auf dem Webserver aktualisiert werden.

4.4.2.1 Backup der WordPress-Dateien erstellen

Es ist vor einer Aktualisierung immer sinnvoll, dass Sie zuerst ein Backup des bestehenden Systems erstellen. Dazu sichern Sie mit einem FTP-Programm das gesamte Installlationsverzeichnis Ihres WordPress auf einem lokalen Medium. Achten Sie darauf, dass die Ordner *wp-admin*, *wp-content* sowie *wp-includes* vollständig gesichert wurden.

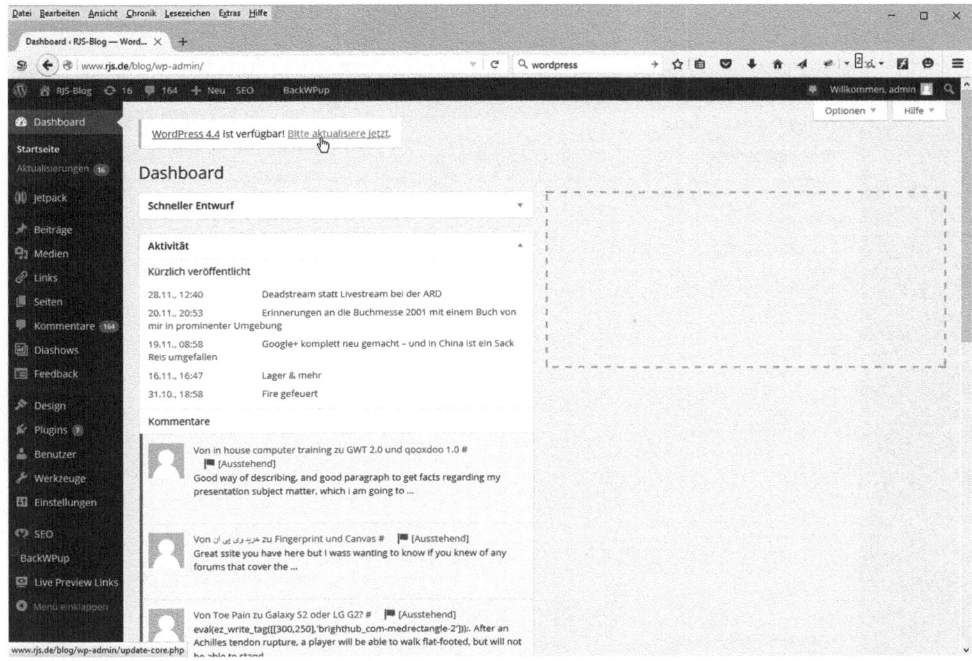

Abb. 4.22 Im Dashboard sehen Sie, dass eine neue Version von WordPress vorhanden ist

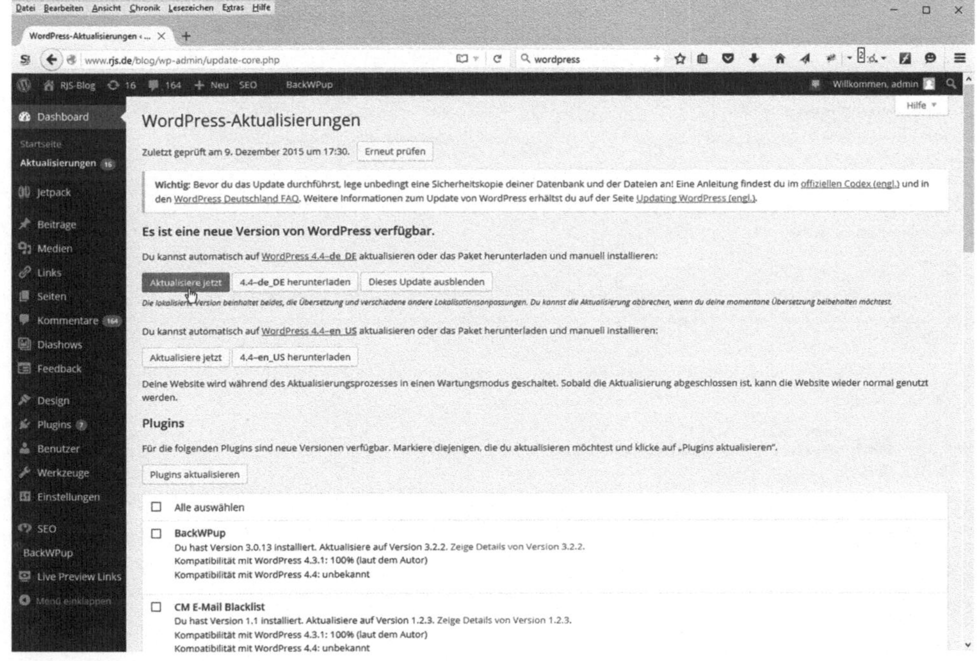

Abb. 4.23 Automatische Aktualisierung

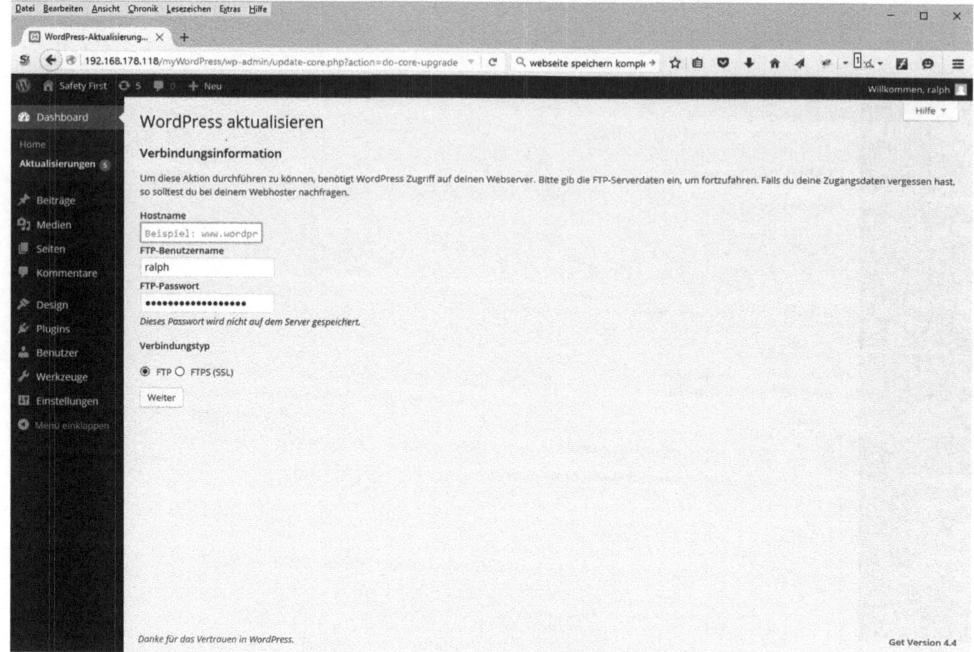

Abb. 4.24 Die Aktualisierungsroutine benötigt FTP-Zugang

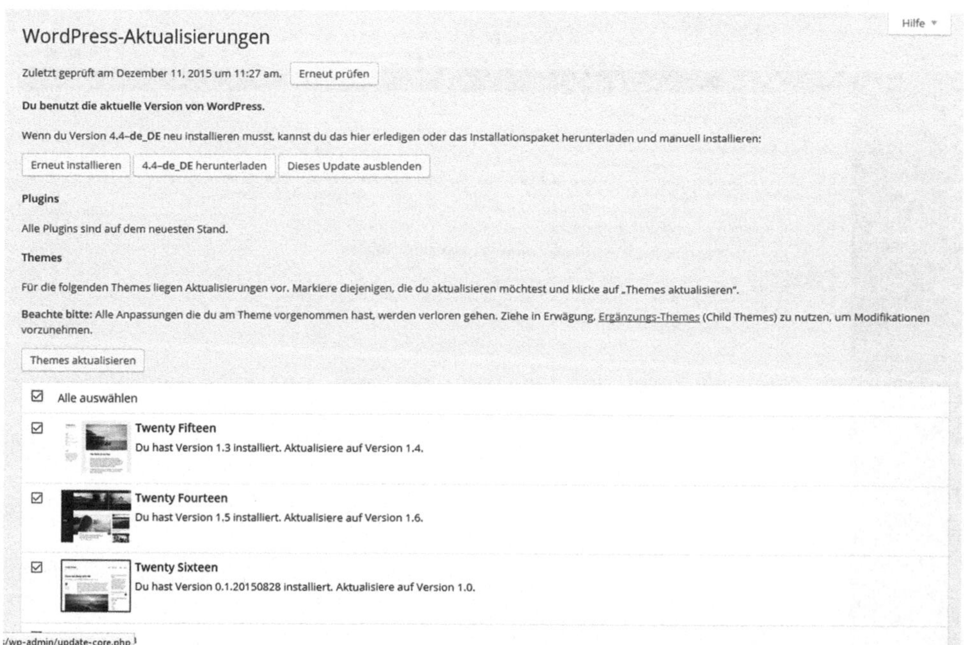

Abb. 4.25 WordPress ist auf dem neuesten Stand, aber Themes sollten aktualisiert werden

▶ Wenn Sie wollen, können Sie vor der Aktualisierung auch ein Backup der Datenbank erstellen. Dazu gibt es verschiedene Plug-ins wie DB Backup oder aber Sie exportieren die Datenbank mit phpMyAdmin. Das werden wir noch im Laufe des Buchs in Kap. 8 behandeln und muss auch bei einer reinen Aktualisierung von Dateien in Ihrem WordPress-System nicht unbedingt sein.

4.4.2.2 Deaktivieren von Plug-ins

Laufende Plug-ins können in seltenen Fällen bei Aktualisierungen Probleme machen. Zur Sicherheit ist es ratsam, sämtliche Plug-ins vor dem Update zu deaktivieren (Abb. 4.26). Dazu gehen Sie wie folgt vor:

- Öffnen Sie im Dashboard den Reiter PLUGINS und deaktivieren Sie hier sämtliche Einträge.
- Loggen Sie sich aus WordPress aus.

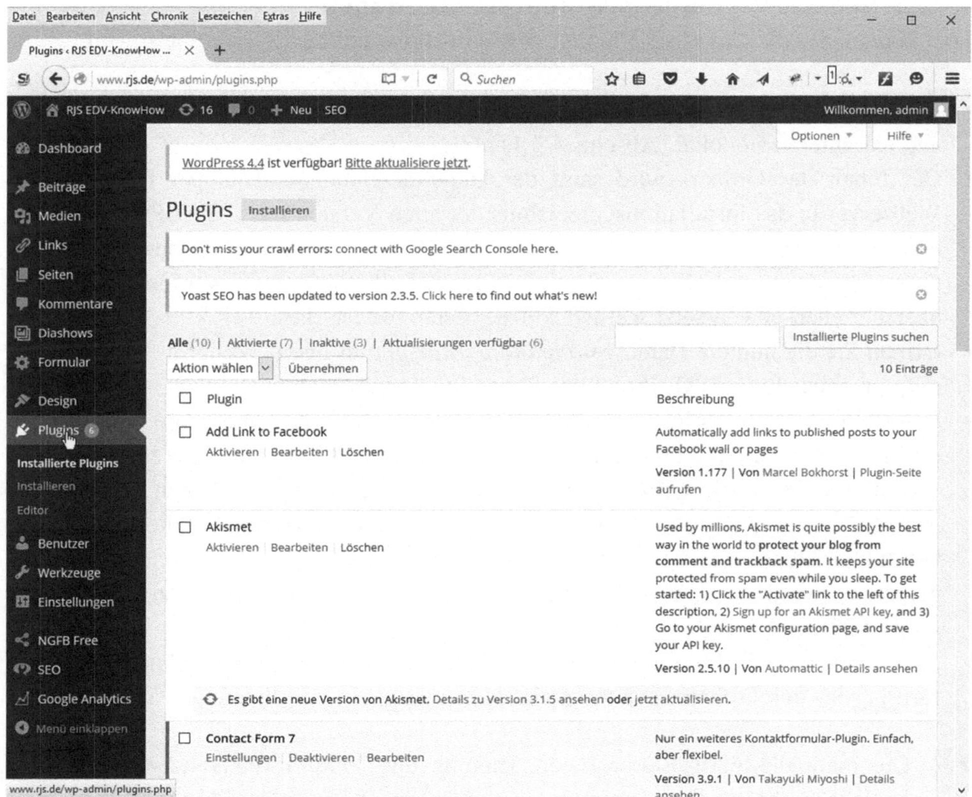

Abb. 4.26 Plug-ins sollten besser deaktiviert werden

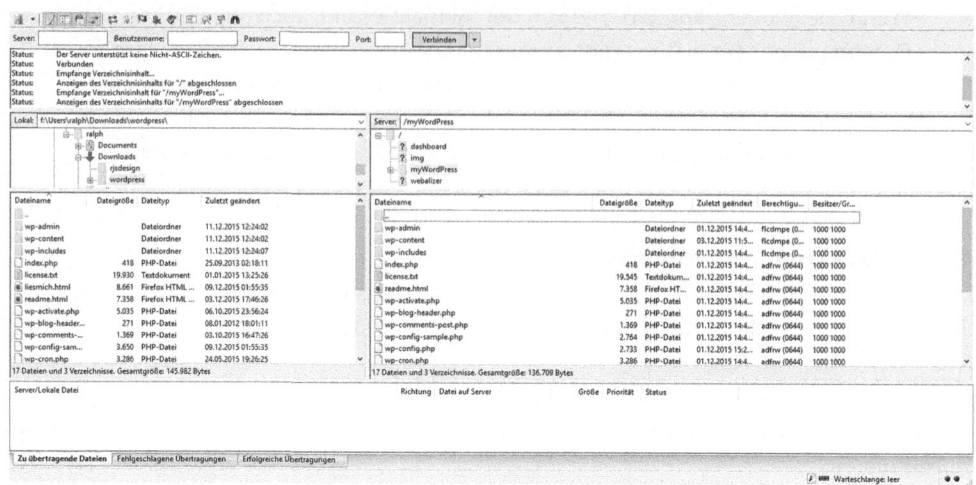

Abb. 4.27 Der Upload per FTP

4.4.2.3 Neueste Version von WordPress übertragen

Jetzt können Sie die aktuellste Version von WordPress auf den Server übertragen.

- Dazu laden Sie diese aktuellste Version von WordPress wie oben beschrieben herunter und extrahieren sie lokal (Abschn. 4.3.1).
- Der Inhalt des Ordners wird samt der Unterverzeichnisse dann per FTP auf den Webserver in das Installationsverzeichnis der alten Version Ihres WordPress-Systems übertragen (Abb. 4.27). Dies gilt für alle WordPress-Dateien und -Ordner, *außer* der Datei *wp-config.php*! Diese bleibt unverändert! Falls Sie gefragt werden, ob Dateien überschrieben bzw. ersetzt werden sollen, bestätigen Sie dies.
- Öffnen Sie die nun die Datei/*wp-admin/upgrade.php* in Ihrem Webbrowser (natürlich mit vorangestelltem URL Ihres WordPress-Systems).
- Loggen Sie sich in der nachfolgenden Webseite mit Ihren Daten ein und befolgen Sie die Anweisungen des Assistenten (Abb. 4.28). Diesen Assistenten gab es in früheren WordPress-Versionen nicht und er ist auch nicht unbedingt von Nöten. Vereinfacht gesagt räumt er auf und kümmert sich auch um die Datenbank sowie die Beseitigung von Inkonsistenzen. Sicherer ist die Anwendung allemal. Ist der Assistent ohne Fehler gelaufen, wurde WordPress erfolgreich auf die neueste Version aktualisiert (Abb. 4.29).
- Jetzt können Sie die Plug-ins wieder aktivieren und mögliche weitere Aktualisierungen für Plug-ins durchführen. Die mögliche Notwendigkeit wird Ihnen ggf. angezeigt.

▶ Die manuelle Aktualisierung von Themes und Plug-ins (falls notwendig) besteht in der Regel daraus, dass Sie einfach die Themes oder Plug-ins laden, lokal extrahieren und die entsprechenden Verzeichnisse unter *wp-content* per

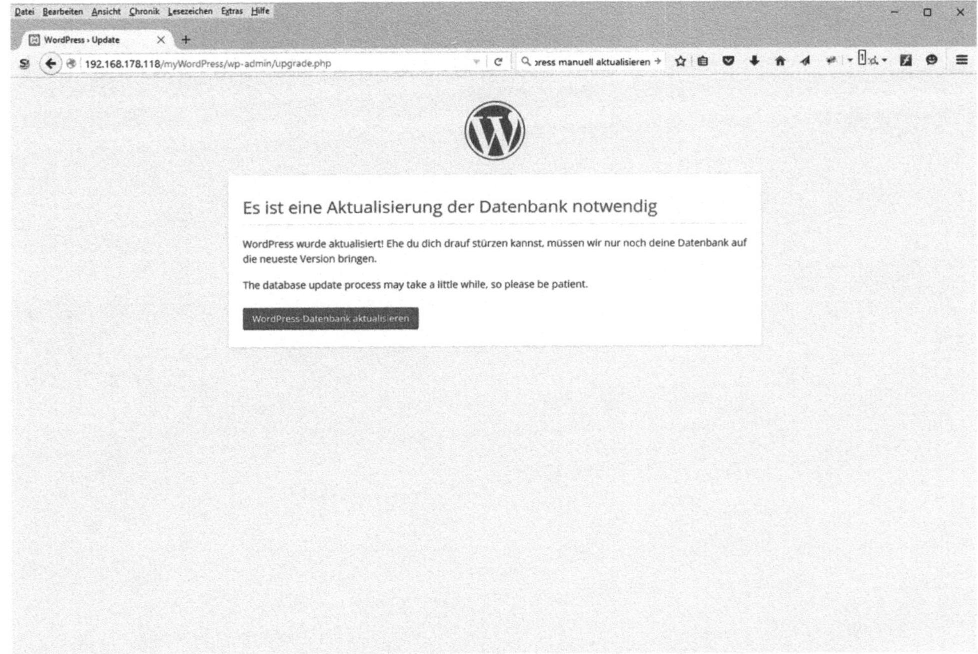

Abb. 4.28 Ein Assistent sorgt nach dem manuellen Austausch der Dateien für Ordnung

FTP ersetzen. Das bedeutet, dass Sie wie hier beschrieben vorgehen und nur die Dateien innerhalb von *wp-content* ersetzen, die von der Aktualisierung betroffen sind.

4.5 Löschen des WordPress-CMS

Sollten Sie eine WordPress-Installation wieder löschen wollen, ist das ganz einfach.

4.5.1 Dateien beseitigen

Sie brauchen bloß das Verzeichnis auf dem Webserver zu löschen, das von der Installationsroutine angelegt wurde (in unserem Fall *myWordPress*). Das können Sie mit FTP (entfernter Rechner) oder dem Arbeitsplatz machen.

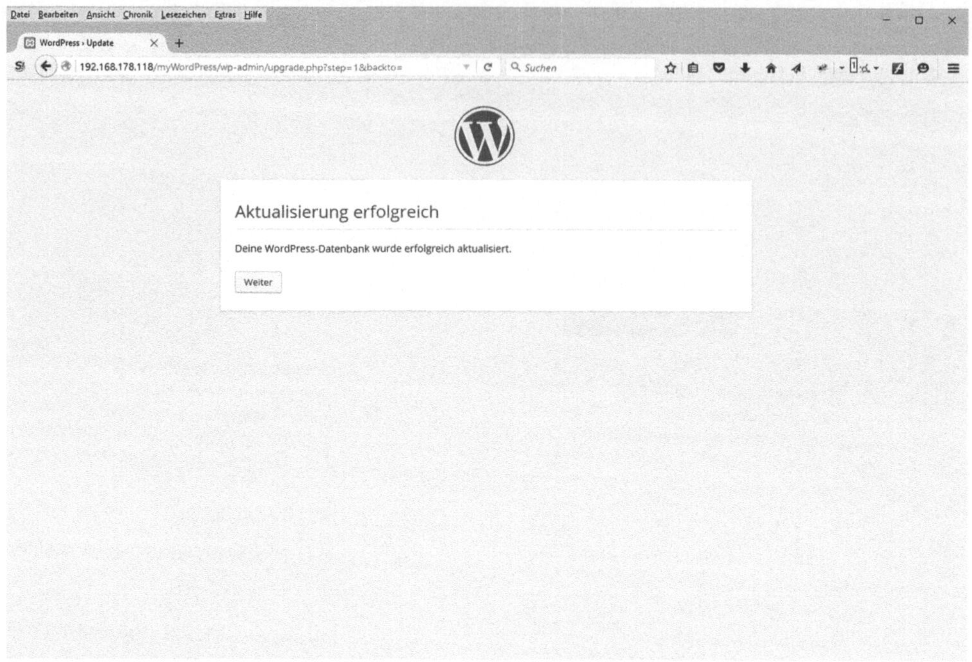

Abb. 4.29 Erfolg

4.5.2 Datenbank bereinigen

In der Datenbank bleiben allerdings dann noch alle Tabellen zurück, die von WordPress angelegt wurden. Haben Sie eine eigene Datenbank für das WordPress-CMS angelegt, dann löschen Sie einfach die gesamte Datenbank. Haben Sie in einer Datenbank aber noch weitere Tabellen, dann suchen Sie alle Tabellen, die mit dem Präfix anfangen, das bei der Installation festgelegt wurde. Löschen Sie dann nur diese Tabellen. Das können Sie wieder mit dem Tool *phpMyAdmin* machen, was von XAMPP mit installiert wird und Ihnen von den allermeisten Providern auch bereitgestellt wird.

Oder Sie verwenden die MySQL-Konsole für den Fall der Datenbank *wordpress* und den folgenden Befehl:

drop database wordpress;

4.6   Eine Auswahlhilfe für ein WordPress in-the-wild

Wir haben in dem Kapitel die Installation von einem Webserver samt MySQL und PHP behandelt und uns dabei auf ein XAMPP-System konzentriert, obwohl immer auch die Installation auf einem entfernten Rechner im Auge behalten wurde. Dabei wurde immer wieder betont, dass so eine lokale XAMPP-Einrichtung im Wesentlichen für die

Entwicklungsphase einer Webseite und zu Testzwecken genutzt werden soll. Irgendwann wollen Sie aber ein WordPress-CMS sehr wahrscheinlich im Internet veröffentlichen. Dann installieren Sie entweder ein CMS komplett neu oder exportieren das lokal eingerichtete und getestete CMS auf einen Webserver, der im Internet erreichbar ist (wie das geht, besprechen wir in Kap. 8).

An der Stelle möchte ich aber schon einmal die verschiedenen sinnvollen Wege darlegen, wie Sie das WordPress-CMS letztendlich im Internet „freischalten" können und welche Vor- und Nachteile die einzelnen Optionen haben.

4.6.1   Einen lokalen Rechner aus dem Internet erreichbar machen

Angenommen Sie haben XAMPP und darauf ein WordPress-System auf einem lokalen Rechner bei Ihnen installiert. Wenn Sie mit dem Internet verbunden sind, hat Ihr Computer bzw. Ihr Router von Ihrem Provider eine IP-Nummer erhalten. Damit können Sie über die Verbindung nicht nur Daten aus dem Internet laden und ins Internet versenden. Wenn Sie auf Ihrem Rechner einen Server bereitstellen, kann jedermann aus dem Internet von diesem Server eine Dienstleistung oder Daten anfordern. Das ist ja auch das Wesen von vielen **Trojanern**. Das sind meist kleine Serverprogramme, die sich unbemerkt auf einem fremden Rechner installieren und dann im Hintergrund „nach Hause telefonieren", wenn dieser Rechner im Internet ist. Der Trojaner kann beispielsweise die Internetadresse des befallenen Computers an seinen Meister schicken und dieser dann unter Umständen den Rechner einfach unbemerkt übernehmen.

Der Unterschied zwischen einem Server und einem Trojaner besteht im Kern oft nur darin, dass der Betreiber von einem Computer vom Laufen des Servers Kenntnis haben sollte und der Trojaner sich versteckt.

Um nicht zu weit abzuschweifen – wenn Sie Apache beziehungsweise XAMPP auf Ihrem Rechner gestartet haben und dort WordPress bereitstellen, ist das aus dem Internet zugänglich, sobald Sie online sind. Das ist manchmal gewünscht, aber nicht immer.

Aber wie und warum ist das der Fall? Genau genommen kommt es ebenfalls darauf an, ob Sie direkt mit Ihrem Rechner ins Internet gehen oder ein sogenannter **Router** dazwischen geschaltet ist. Wenn Sie einen Router verwenden (das ist mittlerweile der Regelfall – etwa bei DSL), ist erst einmal nur der Router im Internet erreichbar und Ihr Rechner nur indirekt über den Router. Der Router fungiert in dem Fall auch als eine sogenannte **Firewall**, da der direkte Zugriff auf einen Computer hinter dem Router verhindert wird (zumindest ist das Teil eines Firewall-Konzepts).

4.6.1.1 NAT & Co für den Durchgriff auf Ihr WordPress

Da nun der Webserver auf einem Computer im lokalen Netzwerk und nicht dem Router läuft, muss man für einen Zugriff auf den Webserver von außerhalb erst einmal auf dem Router einen Durchgriff einrichten. Das kann man in den meisten Administrationsprogrammen von Routern machen. Das nennt sich dann zum Beispiel Portfreigabe,

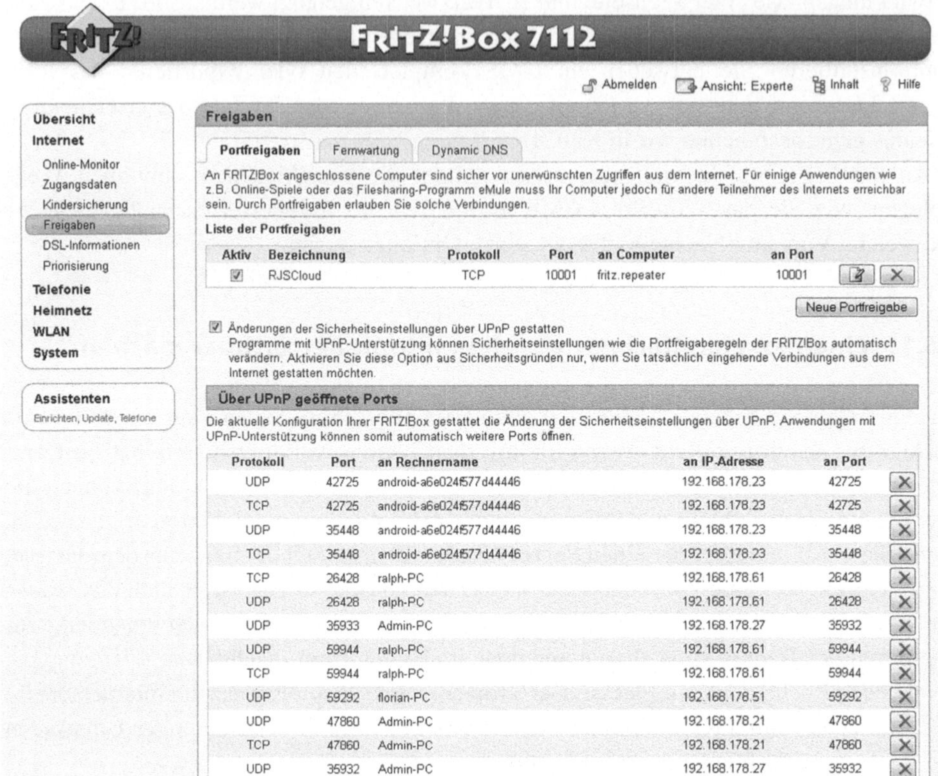

Abb. 4.30 Freigabe von lokalen Rechnern hinter der Firewall bei einer Fritzbox

Port Forwarding, IP Forwarding, **N**etwork **A**ddress **T**ranslation (NAT) oder so ähnlich. Wenn Sie das nicht machen, ist Ihr lokales WordPress nicht für Besucher von außerhalb erreichbar. Das ist aber auch gut so, denn es gibt ja nicht nur das WordPress auf dem Rechner und in der Regel wollen Sie nicht, dass jeder lokale Rechner von Ihnen ungeschützt von außen zugänglich ist.

Im Fall von einem WordPress, dass von außen zugänglich sein soll, schalten Sie aktiv einen Durchgriff auf Ihren Rechner beziehungsweise den Webserver mit dem CMS frei (über den Port von http), aber die anderen Programme und Dateien auf Ihrem Rechner sollten sicher nicht von außen so frei zugänglich sein (Abb. 4.30).

4.6.1.2 Wo ist Ihr Rechner überhaupt?

Angenommen Sie haben den Durchgriff auf Ihren lokalen Rechner mit WordPress freigeschaltet. Dann gibt es noch ein weiteres Problem für potentielle Besucher Ihres WordPress. Wenn Sie für den Zugang zum Internet einen Internetprovider haben, werden Sie von diesem in der Regel eine dynamische IP-Nummer zugewiesen bekommen.

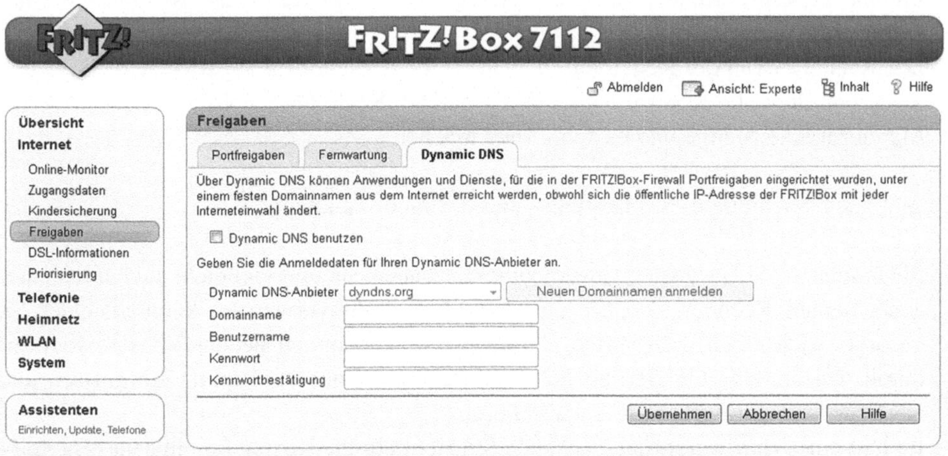

Abb. 4.31 Einrichten der Benutzung von Dynamic DNS bei einer Fritzbox

Das bedeutet, dass Sie für Ihren Computer bzw. Router, der den Durchgriff auf Ihren Rechner mit dem Webserver bereitstellt, immer wieder andere Adressen bekommen, wenn Sie neu online gehen. Damit ist Ihr WordPress auch immer wieder unter einer neuen IP-Nummer zu finden. Wie soll Sie jemand finden?

Erst einmal müssen Sie also Ihre temporäre IP-Adresse ermitteln und die dann auch allen potentiellen Besuchern zukommen lassen. Die IP-Nummer bleibt aber nur eine gewisse Zeit (in der Regel maximal einen Tag) erhalten und Besucher werden Sie nicht wiederfinden können, auch wenn Sie schon einmal da waren.

Um das Problem zu lösen, brauchen Sie einen Dienst, der Ihre jeweils dynamische Adresse an eine andere, feste IP-Adresse beziehungsweise einen festen DNS-Namen koppelt (**Dynamic DNS**). Etwa DynDNS (http://de.dyn.com/dns/), Selfhost (http://www.selfhost.de/), No-IP (http://www.noip.com/managed-dns) oder DNS Exit (http://www.dnsexit.com/Direct.sv?cmd=freeSub). Einige dieser Dienste sind kostenfrei, andere kosten jedoch Geld.

▶   In vielen Routern können Sie übrigens die Nutzung von solchen Diensten direkt einrichten (Abb. 4.31).

4.6.1.3 Vor- und Nachteile

Kommen wir zu den Vorteilen, wenn Sie einen eigenen Rechner ins Internet bringen und dort permanent einen Webserver samt WordPress-CMS laufen lassen.

- Sie haben keine Kosten für ein Hosting von Webseiten oder Kosten für einen gemieteten Server.
- Der Rechner ist in der Regel vor Ort und damit physikalisch zugänglich.
- Sie haben die volle Kontrolle über den gesamten Rechner.
- Man lernt eine Menge und es kann Spaß machen.

Es gibt auch Nachteile dieser Lösung – und das nicht zu knapp:

- Sie brauchen die Hardware. Einen Computer haben Sie und vielleicht auch noch einen ausgedienten Rechner, den Sie ausschließlich dafür verwenden könnten. Oder Sie besorgen sich einen preiswerten Computer. Aber dennoch bedeutet das Kosten und durch den dauerhaften Betrieb geht der Rechner schneller kaputt. Sie müssen also zusätzliche Reparaturkosten einkalkulieren.
- Im Fall eines Hardwareproblems haben Sie nicht nur die Kosten für ein neues Bauteil – Sie müssen den Fehler erst lokalisieren und dann auch selbst beseitigen. Natürlich müssen Sie auch Softwareprobleme selbst in den Griff bekommen. In der Zeit ist Ihr WordPress offline.
- Die Umleitung von einem Dienst zur Umwandlung Ihrer dynamischen IP-Adresse auf eine feste Adresse verschlechtert die Performance Ihrer Seite teilweise massiv. Zudem sind nicht alle Dienste kostenfrei – je besser und schneller diese sind, desto wahrscheinlicher kosten die auch Geld.
- Die Verfahren zur Durchleitung von Daten von einem Router zu einem Computer im Intranet sind nicht ganz trivial.
- Sie haben unter Umständen hohe Stromkosten, die viele Leute erst einmal gar nicht einkalkulieren Wenn ein Rechner rund um die Uhr läuft, kommen mehrere Euro pro Monat zusammen, gerade wenn man aus Kostengründen einen ausgedienten Altrechner einsetzt. Das sollte man keinesfalls unterschätzen.
- Es gibt ganz große potentielle Sicherheitsrisiken. Ihr Rechner muss sehr professionell abgesichert und permanent auf dem aktuellen Stand gehalten werden; vom Schutz vor Viren und Trojanern über eine Firewall bis hin zu regelmäßigen Backups auf externen Datenträgern nach einer ausgefeilten Backupstrategie. Sollten Sie keinen eigenen Rechner nur für den Webserver und WordPress bereitstellen, werden fremde Leute auf Ihren Rechner zugreifen, auf dem Sie möglicherweise Ihre Buchhaltung machen, private Fotos vorhalten oder Onlinebanking machen. Zwar kann man mit virtuellen Maschinen hier für einigermaßen Sicherheit sorgen, aber dennoch ist das nicht gerade beruhigend.
- Sie haben die vollständige Verantwortung für die Sicherheit und Administration des Servers beziehungsweise des gesamten Rechners. Sie müssen die Erreichbarkeit sicherstellen (denken Sie auch an eine unterbrechungsfreie Stromversorgung, aber das hilft auch nichts, wenn Ihr DSL gestört ist), sind aber auch juristisch haftbar, wenn Ihr Rechner gekapert und für illegale Dinge missbraucht wird. Und Sie haben keinerlei Hilfe, wenn Sie ein Problem haben.

- Sie müssen im Grunde jeden Tag den Rechner kontrollieren – mehrfach, sieben Tage die Woche.
- Sie benötigen tiefgehende Betriebssystem- und Administrationskenntnisse oder müssen sich diese für einen Betrieb aneignen.
- Sie benötigen neben der dynamischen Umleitung auf Ihre temporäre IP-Adresse einen DNS-Namen, wenn Ihr Angebot populär werden soll. Wenn Sie keinen wirklich aussagekräftigen und Ihnen eindeutig zuzuordnenden DNS-Namen haben, werden Sie kaum Besucher erhalten und auch Suchmaschinen werden Ihre Seite im Ranking ganz schlecht bewerten.

Ich persönlich administriere schon seit zig Jahren Server und Netzwerke (zugegeben weitgehend nur als Programmierer und überwiegend zu Testzwecken), kenne mich ebenfalls ganz gut mit Sicherheitsfragen aus und bin eben nicht zuletzt als Programmierer sehr tief in der Materie. Ich traue mich nicht, einen meiner Rechner im Netzwerk dauerhaft und vor allen Dingen unbeobachtet ins Internet zu bringen. Das ist mir zu gefährlich, zu aufwendig und letztendlich auch viel zu teuer. Beginnend bei Stromkosten, die deutlich über den Kosten eines einfachen Providervertrags liegen, zu den Hardwarekosten und letztendlich vor allen Dingen den Kosten, die die immense Arbeit indirekt verursacht.

Sie merken – ich rate davon ab, diesen Weg zu gehen. Wenn Sie es aber versuchen, nutzen Sie auf jeden Fall einen eigenständigen Rechner nur für den Zweck und dort am besten ein sogenanntes Live-System, das Sie von einer DVD oder CD starten (so gut wie immer Linux – da gibt es auch Varianten mit bereits vorinstalliertem XAMPP). Speichern Sie Daten dann auf einem USB-Stick oder einer SD-Karte.

Recht sinnvoll ist auch ein Mini-Computer wie der Raspberry Pi, der vollständig von einer SD-Karte aus läuft. Der kann im Fall einer Attacke oder Übernahme schnell wieder neu aufgesetzt werden und braucht auch zudem kaum Strom, was die Kosten reduziert. Allerdings ist dessen Leistungsfähigkeit sehr beschränkt und wird kaum ausreichen, wenn Sie viele Besucher haben.

4.6.2   Einen Server mieten

Für fortgeschrittene Leser kann es ganz interessant sein, einen eigenen Server im Internet zu mieten. Dabei werden Sie wahrscheinlich einen physischen Rechner mieten, der dann in einer sogenannten Serverfarm (ein Rechenzentrum) des Providers steht und den Sie vermutlich nie physisch sehen werden. Sie greifen auf diesen nur per Fernzugriff zu und kümmern sich vollständig um Installationen und Administration. In der Regel wird der Rechner jedoch beim Abschluss eines Mietvertrags bereits mit einem gewünschten Betriebssystem eingerichtet und Sie erhalten meist auch schon eine Installation von Standardsoftware. Das umfasst in der Regel auch schon einen Webserver und eine

Datenbank sowie Server für den Fernzugriff und Datei-Upload. Oft werden auch schon Sicherungstools vorkonfiguriert und ein automatisches Backup auf der Serverfarm mit eingerichtet.

Wenn Sie bei der Servermiete darauf achten, dass Apache mit PHP, MySQL und ein FTP-Zugriff bereits vorkonfiguriert ist, können Sie sofort loslegen und WordPress installieren. Ein solcher Sever ist sicher die professionellste Lösung, wenn Sie WordPress betreiben.

4.6.2.1 Vor- und Nachteile

Ein eigener Server hat natürlich auch wieder Vor- und Nachteile.

Vorteile:

- Sie haben die volle Kontrolle über den gesamten Rechner.
- Ein eigener physikalischer Server bietet eine hohe Leistungsfähigkeit. Die meisten Provider bieten unterschiedliche Hardware an, die natürlich immer mehr kostet, je besser sie ist.
- Sie erhalten eine sehr hohe Flexibilität.
- Bei Bedarf gibt es in der Regel Hilfe durch den Provider.
- Sie erhalten in der Regel eine feste IP-Nummer und Sie werden in der Regel auch einen DNS-Namen mieten.

Nachteile:

- Es fallen Kosten für die Miete an. Eigenständige Server samt DNS-Namen beginnen so bei 20 EUR/Monat und die Kosten sind je nach Hardware, Datenvolumen etc. nach oben fast offen.
- Es ist ein sehr hoher Kenntnisstand für die Administration notwendig.
- Sie haben die Verantwortung für den Server, wobei der Provider Unterstützung bei Problemen gibt (eventuell kostenpflichtig) und Sicherungsmaßnahmen oft vorbereitet.
- Für ein normales WordPress ist ein solches Angebot oft überdimensioniert.

4.6.2.2 V-Server

Wem die Kosten für die Miete von einem vollständigen (dedizierten) Server zu hoch sind, der kann einen sogenannten **V-Server** (virtuellen Server) mieten. Dabei werden auf einem physikalischen Rechner in virtuellen Maschinen mehrere parallele Betriebssysteme installiert und gleichzeitig ausgeführt. Mehrere Benutzer teilen sich also einen physikalischen Rechner, aber die eigentlichen Server sind streng getrennt und nicht gegenseitig zugänglich (sie haben auch jeweils eigene DNS-Namen). Wir haben bei einem V-Server auch wieder die Situation, dass das Konzept nur dann verstanden werden kann, wenn man den Server als eine virtuelle Maschine (und damit **Software**) versteht und **nicht** mit Hardware gleichsetzt.

Ein V-Server bietet fast alle Vorteile (aber auch Nachteile) eines echten Servers, nur ist ein V-Server meist erheblich günstiger. Dafür ist die Leistungsfähigkeit durch die Aufteilung der physikalischen Ressourcen geringer. Zum Betrieb eines normal frequentierten CMS genügt diese aber dennoch.

4.6.3   Ein passendes Hosting-Paket bei einem Provider mieten

Für die meisten Leser ist das Mieten eines passenden **Hosting-Pakets** bei einem Provider vermutlich die beste Lösung für den Betrieb eines WordPress im Internet. Wir hatten ja bereits die Möglichkeiten gesehen, wie Sie bei WordPress.com ein WordPress aufsetzen können und dieses können Sie auch in ein dauerhaftes, reales WordPress überführen. Wenn Ihnen das kostenlose Einfachsystem nicht genügt, können Sie leistungsfähigere Varianten kostenpflichtig mieten. Von diesen vorgefertigten und bereits voll eingerichteten WordPress abgesehen, kann man ein CMS auch bei einem normalen Internetprovider unter einem Hosting-Paket selbst installieren, was ja auch schon angerissen wurde.

Natürlich sollten und werden Sie beim Mieten eines Hosting-Pakets einen guten, aussagekräftigen DNS-Namen einschließen.

4.6.3.1 Vor- und Nachteile

Die Vorteile eines passenden Hosting-Pakets bei einem Provider sind folgende:

- In der Regel die mit Abstand preisgünstigste Lösung.
- Sie haben mit Abstand die geringste eigene Verantwortung.
- Für den Betrieb sind nur ganz wenige Kenntnisse notwendig. Sie brauchen vor allen Dingen keine Erfahrungen in Serveradministration.
- Das gesamte Angebot ist sehr sicher, denn die Provider kümmern sich sowohl um die Absicherung gegen Angriffe, Viren und Trojaner, aber auch um Datensicherungen. Dort gibt es vor allen Dingen neben der Software und den Tools sowie den automatischen Abläufen entsprechendes Wissen.
- Sie haben keinen Aufwand für den Betrieb des Rechners oder des Servers. Sie können sich ausschließlich auf das CMS konzentrieren.

Nachteile:

- Ein Hosting-Angebot bietet kaum oder nur sehr wenig Flexibilität.
- Sie sind oft auf vorgefertigte Konfigurationen beschränkt.
- Ihnen fehlen viele Möglichkeiten, die Sie bei einem eigenen Server haben.
- Unter Umständen bietet ein Hosting-Angebot nur eine geringe Leistungsfähigkeit und Performance Ihrer Seiten.

Das Backend – Die Verwaltung Ihres WordPress 5

Eine Übersicht über die wichtigsten
Einstellungsmöglichkeiten in Ihrem CMS

Zusammenfassung

Das Backend ist der zentrale Angelpunkt für die Verwaltung Ihres WordPress. Dort können Sie Inhalte erstellen, aktualisieren, publizieren, löschen oder veröffentlichen (auch zeitlich beschränkt). Aber auch sämtliche Einstellungen werden hier vorgenommen, sei es die Festlegung des Layouts, die Angaben für Suchmaschinen, die Verwaltung von Benutzern etc. In dem Kapitel werfen wir einen genauen Blick auf dieses Backend und stellen es zu Beginn auch dem Frontend gegenüber. Dieses Kapitel versetzt Sie in die Lage, wirklich effektiv mit Ihrem WordPress umzugehen und das System zu verstehen.

5.1 Frontend versus Backend

Wenn Sie die Installation des CMS oder auch einfach nur die Einrichtung Ihres WordPress bei einem Provider geschafft haben, ist es an der Zeit, sich etwas genauer mit den zwei „Oberflächen" von WordPress zu beschäftigen.

Da gibt es das **Backend** sowie das **Frontend**, welches Ihre Besucher zu Gesicht bekommen, wenn sie zu Ihrer Seite gehen.

- Das **Frontend** Ihrer Webseite umfasst die **Darstellung** der Inhalte (Beiträge, Seiten, Medien und Kommentare), Ihr aktuell ausgewähltes Theme (wie alles aussieht und sich anfühlt), die eingerichteten Menüs (in der Regel für die Navigation in Ihrer Website verwendet) und aktivierten Widgets (je nachdem, ob Ihr Thema Widgets unterstützt). Kurz gesagt: Das ist die Webseite, wie sie „nach außen" erscheinen soll. Das Frontend ist für Besucher Ihrer Webseite gedacht oder als Landingpage für einen Administrator oder entsprechend berechtigten Besucher, um sich dort für das Backend anzumelden.

© Springer Fachmedien Wiesbaden 2016 93
R. Steyer, *WordPress*, DOI 10.1007/978-3-658-12830-2_5

- Der **Backend** ist vereinfacht gesagt Ihr Wordpress-Administrationsbereich, der nur einer geschlossenen Benutzergruppe zugänglich ist. Für das Wordpress-Backend gibt es eine Reihe von Namen. Manche nennen es **wp-admin**, denn das wird hinter der Domain in der Adressleiste angezeigt und ist auch der Name des Verzeichnisses, in dem sich die ganzen Dateien für das Backend befinden (Abb. 5.1). Andere nennen das Backend auch Dashboard, was aber so nicht ganz stimmt (das Dashboard ist nur der zentrale Teil des Backends) oder Verwaltungszentrale.

Wie auch immer Sie es nennen, das Backend ist der Administrationsbereich, in dem die meiste Arbeit in WordPress erledigt wird:

- Sie legen dort als Autor neue Inhalte an und verwalten diese.
- Sie verwalten darüber Benutzer.
- Sie konfigurieren hier alle relevanten Optionen Ihrer Seite.
- Sie installieren darüber Erweiterungen wie neue Themes oder Plug-ins.
- Sie führen hierüber regelmäßige Wartungsaufgaben durch.

Es gibt vier Komponenten des Adminstrationsbereichs von WordPress, die Sie grundsätzlich kennen sollten:

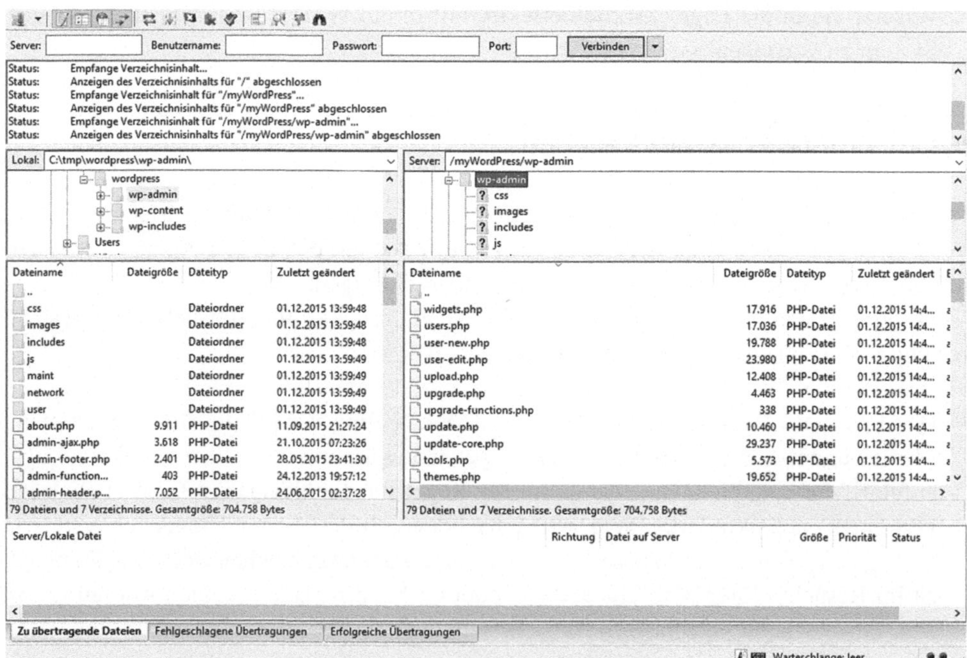

Abb. 5.1 Der Ordner wp-admin enthält die Dateien des Backends

- Den Wordpress-Anmeldebildschirm: Das ist die Anmeldemaske, die erscheint, bevor Sie sich für das Backend angemeldet haben.
- Die Administrationsebenen.
- Hilfe & Bildschirmoptionen (nicht überall, aber meistens vorhanden).
- Das eigentliche Wordpress-Dashboard und dessen Symbolleisten.

▶ Das genaue Aussehen des Administrationsbereichs beziehungsweise eines Backends hängt von verschiedenen Faktoren ab. Die wesentlichen Einflüsse sind neben der Version von WordPress selbst das Theme und die installieren Plug-ins. Auf beide Schlagworte gehen wir noch genauer ein. Die große Mehrheit der Wordpress-Webseiten hat aber ein sehr ähnliches Backend, auch wenn ihre Frontends vollkommen unterschiedlich sein können. Wenn Sie also einmal das Konzept des Backends verstanden haben, werden Sie mit wenig Mühe beliebige WordPress-Seiten verwalten können.

Kommen wir nun zu den wichtigsten Details des Backends. Wir werden in dieser nachfolgenden Übersicht auf die wichtigsten Menüpunkte eingehen, wobei wir von einem Aussehen des Backends in der Grundkonfiguration (also wie es unmittelbar nach der Installation aussieht) ausgehen.

5.2 Das Dashboard

Das **Dashboard** (engl. für *Armaturenbrett*, obgleich mir besser die freie Übersetzung als *Übersicht* gefällt) ist die Startseite des Backends in WordPress (Abb. 5.2). Hier finden Sie Neuigkeiten wie neue Updates oder allgemeine Informationen zu Ihrer Seite. Wenn Sie sich zum Backend angemeldet haben, dann gelangen Sie immer erst einmal automatisch auf das Dashboard.

Wie konkret das Dashboard aussieht, hängt wieder von vielen Faktoren ab (Abb. 5.3):

- der Spracheinstellung beziehungsweise dem gewählten Sprachpaket,
- dem Theme,
- den installierten Plug-ins,
- der Version von WordPress sowie von
- optionalen Plug-ins und Widgets zur Veränderung des Dashboards oder manuellen Veränderungen der zugrundeliegenden Dateien

▶ Die Grundfunktionalitäten sind aber meistens in allen Dashboards vorhanden und die nachfolgenden Ausführungen beziehen sich auf eine Standardinstallation mit deutschem Sprachpaket.

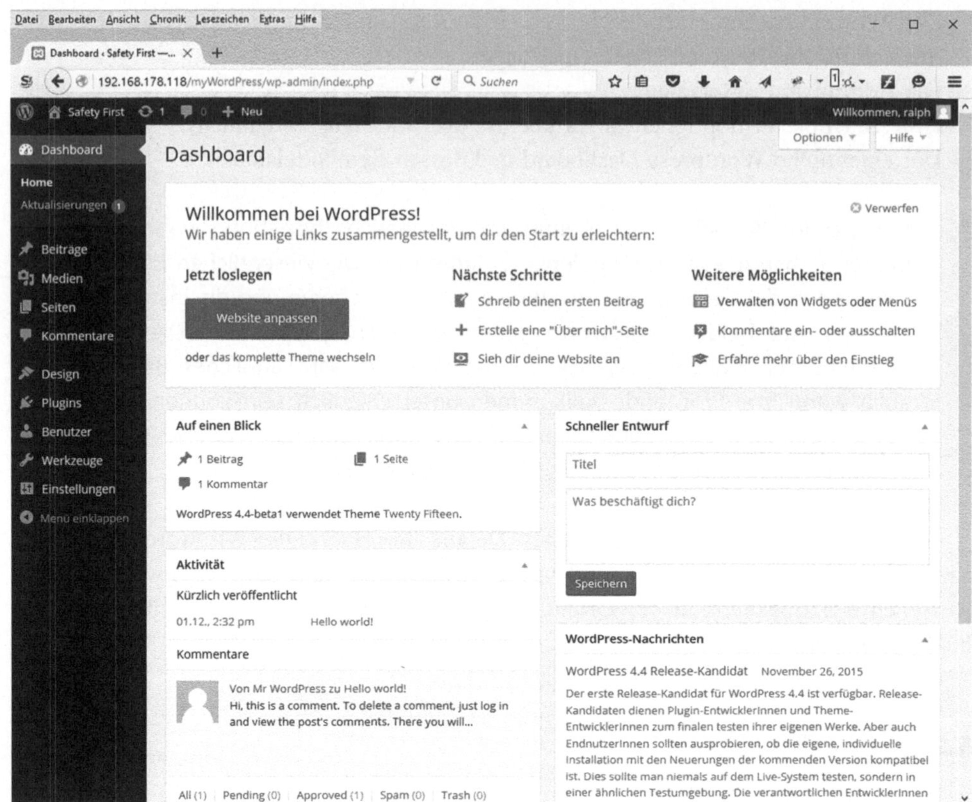

Abb. 5.2 Ein typisches Dashboard mit deutschem Sprachpaket nach einer Standardinstallation

5.2.1   Das Menü auf der linken Seite

Auf der linken Seite des Dashboards findet man in der Regel[1] das allgemeine Menü. Hierüber besteht Zugang zu vielen (eigentlich fast allen) Funktionen in WordPress. Über Webseiten, die darüber verknüpft sind, kann man Artikel schreiben, das Design der Seite ändern, Plug-ins installieren, Profile anlegen und vieles mehr. Im Folgenden sollen alle Menüpunkte angesprochen werden, die Sie in einer typischen WordPress-Installation finden sollten.

---

[1] Es gibt Erweiterungen für das Dashboard, um das Menü an andere Positionen zu verschieben – aber wir können und wollen nicht jede Abweichung von den Standardeinstellungen hier im Buch verfolgen.

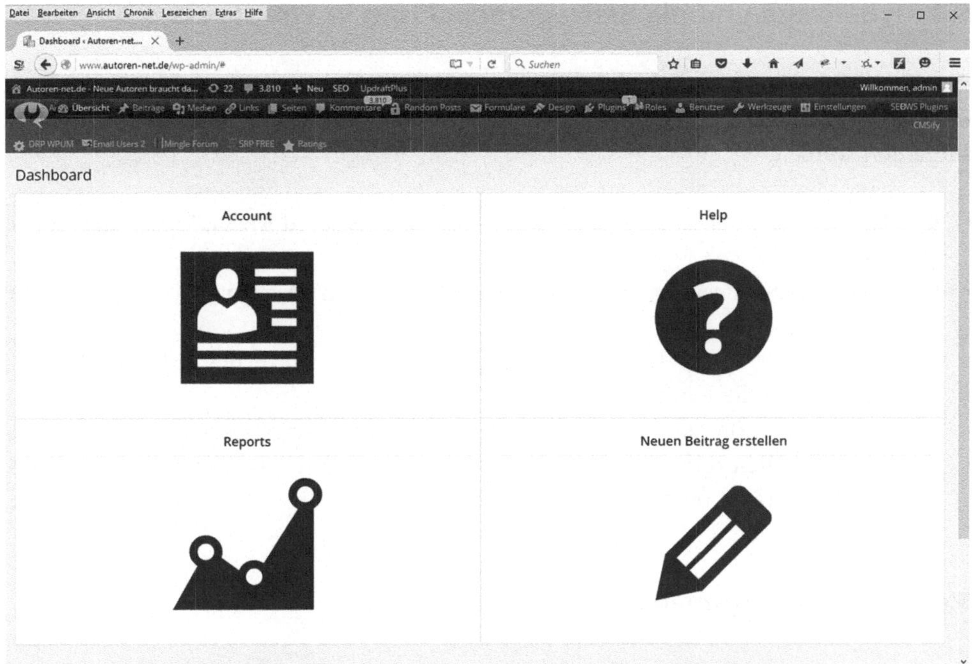

Abb. 5.3 Ein gänzlich anders aufgebautes Dashboard mit diversen Plug-ins

5.2.2   Die Hilfe

Rechts oben sehen Sie im Dashboard einen Hilfe-Button. Diesen können Sie anklicken und Sie erhalten diverse Hilfestellungen zu WordPress. Das sollte selbsterklärend sein und wir gehen nicht weiter darauf ein.

5.3   Die Menüpunkte Dashboard und Home

Die beiden Menüpunkte Dashboard und an manchen Stellen Home stehen synonym für den Aufruf des Dashboards. Sie gelangen also darüber immer an die Stelle, die Sie auch nach dem Anmelden im Backend als erstes angezeigt bekommen. Das ist dann immer der Weg zurück zur zentralen Übersicht Ihres Backends.

5.4   Beiträge und die Beitragsverwaltung in WordPress

Es gibt in WordPress erst einmal (mindestens[2]) fünf Möglichkeiten, um einen neuen Beitrag zu schreiben. Diese sind nicht immer verfügbar, sollen aber hier zumindest aufgeführt werden:

- Im Menü BEITRÄGE und dort ERSTELLEN im linken Dashboard-Menü. Darauf gehen wir gleich ein.
- Über das **Quick Press**-Modul (Schneller Entwurf) im Dashboard, wenn das dort angezeigt wird (Abb. 5.4).
- Die Schaltfläche NEUER BEITRAG in der oberen rechten Ecke des Administratoren-Bereiches, wenn diese angezeigt wird.
- Der Link NEU -> BEITRAG in der linken oberen Admin-Navigationsleiste.
- Externes Erstellen eines Beitrags und Veröffentlichen als E-Mail, wenn dies eingerichtet ist (***Post by Email*** Abschn. 5.12.2).

5.4.1   Das Beitragsmenü

Hinter dem Menüpunkt BEITRÄGE findet man also wie erwähnt die Möglichkeit, Artikel beziehungsweise Beiträge zu der Seite hinzuzufügen, aber auch bestehende Beiträge in einer umfangreichen **Beitragsverwaltung** zu überwachen und modifizieren. Dort können Sie Beiträge

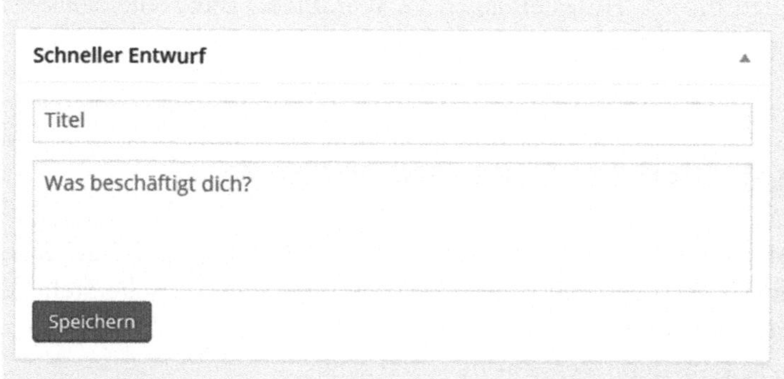

Abb. 5.4 Oft wird im Dashboard bereits Quick Press bzw. Schneller Entwurf bereitgestellt

---

[2] Auf direkte Eingaben in der Datenbank etc. soll gar nicht eingegangen werden.

- suchen,
- nach Inhalten durchsuchen,
- sortieren,
- filtern,
- löschen,
- aus einem Papierkorb wiederherstellen,
- mit Metainformationen assoziieren

  etc.

Der Menüpunkt BEITRÄGE hat weitere Untermenüs, kann aber auch selbst angeklickt werden.

5.4.2   Die Beitragsübersicht

Wenn man auf den übergeordneten Menüpunkt BEITRÄGE klickt, dann gelangt man zu der besagten Beitragsverwaltung und **Beitragsübersicht** (Abb. 5.5). Wenn Sie schon Beiträge geschrieben haben, dann kann man diese dort suchen, sortieren, bearbeiten, neue hinzufügen etc.

▶   Wenn Sie vorhandene Beiträge wieder bearbeiten möchten, dann bewegen Sie zum Beispiel den Mauszeiger über den gewünschten Beitrag. Der Bereich ist sensitiv (Abb. 5.6). Es tauchen automatisch verschiedene Links unter dem Beitrag auf, unter anderem auch einer mit dem Namen BEARBEITEN.

5.4.3   Die konkrete Bearbeitung und Erstellung von Beiträgen

Wenn Sie einen Beitrag in WordPress erstellen oder einen vorhandenen Beitrag bearbeiten, betreiben Sie im Grunde normale Textverarbeitung. Ihnen steht in WordPress ein

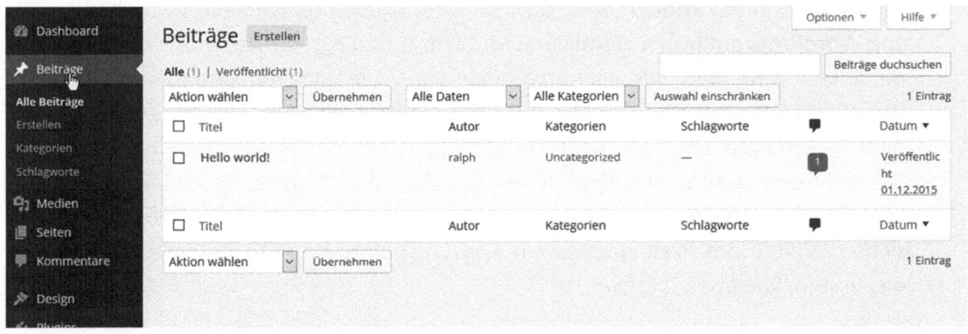

Abb. 5.5 Die Beitragsübersicht

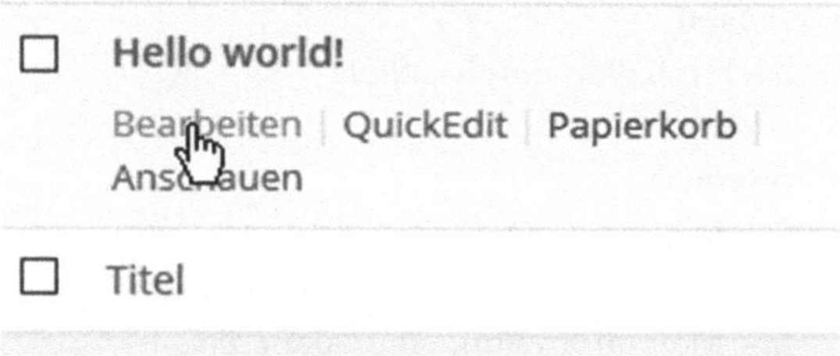

Abb. 5.6 Die Titel der Beiträge in der Beitragsübersicht sind sensitiv

integrierter Texteditor zur Verfügung, mit dem Sie im WYSIWYG-Modus die Texte erfassen und modifizieren können, sofern Sie das nicht ausgestellt haben (Abschn. 5.12.2). Sie formatieren und gestalten Texte also genau so, wie Sie es aus LibreOffice Writer oder MS Word kennen (Abb. 5.18).

▶ **WYSIWG** steht für „What You See Is What You Get" (englisch für „Was du siehst, ist [das,] was du bekommst."). Man nennt das auch etwas hochtrabend „Echtbilddarstellung". Bei einem WYSIWYG-Modus wird ein Dokument während der Bearbeitung am Bildschirm genauso angezeigt, wie es bei der Ausgabe (auch über ein anderes Gerät, z. B. einen Drucker) aussieht. Bei „normalen" Textverarbeitungsprogrammen ist dieser Modus seit zig Jahrzenten Usus, aber Sie müssen sich vergegenwärtigen, dass Sie bei WordPress innerhalb von einem Browser arbeiten und dort so ein WYSIWYG-Editor erst einmal mit HTML-Formularelementen sowie CSS und JavaScript nachgebildet werden muss.

▶ WordPress führt standardmäßig eine Aufzeichnung (**Revision**) von jedem gespeicherten Entwurf oder jeder veröffentlichten Version eines Beitrags. Verschiedene Plug-ins können dieses Revisions-System nutzen und anzeigen, welche Änderungen in jeder Revision vorgenommen wurden. Bei Bedarf kann man auch eine ältere Version eines Beitrags wiederherstellen. Des Weiteren gibt es Standardfunktionen von WordPress, die diese Revisionen nutzen können.
Solche Revisionen können sehr sinnvoll sein. Allerdings wird die Datenbank von WordPress auf Dauer ziemlich aufgebläht und die gesamte Seite kann sich behäbiger „anfühlen" als es notwendig wäre. Die meisten Betreiber eines WordPress-Systems werden diese Sicherungen gar nicht benötigen. Wer diese Revisionen sowieso nicht verwendet, kann die Altversionen löschen. Das geht einmal über SQL-Befehle auf der Datenbank, wenn Sie das machen können. Zum Beispiel mit phpMyAdmin, wobei Sie vorher die Datenbank sichern sollten. Im Web gibt es ein paar vorgefertigte SQL-Statements, die das leisten, wie etwa dieses:

DELETE a,b,c FROM wp_posts a LEFT JOIN wp_term_relationships b ON (a.ID = b. object_id) LEFT JOIN wp_postmeta c ON (a.ID = c.post_id) WHERE a.post_type = ‚revision'

Wer keinen direkten Zugang zu der Datenbank hat oder nicht direkt darauf arbeiten will, kann mit Plug-ins die Revisionen bearbeiten, etwa mit den folgenden:

- Better Delete Revision
- Revision Removal
- Remove Revisions

Wenn Sie WordPress daran hindern wollen, für die Zukunft weitere Sicherungen anzulegen, reicht es, wenn man folgenden Code in die Datei *wp-config.php* einfügt:

define('WP_POST_REVISIONS',false);

Das verschlankt WordPress nicht unerheblich, aber Sie verzichten halt auch auf ein Feature, was gerade bei mehreren Autoren sehr nützlich ist.

5.4.3.1 Eine kleine Anleitung für den Umgang mit dem Texteditor

Normalerweise sollte der Umgang mit dem integrierten Texteditor von WordPress selbsterklärend sein, wenn man eine übliche Textverarbeitung kennt – und davon gehe ich bei der Leserschaft aus. Eine kurze Anleitung soll den Umgang dennoch etwas erläutern und vor allen Dingen auf einige wichtige Besonderheiten und Details hinweisen.

5.4.3.1.1   Die Werkzeugleiste

Die Werkzeugleiste des Editors befindet sich oberhalb der Texteingabebox und umfasst im vollständigen Modus zwei Zeilen. Sollte nur eine Zeile zu sehen sein, kann die zweite Zeile mit dem tastaturähnlichen Symbol, dem Icon für *Werkzeugleiste verstecken/ Werkzeugleiste zeigen*, sichtbar gemacht werden (Abb. 5.7 und 5.8).

Die Icons in der Werkzeugleiste orientieren sich an dem klassischen Standard bei Textverarbeitungsprogrammen. Es gibt Symbole

- für Textformatierungen (fett, kursiv, unterstreichen oder durchgestrichen),
- Aufzählungen mit Bullets und Zahlen,
- ein Zitat,
- die Ausrichtung,
- zu Setzen und Löschen eines Links (beachten Sie, dass Sie auch vorhandenen Text markieren und mit der Schaltfläche nachträglich mit einem Link verknüpfen können – Sie erhalten einen entsprechenden Dialog angezeigt),
- zum Einfügen eines Weiterlesen-Links,
- zu der Auswahl von Vorlagen (Absatz, Überschriften, . . .),

Abb. 5.7 Die kleine Werkzeugleiste

Abb. 5.8 Die expandierte Werkzeugleiste

- der Beeinflussung des Einzugs,
- dem Einfügen von Sonderzeichen,
- Formatierungen löschen,
- für die Textfarbe,
- Hilfe zu Tastaturkürzeln,
- die Redo- und Undo-Funktion,
- die Bedienung der Zwischenablage,
- um die Werkzeugleiste zu expandieren oder zu kollabieren (Abb. 5.7 und 5.8) und
- ganz rechts eine Art Vollbildmodus (**Modus für ablenkungsfreies Schreiben**), in dem verschiedene Elemente rund um den Texteditor weggeblendet werden, damit die Konzentration auf dem reinen Schreiben liegt (Abb. 5.9).

5.4.3.1.2 Der Button für Medien

Das Einfügen von Bildern, Audios oder Videos und auch anderen Dateitypen geht mit der Schaltfläche DATEIEN HINZUFÜGEN oberhalb von der Werkzeugleiste (Abb. 5.9). Darauf gehen wir noch genauer ein (Abschn. 5.5.4).

5.4.3.1.3 Umschalten zwischen WYSIWYG- und Textmodus

Sie können bei dem WYSIWYG-Texteditor von WordPress auch auf einen **Textmodus** umschalten und so direkt HTML-Anweisungen eingeben. Dazu sehen Sie rechts oberhalb der Werkzeugleiste zwei Registerlaschen (Abb. 5.9).

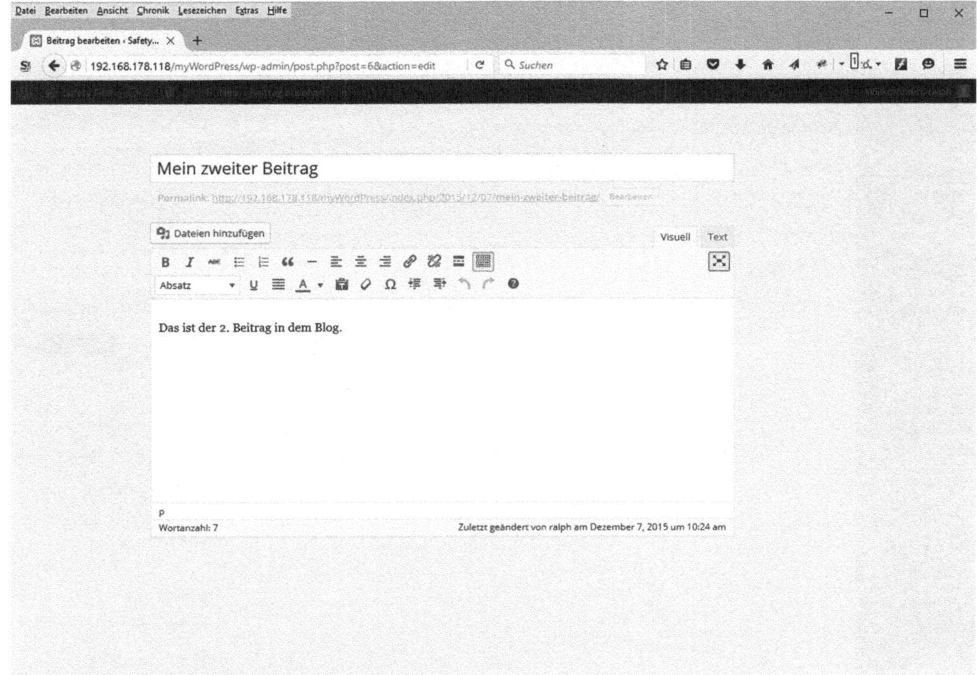

Abb. 5.9 Der Modus für ablenkungsfreies Schreiben

▶ Im WYSIWYG-Modus des Texteditors können Sie keine HTML-Anweisungen eingeben. Genau genommen können Sie diese im WYSIWYG-Modus zwar schon schreiben – diese werden dann später bei der Anzeige des Beitrags aber nur angezeigt und nicht wie gewünscht ausgeführt

▶ Der integrierte Texteditor in WordPress ist relativ einfach. Es gibt aber zahlreiche Plug-ins, die erweiterte Möglichkeiten zur Textverarbeitung bereitstellen, etwa TinyMCE Advanced, Ultimate TinyMCE oder CKEditor. Aber für viele Anwender dürfte der integrierte Texteditor dennoch ausreichen.

5.4.3.2 Die erweiterten Veröffentlichungsangaben

Es gibt nun zum Bearbeiten und Erfassen von Beiträgen nicht nur den Texteditor für den reinen (formatierten) Inhalt, sondern in der Regel auch die Möglichkeiten, die Daten darüber hinaus betreffen. Auf der rechten Seite sehen Sie beim Bearbeiten oder Erstellen eines Beitrags verschiedene Möglichkeiten zur Interaktion und ergänzende Informationen (Metainformationen) zum Beitrag. Nachfolgend sehen Sie, was Ihnen WordPress in der Grundkonfiguration anzeigt (Abb. 5.10):

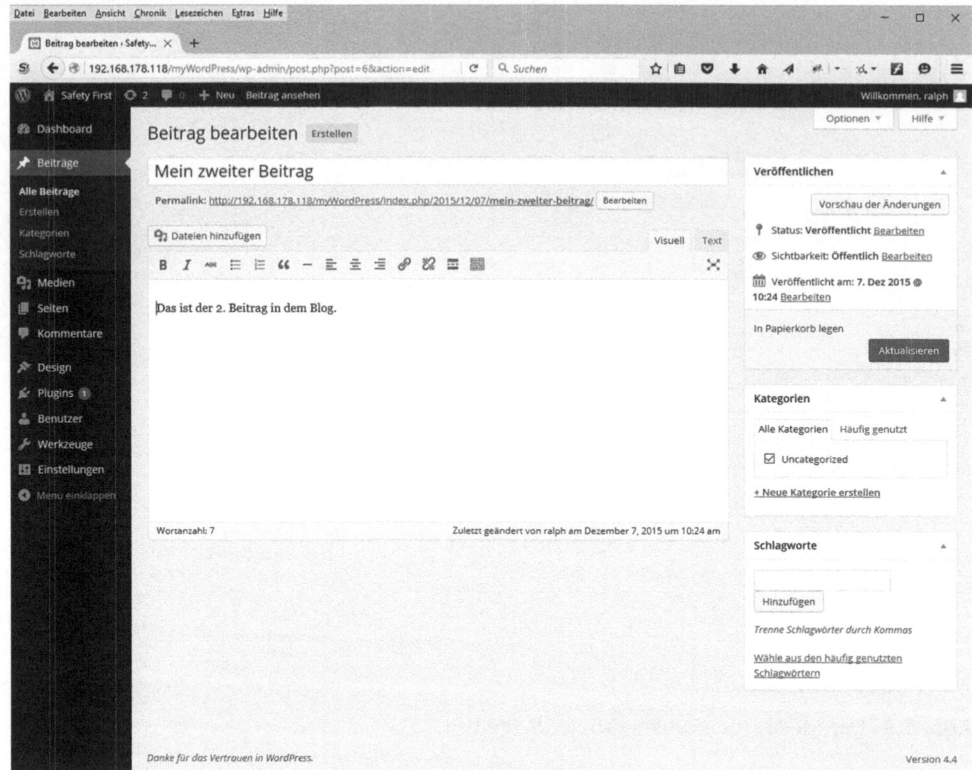

Abb. 5.10   Die Beitragsbearbeitung in der Grundkonfiguration

- Sie können dort einen Beitrag mit **Kategorien** und **Schlagworten** assoziieren. Darauf kommen wir gleich zurück.

- Ebenso können Sie den **Status** eines Beitrags sehen und – falls Sie die Rechte dazu haben – bearbeiten. Das bedeutet, dass Sie einen Beitrag, der noch nicht veröffentlicht wurde (das nennt man ENTWURF), auf den Status AUSSTEHENDER PREVIEW ändern können und umgekehrt. In beiden Status sind Beiträge aber explizit noch nicht veröffentlicht. Ist ein Beitrag jedoch wirklich dann veröffentlicht, wird das auch beim Status angezeigt.

- Sie können zudem die **Sichtbarkeit** eines Beitrags erkennen und diese auch festlegen, wenn Sie entsprechende Rechte dazu haben. Dabei stehen Ihnen die Sichtbarkeiten ÖFFENTLICH (jeder Besucher sieht den Beitrag im Frontend), PASSWORTGESCHÜTZT (nur angemeldete Besucher sehen den Beitrag im Frontend) und PRIVAT (nur man selbst sieht den Beitrag im Frontend) zur Verfügung. Einen öffentlichen Artikel können Sie auch auf der Startseite „anheften" (BEITRAG AUF DER STARTSEITE HALTEN).

- Mit dem Link BEARBEITEN hinter SOFORT VERÖFFENTLICHEN oder einem Datum sehen Sie, ab wann ein Beitrag veröffentlicht wird, wenn der Button VERÖFFENTLICHEN ausgewählt wird (wenn wie gesagt dazu überhaupt das Recht vorhanden ist). Das **Veröffentli-chungsdatum** erlaubt es, einen Beitrag erst in der Zukunft in dem Frontend anzuzeigen, obwohl sein Status bereits auf VERÖFFENTLICHT steht. Umgekehrt kann man das Veröffentlichungsdatum auch in die Vergangenheit setzen. Das ist keinesfalls so sinnlos, wie es erst einmal vielleicht erscheint. Das Veröffentlichungsdatum ist eine Metainformation und wenn irgendwann ein Besucher vorbeikommt, können Sie damit steuern, wann der Beitrag „offiziell" publiziert wurde – auch wenn Sie erst später dazugekommen sind.[3]

- Sie können in dem Bereich auch einen Beitrag in den **Papierkorb** legen. Das ist in der Tat eine Papierkorbfunktion wie bei einem Betriebssystem, also schon ein Löschen des Beitrags, aber der Beitrag kann aus dem Papierkorb über die Beitragsverwaltung wieder hervorgeholt werden.

- Ein Beitrag kann ein spezifisches **Layout** haben. Ob Sie da eine Auswahl haben oder nicht hängt explizit vom gewählten Theme ab (Abb. 5.11). Sollte es keine Auswahl geben, unterbleibt auch die Anzeige der Box für die Auswahl (Abb. 5.10). Die meisten Themes bieten ein DEFAULT LAYOUT (immer vorhanden) sowie optional verschiedene Varianten davon an, die in der Regel Änderungen bezüglich der Anzeige der Sidebar rechts und/oder links gestatten. Auch die Beeinflussung der Ausrichtung des Inhalts ist üblich.

- Für einen Beitrag kann man ein individuelles **Beitragsbild** festlegen, sofern das Theme das unterstützt (Abb. 5.11). Sollte es in dem ausgewählten Theme keine Unterstützung geben, unterbleibt auch die Anzeige der Box für die Auswahl (Abb. 5.10). Wenn Sie ein Beitragsbild wählen, taucht dieses dann an verschiedenen Stellen im System auf. Die Auswahl geht ganz einfach über den Link BEITRAGSBILD FESTLEGEN. Sie gelangen dann zur Mediathek von WordPress, wo Sie sich ein Beitragsbild auswählen können (Abb. 5.12 und 5.13). Details zum allgemeinen Umgang mit Bildern folgen noch (Abschn. 5.5).

5.4.3.3 Optionale Boxen und Optionen

Sie finden in der Beitragsbearbeitung (und auch an vielen anderen Stellen in WordPress) oben rechts eine Schaltfläche OPTIONEN. Manchmal steht da auch ANSICHT ANPASSEN. Wenn Sie diese Schaltfläche anklicken, geht ein Bereich auf, in dem Sie Boxen anklicken können, die bei der Beitragsbearbeitung angezeigt werden sollen. Ebenso kann das Layout zwischen ein und zwei Spalten umschalten, die Anzeige des Editors in voller Höhe zulassen und ablenkungsfreies Schreiben aktivieren oder deaktivieren (Abb. 5.14).

Je nachdem, was Sie an Optionen aktivieren und auch je nachdem, welche weiteren Plug-ins und Widgets Sie installiert und eingerichtet haben, können noch weitere

---

[3] Ich führe etwa ein Flugtagebuch zu meinem Hobby Gleitschirmfliegen über einen WordPress-Blog. Wenn ich nach einem Flugtag am Abend nicht mehr zum Schreiben eines Posts komme, schreibe ich den halt am folgenden Tag und datiere ihn zurück, damit das terminlich zum beschriebenen Event passt.

Abb. 5.11 Das Theme
unterstützt erweiterte Features
wie ein individuelle
Beitragslayout und ein
Beitragsbild

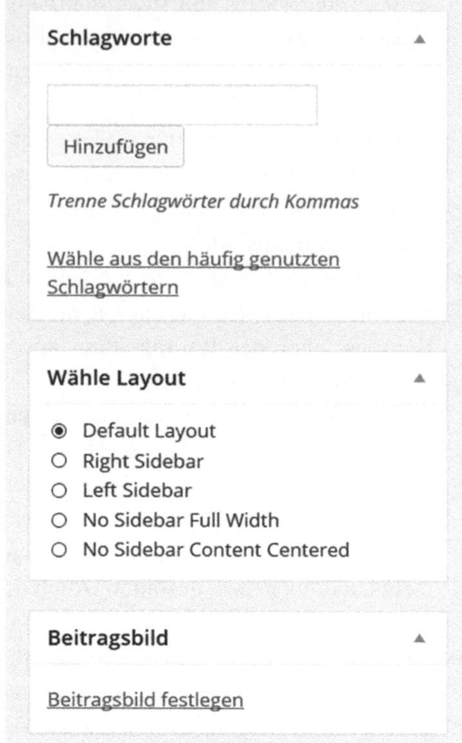

Angaben zum Beitrag möglich sein. Diese Angaben und Einstellungsmöglichkeiten werden oft unterhalb vom Texteditor angezeigt:

- Dort können Sie etwa einen Auszug aus dem Beitrag als Zusammenfassung erstellen.
- Sie können Trackballs bzw. Trackbacks (beide Bezeichner tauchen in dem Zusammenhang auf) senden. Trackbacks sind mehr oder weniger Vorläufer von Pingbacks, die WordPress-Systeme grundsätzlich nutzen. Damit teilt man älteren Blogsystemen mit, dass man auf diese verlinkt hat – natürlich mit der Hoffnung, dass diese zurück verlinken. Man gibt in dem entsprechenden Feld URLs der Blogsysteme an.
- Sie können benutzerdefinierte Felder festlegen. Das führt aber in die Programmierung von WordPress hinein, die wir hier nicht weiter verfolgen.
- Ganz wichtig sind die individuellen Einstellungen zur Diskussion und zu Kommentaren. Das bedeutet, Sie können individuell für jeden Artikel Kommentare erlauben oder verbieten und ebenso Trackbacks und Pingbacks auf dieser Seite erlauben oder verbieten.
- Sie können die individuelle Erstellung von einem Permalink unterstützen. Das ist eine lesbare URL, die einen Teil des Contents im URL enthält und für SEO wichtig ist.

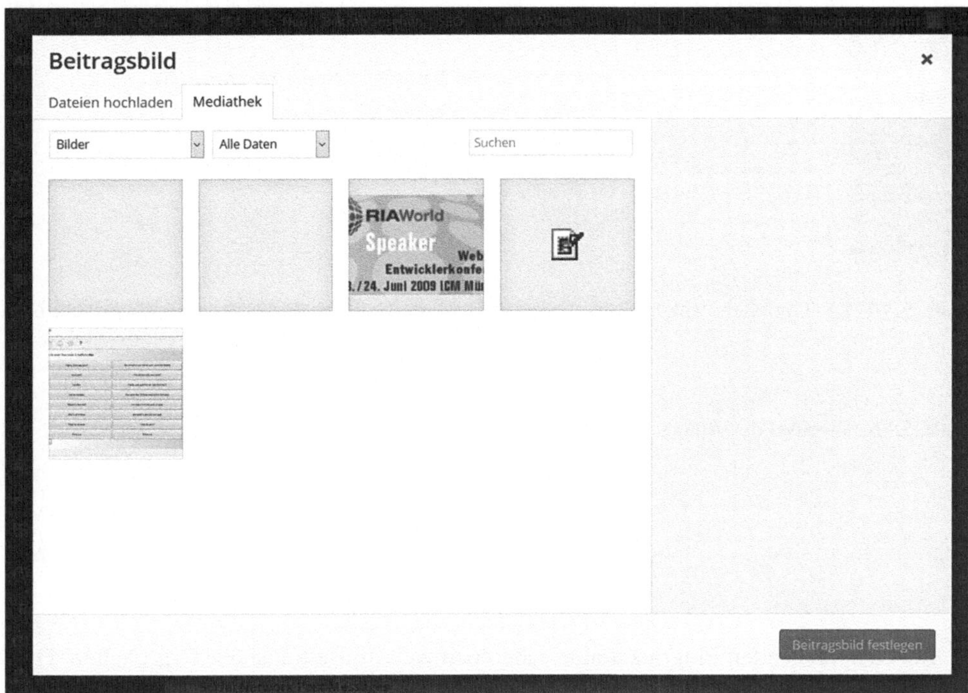

Abb. 5.12 Ein Beitragsbild auswählen

Abb. 5.13 Ein Beitragsbild
wurde ausgewählt

- Wenn Sie die Autor-Box aktiviert haben, können Sie den Autor von einem Beitrag ändern (Abb. 5.15), sofern Sie das Recht dazu haben und das hat nur der Administrator. Wenn Sie das machen, wird der Originalautor durch den neu ausgewählten Autor ersetzt.

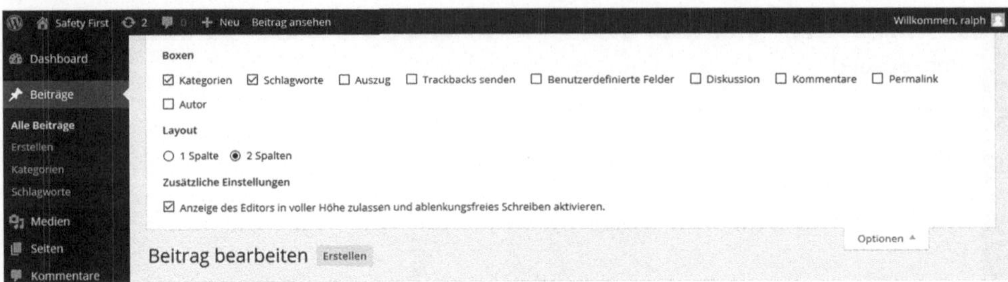

Abb. 5.14 Die Optionen, welche Boxen angezeigt werden sollen und was sonst noch erlaubt ist

Abb. 5.15 Wechsel des Autors

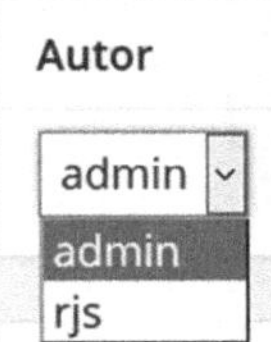

Bei entsprechenden Plug-ins können Sie noch weitere Beitragsboxen anschalten. Hier eine kleine Auswahl:

- Oft findet man bei WordPress-Systemen SEO-Einstellungen und Analysedaten, die geeignete Plug-ins (etwa Yoast SEO) dort bereitstellen. Damit kann man gezielt einzelne Beiträge supporten (Abb. 5.16).
- Sehr nützlich sind auch Festlegungen zum (automatischen) Teilen von Artikeln in sozialen Netzwerken wie Facebook, Twitter und Co (Abb. 5.17). Verschiedene Plug-ins unterstützen das (etwa WP-AutoSharePost) und stellen dann passende Formulare bereit.

5.4.4   Die weiteren Unterpunkte des Menüs

Die weiteren Untermenüs in dem Menüpunkt Beiträge bedeuten nun Folgendes:

- Alle Beiträge zeigt die Beitragsübersicht an. Genauso wie der Klick auf Beiträge selbst.
- Mit dem Link Erstellen kann man in einem folgenden Dialog mit dem Editor wie beschrieben einen neuen Artikel schreiben und veröffentlichen. Dazu gibt man im Wesentlichen einen Titel und den eigentlichen Text für den Beitrag ein, aber auch eben Metainformationen und genaue Veröffentlichungsregeln lassen sich dabei festlegen, wie wir gerade gesehen haben (Abb. 5.18).

Abb. 5.16 SEO-Angaben und Seitenanalyse mit Yoast SEO

Abb. 5.17 Automatisches Posten in sozialen Netzwerken

- Mit dem Link KATEGORIEN erstellen oder bearbeiten Sie eine neue Kategorie (Abb. 5.19). Diese Kategorien sind Ordnungskriterien für Inhalte und damit ganz wichtige Metainformationen. Wenn Sie also verschiedene Themen haben, zu denen Sie regelmäßig Posts veröffentlichen, können Sie diese damit katalogisieren (Abschn. 5.4.4.1).

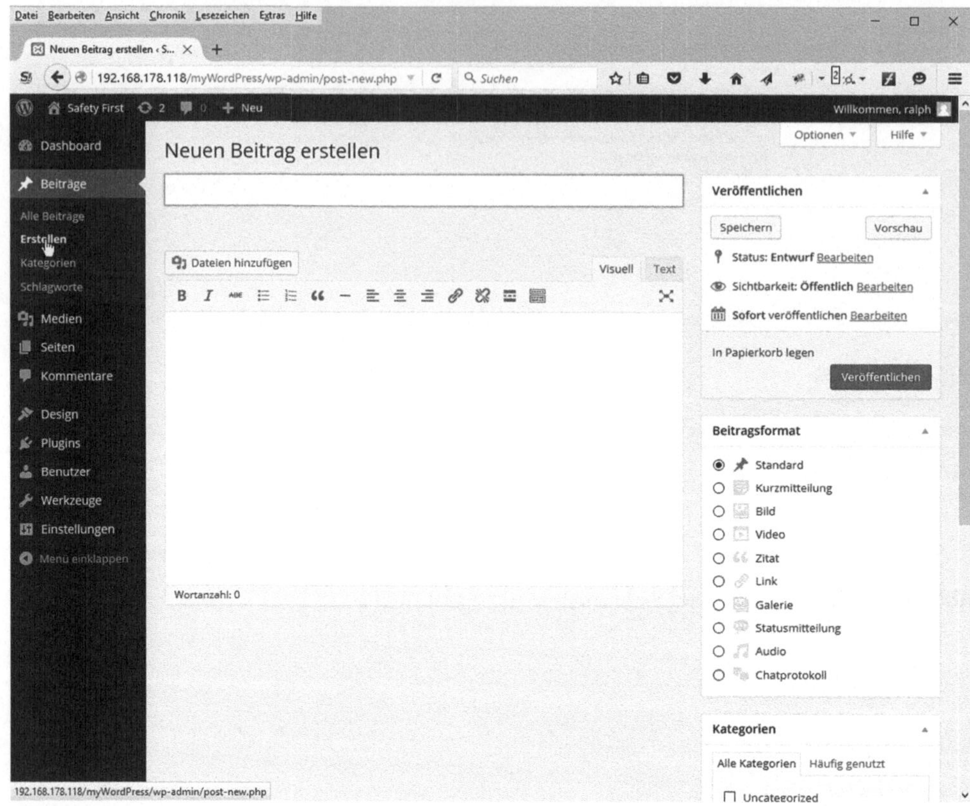

Abb. 5.18 Einen Beitrag schreiben und veröffentlichen

- Mit dem Link SCHLAGWORTE erstellen oder bearbeiten Sie ein Schlagwort (Tag) (Abb. 5.20). Dieses Schlagwort können Sie einem Beitrag zuordnen und damit den Beitrag leichter wiederfinden lassen. Das ist ebenso eine wichtige Metainformation zum Content (Abschn. 5.4.4.2).

5.4.4.1 Mit Kategorien umgehen

Kategorien sind wie gesagt Ordnungskriterien für Beiträge und damit ganz wichtige Metainformationen. Kategorien bieten Lesern einen besseren Überblick über interessante Themen und lassen Informationen schneller finden.

▶ Verschiedene Widgets und Plug-ins stellen Wolken (Clouds) zur Verfügung, die Kategorien anzeigen. Diese sind meist durch hervorgehobene oder zurückgenommene Darstellungen gewichtet und zeigen damit auch an, wie viele Beiträge in einer Kategorie vorhanden sind (Abb. 5.21).

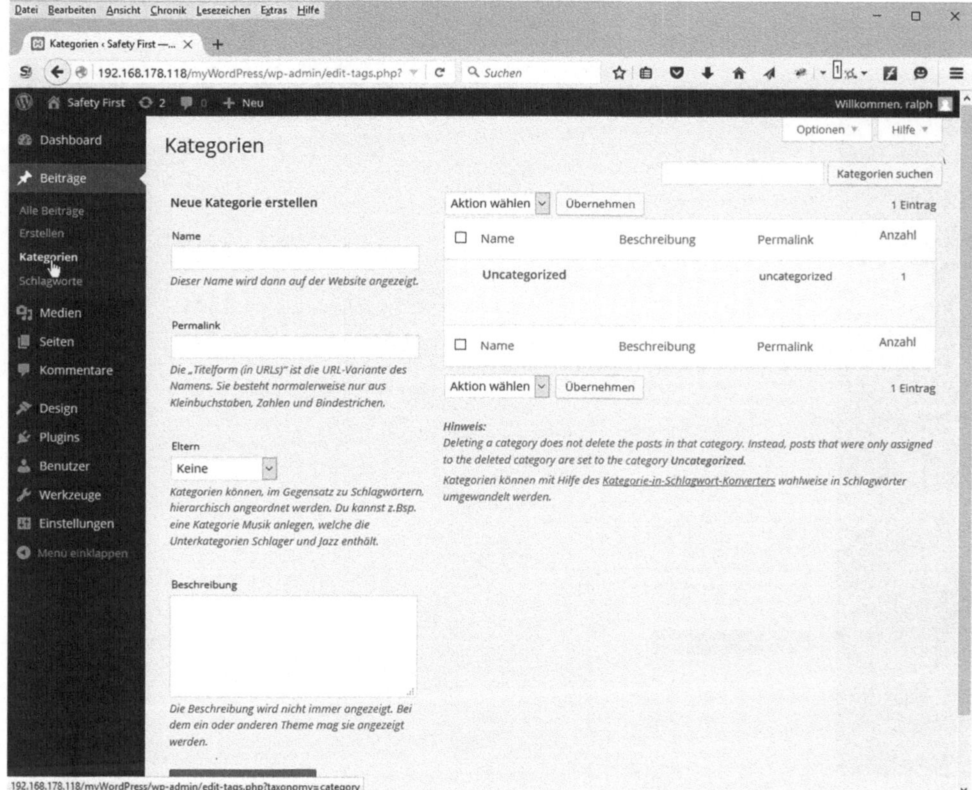

Abb. 5.19 Eine Kategorie erstellen

Von Anfang an hat jede WordPress-Installation bereits eine Kategorie angelegt, die die vielsagende Bezeichnung ***Allgemein* (*Uncategorized*)** trägt.

▶ Die Kategorie *Allgemein* kann nicht gelöscht werden.

Darin sind erst einmal alle Artikel zu finden, die man erstellt und nicht explizit einer Kategorie zuordnet.

▶ Die Kategorie Allgemein kann zwar nicht gelöscht, aber umbenannt werden. Es ist aber davon abzuraten. Man erstellt besser neue Kategorien.

Wenn Sie neue Kategorien erstellen und diesen Beiträge zuordnen und dann später diese Kategorien wieder gelöscht werden, bleiben die Artikel aus den gelöschten Kategorien erhalten. Sie werden automatisch wieder dieser Basiskategorie *Allgemein* zugefügt.

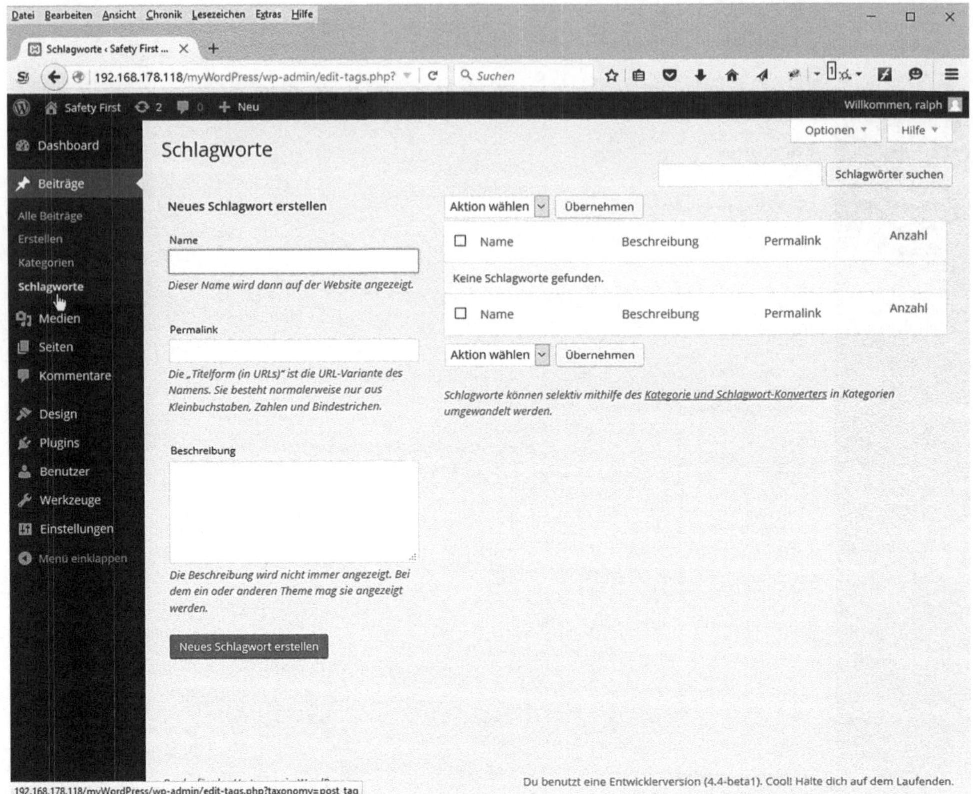

Abb. 5.20 Ein Schlagwort erstellen

5.4.4.1.1 Einen Beitrag einer Kategorien zuordnen

Einen Beitrag ordnen Sie über eine Auswahl in der Kategorienbox einer spezifischen vorhandenen Kategorie zu. Wenn noch keine Kategorie erzeugt wurde, ist das wie gesagt immer die Kategorie *Allgemein* (Abb. 5.22), egal ob Sie in der Kategorienbox diese Kategorie selektieren oder nicht.

Sollten bereits Kategorien vorhanden sein, können Sie explizit eine oder auch mehrere Kategorien in der Auswahlbox selektieren, um einen Beitrag dort zuzuordnen (Abb. 5.23).

5.4.4.1.2 Aus der Kategorienbox eine neue Kategorie anlegen

Sie können nun direkt aus der Kategorienbox heraus eine neue Kategorie anlegen. Dazu finden Sie dort den Link NEUE KATEGORIE ERSTELLEN (Abb. 5.22).

Wenn Sie den Link anklicken, wird die Box erweitert und Sie können den Namen für die neue Kategorie und eine übergeordnete Kategorie erstellen (Abb. 5.24). Die übergeordneten Kategorien sind sinnvoll, wenn Kategorien thematisch zusammenpassen.

Abb. 5.21 Eine
Kategorienwolke

Abb. 5.22 Es gibt noch keine
spezifischen Kategorien.

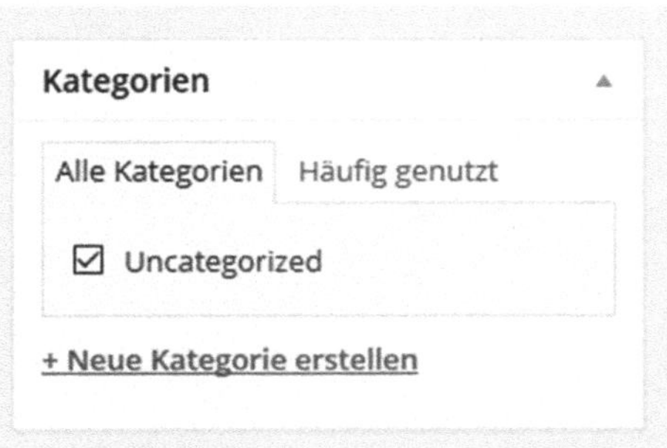

Wenn Sie etwa Beiträge zu mehreren Büchern erstellen, können eine übergeordnete
Kategorie *Bücher* und untergeordnete Kategorien für jedes einzelne Buch sinnvoll sein.

5.4.4.1.3 Der Menüpunkt Kategorien und die Kategorienverwaltung

Wenn Sie den Link KATEGORIEN im BEITRÄGE-Menü anklicken, kommen Sie zur
Kategorienverwaltung (Abb. 5.25). Dort können Sie

Abb. 5.23 Auswahl einer oder mehrerer Kategorien für einen Beitrag

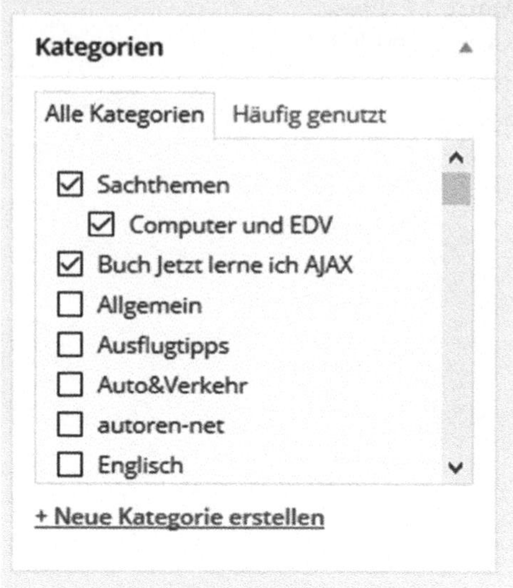

Abb. 5.24 Anlegen der neuen Kategorien aus der Kategorienbox

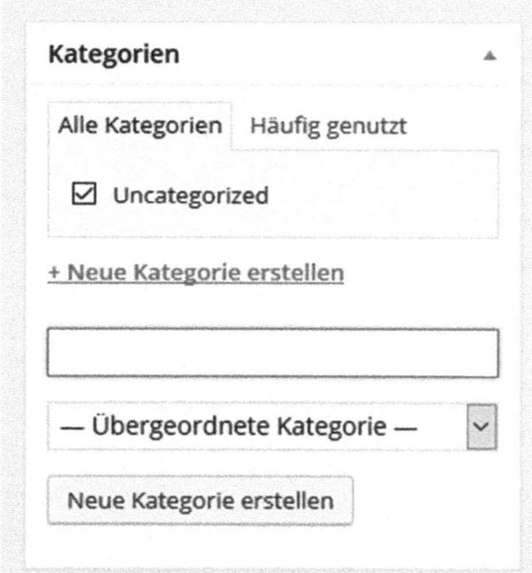

- Kategorien erstellen,
- einen Permalink spezifizieren,
- eine übergeordnete Kategorie (Eltern) zuordnen,
- eine Beschreibung der Kategorie erstellen oder modifizieren,
- eine Kategorie suchen und sortieren und
- eine Kategorie löschen.

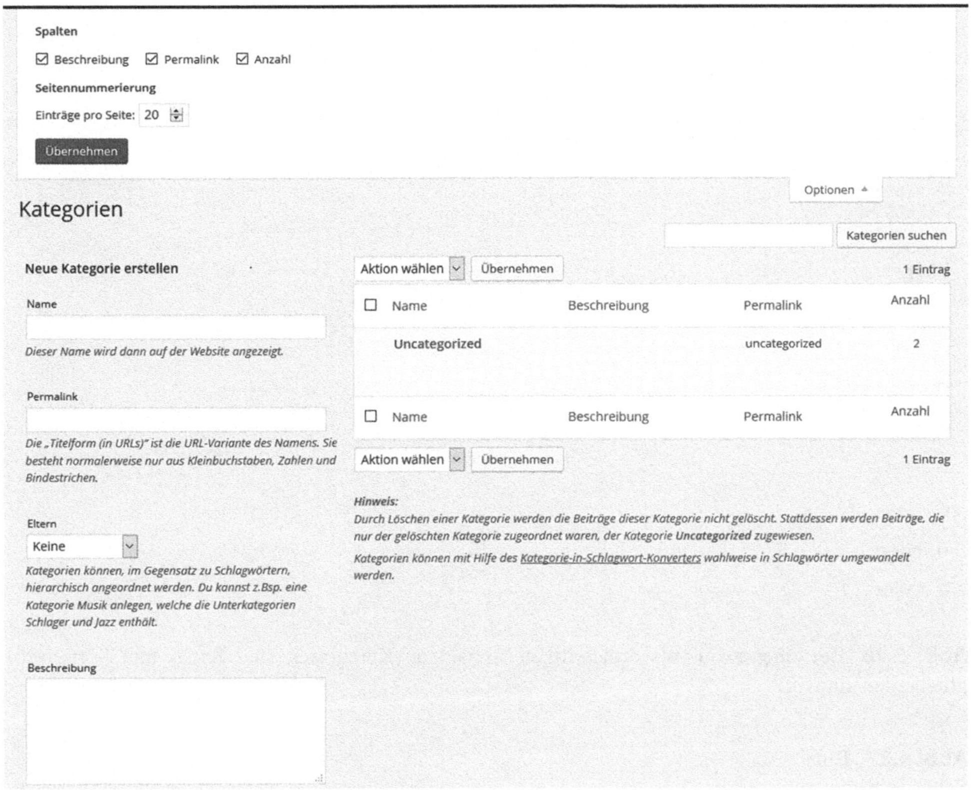

Abb. 5.25 Die Verwaltung der Kategorien

Mit den Optionen am oberen Rand geben Sie an, was in der Kategorienverwaltung angezeigt werden soll.

Das Suchen und Sortieren von Kategorien ist bei einer kleinen Menge an Kategorien kaum notwendig, aber bei einer größeren Seite können schon eine Menge Kategorien auftauchen und dann ist das wirklich hilfreich (Abb. 5.26).

5.4.4.2 Mit Schlagworten umgehen

Der Umgang mit **Schlagworten** hat eine hohe Ähnlichkeit mit dem Umgang mit Kategorien. Dabei werden semantische Metainformationen mit Beiträgen assoziiert, die sowohl Besucher schneller und besser Beiträge finden lassen (etwa über eine Schlagwortwolke – Abb. 5.27).

5.4.4.2.1   Einem Beitrag ein Schlagwort zuordnen

Einem Beitrag ordnen Sie über eine Texteingabe in der Schlagwortbox einen spezifischen Ausdruck zu. Sollte es bereits Schlagworte geben, kann man auch aus einer Liste, die

Abb. 5.26 Bei einer zwei- bis dreistelligen Anzahl an Kategorien sind Such- und Sortiermöglichkeiten sinnvoll

Abb. 5.27 Eine
Schlagwortwolke

Abb. 5.28 Angabe eines
Schlagworts für einen Beitrag

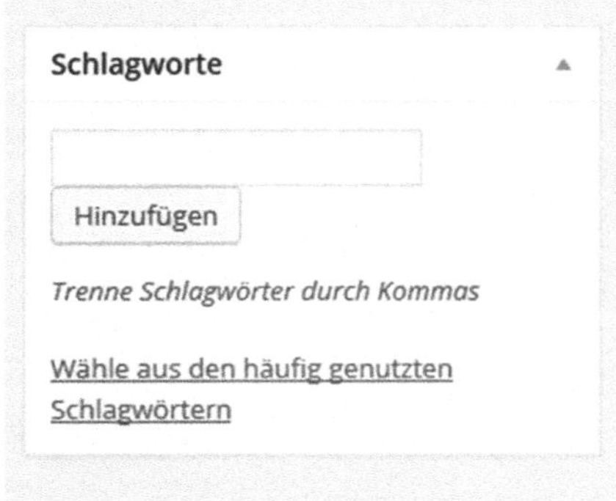

WordPress dazu speichert, einen vorhandenen Ausdruck übernehmen (Abb. 5.28). Sie können auch mehrere Schlagworte zuordnen.

5.4.4.2.2 Der Menüpunkt Schlagworte und die Schlagwortverwaltung

Wenn Sie den Link SCHLAGWORTE im BEITRÄGE-Menü anklicken, kommen Sie zur **Schlagwortverwaltung** (Abb. 5.29). Wie angedeutet, verwaltet WordPress zentral alle von Benutzern verwendete Schlagworte. Das bedeutet, sie werden auch unabhängig von einzelnen Beiträgen gespeichert und auch statistisch analysiert.

In der Schlagwortverwaltung können Sie

- Schlagworte erstellen,
- einen Permalink spezifizieren,
- eine Beschreibung des Schlagworts erstellen oder modifizieren,
- ein Schlagwort suchen und sortieren und
- ein Schlagwort löschen.

Mit den Optionen am oberen Rand geben Sie an, was in der Schlagwortverwaltung angezeigt werden soll.

Wie bei Kategorien ist das Suchen und Sortieren von Schlagworten bei einer kleinen Menge an Schlagworten kaum notwendig, aber bei einer größeren Seite können auch hier schon eine Menge Schlagworte auftauchen (4- bis 5-stellige Zahlen sind nicht selten) und dann ist das wirklich hilfreich – noch mehr als bei Kategorien (Abb. 5.30).

5.4.5 Wenn der Beitrag fertig ist – Speichern versus Veröffentlichen

Wir kommen nun zu einem ganz wichtigen Abschnitt zum Verständnis eines CMS!

Wenn Sie in LibreOffice Writer oder MS Word einen Text angefertigt haben, dann speichern Sie ihn normalerweise (es sei denn, sie wollen ihn beispielsweise nur drucken) und damit hat es sich dann.

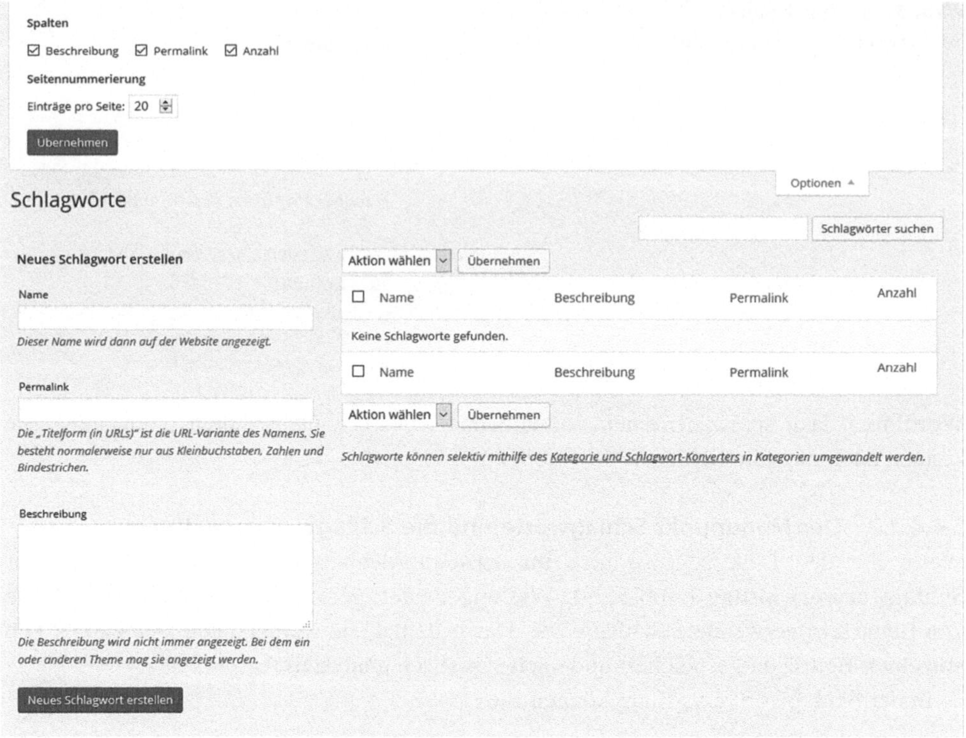

Abb. 5.29 Die Verwaltung der Schlagworte

Bei einem CMS geht man etwas anders vor. Es gibt einen **Workflow**, wie mit dem Inhalt umzugehen ist. Man unterscheidet in einem CMS zwischen

- dem **Speichern** und
- dem **Veröffentlichen**.

Sie können den Beitrag in einem CMS wie WordPress zwar auch **speichern**, aber dann ist er noch nicht im Frontend zu sehen. Man nennt diesen Zustand dann einen **Draft** (Entwurf).

Damit ein Besucher einen Draft wirklich im Frontend sieht, müssen Sie oder ein anderer berechtigter Benutzer diesen in Ihrem WordPress (Abschn. 5.10) erst **veröffentlichen**, was man sich sogar ganz gut wie das Drucken von einem Text oder der Präsentation über einen Beamer vor einer Gruppe von Leuten in der klassischen Textverarbeitung vorstellen kann.

Vorher können Sie den Draft in einer **Vorschau** ansehen. Diese Vorschau zeigt den Beitrag so an, wie er nach einer Veröffentlichung im Frontend aussehen würde. Im realen

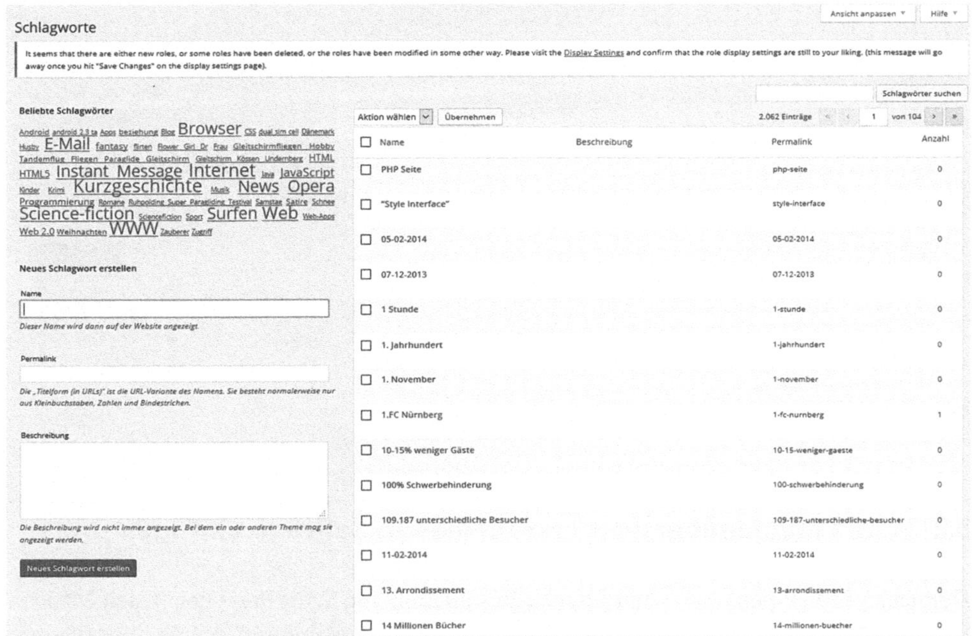

Abb. 5.30 Bei einer hohen Anzahl an Schlagworten sind Such- und Sortiermöglichkeiten sinnvoll

Frontend ist er aber noch nicht zu sehen beziehungsweise bei einer Änderung ist noch immer der alte Stand im Frontend zu sehen. Erst die Veröffentlichung sorgt dafür, dass dieser Stand des Beitrags im Frontend wirklich sichtbar wird.

▶   Nicht jeder Benutzer in einem CMS darf Texte veröffentlichen. Das hängt von seiner konkreten Rolle und dem Rollensystem ab (Abschn. 5.10).

5.4.6   Quickedit

Wenn Sie bei einem Beitrag den Link QUICKEDIT auswählen, kommen Sie zu einem Dialog, in dem Sie diverse Details zu dem Beitrag bearbeiten können (Abb. 5.31), etwa den Titel, das Veröffentlichungsdatum, die Kategorie, Schlagworte, den Status, das Veröffentlichungsdatum etc.

▶   Der Administrator kann hier auch schnell wichtige Beitragsoptionen anderer Autoren ändern.

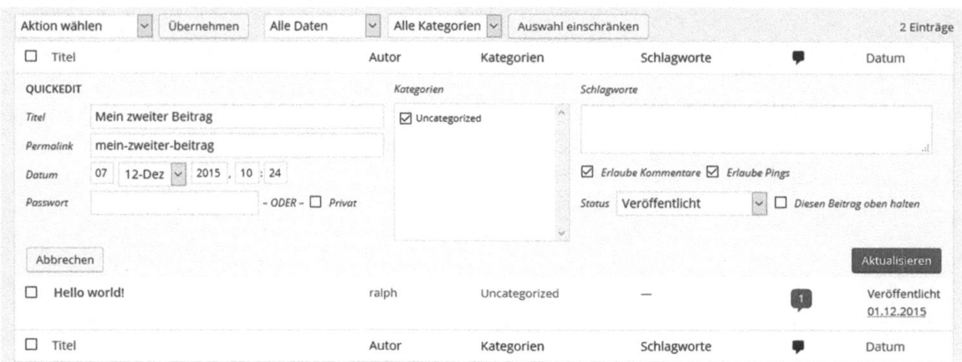

Abb. 5.31 Quickedit

5.5   Die Medienübersicht und Medien in Beiträge einfügen

Der nächste Menüpunkt bei einer Standardinstallation von WordPress nennt sich MEDIEN. Hierüber hat man Zugang zu der Bilder-, Audio- und Videobibliothek von WordPress – der sogenannten **Medienübersicht** oder **Mediathek** (Abb. 5.32).

▶ Zwar können Sie selbstverständlich in HTML- und PHP-Quellcodes externe Bilder und Videos einbinden, wenn Sie deren absolute URLs angeben. Um aber diese Multimediadateien aus Ihrem WordPress einzufügen, muss man diese erst in WordPress hochladen. Denn WordPress verwaltet die Mediendateien. Dabei werden individuelle Metainformationen damit verknüpft und auch verschiedene Varianten einer Mediendatei (etwa mit verschiedenen Größen) erzeugt. Allerdings ist es auch möglich, dass Sie in der Mediathek Medien von einem URL einfügen. Darauf gehen wir im nächsten Kapitel noch ein.

5.5.1   Die Medienübersicht als zentrale Bibliothek

Es gibt dazu sowohl unter dem Menüpunkt MEDIEN einen Unterpunkt DATEI HINZUFÜGEN, aber auch in der Medienübersicht selbst einen entsprechenden Button. Zur Medienübersicht als zentrale Bibliothek gelangen Sie entweder mit einem Klick auf den Hauptmenüpunkt MEDIEN sowie einen genauso benannten weiteren Unterpunkt in diesem Menü.

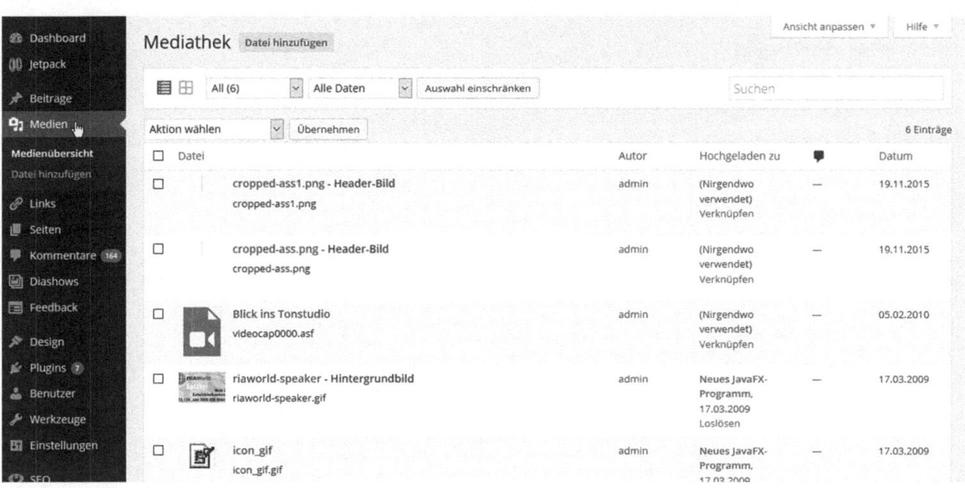

Abb. 5.32 Die Medienbibliothek von WordPress als zentrale Bibliothek aller Bilder, Videos und Audios etc.

5.5.2 Eine Mediendatei WordPress hinzufügen

Um eine beliebige Mediendatei (Bild, Audio, Video, aber auch Sonderformate wie PDF) auf den Webserver in das WordPress zu laden, klickt man auf den Button DATEI HINZUFÜGEN. Dabei ist sogar eine Mehrfachauswahl möglich, um gleich mehrere Dateien auf den Webserver zu laden. Sie können auch einschränken, ob Sie

- alle unterstützen Medientypen oder nur
- Bilder,
- Audios oder
- Videos

zum Hochladen auswählen können.

Danach sucht man in einem üblichen Dateidialog eine Mediendatei oder mehrere Mediendateien auf dem lokalen Computer aus, welche zur Bibliothek hinzugefügt werden soll(en) (Abb. 5.33).

▶   Achten Sie darauf, dass die hochgeladenen Dateien (insbesondere Bilder) nicht zu groß, aber auch nicht zu klein sind. Zu große Bilder verlangsamen die Webseite und zu kleine Bilder sind häufig pixelig, weil sie oft hochskaliert werden.

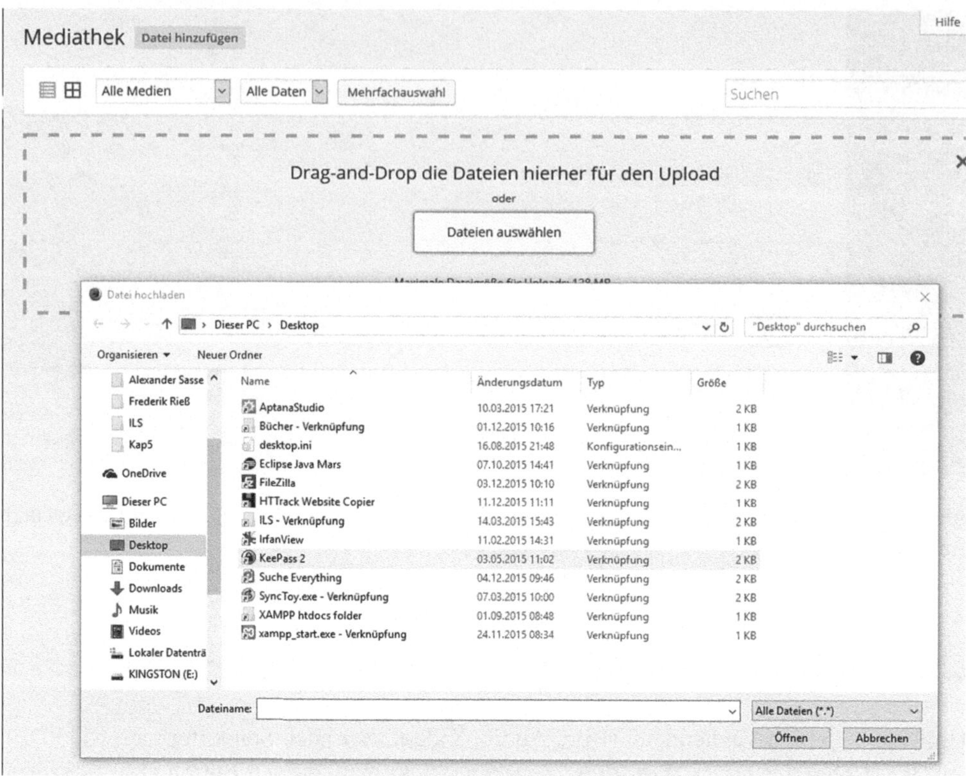

Abb. 5.33 Auswahl einer lokalen Mediendatei, die in WordPress geladen werden soll

Die maximale Dateigröße von Uploads ist ebenfalls begrenzt (default in der Regel auf 128 MB). Aber auch die Abmessungen von Bildern sind meist beschränkt (Abb. 5.34), was in den Einstellungen Ihres WordPress-Systems unter dem Menüpunkt Einstellungen -> Medien angegeben werden kann (Abschn. 5.12.5).

5.5.3 Eine Mediendatei in der Medienübersicht bearbeiten oder löschen

Um eine Mediendatei nach einem Upload in WordPress zu bearbeiten, bewegen Sie – wie zur Bearbeitung von Beiträgen – zum Beispiel den Mauszeiger über die gewünschte Mediendatei. Es tauchen automatisch verschiedene Links unter dem Namen der Mediendatei auf, unter anderem auch einer mit dem Namen Bearbeiten. Dazu können Sie hier eine Mediendatei auch wieder aus der Medienübersicht löschen (Abb. 5.35).

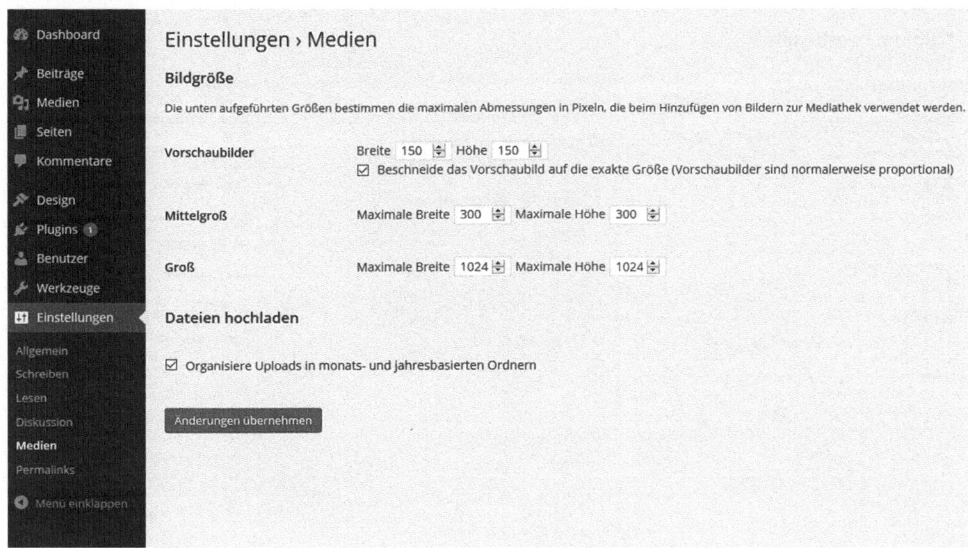

Abb. 5.34 Die maximalen Abmessungen von hochzuladenden Bildern in WordPress können eingestellt werden

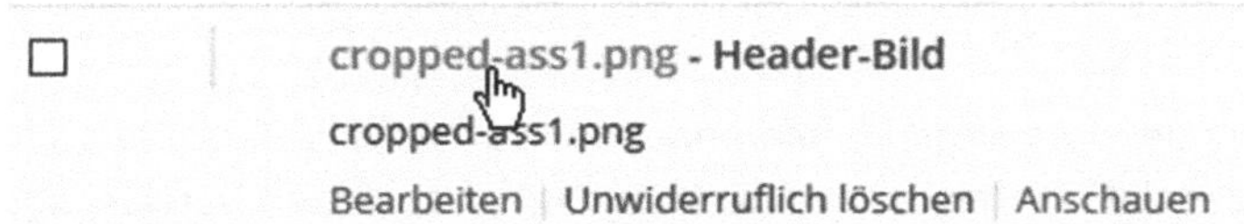

Abb. 5.35 Die Dateinamen sind sensitiv und aktivieren beim Überstreichen Links zum Bearbeiten und Löschen

Dabei ist das Bearbeiten einer Mediendatei in der Medienübersicht so zu verstehen, dass Sie Metainformationen erfassen und nicht, dass Sie die Datei selbst im klassischen Sinn verändern (Abb. 5.36).

- Sie können einen **Titel** für die Datei eingeben.
- Ebenso können Sie eine **Bildunterschrift** festlegen.
- Ein **alternativer Text** ist eine weitere optionale Metainformation. Diese kommt dann meist zum Einsatz, wenn die Mediendatei nicht direkt angezeigt oder wiedergegeben werden kann.
- Eine **Beschreibung** kann sogar in einem richtigen Editor erfasst und mit HTML-Tags formatiert werden.
- Im Rahmen des Web 2.0 wird das Teilen von Content immer wichtiger. Wenn Sie wollen, können Sie das Anzeigen eines **Teilen-Buttons** bereitstellen.

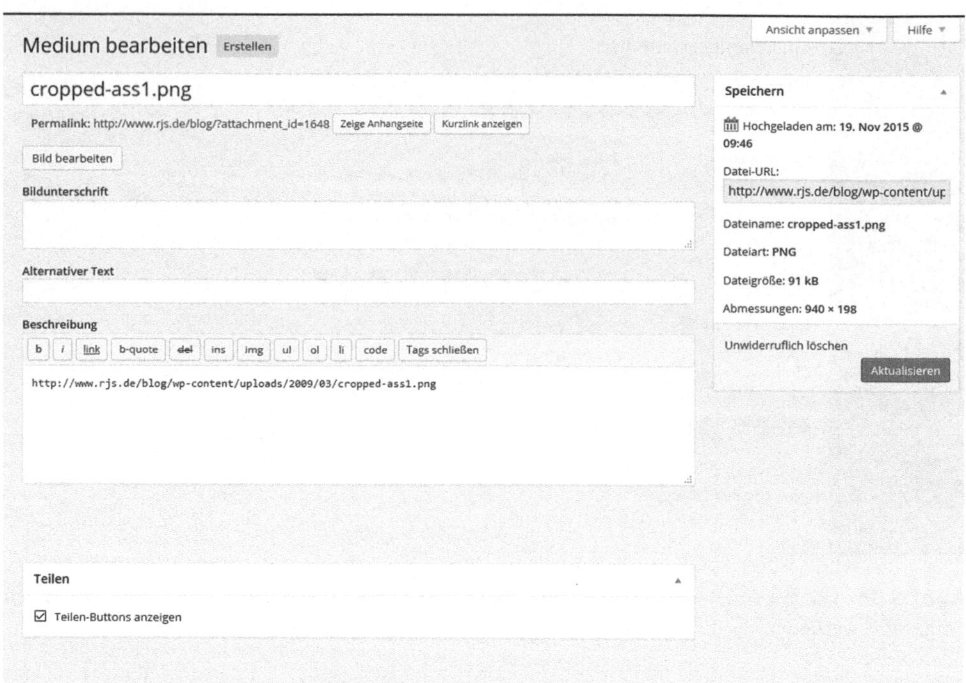

Abb. 5.36   Bearbeiten einer Mediendatei

▶   Beachten Sie, dass diese Metainformationen in WordPress an verschiedenen Stellen genutzt werden, sowohl beim Suchen nach diesen Dateien, aber auch beim Einfügen oder in einer Vorschau etc. Wie das genau von WordPress genutzt wird, hängt vom konkreten Typ einer Mediendatei ab. Ein Bild wird anders unterstützt als etwa eine Tondatei oder ein PDF-Dokument. Aber auch Suchmaschinen werden diese Metainformationen verwenden, wenn Sie Ihre Seite spidern. Damit sind diese Metainformationen ein ganz wichtiger Bestandteil der SEO (search engine optimization – Suchmaschinenoptimierung) Ihrer Webseite. Es ist sehr stark zu empfehlen, die Metainformationen sehr, sehr sorgfältig zu pflegen (nicht nur bei Mediendateien).

Wenn Sie die Metainformationen erfasst haben, klicken Sie auf AKTUALISIEREN und die Daten werden zusammen mit der Mediendatei gespeichert.

5.5.4   Eine Mediendatei zu einem Beitrag oder einer Seite hinzufügen

Mediendateien können sowohl in Seiten als auch Beiträgen verwendet werden. Um eine Mediendatei dort hinzuzufügen, nutzt man beim Erstellen oder Bearbeiten von Beiträgen (Abschn. 5.4) oder Seiten (Abschn. 5.6) den Button DATEIEN HINZUFÜGEN (Abb. 5.37).

In dem folgenden Dialog sucht man eine Mediendatei aus, welche im Vorfeld hochgeladen wurde (Abb. 5.38). Aber auch in diesem Dialog kann man wieder Dateien hochladen (mit dem Register DATEIEN HOCHLADEN).

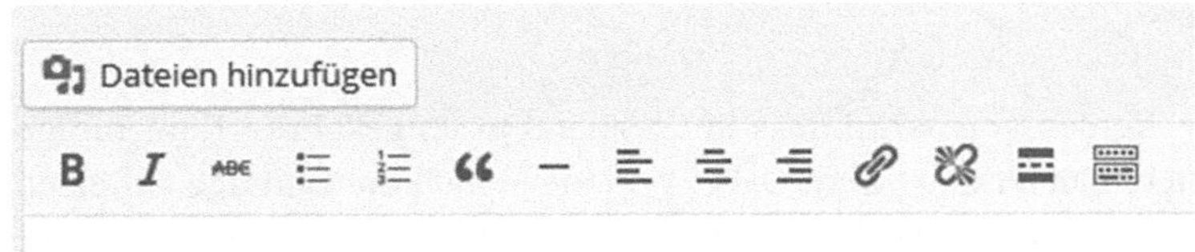

Abb. 5.37   Beim Erfassen oder Bearbeiten von Texten kann man Mediendateien einfügen

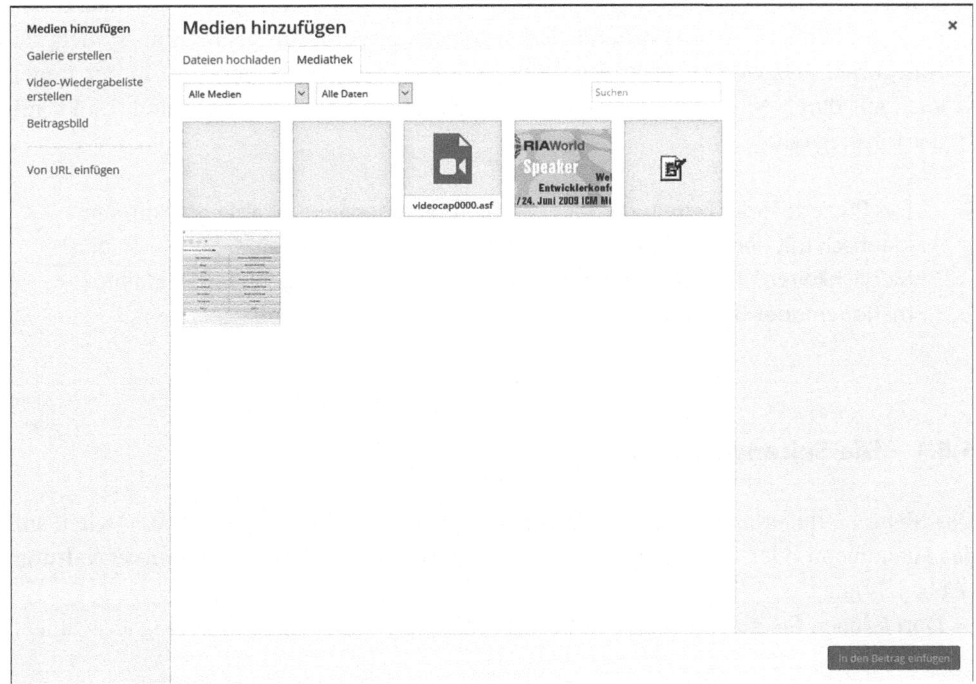

Abb. 5.38   Auswahl einer Mediendatei zum Einfügen

Zum Einfügen klicken Sie auf In den Beitrag einfügen (bei Beiträgen) oder In die Seite einfügen (logischerweise bei Seiten), um die Datei einzubinden.

▶ Es gibt noch diverse erweiterte Möglichkeiten zum Hinzufügen, aber auch Bearbeiten und Taggen von Medien. Diese werden in einem extra Kapitel ausgearbeitet.

5.6 Statische Seiten

Der große Unterschied zwischen „Seiten" und „Beiträgen" in WordPress ist relativ leicht zu erklären:

- **Beiträge** werden von WordPress im Frontend in umgekehrter Reihenfolge chronologisch untereinander angezeigt. Dabei sind meist mehrere Beiträge auf einer „Seite" zu sehen und manchmal ist dabei auch erst einmal nur ein Teil des gesamten Beitrags zu sehen – dann aber gelangt man meist mit einem Link oder Button bei dem Beitrag zum vollständigen Beitrag. Das ist der klassische Aufbau einer Blogstruktur. Beiträge selbst werden wiederum in einer besonderen Seite von WordPress angezeigt – der **Beitragsseite**.
- **Seiten** sind das, was im klassischen Sinn Webseiten sind, also genau ein Inhalt, der nicht zeitlich sortiert und differenzierbar angezeigt wird. Sie gehören auch nicht zu Kategorien und werden nicht mit Schlagworten assoziiert. Seiten sind in der Regel auch nur durch Navigationsmenüs im Frontend erreichbar und nicht durch Links auf der Einstiegsseite.

▶ Das Prozedere der Erstellung oder Bearbeitung einer Seite ist aber vollkommen identisch mit der Erstellung eines Beitrags. Nur hat man bei einer Seite weniger Möglichkeiten als bei Beiträgen (etwa eben Zuordnungen von Metainformationen oder Beitragsbildern).

5.6.1 Die Seitenverwaltung

Das Menü Seiten erlaubt Ihnen das Anzeigen aller Seiten in Ihrem WordPress (Klick auf das Hauptmenü oder das Untermenü Alle Seiten). Sie kommen zur **Seitenverwaltung** (Abb. 5.39).

Dort können Sie gezielt Seiten sortieren, suchen und auch zur Bearbeitung auswählen.

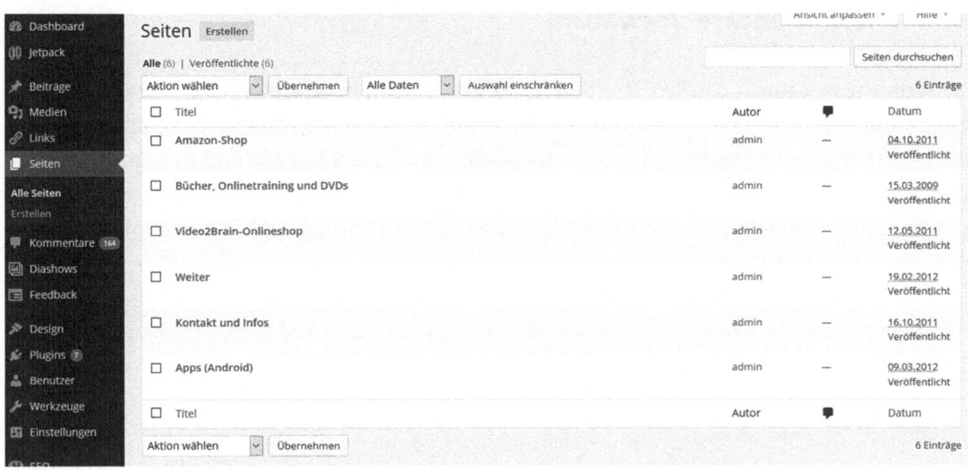

Abb. 5.39   Ein WordPress-System mit mehreren Seiten

Abb. 5.40   Die Dateinamen sind auch bei Seiten sensitiv und aktivieren beim Überstreichen Links
zum Bearbeiten und Löschen

▶   Sie werden merken, dass auch hier wieder die Namen der Seiten sensitiv sind
(Abb. 5.40). Überhaupt wiederholen sich Abläufe in WordPress immer wieder,
was ja für ein modernes Programm typisch und für eine einfache, intuitive und
logische Bedienung unabdingbar ist.

5.6.2   Die Bearbeitung und Erstellen von Seiten

Die Bearbeitung von Seiten entspricht wie gesagt vollkommen dem Vorgehen bei Beiträgen. Mit dem Menüpunkt ERSTELLEN erzeugen Sie eine neue Seite und auch das ist
vollkommen identisch zu dem Vorgehen bei Beiträgen. Deshalb brauchen wir hier auch
keine weiteren Ausführungen.

5.7   Kommentare verwalten

In WordPress können Sie bei Beiträgen, aber auch Seiten Kommentare gestatten. Besucher können also zu Ihren Inhalten eigene Inhalte hinzufügen. Das ist ein wichtiges, aber auch gefährliches Feature. Einerseits leben Blogs und andere soziale Seiten von Kommentaren. Andererseits werden Kommentare mittlerweile sehr viel missbraucht, um unfreundliche beziehungsweise unnötige Aussagen/Äußerungen zu posten, man hat also sehr stark mit Spam und sogenannten Flames in Diskussionen zu kämpfen.

Über den Link KOMMENTARE gelangen Sie zu einer Verwaltung der Kommentare mit diversen Informationen und Aktionsmöglichkeiten zu den verschiedenen Kommentaren. Dort können Sie Kommentare

- suchen,
- sortieren,
- ansehen,
- freigeben (wenn sie manuell freigegeben werden müssen),
- zurückweisen,
- als Spam kennzeichnen,
- bearbeiten,
- löschen und
- auch darauf antworten (Abb. 5.41 und 5.42).

Wie üblich sind hier wieder die Namen bzw. Bezeichner der Kommentare sensitiv.

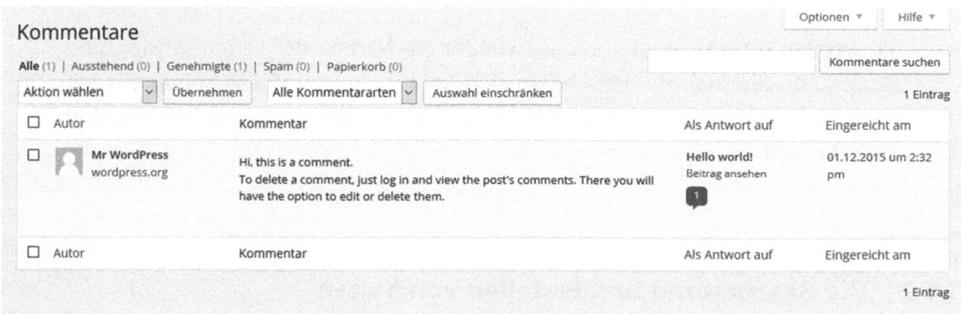

Abb. 5.41 Die Kommentarverwaltung

□ Autor	Kommentar
□ **Mr WordPress** wordpress.org	Hi, this is a comment. To delete a comment, just log in and view the post's comments. There you will have the option to edit or delete them. Zurückweisen | Antworten | QuickEdit | Bearbeiten | Spam | Löschen
□ Autor	Kommentar

Abb. 5.42 Mit einem Kommentar gezielt umgehen

▶   Wegen des sehr stark zunehmenden Missbrauchs durch Spam und Flames
    sollte man sich gut überlegen, ob man in seinem WordPress überhaupt
    Kommentare zulässt. Wenn Sie sich dazu entschließen, sollten Sie aber
    Kommentare nicht ungeprüft freigeben und/oder anonym posten lassen. Sie
    sind ja auch juristisch haftbar für Inhalte, die Ihnen Trolle und andere
    unangenehme Zeitgenossen dabei unterjubeln können.
    Im Menüpunkt EINSTELLUNGEN – DISKUSSION (Abb. 5.43) können Sie explizit Regeln
    für Kommentare aufstellen (Abschn. 5.12.4). Ich rate dringend dazu, dass alle
    Kommentare von Ihnen manuell genehmigt werden müssen. Das ist eventuell
    viel Aufwand, aber wenn Ihnen das zu viel ist, dann sollten Sie Kommentare
    lieber vollständig deaktivieren.

5.8   Das Design mit Themes verändern

Dieser Menüpunkt verwaltet mehrere wichtige Unterpunkte. Insbesondere geht es um
sogenannte **Themes**. Ein Theme ist vereinfacht das Layout einer Webseite. Dieses
bestimmt eine feste Struktur, auf der die Inhalte der Seite aufbauen. Dabei können Sie
für WordPress auf zahlreiche vorgefertigte Themes zurückgreifen, die Sie aus dem
Internet laden können. Es gibt dabei kostenfreie und kostenpflichtige Themes.

▶   Der Umgang mit Themes ist so wichtig und umfangreich, dass wir das in ein
    eigenes Kapitel auslagern wollen. Ein weiteres Kapitel wird sich auch mit dem
    Erstellen von eigenen Themes und dem Anpassen vorhandener Themes im
    Quellcode beschäftigen.

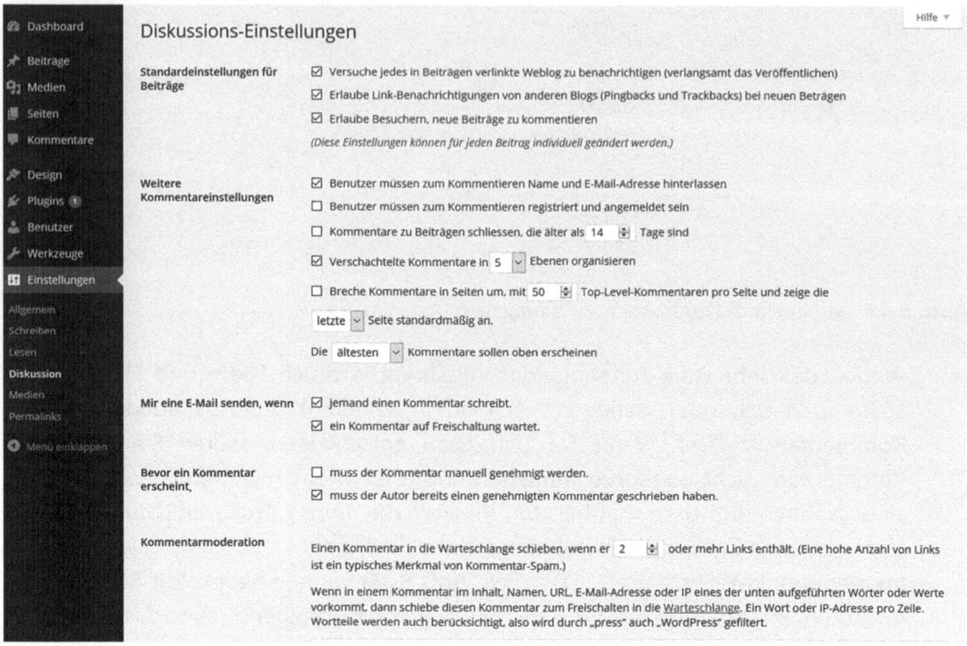

Abb. 5.43 Regeln für Diskussionen

5.9 Plug-ins hinzufügen

Plug-ins sind in den meisten Fällen „Features", die WordPress in irgendeiner Weise erweitern. Dazu müssen diese Plug-ins installiert und dann konfiguriert werden.

▶ Der Umgang mit Plug-ins ist ebenfalls so wichtig, dass wir das in das Kapitel mit den Themes auslagern wollen.

5.10 Benutzer und das Benutzerrechtesystem in WordPress

Natürlich kann man als einzelner Webseitenersteller mit WordPress einfach und bequem eine konventionelle Webseite anlegen und verwalten, auf der sich keine Besucher anmelden können. Diese Seite kann man zudem auf Dauer ebenso vollständig alleine erstellen, pflegen und verwalten. Es ist jedoch gerade der Sinn und Zweck eines Content Management Systems, dass man nach einer grundsätzlichen Einrichtung durch einen Administrator mit mehreren Personen an der Webseite arbeitet. Wie in einer normalen Firma haben die aber bestimmte Aufgaben und auch Rechte und Pflichten. Ebenso ist es der Sinn eines CMS, dass man die Möglichkeit zur Registrierung von Besuchern einrichtet und diese unterschiedliche Inhalte sehen und die registrierten Besucher unter Umständen auch Möglichkeiten zur Mitarbeit im System bekommen. Dies muss indes alles sorgfältig verwaltet werden. In dem Abschnitt erfahren Sie, wie das dafür vorgesehene **Rechtesystem** beziehungsweise **Rollensystem** von WordPress aussieht und wie Sie die Benutzer und Bereiche in dem CMS verwalten können. Das bedeutet, wie schauen uns an,

- wie WordPress als **Mehrbenutzersystem** arbeitet,
- wie Sie **Benutzergruppen** und **Benutzer** anlegen, ändern oder löschen,
- welche **Berechtigungen** in WordPress vergeben werden können und
- wie es abläuft, wenn sich neue Benutzer über das Frontend im System **registrieren** und **anmelden** wollen.

WordPress besitzt eine ausgeprägte Benutzerverwaltung mit einem Rollensystem und zu all dem gelangen Sie mit dem Menüpunkt BENUTZER.

5.10.1 Der Administrator versus Besucher und registrierte Mitglieder

Bislang haben wir WordPress im Grunde nur aus Sicht eines einzelnen Benutzers verwendet, der das System installiert und alle Aufgaben dort alleine erledigt hat, und zwar aus Sicht eines Administrators des gesamten Systems, der im System alles machen darf.

Doch in WordPress gibt es auch die Möglichkeit, andere Benutzer anzulegen und zu verwalten, die weniger Rechte haben. Das ist unabdingbar, um das System sicher und stabil zu halten. So ein System sorgt dafür, dass jedem Besucher und jedem Benutzer der für ihn bestimmte Content (Inhalt) angezeigt wird und auch nur die Vorgänge zur Mitarbeit bereitgestellt werden, die zu einer ganz bestimmten **Rolle** vorgesehen sind.

WordPress unterscheidet grundsätzlich zuerst einmal reine **Besucher** der Webseite von **registrierten** Webseitenbenutzern.

- Reine **Besucher** kommen über Ihren Browser auf Ihrer WordPress-Webseite vorbei, haben sich aber im System **nicht angemeldet** und sind deshalb für WordPress nicht näher identifiziert. Sie verfügen auf der Webseite in der Grundkonfiguration ausschließlich über Leseberechtigungen von Inhalten, die für eine **öffentliche Gruppe** bestimmt sind. Sie dürfen in der Grundkonfiguration eines CMS normalerweise aktiv keine Beiträge oder andere Inhalte (Linkvorschläge, Bilder etc.) zum CMS beitragen. Unter Umständen haben Sie jedoch die Möglichkeit, dass sie **Kommentare** einreichen. Das Frontend ist der Spielplatz, auf dem diese sich ausschließlich tummeln.

- **Benutzer** (gleich welcher Art) sind in der Regel ehemalige Besucher, die sich registriert[4] und dann bei einem Besuch Ihrer WordPress-Webseite durch eine Anmeldung identifiziert haben. Sie haben dann auch Zugang zum Backend. Dabei unterscheidet WordPress auch diese registrierten Benutzer wieder nach verschiedenen **Rechte-** oder auch **Benutzergruppen**.

▶ Besucher werden also in der Regel durch eine **Registrierung** im Frontend zu Benutzern, wobei diese registrierten Personen natürlich auch weiterhin anonym Ihre WordPress-Webseite besuchen können und bei einem jeweils neuen Besuch der Seite bis zu ihrer Anmeldung von WordPress nur als Besucher identifiziert werden.

5.10.1.1 Im Frontend registrieren – das Meta-Widget

Oft stellt das Frontend eines WordPress-Systems eine Möglichkeit zur Verfügung, dass sich Besucher im CMS registrieren können. Dazu gibt es ein Standard-Widget – das **Meta-Widget**). Das ist das Widget, über das sich bereits registrierte Benutzer auch anmelden können. Es gibt darauf aufbauend in WordPress auch diverse analoge Widgets, die über Plug-ins als Erweiterungen installiert werden können. Aber das Anzeigen von diesem Meta-Widget ist keinesfalls zwingend und manchmal ist sogar explizit deaktiviert, dass sich Besucher registrieren können (Abschn. 5.12.1). Gerade reine Webseiten haben oft gar keine „Community" an Benutzern. Dann kann man sich auf so einer Seite nicht direkt registrieren. Das muss gegebenenfalls der Administrator in der Benutzerverwaltung machen oder es gibt keine weiteren Benutzer in der Seite.

Wenn ein solches Widget in der Vorgabekonfiguration im Frontend Ihrer WordPress-Installation zu sehen ist, kann ein Besucher den Link REGISTRIEREN anklicken (Abb. 5.44).

Danach erscheint ein Formular, in dem ein zukünftiges Mitglied in Ihrem WordPress einen Benutzernamen wählen und seine E-Mail-Adresse angeben soll (Abb. 5.45).

Wenn ein Benutzername noch nicht vorhanden ist und sich ein Besucher dort registriert, bekommt er üblicherweise eine **Bestätigungsmail** an die angegebene E-Mail-Adresse zugesendet, in der sich ein Link befindet und der zum Abschluss der Registrierung angeklickt werden muss.

In dem Formular finden sich im Regelfall ebenso Links, um ein vergessenes Passwort zurückzusetzen (Abb. 5.45). Allerdings obliegt es dem Verwalter eines CMS, ob auch wirklich alle diese Möglichkeiten bereitgestellt werden.

---

[4] In der Regel soll bedeuten, dass ein ausreichend privilegierter Benutzer in WordPress auch Personen dem System hinzufügen kann, die vorher nie als Besucher da waren. Aber normalerweise registrieren sich Besucher selbst über das Frontend.

Abb. 5.44 Das Meta-Widget erlaubt es in vielen WordPress-Installationen, dass sich Benutzer selbst registrieren können

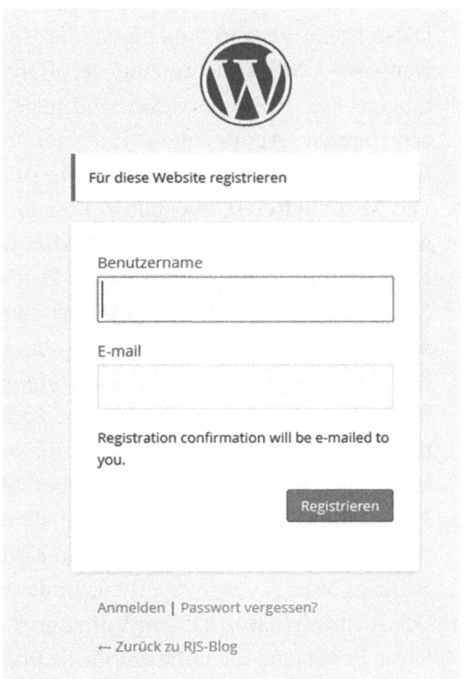

Abb. 5.45 Registrierung über Benutzername und E-Mail

5.10.1.2 Das Anmelden über das Frontend

Vollkommen analog zum Registrieren erfolgt das Anmelden eines Benutzers über das Frontend. In manchen Fällen stellt ein WordPress-System dazu das Meta-Widget bereit. Aber das Anzeigen von diesem Meta-Widget ist wie gesagt keinesfalls zwingend, wenn man keine „Community" an Benutzern hat. Dann muss man für eine Anmeldung explizit *wp-admin* an den URL anhängen und kommt von da ins Backend.

5.10.2 Benutzergruppen

Benutzer gehören in WordPress zu einer Benutzergruppe mit gewissen **Rechten**. Die WordPress-Benutzerverwaltung bietet für verschiedene Benutzer unterschiedliche Benutzerrollen mit jeweils abgestuften Möglichkeiten, bestimmte Dinge im Blog zu tun oder nicht tun dürfen. Diese Aktionen oder Möglichkeiten werden in WordPress als **Capabilities** bezeichnet:

a. **Abonnenten** (Subscriber beziehungsweise registrierter Benutzer) sind standardmäßig einer Benutzergruppe zugewiesen, die normalerweise die geringsten Rechte im System eingeräumt bekommt. In dem Zusammenhang redet man auch von einem **Follower.** Diese Follower sind diejenigen, die jedes Mal Informationen zugeschickt bekommen, wenn im CMS neue Inhalte veröffentlicht werden. Sie haben aber keine Bearbeitungsrechte. Normalerweise sind neue Benutzer in Ihrem WordPress-System immer erst einmal Abonnenten. Erst der Administrator macht manuell aus einzelnen Abonnenten dann höher priorisierte Benutzer.
b. Die **Mitarbeiter** (Contributor) können eigene Beiträge erstellen und bearbeiten, aber nicht veröffentlichen. Wenn ein Mitarbeiter einen Beitrag erstellt, muss dieser einem Redakteur oder Administrator zur Prüfung vorgelegt werden. Sobald der Beitrag eines Mitarbeiters von einem Redakteur oder Administrator genehmigt und veröffentlicht wurde, kann er jedoch nicht mehr durch den Mitarbeiter bearbeitet werden.
c. Ein **Autor** (Author) kann *seine eigenen* Beiträge bearbeiten, veröffentlichen und löschen sowie Dateien/Bilder hochladen. Autoren können keine Seiten bearbeiten, hinzufügen, löschen oder veröffentlichen. Ebenso können Sie *fremde* Beiträge nicht bearbeiten, hinzufügen, löschen oder veröffentlichen.
d. Ein **Redakteur** (Editor) kann jede(n) Beitrag/Seite ansehen, bearbeiten, veröffentlichen und löschen. Er kann Kommentare moderieren, Kategorien verwalten, Schlagwörter (Tags) verwalten, Links verwalten sowie Dateien/Bilder hochladen.
e. Der **Administrator** hat den Vollzugriff auf das gesamte System und darf alles machen. Diese Person hat die volle Kontrolle über Seiten/Beiträge, Kommentare, Einstellungen, Wahl des Themes, Import sowie über die Benutzer. Insbesondere kann er die Rollen aller anderen Benutzer im System anpassen (Abb. 5.46). Selbst das Löschen des gesamten Systems ist möglich.

▶ Es gibt verschiedene Plug-ins in WordPress, mit denen Sie die Benutzerrechte verändern und auch individuelle Rollen erstellen können (Abb. 5.47). Etwa der User Role Editor (Abb. 5.48) oder der WPFront User Role Editor. Das Ändern der vorgegebenen Rollen und Rechte ist jedoch nicht ungefährlich und setzt voraus, dass Sie sich der Konsequenzen bewusst sind und genau wissen, was Sie da tun.

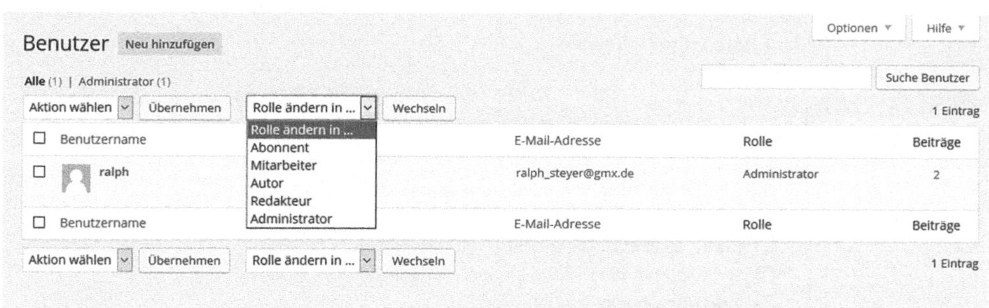

Abb. 5.46 Der Administrator kann die Rollen eines jeden Benutzers verändern

Roles Add New

It seems that there are either new roles, or some roles have been deleted, or the roles have been modified in some other way. Please visit the Display Settings and confirm that the role display settings are still to your liking. (this message will go away once you hit "Save Changes" on the display settings page).

All (6) | Having Users (4) | No Users (2) | Built-In (5) | Custom (1)

Display Name	Role Name	Type	User Default	Users	Capabilities
Administrator	administrator	Built-In		1	106
Author	author	Built-In		0	20
Autor_Autoren_Net	contributor	Built-In	⚙	422	9
Editor	editor	Built-In		0	51
Mitglied	mitglied	Custom		1	30
Subscriber	subscriber	Built-In		16	3
Display Name	Role Name	Type	User Default	Users	Capabilities

Abb. 5.47 Durch Plug-ins kann man das Rollensystem von WordPress bei Bedarf erheblich erweitern

5.10.2.1 Warum eigentlich Benutzergruppen?

Es dürfte auf Grund der bisherigen Ausführungen klar sein, dass man unterschiedliche Rechte und Aufgaben benötigt, damit mehrere Personen an einem CMS zusammenarbeiten können. Der Sinn und Zweck von Benutzergruppen ist die **Zusammenfassung von gleichen Rechten** für eine Gruppe an Benutzern. Statt jedem einzelnen der Benutzer immer wieder die gleichen Rechte zuzuordnen, wird mittels Benutzergruppen allen Benutzern, welche die gleichen Berechtigungen erhalten sollen, dieselbe Benutzergruppe zugeordnet. Das erleichtert den Verwaltungsaufwand erheblich, vor allen Dingen dann, wenn sich an den Berechtigungen etwas ändert. In diesem Fall muss nur für die Gruppe die Berechtigung geändert werden und alle zugehörigen Benutzer haben automatisch die neuen Berechtigungen.

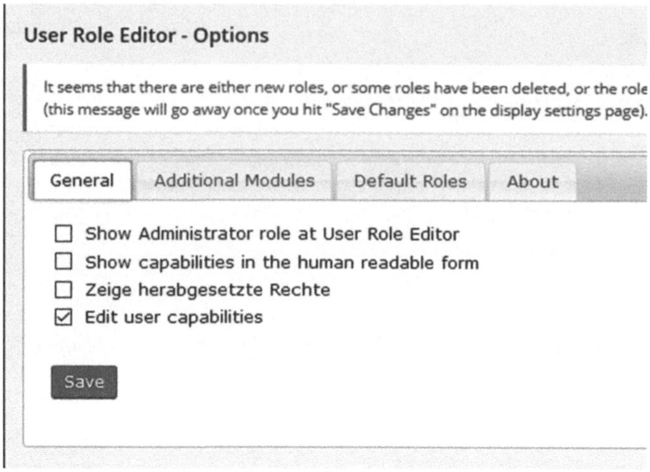

Abb. 5.48　Das Plug-in User Role Editor

5.10.3 Einzelne Benutzer verwalten

Benutzergruppen samt einem Rollen- beziehungsweise Rechtesystem sind nur dann sinnvoll, wenn damit einzelne Benutzer klassifiziert werden, die selbst wieder einzeln verwaltet werden können. Bei einem CMS kommt der Verwaltung einzelner Benutzer eine zentrale Bedeutung zu. Sie erreichen die **Benutzerverwaltung** über das Menü durch einen Klick auf den Link BENUTZER oder das Untermenü ALLE BENUTZER (Abb. 5.49).

5.10.3.1 Die tabellarische Übersicht der Benutzerverwaltung

In der tabellarisch dargestellten Benutzerverwaltung haben Sie einen Überblick über alle registrierten WordPress-Benutzer (Abb. 5.49). Folgende teils sensitive Spalten (d. h. Sie können die Spaltenüberschriften für eine Sortierung anklicken) stehen Ihnen in der tabellarischen Übersicht der Benutzerverwaltung zur Verfügung (Tab. 5.1).

5.10.3.2 Benutzer im Backend verwalten

Die Benutzerverwaltung erlaubt das gezielte Suchen und Sortieren von Benutzern, aber noch mehr Aktionen. Obgleich das Anlegen und auch Aktivieren und Freigeben von Benutzern in der Regel weitgehend automatisiert erfolgt, muss oder möchte man für verschiedene Vorgänge in die Verwaltung der Benutzer manuell eingreifen. Das ist Aufgabe eines Administrators.

Mit dem Link NEU HINZUFÜGEN im Menü BENUTZER kann er das erledigen (Abb. 5.50).

Sie sehen in der Seite im Wesentlichen die oben behandelten Felder, wie sie auch in der tabellarischen Zusammenfassung der Benutzerverwaltung zu sehen sind (siehe Tab 5.1). Aber es gibt noch ein paar mehr Möglichkeiten, was ein Administrator für einen Benutzer vorgeben kann. Neben dem Namen und Benutzernamen sowie den auch bei einer

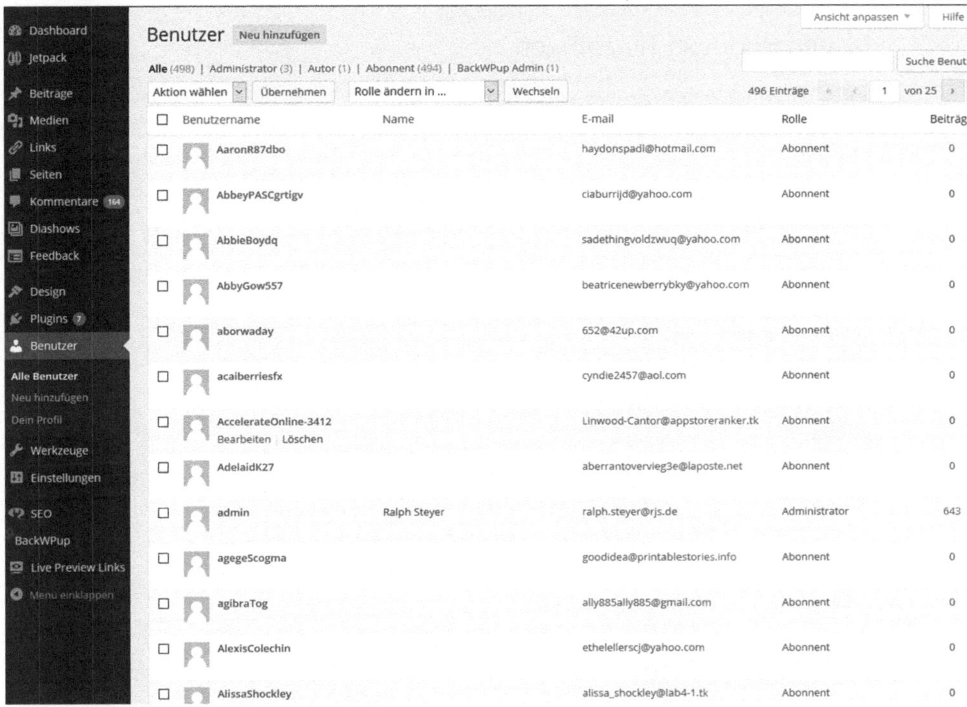

Abb. 5.49 Die Benutzerverwaltung bei einem WordPress mit recht vielen Benutzern

Tab. 5.1 Die tabellarische Benutzerverwaltung

Spalte	Bedeutung
[Kontrollkästchen]	Mit diesem Kontrollfeld in der ersten Spalte (ohne Überschrift) wählen Sie einen oder mehrere Benutzer aus.
Benutzername	Der Anmeldename des Benutzers (ohne Leerzeichen), wie er vom Benutzer bei der Registrierung im Frontend ausgewählt wurde. Der Benutzername muss im CMS eindeutig sein. Das bedeutet, dass er nur einmal vorkommen kann. Wählt ein Besucher bei der Registrierung einen bereits vorhandenen Benutzernamen, wird die Registrierung abgelehnt.
Name	Der vollständige Name (normalerweise Vor- und Zuname) des Benutzers, der im Profil eingegeben wurde.
E-Mail-Adresse	Die E-Mail-Adresse des Benutzers, wie sie bei der Registrierung im Frontend angegeben wurde. Diese kann man im CMS zur Kontaktaufnahme verwenden und wird insbesondere zum Versenden des Bestätigungslinks benötigt.
Rolle	Die Rolle des Benutzers.
Beiträge	Die Anzahl der Beiträge des Benutzers.

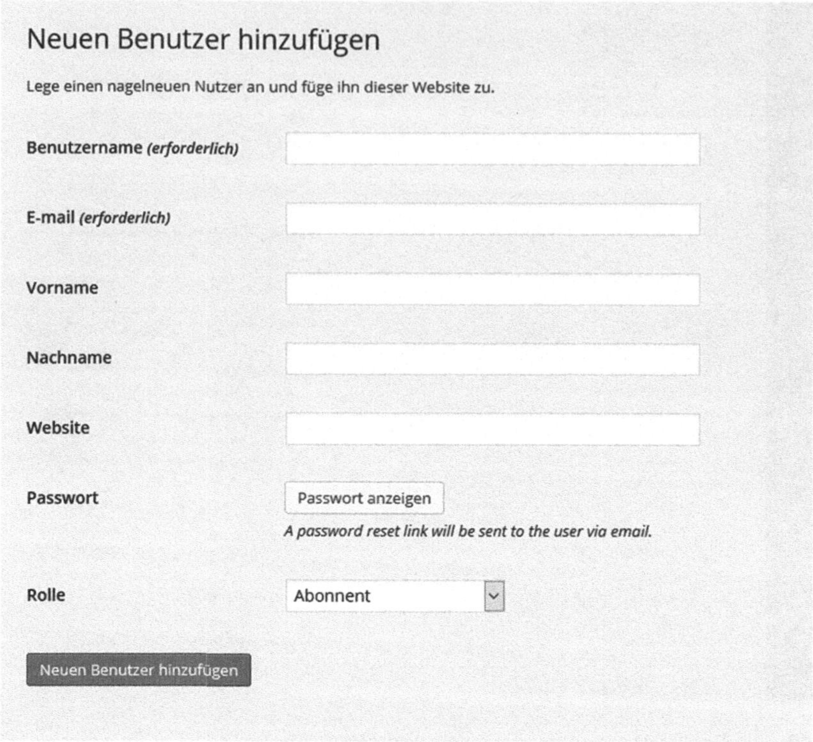

Neuen Benutzer hinzufügen

Lege einen nagelneuen Nutzer an und füge ihn dieser Website zu.

Benutzername *(erforderlich)*

E-mail *(erforderlich)*

Vorname

Nachname

Website

Passwort   Passwort anzeigen

A password reset link will be sent to the user via email.

Rolle   Abonnent

Neuen Benutzer hinzufügen

Abb. 5.50   Manuelles Anlegen eines neuen Benutzers

manuellen Registrierung im Frontend notwendigen weiteren Angaben (Passwort und E-Mail-Adresse) können weitere Einstellungen vorgenommen werden, wie sie letztendlich von einem Benutzer auch in seinem Profil eingegeben werden können.

5.10.4 Das eigene Profil

An dieses **eigene Profil** gelangt jeder angemeldete Benutzer in einem weiteren Untermenü von BENUTZER über den Link DEIN PROFIL beziehungsweise IHR PROFIL. Dort können Benutzer diverse persönliche Optionen festlegen (Abb. 5.51), etwa die folgenden:

- beim Schreiben von Beiträgen und Seiten den WYSIWYG-Editor nicht benutzen oder doch,
- Farbschema verwalten,
- Tastaturkürzel für die Kommentarmoderation aktivieren,
- Werkzeugleiste anzeigen oder nicht,

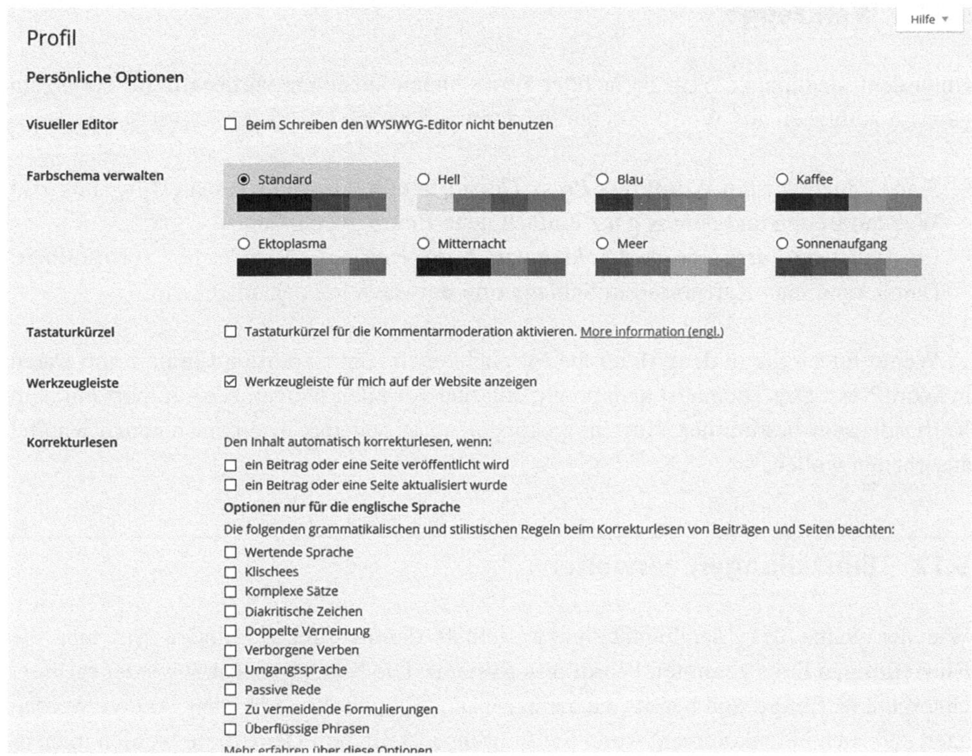

Abb. 5.51 Das persönliche Profil eines Benutzers

- Optionen zur Korrektur sowie grammatikalische und stilistische Regeln,
- E-Mail-Adresse,
- Benutzername,
- Vorname und Nachname,
- öffentlicher Name,
- Webseite,
- soziale Identitäten,
- biographische Angaben,
- Passwort.

Neben diesen Standardoptionen können Erweiterungen in Ihrem WordPress auch dafür sorgen, dass weitere Optionen hier eingestellt werden können.

5.11 Werkzeuge

Unter dem Menüpunkt WERKZEUGE oder TOOLS finden Sie einige vorinstallierte Tools, um gewisse Aufgaben aus WordPress heraus durchzuführen:

- Standardmäßig ist in WordPress *Press This* installiert. Damit kann man Dinge aus dem Web aufgreifen und daraus ganz einfach neue Beiträge erstellen.
- Ebenso ist der *Kategorie- und Schlagwort-Konverter* in der Regel schon vorinstalliert. Damit kann man Kategorien in Schlagworte umwandeln oder umgekehrt.

Weiter finden Sie in dem Menü die Möglichkeiten zum Export und Import von Daten in WordPress. Das Thema ist aber so wichtig und vor allen Dingen beim Import mit dem Vorhandensein bestimmter Plug-ins gekoppelt, dass wir das in einem eigenen Kapitel ausarbeiten wollen.

5.12 Einstellungen verwalten

Wie der Name des Menüpunkts unzweifelhaft deutlich macht, finden Sie hier die **Einstellungen** Ihres gesamten WordPress-Systems. Die Kategorie besitzt wieder mehrere Unterpunkte. Einige sind bereits nach einer Installation direkt vorhanden. Andere werden nach und nach hinzukommen, wenn Sie Plug-ins installieren. Denn diese werden manchmal ihre Einstellungsmöglichkeiten als weitere Untermenüs unter dem Menüpunkt EINSTELLUNGEN anhängen. Die folgenden Kategorien sind aber standardmäßig schon dabei.

5.12.1 Allgemein

Auf dieser Seite werden generelle Einstellungen zu WordPress getroffen (Abb. 5.52). Das sind zum Teil ganz wichtige Festlegungen wie

- der **Titel** und der **Untertitel** der Website,
- die **WordPress-Adresse** (URL) und die **Webseiten-Adresse** (URL), wenn die Startseite der Webseite von dem WordPress-Installationsverzeichnis abweicht,
- die **E-Mail-Adresse** des Administrators;
- ganz wichtig ist die Angabe zur **Mitgliedschaft**, denn hier legen Sie fest, ob sich Benutzer in Ihrem WordPress registrieren dürfen;
- die **Standardrolle** eines neuen Benutzers,
- die **Zeitzone,**

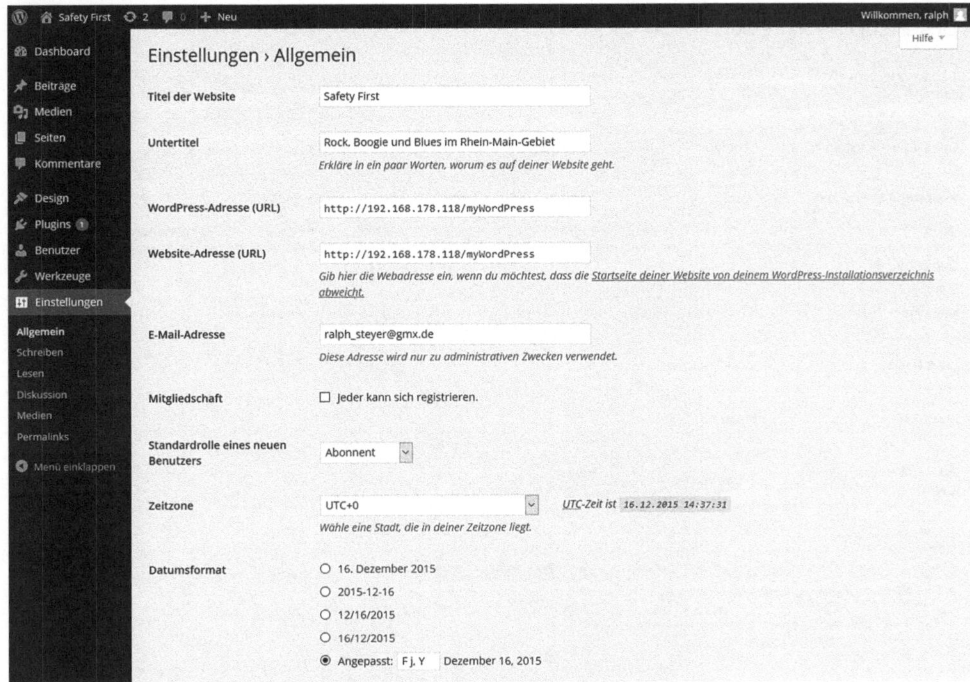

Abb. 5.52 Die allgemeinen Einstellungen zu Ihrem WordPress-System

- das **Datumsformat** und das **Zeitformat,**
- der Tag, an dem die Woche beginnt (**Wochenbeginn**)[5] oder
- die **Sprache** der Webseite.

5.12.2 Schreiben

In diesem Bereich werden Regeln für das Schreiben von Beiträgen festgelegt (Abb. 5.53) zum Beispiel

- die **Standardkategorie** und das **Standardbeitragsformat**;
- dazu kann man festlegen, ob und wie ein Benutzer per E-Mail Beiträge veröffentlichen kann (Post by Email);
- mit den **Update Services** kann WordPress verschiedene Dienste darüber informieren, wenn Sie einen Beitrag veröffentlicht haben. Deren URL gibt man in den Einstellungen an.

---

[5] Das ist nicht trivial, denn nicht in jedem Kulturkreis beginnt die Woche mit Montag.

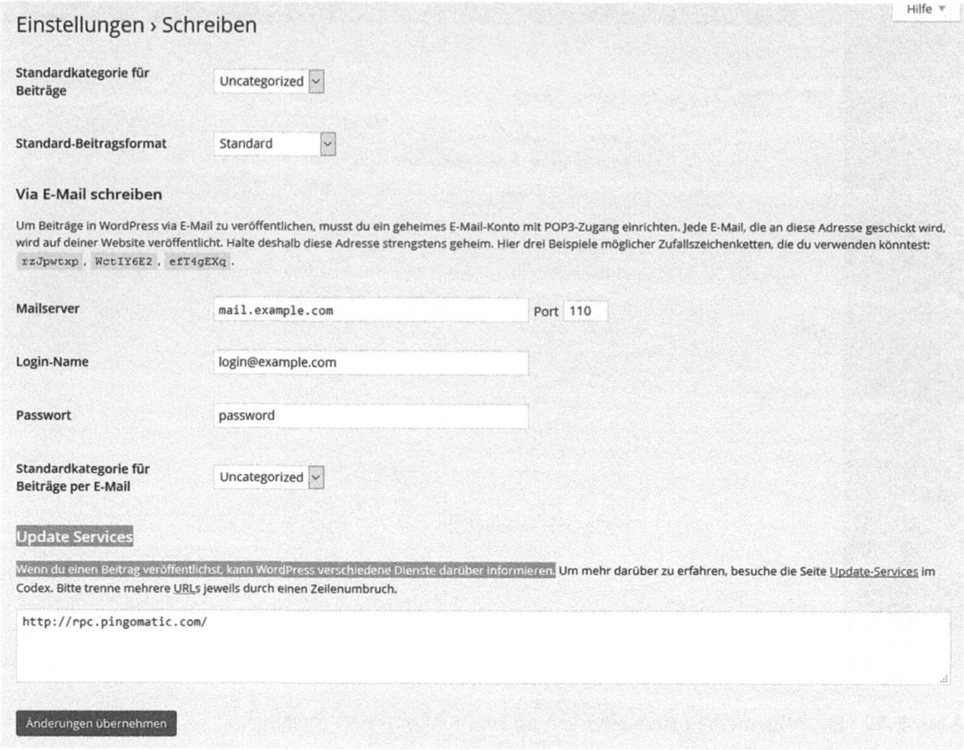

Abb. 5.53 Einstellungen zum Schreiben von Beiträgen

5.12.3 Lesen

Die Einstellungen zum Lesen beeinflussen massiv das Aussehen des Frontends (Abb. 5.54). Nicht nur für Benutzer, sondern auch für reine Besucher.

- In diesem Bereich kann man bestimmen, ob die **Landingpage** beziehungsweise **Startseite** des WordPress-Systems eine statische Webseite oder die Beitragsseite mit den letzten Beiträgen ist. Wenn WordPress frisch installiert ist, ist die Startseite automatisch der Blogbereich. Man kann explizit eine Startseite und eine Beitragsseite festlegen.
- Die **Anzahl der Beiträge** auf der Blogseite.
- Die **Anzahl der Newsfeeds** kann festgelegt werden. Dazu kann man angeben, ob im Newsfeed der ganze Text oder eine Kurzfassung angezeigt wird. Ein Newsfeed oder auch Web-Feed oder kurz Feeds bezeichnet eine Technik zur einfachen und strukturierten Veröffentlichung von Änderungen auf Webseiten mit dynamischen

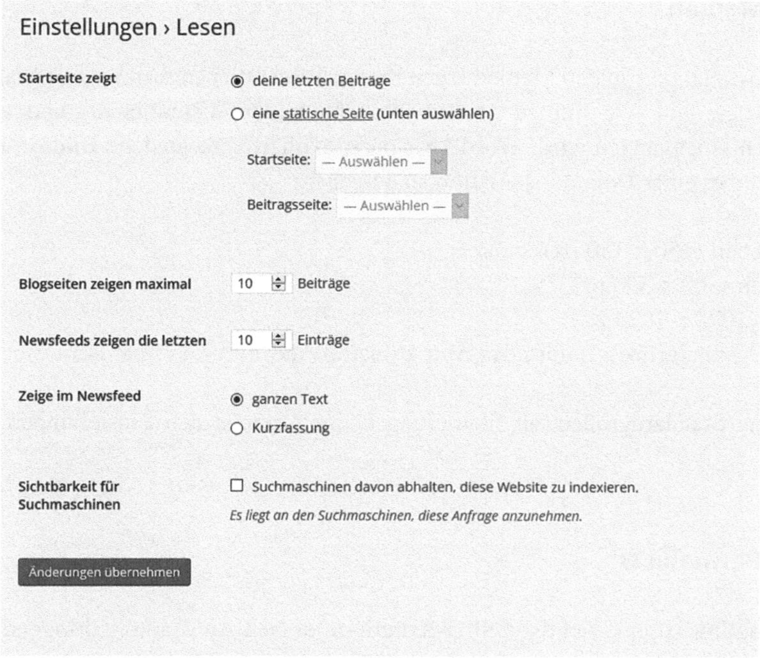

Abb. 5.54 zeigt die Einstellungen zum Lesen.

Abb. 5.54 Einstellungen zum Lesen

Inhalten, wie es bei einem Blogsystem wie WordPress der Fall ist. Dazu gibt es standardisierte Formate. Feeds gehören zu den sogenannten Pull-Medien, die im Unterschied zu Benachrichtigungen per E-Mail vollständig vom Empfänger ausgelöst werden, der den Feed abonniert hat.

- Sie können hier die **Sichtbarkeit für Suchmaschinen** regeln und Suchmaschinen davon abhalten, diese Website zu indexieren. Es liegt einmal an den Suchmaschinen, ob sie diese Anweisung anzunehmen. Zum anderen ist es aber absolut kontraproduktiv, wenn Ihre Webseite von Suchmaschinen nicht erfasst wird – Sie bekommen keine Besucher. Normalerweise macht man bei Webseiten genau das Gegenteil – man versucht sie für Suchmaschinen zu optimieren (Stichwort SEO – Suchmaschinen-optimierung).

5.12.4 Diskussion

In diesem Bereich kann man Regeln für die Diskussion in Ihrem WordPress-System und insbesondere in den Kommentaren einstellen (Abb. 5.42). Darauf sind wir an anderer Stelle ja schon eingegangen (Abschn. 5.7).

5.12.5 Medien

In den Einstellungen zu den Medien legen Sie im Wesentlichen fest, welche Maße Bilder haben dürfen und wie mit zu großen Vorschaubildern (Thumbnail) und allgemein Bildgrößen umgegangen wird. WordPress nutzt explizit verschiedene Bildformate eines Bildes, die bei einer Defaultinstallation so aussehen:

- Thumbnail (150 x 150 px)
- Medium (300 x 300 px)
- Large (1024 x 1024 px)
- Full (Originalgröße – sofern das Bild größer als das Large-Format ist)

Die drei Standardgrößen zur Skalierung können hier in den Einstellungen geändert werden.

5.12.6 Permalinks

Ein **Permalink** ist ein wichtiges SEO-Kriterium, dessen Anwendung dringend zu empfehlen ist. Man bezeichnet damit lesbare URLs, die einen Teil des Contents im URL widerspiegeln. WordPress bietet die Möglichkeit, benutzerdefinierte URL-Strukturen für Permalinks und Archive zu erstellen. Benutzerdefinierte URL-Strukturen verbessern Aussehen, Benutzerfreundlichkeit, das SEO und die Zukunftssicherheit der Links. Eine Reihe an Platzhaltern ist in WordPress verfügbar und einige Beispiele in dem Einstellungsdialog erlauben es, eine sinnvolle Variante zu wählen (Abb. 5.55).

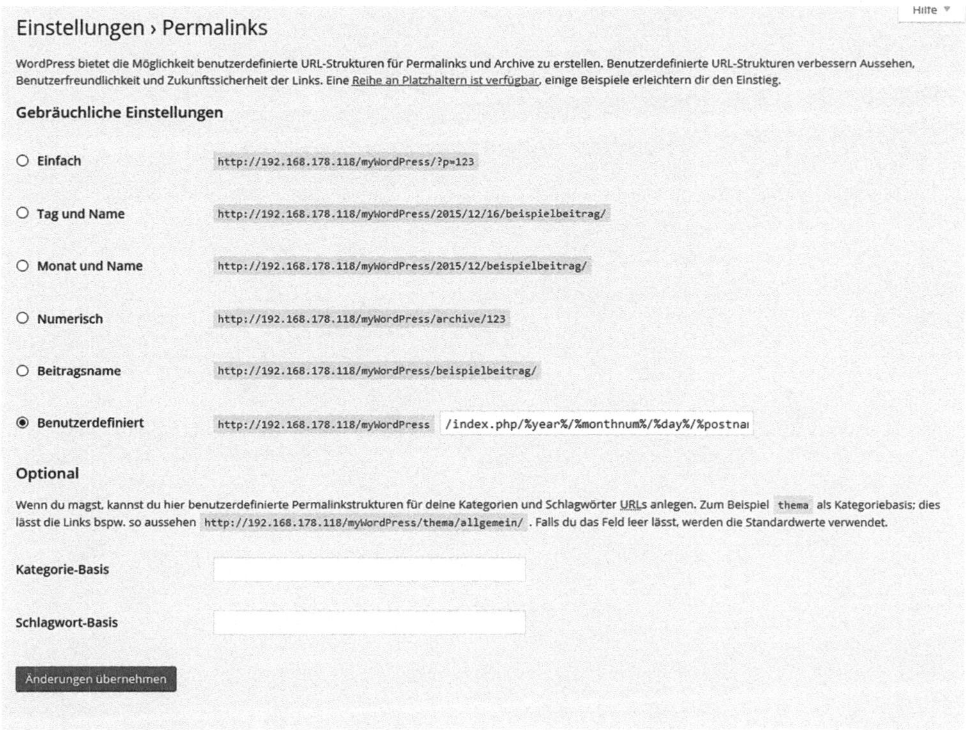

Einstellungen › Permalinks

Hilfe ▾

WordPress bietet die Möglichkeit benutzerdefinierte URL-Strukturen für Permalinks und Archive zu erstellen. Benutzerdefinierte URL-Strukturen verbessern Aussehen, Benutzerfreundlichkeit und Zukunftssicherheit der Links. Eine Reihe an Platzhaltern ist verfügbar, einige Beispiele erleichtern dir den Einstieg.

Gebräuchliche Einstellungen

○ Einfach   `http://192.168.178.118/myWordPress/?p=123`

○ Tag und Name   `http://192.168.178.118/myWordPress/2015/12/16/beispielbeitrag/`

○ Monat und Name   `http://192.168.178.118/myWordPress/2015/12/beispielbeitrag/`

○ Numerisch   `http://192.168.178.118/myWordPress/archive/123`

○ Beitragsname   `http://192.168.178.118/myWordPress/beispielbeitrag/`

◉ Benutzerdefiniert `http://192.168.178.118/myWordPress` `/index.php/%year%/%monthnum%/%day%/%postna`

Optional

Wenn du magst, kannst du hier benutzerdefinierte Permalinkstrukturen für deine Kategorien und Schlagwörter URLs anlegen. Zum Beispiel `thema` als Kategoriebasis; dies lässt die Links bspw. so aussehen `http://192.168.178.118/myWordPress/thema/allgemein/` . Falls du das Feld leer lässt, werden die Standardwerte verwendet.

Kategorie-Basis

Schlagwort-Basis

[Änderungen übernehmen]

Abb. 5.55 Einstellungen zu Permalinks

Erweiterte Medienbehandlung – Bilder, Audio, Video & Co

Multimedia und mehr in Ihrem WordPress

Zusammenfassung

Das Einfügen und Verwenden von Bildern gehört seit dem Entstehen des WWW zu den elementarsten Grundlagen von Webseiten. Aber auch weitere Multimediaformate wie Tondateien, Videos oder PDF-Dokumente und diverse andere Dateitypen sind mittlerweile selbstverständlich. In diesem Kapitel wollen wir uns mit verschiedenen erweiterten Möglichkeiten im Umgang von Multimediadateien und modernen Medientechniken in WordPress beschäftigen.

6.1 Bilder bearbeiten und taggen

Wenn Sie bei WordPress ein Bild in einen Beitrag oder einer Seite einfügen oder aber auch ein Beitragsbild festlegen wollen (WordPress nennt das dann **Dateianhang**), können Sie vorher in der Mediathek von WordPress das Bild bearbeiten sowie diverse Metainformationen festlegen und modifizieren. Das haben wir zwar zum Teil schon gesehen, wollen wir aber hier vertiefen und erweitern.

6.1.1 Bilddaten modifizieren

Angenommen, Sie wollen in dem Texteditor von WordPress beim Erstellen oder Bearbeiten von Beiträgen oder Seiten ein Bild einfügen (Button DATEIEN HINZUFÜGEN), dann gelangen Sie zur Mediathek beziehungsweise Medienübersicht von WordPress, in der Ihnen vorhandene Mediendateien angezeigt werden und Sie solche auch bei Bedarf hochladen können. Klicken Sie eine Mediendatei an, sehen Sie auf der rechten Seite diverse Metainformationen zu der Datei. Das kennen Sie bereits.

© Springer Fachmedien Wiesbaden 2016
R. Steyer, *WordPress*, DOI 10.1007/978-3-658-12830-2_6

Abb. 6.1 Bearbeiten der
ergänzenden Daten eines Bildes

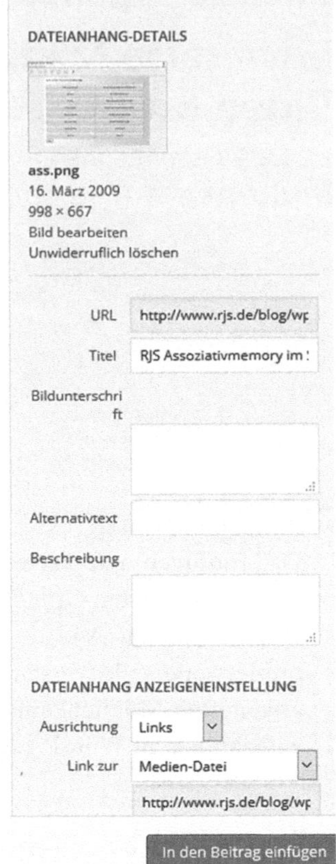

Das Eingabeformular mit erweiterten Bildinformationen mit einigen bereits vorbelegten Daten taucht also auf, wenn Sie in der Mediathek ein Bild anklicken (Abb. 6.1). Dann stehen Ihnen folgende Daten bereit:

- Die **URL** des Bildes wird nur angezeigt und kann nicht geändert werden.
- Sie können einen **Titel** für die Datei eingeben oder modifizieren.
- Ebenso können Sie eine **Bildunterschrift** festlegen.
- Ein **alternativer Text** kommt dann meist zum Einsatz, wenn die Mediendatei nicht direkt angezeigt oder wiedergegeben werden kann.
- Eine **Beschreibung** kann festgelegt werden.
- Die **Ausrichtung** von dem Bild kann festgelegt werden.
- Mediendateien können sensitiv in einen Beitrag oder eine Seite eingefügt werden. Das soll bedeuten, dass ein Anwender darauf klicken kann, weil das Dateisymbol als **Hyperlink** agiert. Die **Art des Links** kann spezifiziert werden. Sie können statt dem Link auf die Medien-Datei einen Link auf eine Anhang-Datei oder eine benutzerdefinierte URL angeben. Der URL ist bei einer Anhang-Datei auf den aufrufenden Beitrag

vorbelegt. Bei dem benutzerdefinierten URL müssen Sie den URL in einem Eingabefeld manuell eingeben.

- Die **Größe** des Bildes für verschiedene Situationen kann festgelegt werden. WordPress unterscheidet ja standardmäßig vier verschiedene Größenvarianten eines Bildes (Thumbnail, Medium, Large und Full).

6.1.2   Das Bild löschen oder bearbeiten

Auf der rechten Seite der Mediathek finden Sie beim Anklicken eines Bildes auch die Möglichkeiten zum Löschen und Bearbeiten eines Bildes. Es geht also um die Datei selbst.

6.1.2.1 Löschen

Das Löschen eines Bildes ist ziemlich eindeutig. Sie finden einen entsprechenden Link bei der Auswahl des Bildes in der Mediathek (Abb. 6.1).

6.1.2.2 Bild bearbeiten

Interessanter ist das Bearbeiten eines Bildes, zu dem Sie ebenso von der Mediathek aus gelangen. Wenn Sie den Link BILD BEARBEITEN anklicken, kommen Sie zu einem Folgedialog (Abb. 6.2) mit gewissen Bearbeitungsmöglichkeiten direkt aus dem Browser heraus.

Sie können dort das Bild

- gegen und mit dem Uhrzeigersinn drehen,
- vertikal oder horizontal kippen und
- einen Ausschnitt festlegen (mit der Maus einen Bereich in dem Bild auswählen und dann die Schaltfläche anklicken Abb. 6.3).

Natürlich können die Schritte auch rückgängig gemacht oder wiederholt werden. Die passenden Schaltflächen finden Sie ebenfalls oberhalb des Bildes.

Dazu können Sie das Bild skalieren und beschneiden.

Beachten Sie, dass WordPress verschiedene Varianten beziehungsweise Größen von einem Bild speichern und verwalten kann. Sie können in dem Dialog gezielt auswählen, ob Ihre Änderungen auf

- alle Größen,
- nur das Vorschaubild (Thumbnail) oder
- alle Größen außer dem Vorschaubild

angewendet werden.

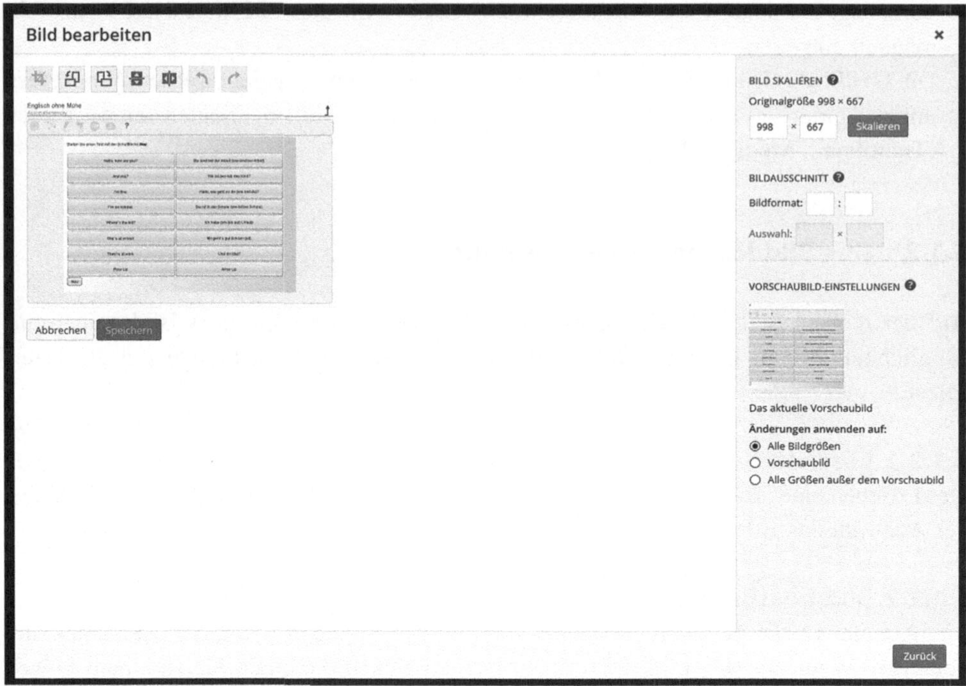

Abb. 6.2 Bearbeiten eines Bildes

6.2   Medien von einem URL in die Mediathek einfügen

WordPress verwaltet die Mediendateien in der Mediathek, wie schon vielfach behandelt wurde. Dabei werden individuelle Metainformationen mit den Mediadateien verknüpft. Um das machen zu können, muss man diese Bilder und andere Dateien erst in WordPress hochladen. Allerdings ist es auch möglich, dass Sie über die Mediathek Medien von einem URL in einen Beitrag oder eine Seite einfügen. In der Mediathek finden Sie dazu den Button Von URL einfügen.

Wenn Sie darauf klicken, erhalten Sie einen Dialog, in dem Sie den URL von einem Bild und einen Linktext eingeben können (Abb. 6.4).

Damit wird das Bild als extern referenzierte Datei in einen Beitrag oder eine Seite eingefügt.

▶   Konkret wird bei dieser Aktion ein HTML-Code erzeugt, den Sie auch im Textmodus im Texteditor direkt eingeben könnten.

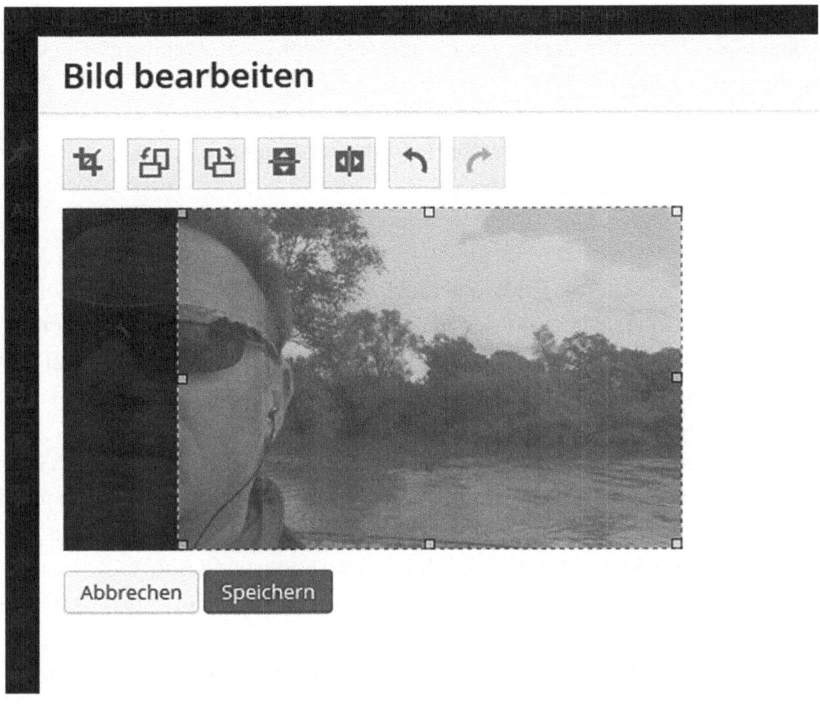

Abb. 6.3 Ein Bild auf einen Ausschnitt beschneiden

Abb. 6.4 Ein Bild von einem URL einfügen

6.3   Eine Bildergalerie erstellen und einfügen

Schon lange Zeit konnte man in WordPress **Bildergalerien** verwenden. Jedoch musste man dazu früher zusätzliche Plug-ins verwenden. Seit WordPress 3.5 gibt es allerdings eine **integrierte Galerie**, die Sie zum Aufbau einer Bildergalerie mit reinen WordPress-Bordmitteln verwenden können. Dazu können Sie alle Bilder aus der Mediathek verwenden.

- Dort wählen Sie einfach die Bilder aus, die in die Galerie übernommen werden sollen.
- Gegebenenfalls laden Sie vorher noch weitere Bilder hoch, wenn diese noch nicht in der Mediathek vorhanden sind.

▶ Achten Sie darauf, dass an den Bildern, die der Galerie hinzugefügt werden sollen, ein Haken zu sehen ist (Abb. 6.5).

- Wenn ein bereits selektiertes Bild doch nicht zur Galerie hinzugefügt werden soll, dann bewegen Sie den Mauszeiger auf den Haken bei dem Bild. Er verändert sich zu einem Minuszeichen (Abb. 6.6). Klicken Sie darauf, um das Bild aus der Galerie zu entfernen.
- Klicken Sie anschließend auf den Button ERSTELLE EINE NEUE GALERIE. Sie kommen zu einem Folgedialog.
- Legen Sie dort in *Galerie bearbeiten* die gewünschte Spaltenzahl für die Galerie fest und ordnen Sie nach Bedarf die Reihenfolge der Bilder per Drag and Drop oder mit dem Button SORTIERUNG UMKEHREN. Sie können auch eine zufällige Sortierung auswählen und Sie können auch jetzt noch Bilder wieder entfernen (Abb. 6.7).
- Des Weiteren können Sie auch noch einen Link für die Galerie festlegen, entweder zum Artikel oder zu der Mediendatei.
- Klicken Sie dann zum Abschluss der Aktion auf den Button GALERIE EINFÜGEN.

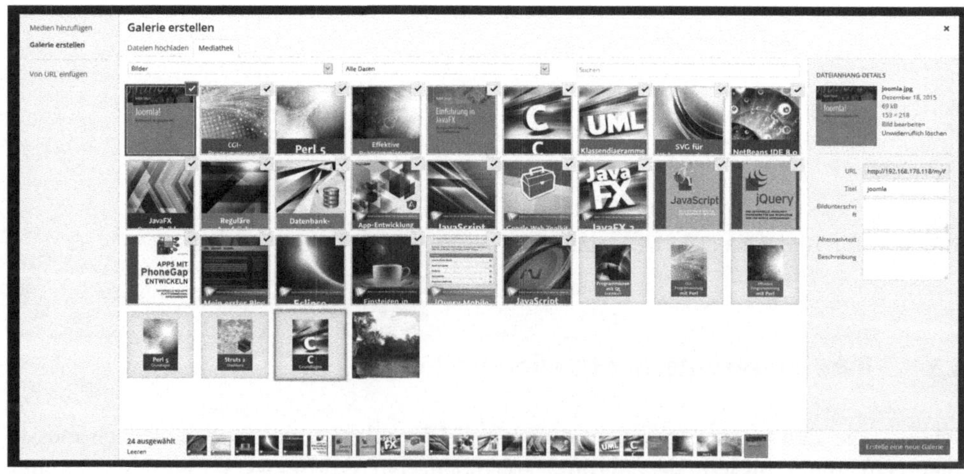

Abb. 6.5 Auswahl aller Bilder, die zur Galerie hinzugefügt werden sollen

Abb. 6.6 Ein schon
ausgewähltes Bild aus der
Auswahl für die Bildgalerie
wieder entfernen

Abb. 6.7 Konfigurieren der Galerie

▶   Beachten Sie, dass die folgende Darstellung der Galerie im Texteditor nicht
    unbedingt so ausschaut, wie sie letztendlich nach der Veröffentlichung im
    Frontend zu sehen ist. Da wird das Theme noch eingreifen. Um wirklich zu
    sehen, wie Ihre Galerie letztendlich für einen Besucher im Frontend aussieht,
    wählen Sie in der Spalte **Veröffentlichen** den Vorschau-Link oder – noch
    besser – Sie schauen sich den veröffentlichten Beitrag im Frontend an
    (Abb. 6.8).

Abb. 6.8 Ein Beitrag mit einer Galerie

► Möchten Sie nachträgliche Änderungen an der Galerie vornehmen, klicken Sie im Editor in das Galeriefeld und anschließend auf das Bearbeiten-Icon am oberen Rand der Galerie (Abb. 6.9). Danach können Sie die Galerie aktualisieren.

6.4   Ein Video in die Mediathek hochladen und dann einfügen

Das Hochladen von einem Video in die Mediathek und das Einfügen in eine Seite oder einen Beitrag unterscheidet sich nicht relevant von dem Vorgang bei Bildern.

1. Sie wählen in der Mediathek zum Hochladen ein Video aus und laden es genauso wie ein Bild in die Mediathek.

Abb. 6.9 Die Galerie
bearbeiten

Abb. 6.10 Das Video wurde dem Beitrag hinzugefügt

2. Zum Einfügen in eine Seite oder einen Beitrag wählen Sie in der Mediathek das Symbol des Videos aus. Das Video erscheint dann nach dem Klick auf den Button zum Einfügen im Beitrag an der Stelle, an der Ihr Cursor stand.
3. Ein integrierter Videoplayer des Browsers wird das Video dann abspielen (Abb. 6.10). Das sollte auch schon in der Vorschau funktionieren. Beachten Sie, dass das konkrete Aussehen in der Vorschau wieder nicht unbedingt mit dem Layout nach der Veröffentlichung übereinstimmt, weil da das Theme hinzukommt.

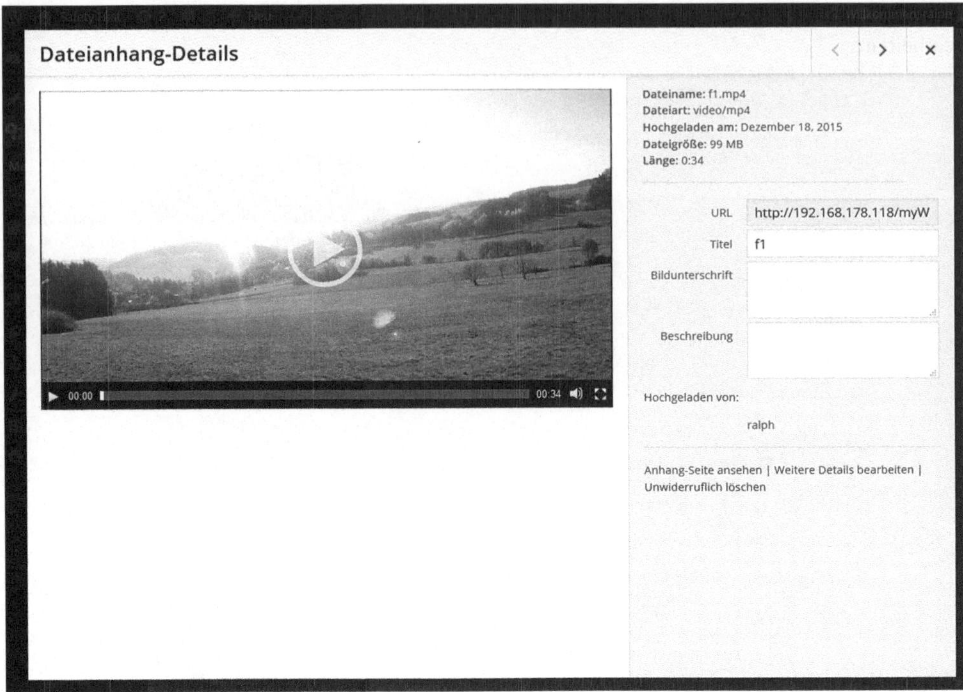

Abb. 6.11 Metainformationen zu einem Video

▶ Sie können wie beim Bild auch diverse Metainformationen angeben. Diese entsprechen im Wesentlichen denen eines Bildes, sind aber natürlich auf ein Video hin angepasst (Abb. 6.11).

6.5   Eine Tondatei in die Mediathek hochladen und dann einfügen

Das Hochladen von einem Audio in die Mediathek und das Einfügen in eine Seite oder einen Beitrag unterscheidet sich ebenfalls kaum von dem Vorgang bei Bildern oder auch Videos.

1. Sie wählen zum Hochladen eine Tondatei aus und laden sie in die Mediathek hoch.
2. Zum Einfügen in einen Beitrag oder eine Seite wählen Sie das Symbol des Audios aus (Abb. 6.12).
3. Für die Tondatei wird danach ein integrierter Player des Browsers verwendet (Abb. 6.13), der an der Einfügestelle zu sehen ist und beim Anklicken der entsprechenden Schaltfläche die Tondatei abspielt. Auch das sollte schon in der Vorschau

Abb. 6.12 Das Symbol für
eine Audiodatei in der
Mediathek

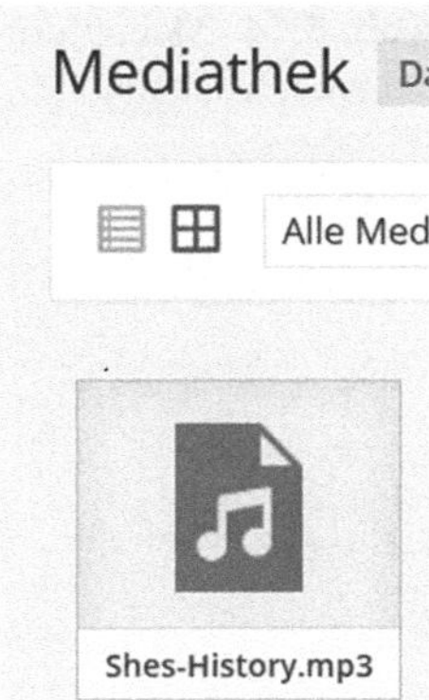

Abb. 6.13 Ein Audioplayer spielt die Tondatei ab

funktionieren und das konkrete Aussehen in der Vorschau und nach der Veröffentlichung über das Theme divergieren.

▶ Sie haben wie beim Bild und dem Video erneut diverse Metainformationen zur Verfügung, die aber selbstredend spezifisch für eine Tondatei sind (Abb. 6.14).

6.6 Ein PDF-Dokument oder andere Dokumente verwenden

In jeden Beitrag oder in jede Seite in WordPress können Sie auch ein PDF-Dokument einfügen, wobei eigentlich PDF-Dokumente wie Tondateien oder Videos nur als eine weitere Spezialvariante einer Mediendatei zu betrachten sind. Sie können ebenso normale Office-Dateien wie ODT-Dateien (OpenOffice Writer), DOCX-Dateien (Microsoft Word), Excel-Dateien, Powerpoint-Dateien, ZIP-Dateien und viele andere Dateiformate in die Mediathek von WordPress einfügen und über WordPress verwalten lassen.

Abb. 6.14 Metainformationen
bei einer Tondatei

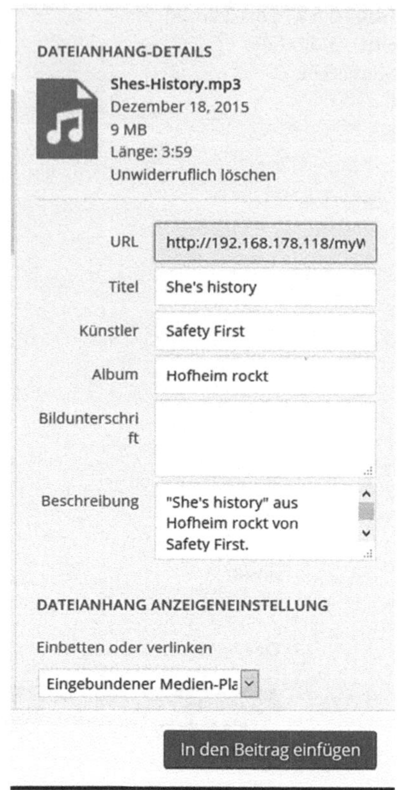

Das geht vollkommen analog zu dem Hochladen einer anderen Mediendatei wie einem Bild oder Video. Denn die Mediathek verwaltet auch PDF-Dokumente, Office-Dateien und viele andere Dateiformate. Im Prinzip sind Sie vollkommen uneingeschränkt darin, welche Dateitypen Sie in die Mediathek hochladen. Sie sehen diese danach mit einem spezifischen Symbol und den üblichen Metainformationen in der Medienübersicht (Abb. 6.15), sofern der jeweilige Dateityp WordPress nicht vollkommen unbekannt ist. Nur in dem Fall kann es zu Beschränkungen kommen – etwa auf Grund von Sicherheitseinstellungen (Abb. 6.16).

6.6.1   PDF und die anderen

Doch warum habe ich PDF-Dateien einleitend herausgehoben? Wenn Sie solche – im Grunde beliebigen – Mediendateien in einen Beitrag oder eine Seite einfügen, werden diese damit verknüpft und dem Besucher über einen Link im Frontend angezeigt, wenn Sie das Einfügen entsprechend konfigurieren (Abb. 6.19). Wenn dieser dann darauf klickt, muss der Browser des Besuchers mit dem verknüpften Dateityp umgehen können.

Abb. 6.15 Eine ODT- und eine
PDF-Datei, die in der
Mediathek verwaltet werden

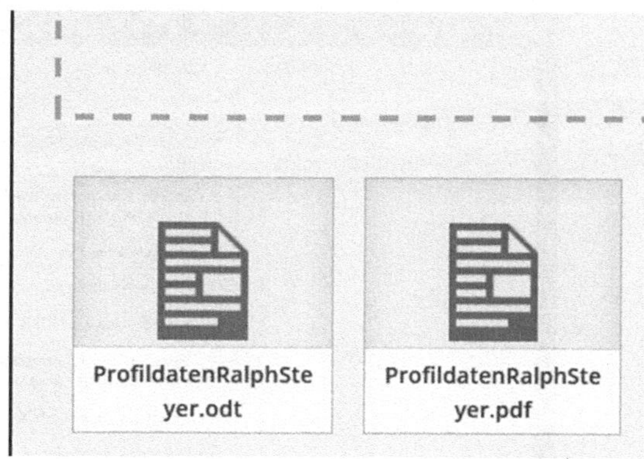

rjs.edvknowhow

Tut mir leid, aber aus Sicherheitsgründen ist dieser Dateityp nicht erlaubt.

Abb. 6.16 Manche (unbekannte) Dateitypen können nicht in die Mediathek geladen werden

Browser können dabei jedoch nicht mit beliebigen Dateitypen direkt umgehen, sondern nur mit ausgewählten Dateitypen.

Aber viele moderne Browser unterstützen eben die Anzeige eines PDF-Dokuments in einem integrierten Modus (Abb. 6.17). Deshalb kann man PDF-Dokumente gezielt herausheben – sie werden mehr und mehr zu einem Standardformat im WWW.

Die meisten anderen Dateiformate werden bei einem Klick des Anwenders auf den Link einfach zum Download angeboten, bei manchen Browsern sogar einfach direkt gespeichert oder der Anwender muss selbst entscheiden, mit welchem zusätzlichen Programm die Datei geöffnet werden soll (Abb. 6.18).

6.6.2   Das konkrete Einfügen in eine Seite oder einen Beitrag

Um also ein PDF- oder anderes Mediendokument in eine Seite oder einen Beitrag einzufügen, verwenden Sie wie üblich den Button DATEIEN HINZUFÜGEN oberhalb von dem Texteditor und wählen die Datei aus. Nach dem Einfügen sehen Sie Links zu den Mediendateien in der Webseite (Abb. 6.19).

▶   Ganz wichtig ist aber, dass Sie bei DATEIANHANG ANZEIGENEINSTELLUNG den Eintrag LINK ZUR MEDIENDATEI auswählen (Abb. 6.20).

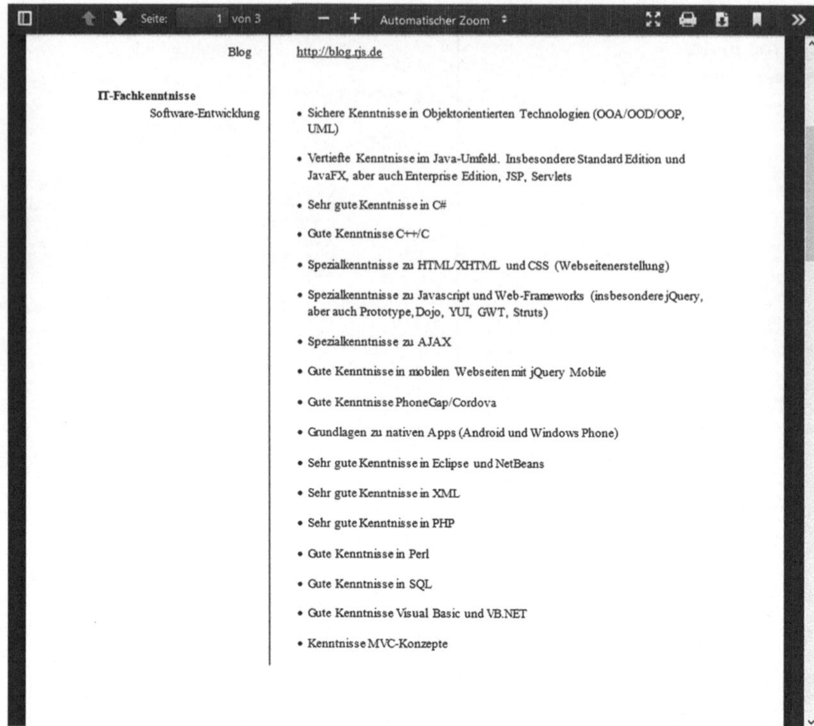

Abb. 6.17 PDF-Dokumente können in der Regel direkt im Browser angezeigt werden

6.7   Dynamische Landkarten in Seiten oder Beiträgen

Bei vielen Webseiten ist es mittlerweile Usus, dass man dort Karten mit Wegbeschreibungen und lokalen Informationen verwendet. Das wird sehr oft mit **Google Maps** (https://www.google.de/maps), **Open Street Map** (http://www.openstreetmap.de/), **Bing Maps** (https://www.bing.com/mapspreview) oder auch anderen Angeboten gemacht. Diese **Kartendienste** im Internet stellen vorgefertigte Codefragmente zur Verfügung, die Sie in Ihre eigenen Webseiten integrieren können. Ohne dass wir hier zu sehr ins Detail gehen wollen, soll das grundsätzliche Verfahren für Google Maps einmal ganz einfach demonstriert werden.

▶   Beachten Sie, dass die Karten in der Regel sogar interaktiv sind. Ein Besucher kann also einen Kartenausschnitt verschieben, in diesen hineinzoomen, die Darstellung umschalten etc. Aber für diese Details sollten Sie sich tiefer mit Google Maps oder einem der anderen Kartendienste beschäftigen.

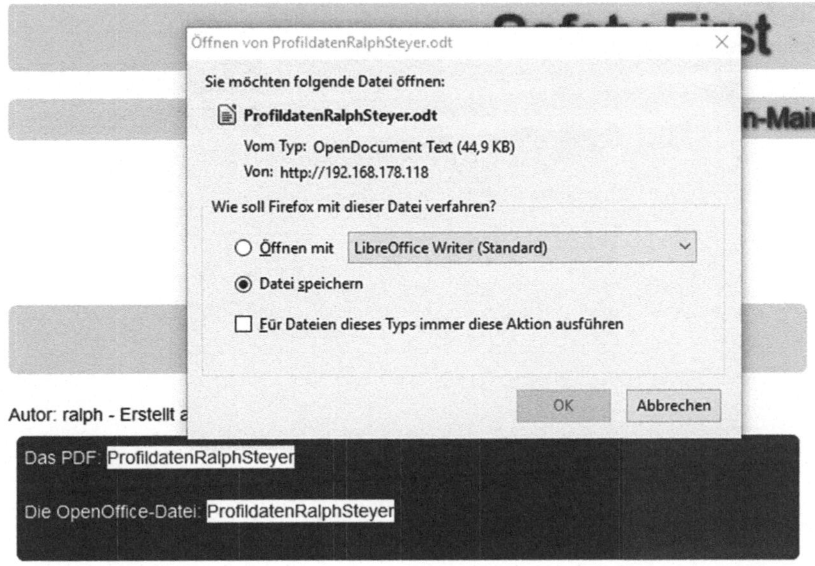

Abb. 6.18 Für die meisten Dokumente muss der Anwender entscheiden, wie damit umgegangen wird

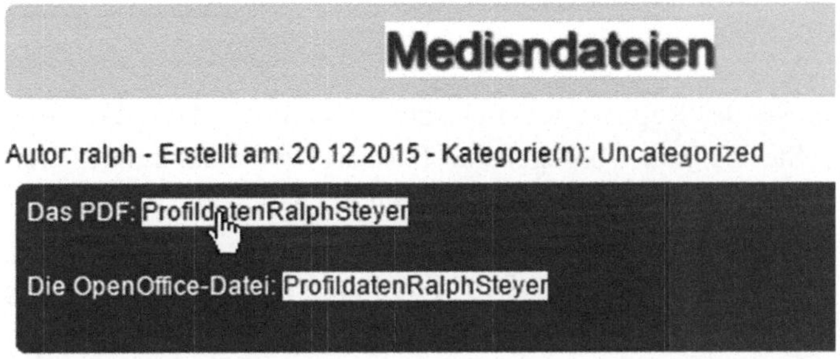

Abb. 6.19 Die Mediendateien werden über Links in Beiträgen oder Seiten bereitgestellt

6.7.1   Eine Karte in Google Maps generieren

1. Im ersten Schritt müssen Sie eine Karte generieren, die Sie in Ihre Seite oder den Beitrag einbinden wollen. Bei Google Maps suchen Sie zuerst einen Zielort, der im Mittelpunkt Ihrer Karte stehen soll. Dabei geben Sie wie üblich die Art der Karte, einen Zoomfaktor (die Vergrößerung) etc. an.
2. Danach wählen Sie im Menü von Google Maps den Link *Karte teilen oder einbetten* aus (Abb. 6.21).

Abb. 6.20 Der Link zur
Mediendatei muss ausgewählt
werden

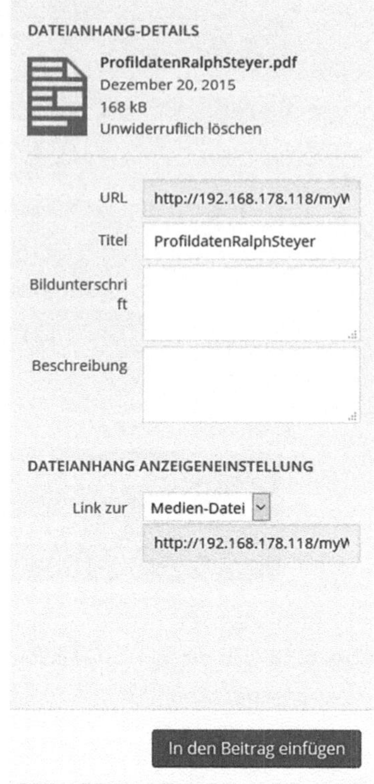

3. Nun wählen Sie das Register KARTE EINBETTEN und dort dann das gewünschte Format
   der Karte. Sie können vorgegebene Formate verwenden oder benutzerdefinierte
   Größen angeben. In dem Formularfeld sehen Sie den Code, den Sie für die Einbettung
   der Karte benötigen (Abb. 6.22).
4. Kopieren Sie den Code aus dem Formularfeld (ein HTML-Fragment) in die
   Zwischenablage.

6.7.2   Die Karte einfügen

5. Wechseln Sie zu Ihrem WordPress und öffnen Sie die Seite oder den Beitrag zum
   Bearbeiten.
6. Im Texteditor von WordPress gehen Sie in den *Textmodus* (ganz wichtig – auf **keinen
   Fall** den visuellen Modus verwenden). Dort fügen Sie den Code für die Karte an der
   gewünschten Stelle ein (Abb. 6.23). Wir arbeiten also an der Stelle explizit im HTML-
   Modus.
7. Nach dem Veröffentlichen steht die Karte in dem Beitrag oder der Seite dann zur
   Verfügung (Abb. 6.24).

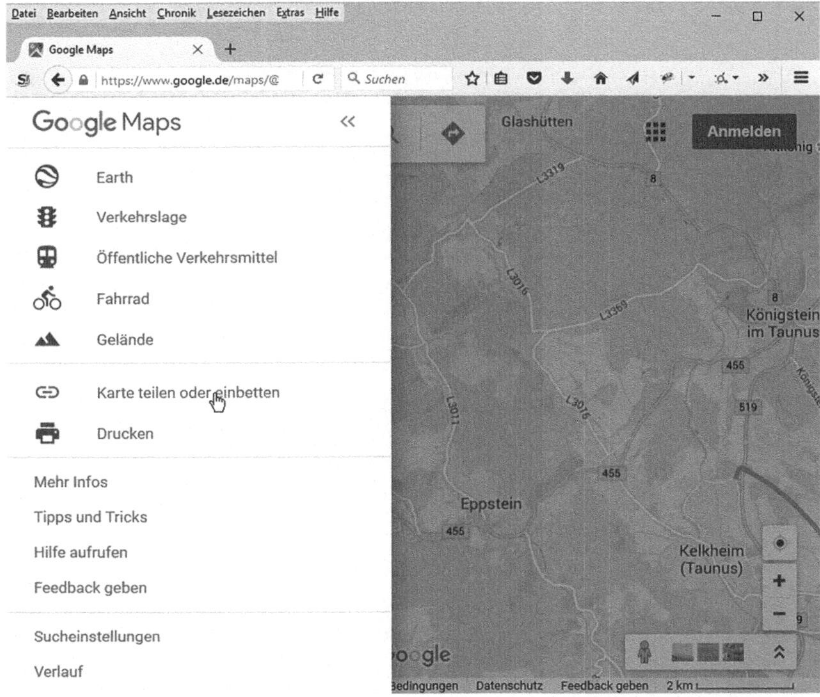

Abb. 6.21 Der Link KARTE TEILEN ODER EINBETTEN in Google Maps ist der Weg zum Code

6.8   Die maximale Dateigröße für Uploads modifizieren

Wenn Sie mit ganz großen Bildern, Audiodateien und vor allen Dingen mit Videos arbeiten, kann es sein, dass beim Hochladen die maximale Dateigröße für Uploads überschritten wird (Abb. 6.25).

Es gibt nun mehrere Möglichkeiten, wie Sie diese maximale Dateigröße für Uploads modifizieren können.

▶   Der Abschnitt ist nicht ganz ungefährlich und setzt etwas weitergehende Kenntnisse in der Administration von Apache und Kenntnisse in PHP voraus. Gegebenenfalls fragen Sie lieber Ihren Provider, wie Sie die maximale Dateigröße für Uploads erhöhen können, bevor Sie hier etwas zerstören. Oder Sie leben mit den Einschränkungen. Außerdem stehen Ihnen meist nicht alle nachfolgend beschriebenen Möglichkeiten zur Verfügung und es ist zudem nicht vollkommen sicher, ob diese Hacks funktionieren. Aber für fortgeschrittene Leser kann der Abschnitt sicher ganz interessant sein.

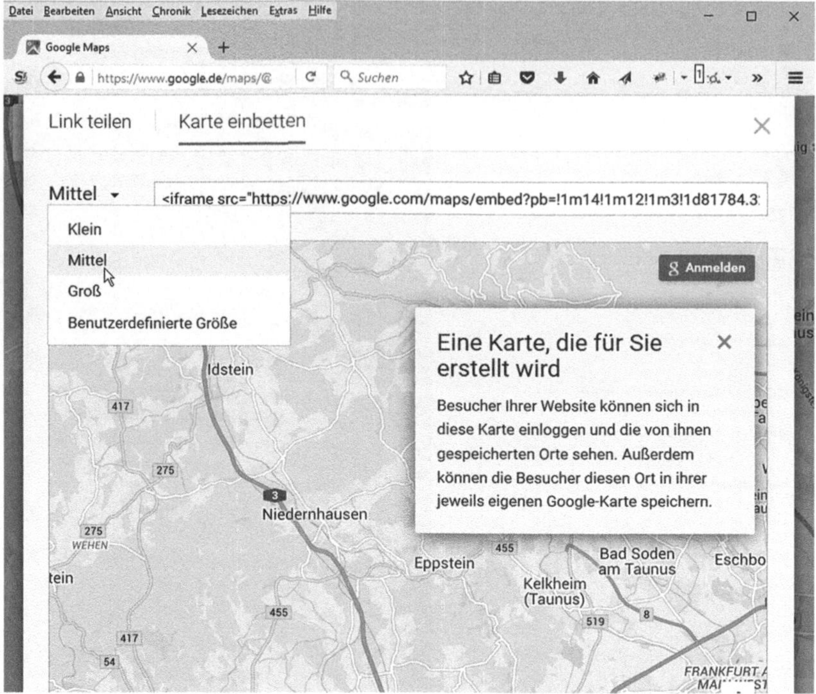

Abb. 6.22 Der Code für die Einbettung

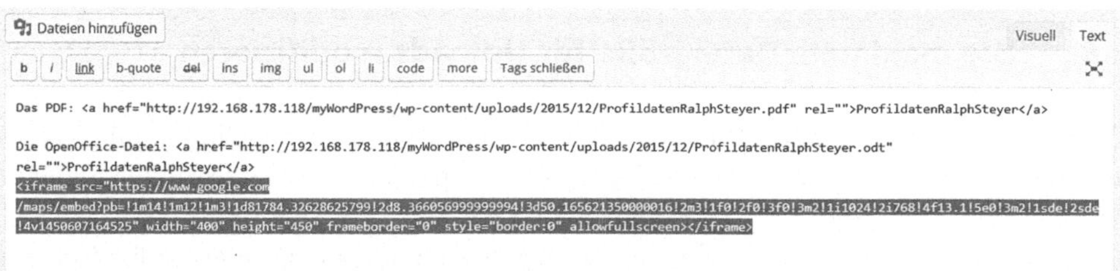

Abb. 6.23 Der Code wird in den Beitrag oder die Seite eingefügt

Wir legen in den folgenden Beispielcodes die maximale Größe auf 200 Megabyte fest und das sollten Sie natürlich mit dem Wert modifizieren, den Sie verwenden wollen.

6.8.1 Die Datei.htaccess modifizieren

Sollten Sie Zugang zu der Datei.h*taccess* im Verzeichnis *htdocs* Ihres Apache-Webservers haben, können Sie dort die Konfigurationszeilen modifizieren oder einfügen,

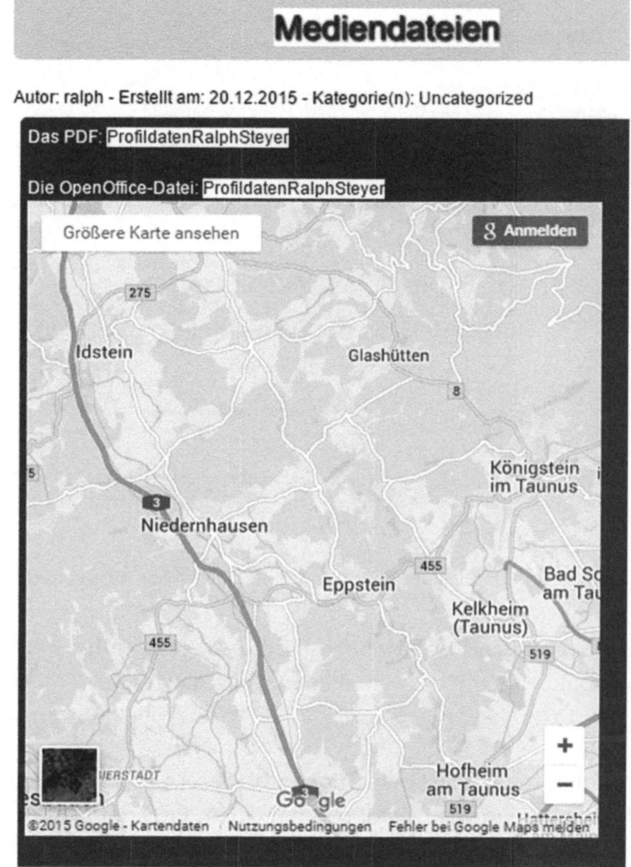

Abb. 6.24 Die Karte wird angezeigt

die diese Grenze für das Hochladen von Dateien festlegen. Suchen Sie dort nach den folgenden Zeilen:

```
...
php_value upload_max_filesize 200M
php_value post_max_size 200M
php_value max_execution_time 300
...
```

- Der erste Wert gibt explizit die maximale Dateigröße in Megabyte an.
- Der zweite Wert für die maximale Post-Größe sollte gleich gewählt werden.
- Die dritte Angabe sorgt dafür, dass die maximale Zeit für einen Upload ausreichend groß ist. Sie geben hier die Anzahl der Sekunden an, die ein Upload maximal dauern

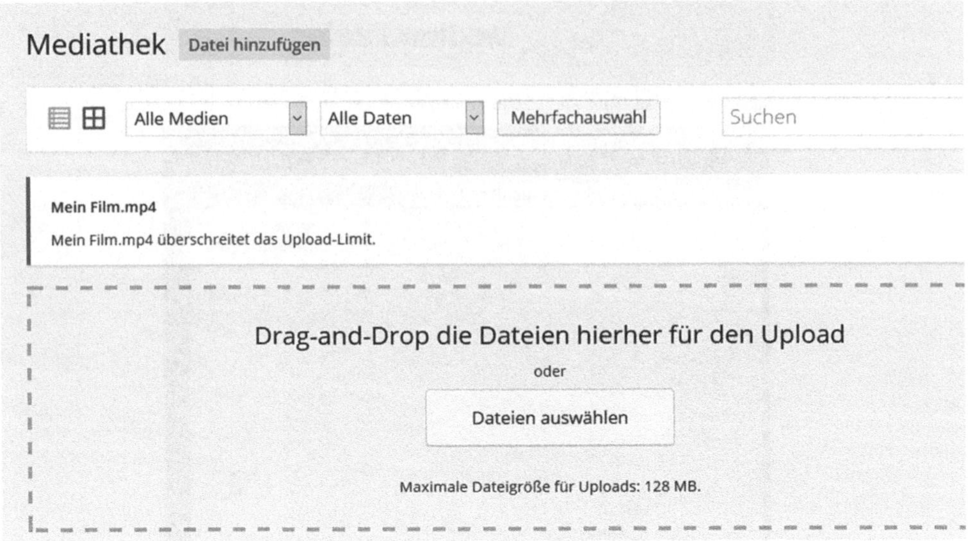

Mediathek Datei hinzufügen

Alle Medien   Alle Daten   Mehrfachauswahl   Suchen

Mein Film.mp4

Mein Film.mp4 überschreitet das Upload-Limit.

Drag-and-Drop die Dateien hierher für den Upload

oder

Dateien auswählen

Maximale Dateigröße für Uploads: 128 MB.

Abb. 6.25 Der Upload der Datei würde die maximale Dateigröße für Uploads überschreiten

darf, bevor der Server den Vorgang abbricht. Bei langsamen Internetverbindungen und richtig großen Dateien kann das schon eine Weile dauern.

▶ Leider ist es eher selten, dass man Zugang zu dieser Datei hat. Vor allen Dingen dann nicht, wenn man sein WordPress bei einem Provider hostet. Zudem legt man damit *globale* Regeln für den gesamten Webserver fest – nicht nur für Ihr WordPress. Und das ist nicht immer sinnvoll und deshalb ist der Weg nicht unbedingt die erste Wahl zur Anpassung der maximalen Dateigröße für Uploads. Aber es gibt Alternativen.

6.8.2 Die Festlegung über die Datei wp-config.php

In der Datei *wp-config.php* sind diverse Einstellungen zu Ihrem WordPress gespeichert, etwa zum Datenbankzugriff, was wir ja bei der Installation gebraucht haben. Wenn Sie bei Ihrem WordPress darauf Zugriff haben, dann können Sie auch hier die maximale Dateigröße für Uploads modifizieren. Das hat den Vorteil, dass das dann auch nur für Ihr WordPress gilt und globale Beschränkungen aufheben kann.

- Laden Sie die vorhandene Datei vom Server auf Ihren Rechner,
- modifizieren Sie diese und
- laden Sie diese modifizierte Version dann wieder auf den Server.

Suchen Sie bei der Modifikation in der Datei die folgende Zeile oder notieren Sie diese *direkt am Anfang* der Datei:

```php
<?php
define('WP_MEMORY_LIMIT', '200M');
...
```

Auch hier geben Sie in Megabyte die maximale Dateigröße für Uploads an.
   In manchen Fällen muss man statt dieser Zeile auch Folgendes angeben:

```php
<?php
@ini_set("memory_limit",'200M');
...
```

6.8.3   Die Festlegung über Datei php.ini

In der Datei *php.ini* sind diverse globale Einstellungen zu Ihrem PHP auf dem Webserver gespeichert. Wenn Sie darauf zugreifen können, können Sie auch hier die maximale Dateigröße für Uploads modifizieren. Das hat aber wieder den Nachteil, dass dies dann eben auch wieder global gilt. Deshalb ist auch diese Maßnahme eigentlich nur eine Notlösung, wenn WordPress-interne Varianten nicht gehen. Doch wenn Sie diese Variante wählen, sollten Sie in der Datei Folgendes notieren oder bestehende Werte suchen und modifizieren:

```
...
memory_limit=200M
...
```

6.8.4   Die Festlegung in der Datei functions.php oder eine anderen Theme-Datei

Wenn Ihr Theme eine Datei *functions.php* enthält, können Sie dort Angaben zu der maximalen Dateigröße für Uploads machen. Suchen Sie folgenden Code und modifizieren oder ergänzen Sie diesen wie folgt:

```php
<?php
@ini_set("memory_limit",'200M');
@ini_set("post_max_size",'200M');
@ini_set("max_execution_time",'300');
...
```

Sie können diese Angaben auch in anderen PHP-Dateien des Themes wie *index.php* notieren, aber es ist nicht ganz sicher, ob die Angaben dann auch beachtet werden.

▶ Alleine die Tatsache, dass Sie hier mehrere Möglichkeiten zur Festlegung der maximalen Upload-Größe kennengelernt haben, macht deutlich, dass Sie an verschiedenen Stellen drehen können, um diese Grenze zu modifizieren. Wenn Sie aber an einer Stelle Angaben machen, können diese insbesondere wieder überschrieben werden. Es ist oft notwendig, dass Sie einfach mehrere Rezepte ausprobieren und vor allen Dingen möglichst keine widersprüchlichen Angaben machen.

Themes, Widgets & Plug-ins – WordPress anpassen und aufbohren

7

Wenn etwas in Ihrem CMS fehlt, dann installieren Sie das einfach nach

---

Zusammenfassung

Wir schauen uns in diesem Kapitel an, wie Sie das Design Ihrer WordPress-Seiten mit Themes individuell anpassen und mit Plug-ins in der Funktionalität fast unbeschränkt erweitern können. Eine Art Bindeglied zwischen Themes und Plug-ins stellen Widgets dar, um gewisse Funktionalitäten anzubieten. Themes legen fest, wo diese angezeigt werden, und über geeignete Plug-ins können Sie zu den Standard-Widgets von WordPress weitere Widgets hinzufügen.

7.1 Designanpassung durch Themes

Themes (Designvorlagen) sind der Schlüssel zum Aussehen Ihres WordPress, aber auch dem spezifischen Verhalten. Die gleiche Seite kann alleine durch ein anderes Theme

- vollkommen unterschiedlich aussehen,
- andere Features (Widgets) bereitstellen und
- unter Umständen andere Inhalte anzeigen (Abb. 7.1, 7.2, 7.3, und 7.4),

obwohl die Daten der WordPress-Datenbank identisch sind und die jeweiligen visuellen Zustände wieder vollkommen reproduziert werden können.

Der Grund ist, dass WordPress als eine datenbankbasierte Webanwendung alle Text-inhalte wie Beiträge, Seiten und Kommentare in der Datenbank speichert und alle hochgeladenen Medien wie Tondateien, Bilder und Videos in speziellen Verzeichnissen auf dem Webserver ablegt, die von der Struktur und dem Design abgetrennt sind.

© Springer Fachmedien Wiesbaden 2016
R. Steyer, *WordPress*, DOI 10.1007/978-3-658-12830-2_7

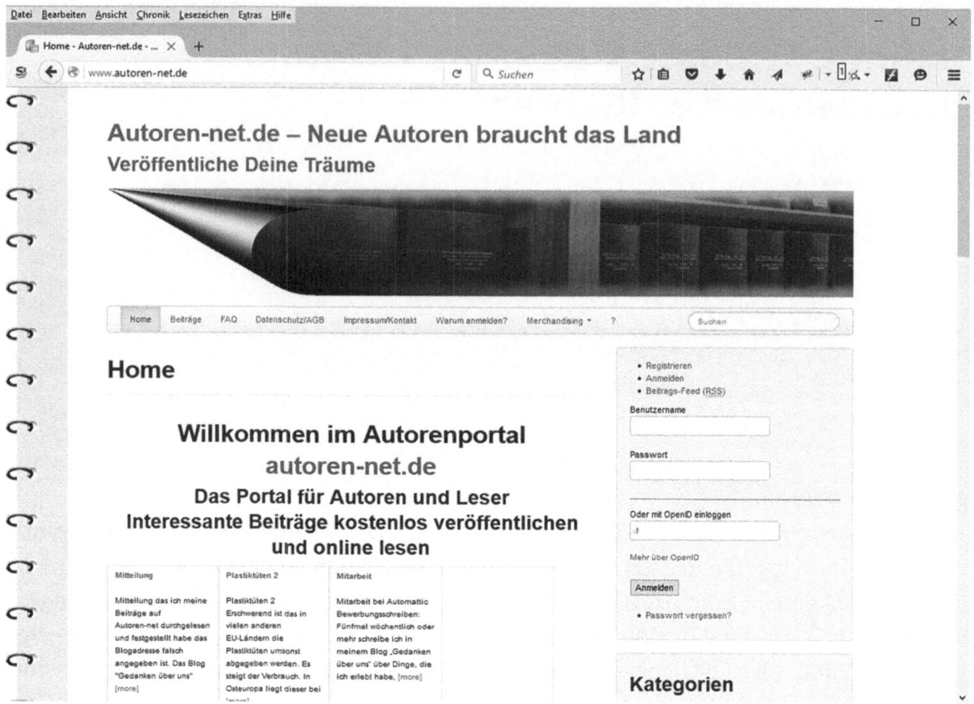

Abb. 7.1 Eine WordPress-Seite im WWW

Alle Inhalte sind also streng vom Design und der Struktur isoliert und das bedeutet, dass jederzeit das Design verändert werden kann, ohne dass dabei Inhalte verändert werden (müssen) oder man die Struktur anpassen muss. Man wechselt einfach das Theme.

7.1.1 Themes erhalten

Für WordPress gibt es mittlerweile tausende frei verfügbare und unzählige kommerzielle Themes auf verschiedenen Seiten im Web. Alleine im offiziellen Themeverzeichnis bei WordPress.org (https://wordpress.org/themes/) finden Sie bereits eine große Auswahl an freien Themes (Abb. 7.5).

Im Backend können Themes aus dem Verzeichnis mit wenigen Klicks installiert und aktiviert werden. Das bedeutet, dass Sie dann von einem derzeit aktuellen Theme auf ein anderes Theme wechseln. Das schauen wir uns jetzt an.

Abb. 7.2 So würde die Seite mit einem anderen Theme aussehen

► Mit ein wenig[1] Aufwand kann jedes Theme individualisiert oder ein eigenes Theme erstellt werden. Das behandeln wir in Kap. 10.

7.1.2   Zwischen vorhandenen Themes wechseln

Wenn Sie bei Ihrer WordPress-Seite zwischen bereits installierten Themes wechseln wollen, können Sie wie folgt vorgehen:

- Sie melden sich im Backend Ihres WordPress an.
- Wählen Sie im Dashboard im Menü den Menüpunkt Design oder dessen Untermenü Themes. Sie sehen daraufhin rechts neben dem Menü die bei Ihnen bereits

---

[1] Je nach Komplexität auch mehr.

AUTOREN-NET.DE – NEUE AUTOREN BRAUCHT DAS LAND

Veröffentliche Deine Träume

Seiten

?
Beiträge
Datenschutz/AGB
FAQ
Home
Impressum/Kontakt
Merchandising
Amazon-Shop von Ralph Steyer
– Administrator des Portals
Bücher, Onlinetraining, Videos
Eigene Werbung schalten
Online-Training mit
Video2Brain
Weiter
Warum anmelden?

Archiv

Archiv Wähle den Monat
Dezember 2015
M D M D F S S
1 2 3 4 5 6
7 8 9 10 11 12 13
14 15 16 17 18 19 20
21 22 23 24 25 26 27
28 29 30 31
« Aug

Blogroll

AJAX-NET.de
Amazon-Autorenseite
Blog von Ralph Steyer
Die Seite zum Buch jQuery
Die Seite zum jQuery-Buch
Facebook-Fanseite von Ralph
Steyer
BIS Bannergenerator

Home

Willkommen im Autorenportal

autoren-net.de

Das Portal für Autoren und Leser
Interessante Beiträge kostenlos veröffentlichen und online lesen

Alex' Story

Birgit Loos Alex' Story
BIRGIT LOOS Alex' Story
1. Auflage
Ober-Flörsheim März
2015 © Brighton Verlag,
Ober-Flörsheim
www.brightonverlag.com
info@brightonverlag. com
Nachdruck, auch
auszugsweise, nur mit
Genehmigung des
Verlags Alle Rechte

Ein unerwarteter Besuch

Es war bereits später
Nachmittag, als sich
unaufhaltsam immer
mehr Nebelschleier über
die mittelalterliche Stadt
legten. Um diese
herbstliche Jahreszeit
[more]

Ein interessanter Tweet

Den anhängenden Tweet
finde ich sehr interessant
und wichtig. Er zeigt zum
einen, das auch in
anderen Ländern ebooks
nicht [more]

Sie wollten schon immer schreiben?

Veröffentlichen Sie Ihr Wissen, Ihre Ideen, Erfahrungen, Leidenschaften, Träume, Gedichte, Geschichten oder Kurzgeschichten, Liedertexte oder was auch immer Ihnen einfällt in Form eines Artikels/Beitrags bei autoren-net.de. Werden auch Sie zum Autor.

Oder Sie haben bereits Bücher oder Buchpassagen erstellt? Sind Sie bereits Autor? Dann veröffentlichen Sie hier Auszüge aus Ihren Werken. Stellen Sie sich mit einem Autorenprofil vor. Machen Sie Werbung für sich und Ihre Veröffentlichungen.

Das Portal autoren-net.de richtet sich sowohl an professionelle Autoren und vor allen Dingen Hobbyautoren und (vielleicht) kommende Sterne der Literatur. Auch Beiträge von Kindern und Jugendlichen sind gerne gesehen. Sämtliche Texte werden hier kostenlos und wenn gewünscht auch anonym (bzw. unter einem Pseudonym) veröffentlicht.

Anmeldung/Registrierung

Abmelden
Artikel-Feed (RSS)
Kommentare als RSS

Kategorien

Kategorien
Kategorie auswählen

Schlagwörter

Android
android 2.3 ta
Apps
beziehung
Blog
Browser
CSS
dual sim cell
Dänemark Husby
E-Mail
fantasy
flirten
Flower Girl Dr
Frau
Gleitschirmfliegen Hobby
Tandemflug Fliegen Paraglide
Gleitschirm
Gleitschirm Kössen Undernberg
HTML
HTML5
Instant Message
Internet
Java
JavaScript
Kinder
Krimi
Kurzgeschichte

Abb. 7.3 Ein weiteres Theme verändert das Design erneut

installierten Themes (Abb. 7.6). WordPress bringt nach der Installation bereits ein paar vorinstallierte Themes mit, von denen eines in der Grundeinstellung das aktive Theme ist. Genau ein Theme muss immer aktiv sein.

- Klicken Sie in dem Bereich rechts neben dem Menü nun das Symbol für ein Theme an. Dieses zeigt dynamisch gewisse Informationen zu dem Theme an, ist aber eben auch – wie die meisten Symbole in WordPress – sensitiv und führt zu einer neuen Ansicht.

- Sie sehen daraufhin in einer allgemeinen Vorschau mit einigen Vorgabeinhalten, wie das Theme ungefähr aussehen würde.

- Am unteren Rand dieser Vorschau sehen Sie zwei Schaltflächen, womit Sie eine **Live-Vorschau** aufrufen können. Damit sehen Sie dann genauer, wie das Theme mit Ihrer konkreten Seite aussehen würde, da dort dann für die Vorschau Ihr realer Content benutzt wird. Allerdings ist auch das noch nicht zu 100 Prozent identisch mit dem wirklichen Aussehen. Dazu müssen Sie das Theme erst aktivieren und die reale Seite im Frontend ansehen (Abb. 7.7). Mit der Schaltfläche AKTIVIEREN machen Sie das so ausgewählte Theme zum aktuellen Theme.

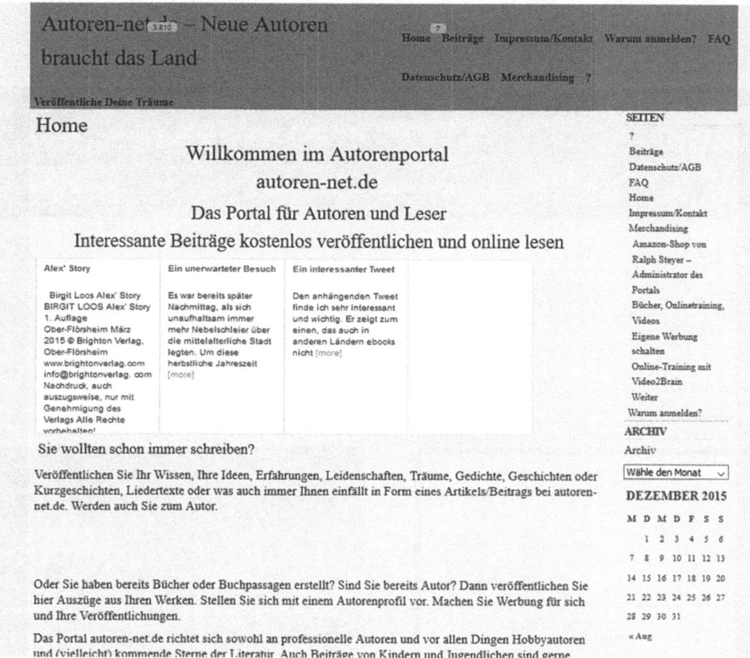

Abb. 7.4 Erneut sind neben anderen Farben und Schriften andere Widgets und anderer Content zu sehen

▶ Sie wechseln ein so aktiviertes Theme wieder, indem Sie im Dashboard wie oben beschrieben einfach ein anderes Theme aktivieren. Ein Theme muss wie gesagt immer aktiv sein, aber es kann auch nur genau ein Theme aktiviert sein. Das Aktivieren von einem neuen Theme deaktiviert automatisch das bisher aktive Theme. Das Resultat sehen alle Besucher unmittelbar im Frontend nach dem neuen Laden der Webseite (Abb. 7.8) oder aber dem nachfolgenden Aufruf von einem anderen Inhalt der Webseite.

7.1.3   Themes installieren

Themes lassen sich auf verschiedene Weisen installieren. Grundsätzlich ist das ganz einfach und wir schauen uns die zwei wichtigsten Varianten an.

7.1.3.1 Themes aus WordPress installieren

In der Anzeige der Themes im Dashboard von WordPress finden Sie eine Schaltfläche INSTALLIEREN (Abb. 7.6). Klicken Sie diese an, wenn Sie direkt aus WordPress heraus ein Theme installieren wollen.

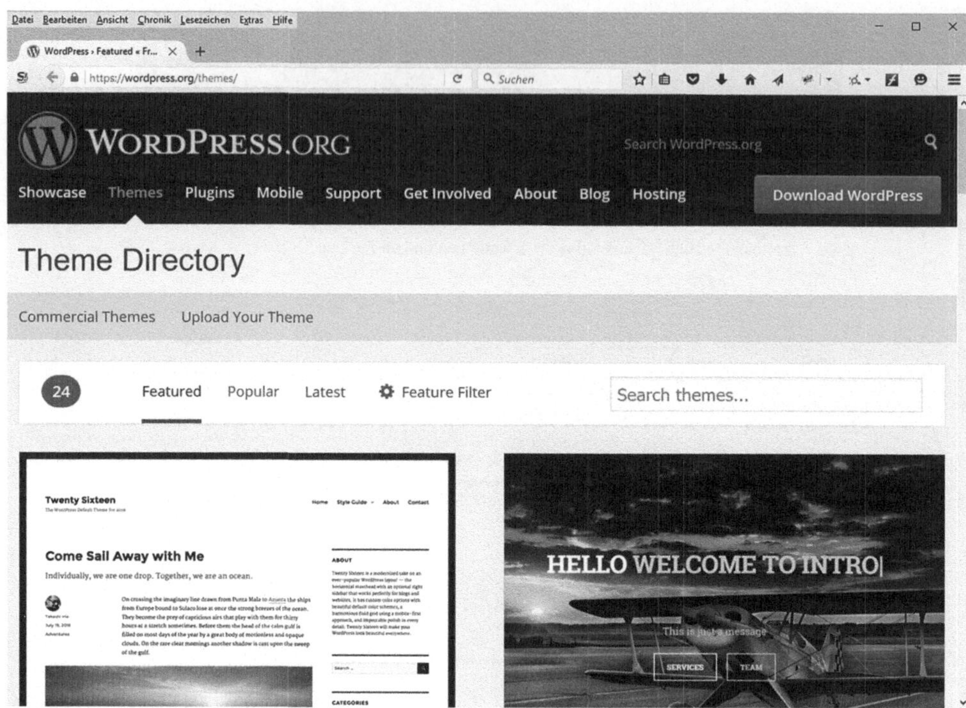

Abb. 7.5 Hier gibt es eine große Auswahl an Themes

Ihnen werden nach dem Klick die offiziell verfügbaren Themes von WordPress.org angezeigt (Abb. 7.9) – natürlich nur, wenn Sie online sind.

Sie finden in der Webseite zur Installation eines Themes rechts oben ein Sucheingabefeld, in dem Sie nach Schlagworten oder Namen suchen können, die auf ein gewünschtes Theme zutreffen könnten.

▶ Beachten Sie, dass die meisten Themes mit englischen Begriffen getaggt sind oder englische Namen haben.

Sie können auch die Anzeige der Themes nach gewissen Kriterien einschränken. Dann werden nur die zutreffenden Themes angezeigt beziehungsweise eine nachfolgende Suche darauf eingeschränkt. Die Auswahlmöglichkeiten finden Sie links von dem Suchfeld (Abb. 7.9):

- Unter Vorgestellt finden Sie die im Moment besonders promoteten Themes.
- Populär ist ziemlich eindeutig – das sind die am häufigsten installierten Themes.
- Neuste ist ebenfalls eindeutig – das ist die Kategorie mit den aktuellen Themes, die auf WordPress.org hochgeladen wurden.

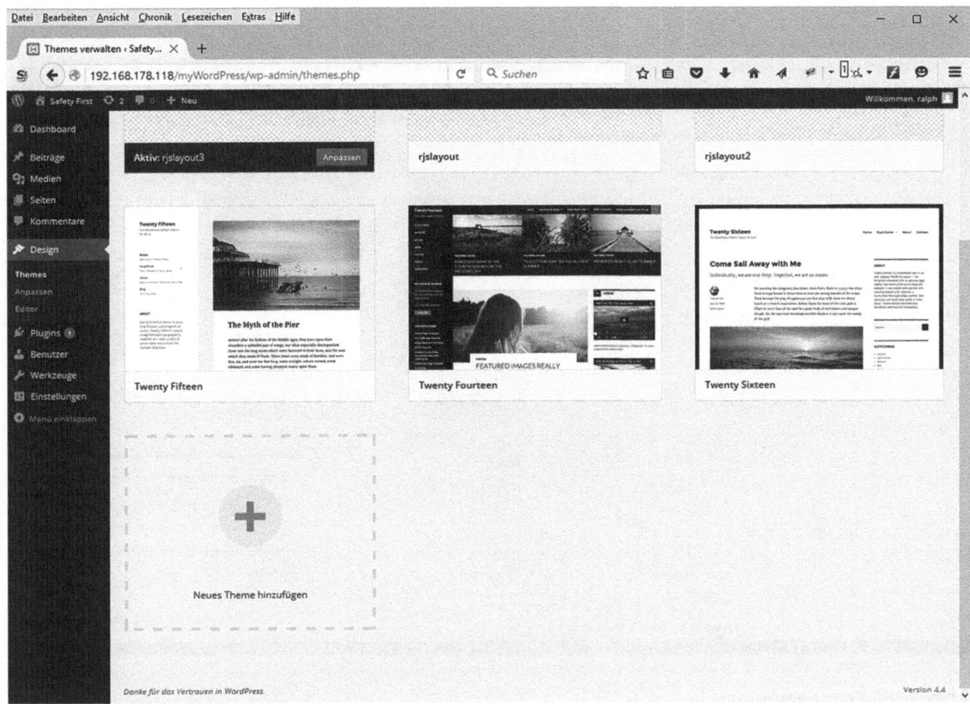

Abb. 7.6 Die vorhandenen Themes

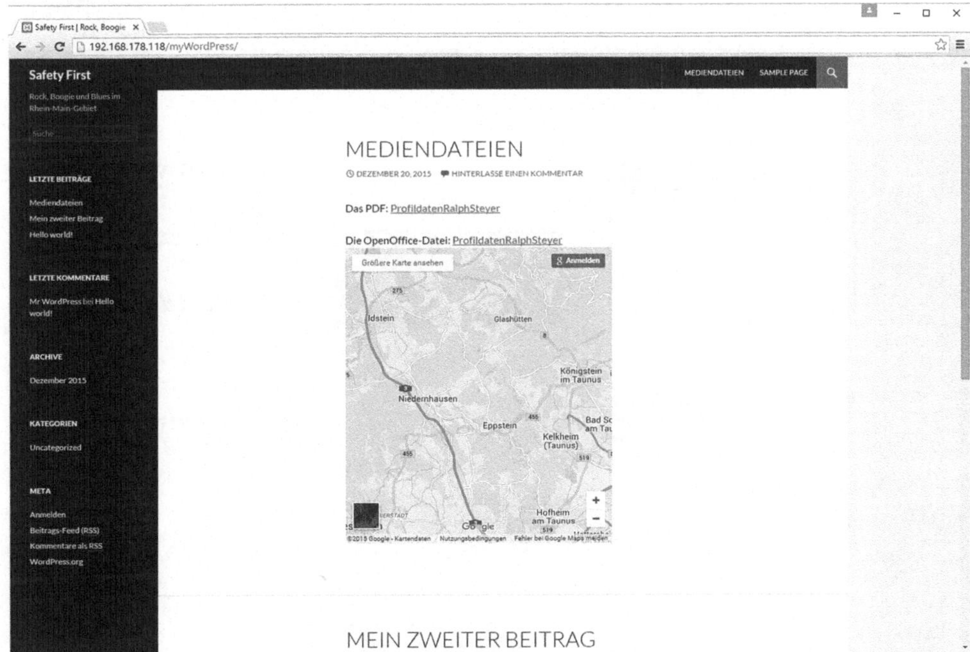

Abb. 7.7 Die Webseite mit einem der vorhandenen Themes

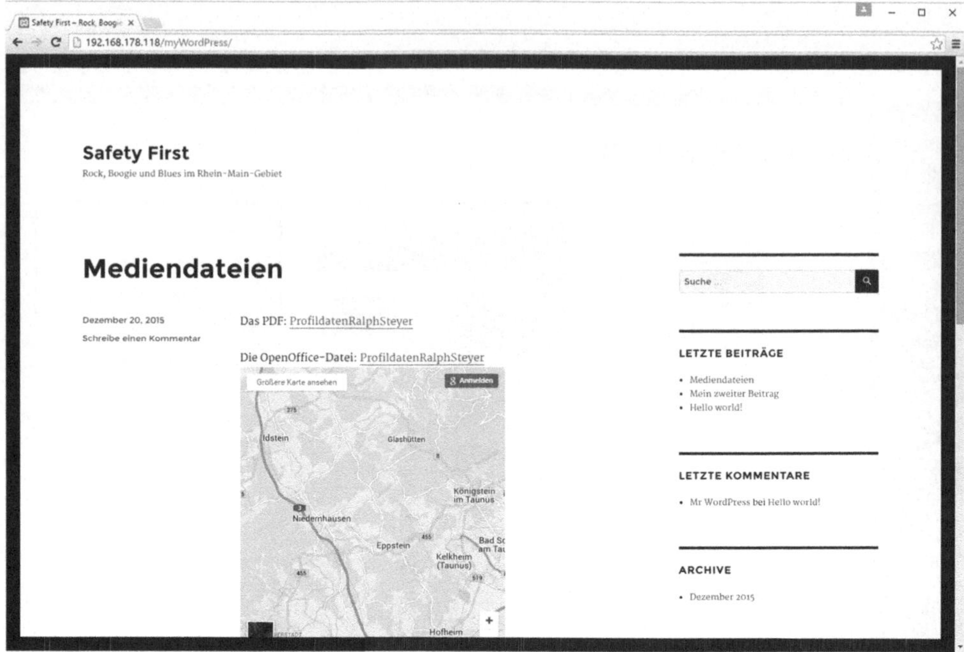

Abb. 7.8　Das Theme wurde gewechselt

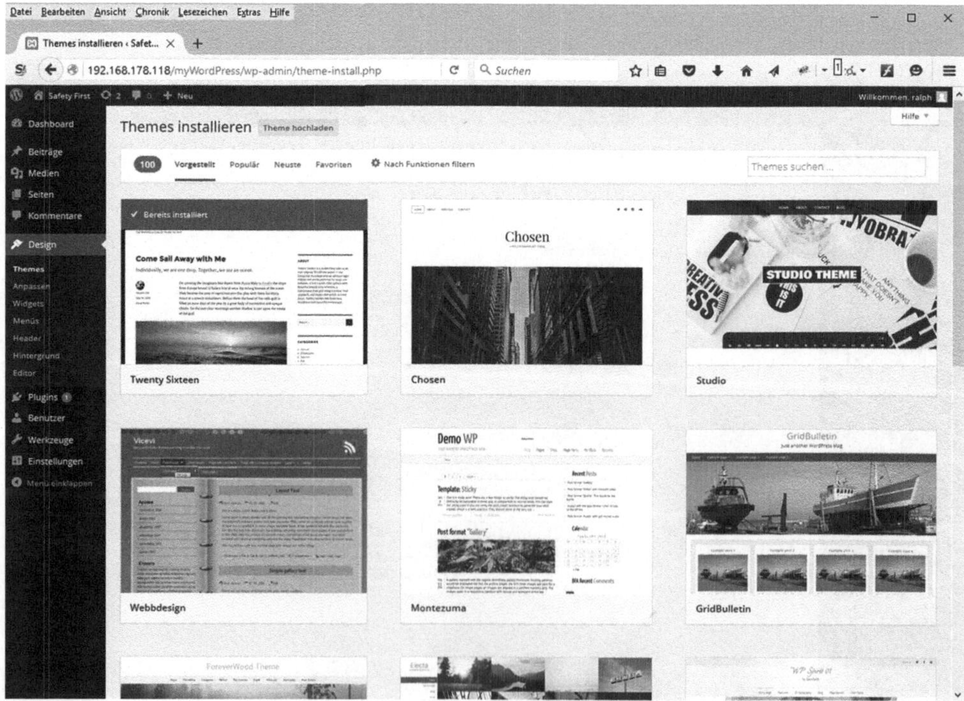

Abb. 7.9　Themes suchen und installieren

Themes installieren Theme hochladen

0 Vorgestellt Populär Neuste **Favoriten** Nach Funktionen filtern

Wenn du Themes auf WordPress.org als Favoriten markiert hast, kannst du sie hier durchstöbern.

Dein Benutzername bei WordPress.org: | Favoriten anzeigen

Abb. 7.10 Themes in Favoriten suchen und installieren – aber vorher muss man sich anmelden

- Das Kriterium Favoriten können Sie verwenden, wenn Sie Themes auf WordPress.org als Favoriten markiert haben. Um das zu nutzen, brauchen Sie dort aber einen Account und müssen sich vorher anmelden (Abb. 7.10).
- Das interessanteste Filterkriterium zum Finden geeigneter Themes dürfte Nach Funktionen Filtern sein. Denn selten sind Ihnen die Schlagworte bekannt, nach denen ein Theme getaggt wurde, oder noch seltener gar sein Name. Die *Funktionen*, die ein Theme haben soll, sind oft viel interessanter für die Auswahl beziehungsweise einen sinnvollen Ansatz der Suche. Sie können hier Regeln für Farben, das Layout, die gewünschten Funktionen (ganz wichtig) oder ein Thema vorgeben (Abb. 7.11).
- Wenn Sie sich für ein Theme entschieden haben, klicken Sie es einfach an. Sie gelangen zu einem weiteren Dialog im Rahmen des Browsers mit einer Vorschau, einer Beschreibung, in der Regel auch einer Bewertung und vor allen Dingen einer Schaltfläche zum Installieren des Themes (Abb. 7.12).
- Das Anklicken der Schaltfläche ist jetzt alles, was Sie zum konkreten Installieren noch machen müssen. In seltenen Fällen müssen Sie noch Zugangsdaten zu Ihrem FTP-Server angeben (was schon beim Aktualisieren von WordPress in Kap. 4 angesprochen wurde).

7.1.3.2 Ein Theme manuell installieren

In Kap. 4 haben wir bereits behandelt, wie WordPress grundsätzlich manuell aktualisiert werden kann. Dabei wurde ebenfalls angesprochen, wie man Themes und Plug-ins manuell aktualisiert. Beim manuellen Installieren von Themes, aber auch Plug-ins, geht man vollkommen analog vor und kombiniert dies mit der Suche von oben. Sie benötigen nämlich die Dateien eines Themes erst einmal zum Download.

Diese erhalten Sie bei WordPress.org unter der Rubrik Themes. Die Such- und Filtermöglichkeiten in der Webseite entsprechen vollkommen dem, was wir eben in der automatischen Installation aus WordPress gesehen haben (Abb. 7.13).

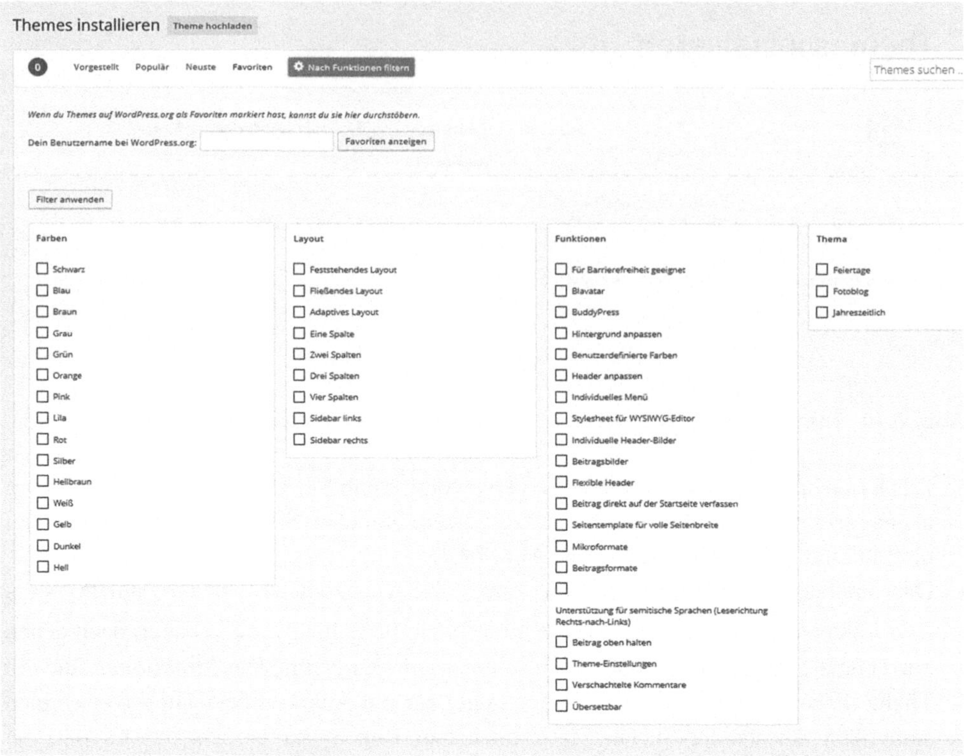

Abb. 7.11 Nach Funktionen filtern

▶ Sie können Themes natürlich auch aus beliebigen anderen Quellen beziehen. Es gibt zahlreiche Webseiten, auf denen Themes zum Download bereitgestellt werden. Die meisten dieser Webseiten stellen ähnliche Such- und Filtermöglichkeiten bereit wie WordPress.org. Und wenn Sie den Namen eines Themes wissen, ist die Suche über eine Suchmaschine immer eine gute Idee.

Wenn Sie das Theme mit dem Download auf Ihrem Rechner speichern, erhalten Sie eine Zip-Datei.

Entpacken Sie diese und laden Sie einfach das gesamte extrahierte Verzeichnis per FTP in das Verzeichnis *wp-content/themes* in Ihrem WordPress-Verzeichnis auf dem Webserver (Abb. 7.14).

Das Theme wird vom Theme-Manager automatisch erkannt.

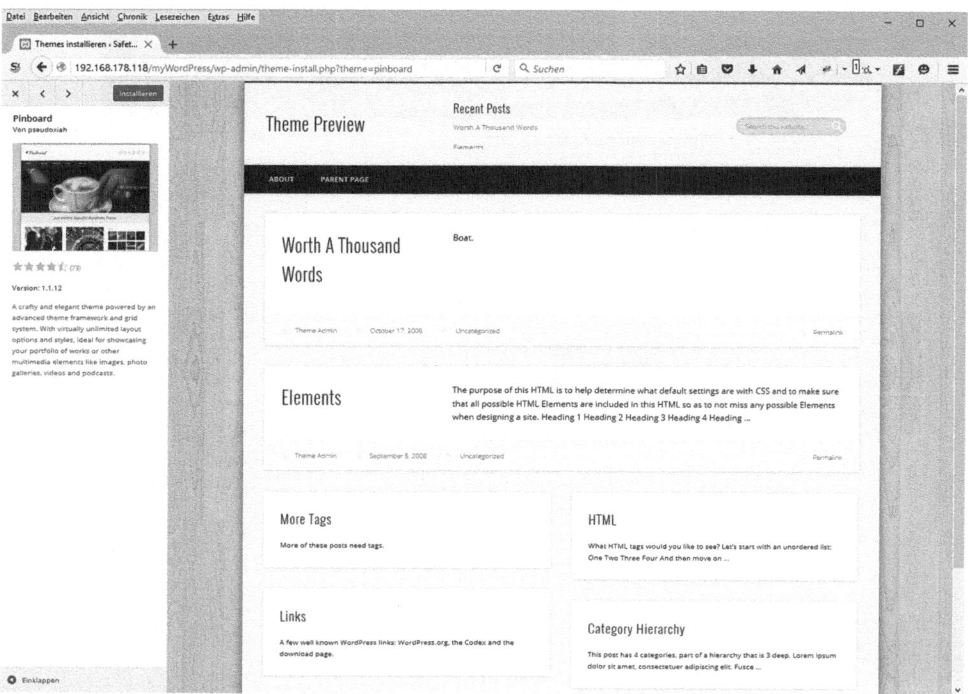

Abb. 7.12 Ein Theme konkret installieren

7.1.4 Themes anpassen

Die meisten Themes für WordPress können umfangreich angepasst werden. Aber das ist keinesfalls zwingend. Ob und wie ein Theme anzupassen ist, obliegt ausschließlich dem Ersteller eines Themes. Das bedeutet im Umkehrschluss, dass jedes Theme seinen eigenen WordPress-Dialog zur Anpassung bereitstellt. Unter Umständen gibt es sogar gar keinen Dialog, um das Theme anzupassen.

▶ Mit **Anpassen** ist in dem Zusammenhang **nicht** gemeint, dass Sie den Quellcode eines Themes direkt verändern. Das machen wir in Kap. 10 und indirekt wird das Anpassen in diesem Zusammenhang natürlich auch die Dateien eines Themes verändern. Aber es geht darum, dass Sie diese Anpassungen mittels visuellen Dialogen im Backend von WordPress vornehmen können und nicht selbst direkt mit PHP oder CSS arbeiten.

So eindeutig, wie es dem Ersteller des Themes gebührt, Anpassungsmöglichkeiten bereitzustellen, obliegt es potenziellen Anwendern zu entscheiden, ob sie Themes ohne oder mit nur geringen Anpassungsmöglichkeiten akzeptieren. Das kann durchaus sinnvoll

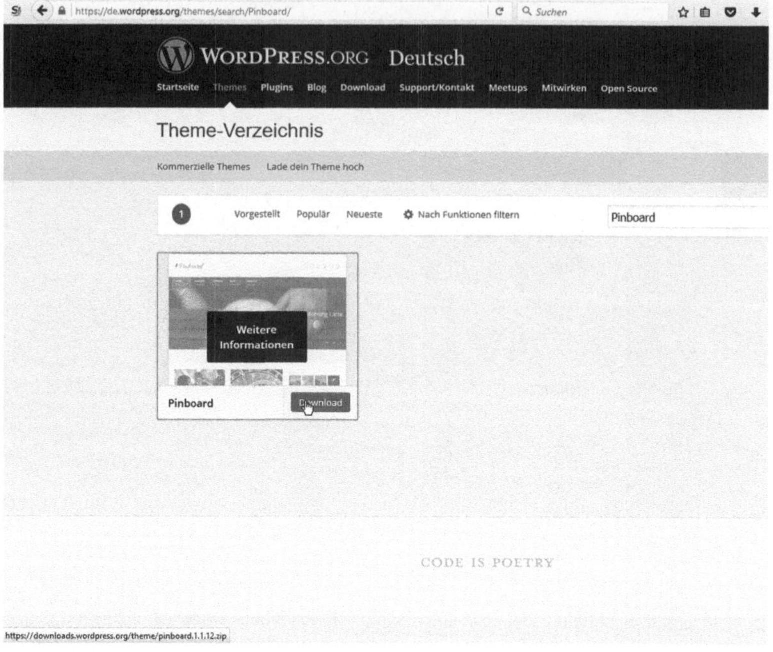

Abb. 7.13 Das Theme zum Download auswählen

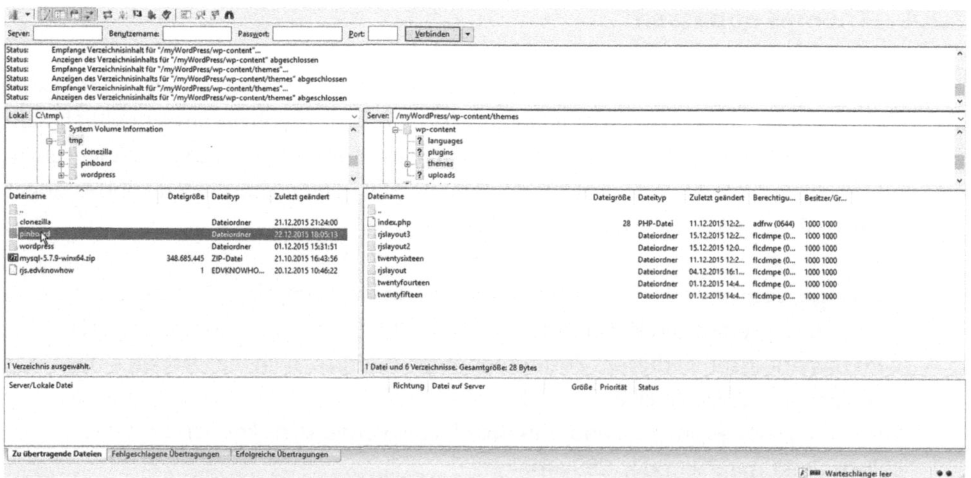

Abb. 7.14 Die entpackten Theme-Dateien per FTP auf den Webserver schicken

Abb. 7.15 Ein Theme anpassen

sein, wenn das Theme bereits ohne Anpassungen exakt den eigenen Wünschen entspricht. Meist möchte man als Anwender ein Theme jedoch individuell gestalten und sehr anpassungsfähige Themes finden weitere Verbreitung.

Wenn sich ein Theme anpassen lässt (im Verständnis der Anpassung unter WordPress), dann finden Sie die Möglichkeiten dazu unter dem Menü DESIGN und dort dem Unterpunkt ANPASSEN. Sie gelangen mit dem Menübefehl zu einem Folgedialog, der für alle Themes ähnlich aussieht (Abb. 7.15), aber eben genau an die wirklich vorhandenen Anpassungsmöglichkeiten eines Themes angepasst.

Dort finden Sie beispielsweise Auswahlmöglichkeiten für folgende Bereiche:

- Informationen zur Webseite
- Farben
- Header-Bilder
- Layout
- Navigationsbars
- Hintergrundbilder
- Menüs

Abb. 7.16 Verschiedene
Farben eines Themes festlegen

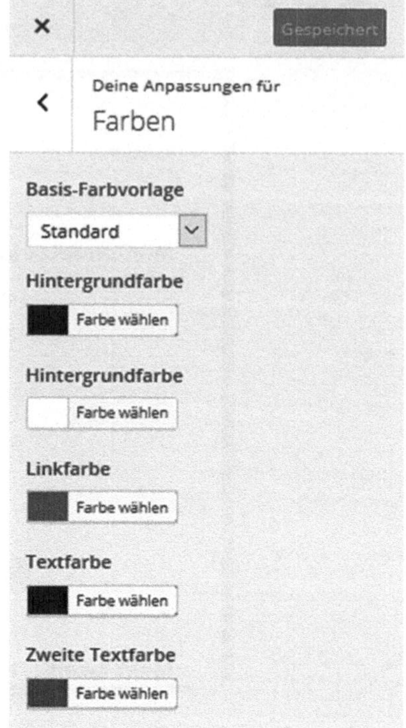

- Widgets
- eine statische Startseite

Aber das muss wie gesagt definitiv nicht immer alles da sein. Oft gibt es eine Auswahl dieser Möglichkeiten.

Die konkreten Anpassungen sind zu einem gewissen Teil entweder sehr einfach (Informationen zur Webseite, Farben etc.) beziehungsweise offensichtlich klar und wir wollen das gar nicht im Detail verfolgen (Abb. 7.16). Oder sie sind zu einem anderen Teil nicht ganz so trivial und sollten wirklich ausführlich behandelt werden. Und das werden wir mit

- der statischen Startseite und der Bedeutung der sogenannten **Beitragsseite** (Abschn. 7.1.5.2),
- Widgets (Abschn. 7.6) und
- Menüs (Abschn. 7.7)

im Folgenden machen.

Abb. 7.17 Festlegen der
Startseite

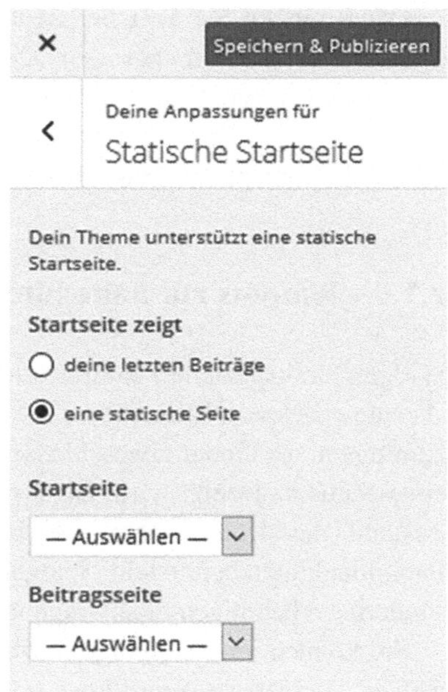

7.1.5 Die statische Startseite

Die Anpassung des Themes mit dem Punkt STATISCHE STARTSEITE ist zwar überhaupt nicht schwer, denn Sie können nur aus zwei Optionen wählen (Abb. 7.17):

1. Die letzten Beiträge
2. Eine statische Seite

Aber wie das zu verstehen ist, sollte meines Erachtens doch erklärt werden. Denn es gibt ein paar Feinheiten bei dem Konzept.

7.1.5.1 Die letzten Beiträge als Landingpage

Wenn Sie die Option auswählen, dass die letzten Beiträge als Startseite angezeigt werden, dann bekommen Besucher immer diese letzten Beiträge angezeigt, wenn sie die Adresse Ihrer WordPress-Installation (der URL) ohne weitere Angabe einer (PHP-)Datei oder eines Verzeichnisses angeben. Die letzten Beiträge agieren also als Landingpage. Das ist bei *Blogs* oft der Fall.

7.1.5.2 Eine statische Seite

Wenn Sie jedoch WordPress zum Aufbau einer *konventionellen Webseite* verwenden wollen, sind Blogstrukturen für den Einstieg in Ihre Web-Präsenz selten geeignet. Dann gibt man eben eine statische Seite als Landingpage an. Diese können Sie auswählen, wenn Sie die Option EINE STATISCHE SEITE angeklickt haben (und nur dann).

Dann müssen Sie aber bei Bedarf zusätzlich die sogenannte **Beitragsseite** festlegen (Abb. 7.17), die wir bei den Unterschieden zwischen Beiträge und Seiten schon besprochen haben. Auf der Beitragsseite werden aber keine Seiteninhalte dargestellt. Deshalb verwendet man hier normalerweise einfach eine **vollkommen leere** Seite, in denen als Content dann nur die chronologischen Beiträge zu sehen sind.

7.1.6 Widgets zur Seite hinzufügen

Widgets sind spezielle Features, um eine Seite funktionaler zu gestalten. Es handelt sich also um eine spezielle Komponente mit einer gewissen Funktionalität. Das Widget besteht zum einen aus einem abgeschlossenen sichtbaren Bereich, der in WordPress an irgendeiner Stelle angezeigt wird. Dazu gibt es den nicht sichtbaren Hintergrundcode, der den Zustand der Komponente speichert, den sichtbaren Bereich verändern kann und Funktionalitäten bereitstellt. Widgets sind keine eigenständigen Anwendungsprogramme, sondern sie benötigen eine Umgebung, in der sie integriert werden – eben WordPress.

Sie können eine beliebige Anzahl an Widgets in WordPress installiert haben. Aber welche Widgets in WordPress dann auch explizit angezeigt werden, hängt von dem Theme ab. Deshalb werden sie auch über den Menüpunkt Design und dem Untermenü Widgets zu finden sein.

Widgets können die unterschiedlichsten Möglichkeiten bereitstellen:

- Einen Anmeldebereich anbieten.
- Facebook-Likes oder Teilen-Button oder Schaltflächen anderer sozialer Netzwerke wie Google+ oder Twitter anzeigen.
- Ein Suchformular bereitstellen.
- Ein Archiv zur Verfügung stellen.
- Zufallstexte präsentieren.
- RSS-Feeds zur Verfügung stellen
- Beliebige HTML-Inhalte anzeigen.
- Eine Liste aller Autoren in einer Community zeigen.
- Die letzten Beiträge anzeigen.
- Die letzten Kommentare anzeigen.
- Eine Wolke mit Kategorien zur Verfügung stellen.
- Eine Wolke mit Schlagworten bereitstellen.
- Einen interaktiven Kalender anzeigen.
- Werbung (AdSense) anzeigen.
- Einen kurzen Text über den Autor der Seite darstellen.
- Links für empfehlenswerte andere Seiten anzeigen (Blogroll).

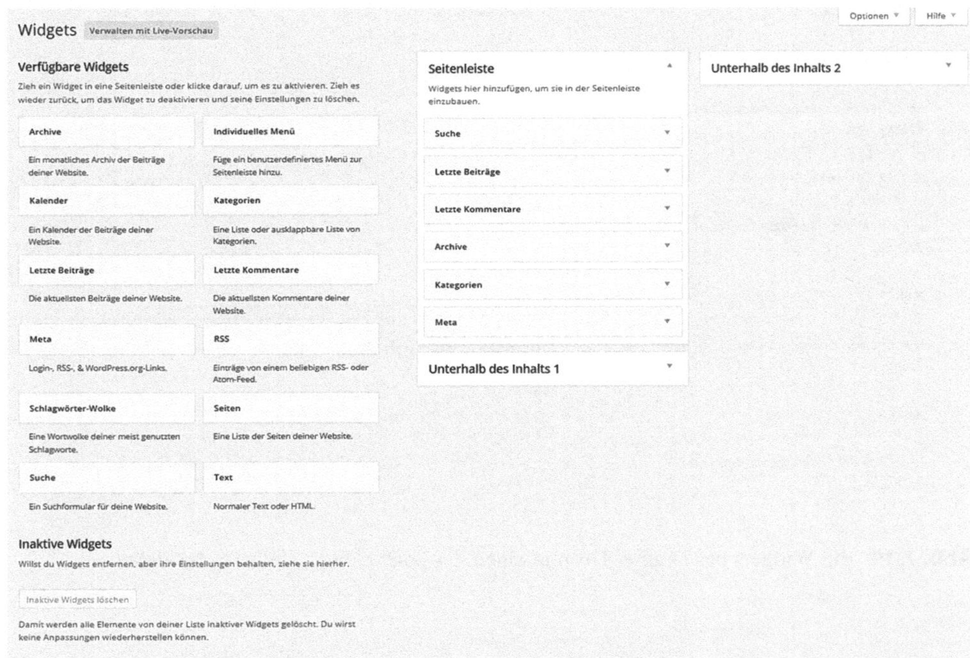

Abb. 7.18   Bei dem Theme gibt es drei Bereiche für Widgets: die Sidebar und unterhalb des Inhalts 1 und 2

Sie sehen schon, dass Widgets eine ganze Menge an Features anbieten können. WordPress bietet standardmäßig bereits eine Reihe an Widgets. Viele Plug-ins bringen zusätzlich eigene Widgets mit, die diese Möglichkeiten noch einmal erweitern.

7.1.6.1 Widgets einem Themen zuordnen

Es hängt explizit an einem konkreten Theme, ob und wo Widgets eingefügt werden können. Themes stellen dazu gezielt Bereiche bereit. Sehr oft wird die Sidebar (Seitenleiste) dazu genutzt, aber es kann auch der Kopf- und Fußbereich oder ein anderer Bereich verwendet werden (Abb. 7.18). Wie gesagt – das hängt ausschließlich davon ab, wie das Theme konstruiert ist.

Vollkommen unabhängig von einem Theme ist die Art, wie Sie ein Widget einem dafür vorgesehenen Bereich des Themes zuordnen. Das ist in WordPress immer gleich.

Sie ziehen aus dem Bereich VERFÜGBARE WIDGETS das Symbol eines Widgets per Drag & Drop in einen der potenziellen Zielbereiche (Abb. 7.19).

Dadurch fügt man dem Bereich automatisch ein neues Widget hinzu. Dies kann dann in der Regel noch umfangreich konfiguriert werden (Abb. 7.20).

Abb. 7.19 Ein Widgets per Drag & Drop in einen der potenziellen Zielbereiche ziehen

Abb. 7.20 Das Widget wurde einem Zielbereich hinzugefügt und kann noch konfiguriert werden

▶ Die Überschrift jedes Widgets in dem Zielbereich des Themes ist sensitiv. Wenn Sie also darauf klicken, kollabieren und expandieren Sie den **Konfigurationsbereich** des Widgets. Ein kleiner Pfeil zeigt als Symbol an, ob Sie mit einem Klick den Konfigurationsbereich erweitern oder wieder verschwinden lassen.
Ebenso können Sie jederzeit die **Reihenfolge** der Widgets in dem Zielbereich des Themes mit Drag & Drop ändern.
Wenn Sie das Widget aus dem Zielbereich des Themes herausziehen, wird das Widget dort beseitigt.

7.1.6.2 Die wichtigsten Standard-Widgets

In der Übersicht Tab. 7.1 sehen Sie eine kurze Beschreibung der wichtigsten Standard-Widgets, die bereits nach der Installation von WordPress dabei sein sollten. Beachten Sie wie gesagt, dass Plug-ins zusätzliche eigene Widgets installieren können.

7.1.7   Menüs einrichten

Wenn Sie statische Seiten verwenden, sind Menüs unabdingbar. Unter DESIGN finden Sie dazu den Eintrag MENÜS.

▶ Beachten Sie, dass Sie hier die Menüs erstellen und einrichten, aber das Theme letztendlich dafür verantwortlich ist, wo ein Menü zu sehen ist.

Dort können Sie die Menüs eines Themes dann bearbeiten oder ein neues Menü erstellen (Abb. 7.24). Auf der linken Seite sehen Sie dabei die momentan veröffentlichten Seiten.

Falls Sie das erste Mal diese Seite in WordPress öffnen, muss zuerst ein neues Menü erstellt und benannt werden (Abb. 7.25).

Dabei können Sie in dem Bereich MENÜ-EINSTELLUNGEN verschiedene Optionen festlegen:

- Wenn Sie SEITEN AUTOMATISCH HINZUFÜGEN aktivieren, werden neu von Ihnen erstellte Seiten der ersten Ebene automatisch zum Menü hinzugefügt. Das ist eine sehr praktische Option, wenn Sie eine Webseite mit mehreren Seiten mit WordPress aufbauen wollen, denn diese Seiten müssen in der Regel in einem Menü auftauchen, damit ein Besucher sie erreichen kann.
- In dem Bereich POSITION IM THEME können Sie das Hauptmenü auswählen oder andere Menüs, sofern ein Theme diese anbietet (Abb. 7.26).

Tab. 7.1 Die Standard-Widgets in WordPress

Text	In dem Bereich, den dieses Widget bereitstellt, können Sie normalen Text oder auch HTML-Befehle notieren, die dann vom Browser interpretiert werden und eine spezifische Ausgabe erzeugen. Das ist dann wichtig, wenn Sie eigene HTML-Strukturen (oft mit JavaScript) verwenden wollen. Viele Dienste im Web (Google, Facebook, Twitter etc.) stellen kleine HTML-Fragmente bereit, die Sie darüber in Ihre Webseite integrieren können. Als Beispiel sei Adsense (Werbung) genannt.
Suche	Das Widget ist sehr wichtig, denn darüber erhalten Sie ein **Suchformular** für die Webseite. So etwas sollte man in jede Webseite integrieren, die etwas mehr Inhalt bereitstellt.
Seiten	Eine Liste der statischen Seiten der Webseite.
Schlagwörter-Wolke	Eine (gewichtete) Wortwolke der meist genutzten Schlagworte, aber auch Kategorien (auch wenn das aus dem Bezeichner des Widgets nicht deutlich wird Abb. 7.21). Gewichtet bedeutet hier, dass man die Häufigkeit von Schlagworten optisch anzeigen kann (Abb. 7.23).
RSS	Einträge von einem beliebigen RSS- oder Atom-Feed.
Meta	Eines der wichtigsten Widgets überhaupt. Darüber bekommt ein Besucher in der Standardeinstellung Log-in-, RSS-, & WordPress.org-Links angezeigt (Abb. 7.22). Bei Seiten mit Community-Charakter sollte so ein Widget in jedem Fall vorhanden sein. Auf reinen Webseiten hingegen wird man meist darauf verzichten. Beachten Sie, dass das Meta-Widget in der Standardeinstellung nicht zu konfigurieren ist. Aber es gibt diverse Plug-ins, die genauere Konfigurationen gestatten, etwa das **Custom Meta Widget** oder der **Meta Widget Customizer**.
Letzte Kommentare	Die aktuellsten Kommentare.
Letzte Beiträge	Die aktuellsten Beiträge.
Kategorien	Eine Liste oder ausklappbare Liste von Kategorien. Die Darstellung kann konfiguriert werden.
Kalender	Ein Kalender der Beiträge. Ein Besucher kann Beiträge darüber nach Datum finden und auswählen.
Individuelles Menü	Ein benutzerdefiniertes Menü.
Archiv	Ein monatliches Archiv der Beiträge.

Sie können

- statische Seiten,
- Beiträge,
- individuelle Links (also selbst angegebene, meist externe, URLs) und
- Kategorien

einem Menü hinzufügen (Abb. 7.27).

Abb. 7.21 Eine Wolke für
Schlagwörter oder Kategorien

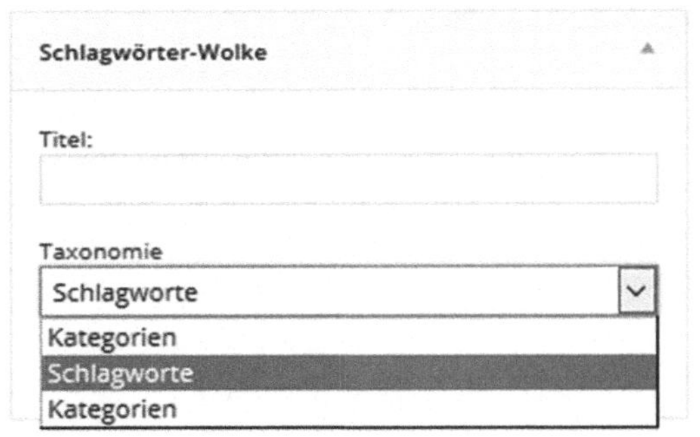

Abb. 7.22 Anmelden über das
Meta-Widget

Wenn Sie diese Inhalte mit dem Button ZUM MENÜ HINZUFÜGEN dem Menü hinzugefügt haben, sehen Sie dies rechts in dem Bereich der Menüstruktur. Die Symbole für die Menüs in diesem Bereich sind dynamisch. Sie können damit sowohl ein Menü konfigurieren als auch per Drag & Drop in den Positionen verändern (Abb. 7.28). Das Verfahren ist vollkommen analog zu den Widgets.

Wenn Sie das Menü speichern, wird das Menü im Frontend aktiv (Abb. 7.29, 7.30 und 7.31).

In dem Register POSITIONEN VERWALTEN können Sie die Anordnung der Menüs verwalten, soweit dieses das Theme unterstützt (Abb. 7.32).

7.1.8   Header, Hintergrund und Editor

Der Vollständigkeit halber wollen wir noch die drei weiteren Menüpunkte unter DESIGN kurz besprechen. Zwei davon sind im Grunde trivial und einer berührt die Programmierung selbst, was wir in Kap. 10 vertiefen:

• Im Menüpunkt HEADER können Sie ein Bild für den Kopfbereich der Seite auswählen und konfigurieren, wenn das Theme das unterstützt. Das Bild wählen Sie aus der Mediathek.
• Im Menüpunkt HINTERGRUND können Sie ein **Hintergrundbild** für die Seite auswählen und konfigurieren, wenn das Theme das unterstützt. Auch das Bild wählen Sie wie üblich aus der Mediathek.

Abb. 7.23 Gewichtete Wolken

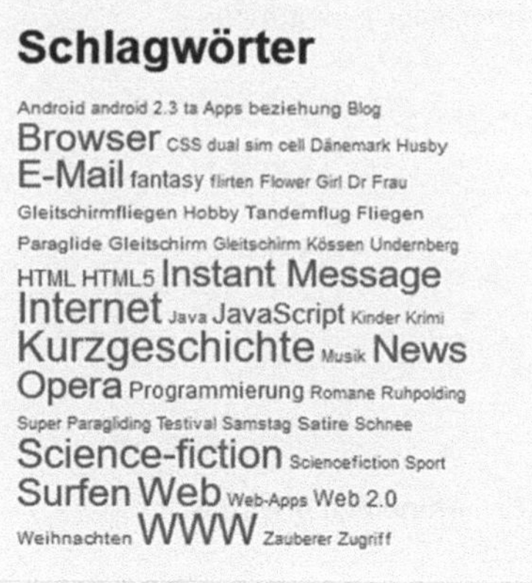

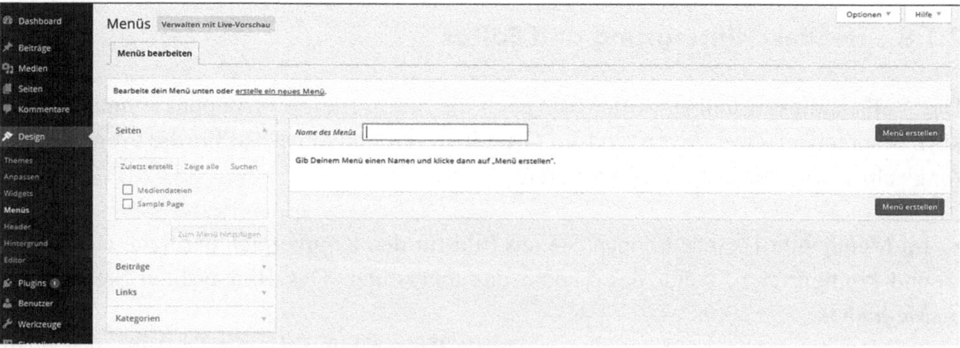

Abb. 7.24 Die Verwaltung der Menüs eines Themes

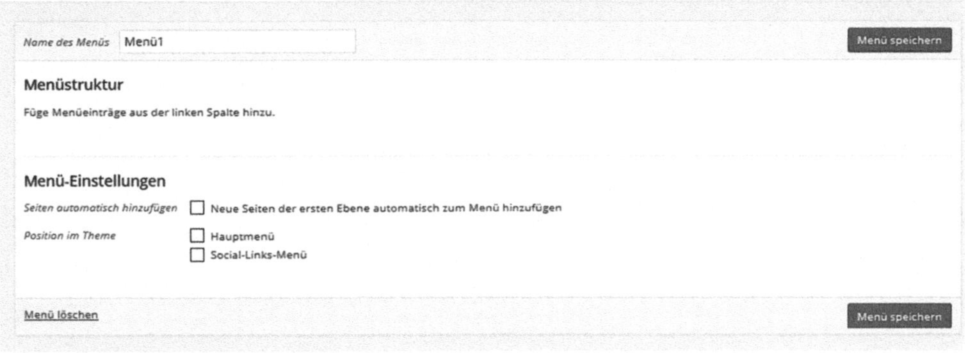

Abb. 7.25 Ein Menü wird erstellt

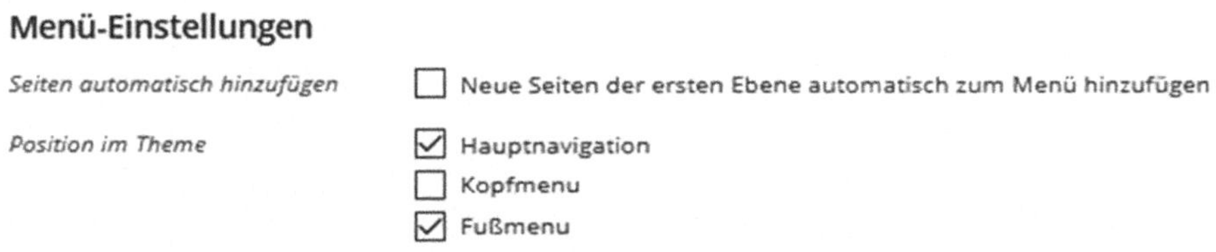

Menü-Einstellungen

Seiten automatisch hinzufügen ☐ Neue Seiten der ersten Ebene automatisch zum Menü hinzufügen

Position im Theme ☑ Hauptnavigation
☐ Kopfmenu
☑ Fußmenu

Abb. 7.26 Mehrere mögliche Positionen eines Menüs im Theme

- Der Editor ist ausschließlich dazu da, um die Quellcodes der Themes zu ändern. Darauf gehen wir in Kap. 10 ein. Beachten Sie, dass Änderungen dort nicht ungefährlich sind, wenn man sich nicht gut in HTML, CSS, PHP und der Struktur von Themes auskennt.

7.2 Plug-ins

Plug-ins sind allgemein Erweiterungen von WordPress, die allerdings im Gegensatz zu Widgets oft rein im Hintergrund laufen und nicht zwingend zu sehen sind. Wenn von Plug-ins jedoch etwas zu sehen ist, dann sind das meist Widgets, die ein Plug-in eben genau dazu mitbringt. Das führt dazu, dass die Grenzen zwischen Widgets und Plug-ins oft fließend sind. Aber es gibt ein eindeutiges Abgrenzungskriterium. Im Gegensatz zu Widgets können Plug-ins in WordPress installiert werden. Widgets sind einfach da, weil Sie entweder bereits in WordPress standardmäßig vorhanden sind oder von einem Plug-in installiert wurden.

Aber selbst das ist nicht zwingend, denn manche Plug-ins gehen noch weiter und bringen vollständige Dialoge mit, die wie normale Seiten in WordPress integriert werden können.

Abb. 7.27 Nicht nur Seiten können einem Menü hinzugefügt werden, sondern auch Beiträge, Links und Kategorien

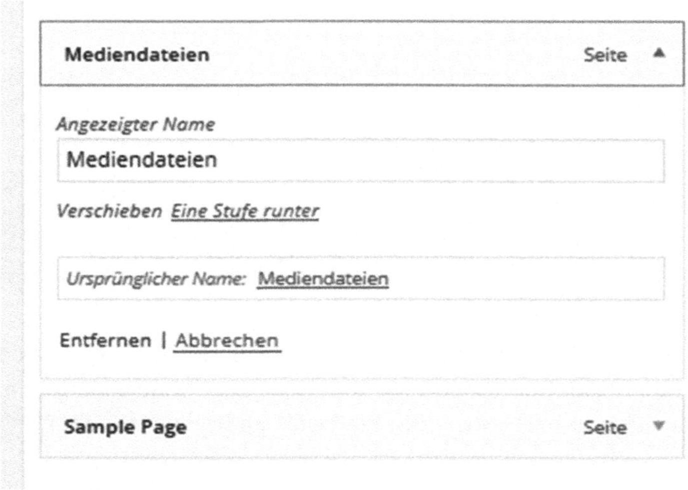

Abb. 7.28 Ein Menü kann konfiguriert werden

Viele Plug-ins bringen eigene Einstellungsmöglichkeiten mit, die im Dashboard dann mit einem eigenen Unterpunkt unter EINSTELLUNGEN oder auch direkt im Menü anzufinden sind. Aber auch das Bereitstellen von solchen Einstellungsmöglichkeiten ist nicht zwingend und obliegt dem Ersteller des Plug-ins. Wir schauen uns exemplarische Plug-ins an, die das verdeutlichen.

Schauen wir uns erst einmal querbeet ein paar Situationen an, was Plug-ins in WordPress für Sie so alles leisten könnten:

Abb. 7.29 Ein Menü in der Sidebar

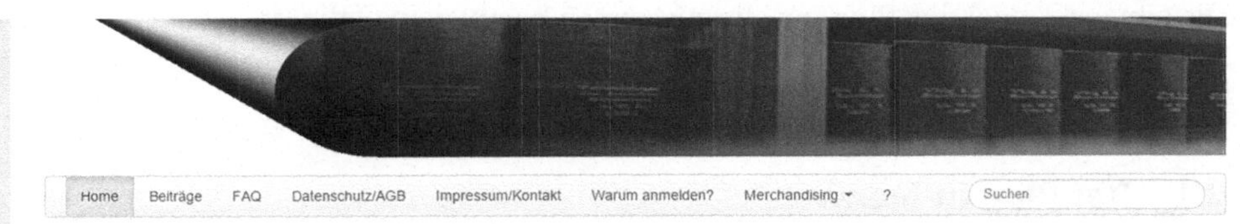

Abb. 7.30 Ein Menü im Kopfbereich der Seite unterhalb eines Headerbereichs

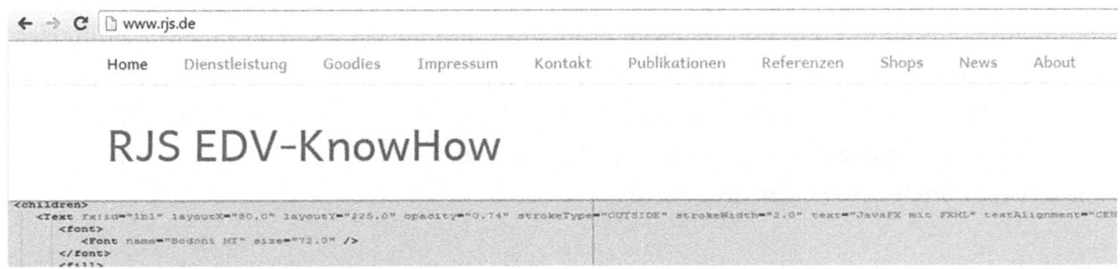

Abb. 7.31 Ein Menü ganz oben in der Seite

- Ein Plug-in kann Besucherzahlen zählen und weitere Analysen durchführen.
- Über ein geeignetes Plug-in können Sie eine Datensicherung Ihres WordPress vornehmen.
- Ein anderes Plug-in schützt die Seite möglicherweise vor Spam.

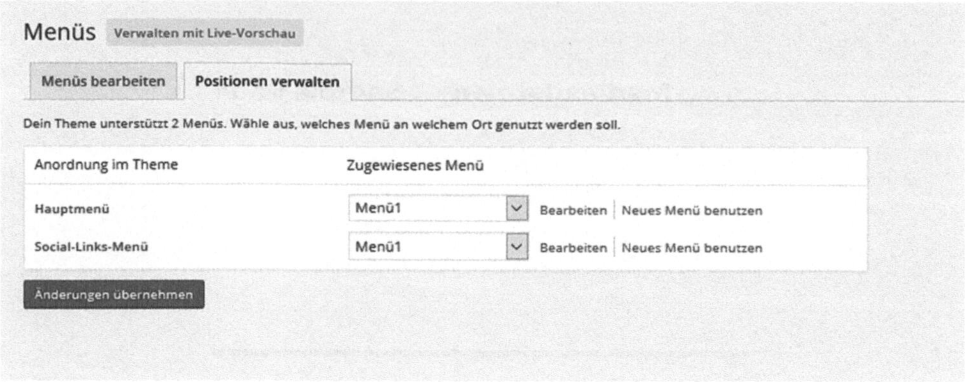

Abb. 7.32 Die Anordnung der Menüs verwalten

- Es gibt Plug-ins für die Suchmaschinenoptimierung (SEO).
- Ein Plug-in kann Posts in WordPress automatisch in verschiedene soziale Netzwerke verteilen.
- Es gibt Plug-ins für die gezielte Benutzerverwaltung.
- Es gibt ganz mächtige Plug-ins, die etwa einen kompletten Onlineshop oder ein Forum bereitstellen.

7.2.1 Das Plug-in-Menü

Über das Menü PLUGINS im Dashboard stehen Ihnen drei Einträge zur Verfügung.

7.2.1.1 Hauptmenü oder INSTALLIERTE PLUGINS

Über das Hauptmenü oder INSTALLIERTE PLUGINS kommen Sie zu den bereits installierten Plug-ins in Ihrem WordPress mit diversen Informationen zu den Plug-ins (Abb. 7.33). In der Webseite haben Sie auch eine Suchmöglichkeit, um bereits installierte Plug-ins zu suchen und bei einer größeren Anzahl an Plug-ins zu filtern.

Ebenso können Sie an der Stelle Plug-ins

- deaktivieren,
- bearbeiten,
- aktivieren und
- löschen.

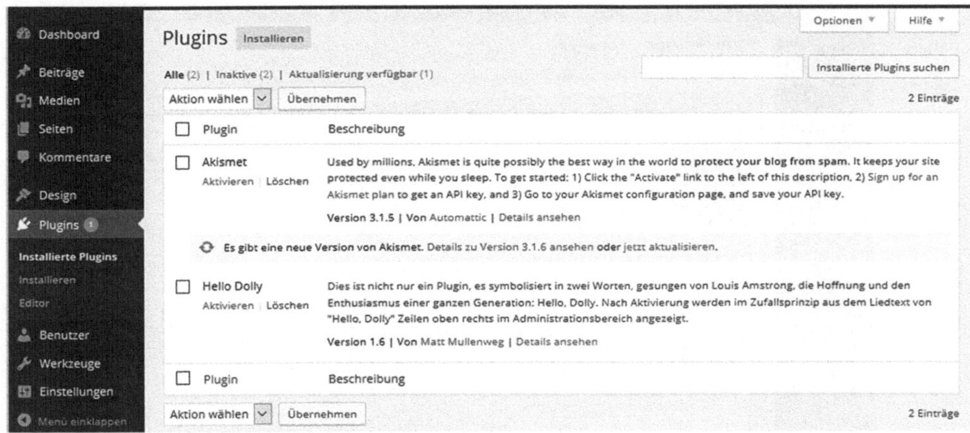

Abb. 7.33 Nur wenige bereits installierte Plug-ins

Manchmal finden Sie hier auch Links zur Konfiguration, zur Dokumentation, zu Details und Support sowie bei Bedarf zum Aktualisieren.

▶   Damit Sie ein Plug-in verwenden können, müssen Sie es aktivieren.

7.2.1.2 Der Menüpunkt INSTALLIEREN

Über den Menüpunkt oder den entsprechenden Link im Register INSTALLIERTE PLUGINS kommen Sie zum Installationsbereich für Plug-ins (Abb. 7.34).

In dem Umfeld sollten Sie sich auskennen, denn die Such- und Filtermöglichkeiten entsprechen im Wesentlichen der Situation bei Widgets. Das soll deshalb hier nicht weiter vertieft werden. Wir werden allerdings gleich ein paar ausgewählte Plug-ins installieren.

Im Normalfall klicken Sie bei einem ausgewählten Plug-in auf INSTALLIEREN und der Rest läuft automatisch ab.

▶   Wenn Sie ein Plug-in manuell installieren wollen, läuft das wie bei einem Theme ab. Sie suchen ein Plug-in – eventuell auch über eine Suchmaschine – und speichern das Plug-in – in der Regel eine Zip-Datei – auf Ihrem Rechner. Dann entpacken Sie diese und laden einfach das gesamte extrahierte Verzeichnis per FTP in das Verzeichnis *wp-content/plugins* in Ihrem WordPress-Verzeichnis auf dem Webserver (Abb. 7.35). Das Plug-in wird vom Plug-in-Manager von WordPress automatisch erkannt.

Abb. 7.34 Plug-ins installieren

7.2.1.3 Der Editor

Der Editor ist – wie bei Widgets – ausschließlich dazu da, um in den Quellcodes (dieses Mal von den Plug-ins) etwas zu ändern (Abb. 7.36).

Darauf gehen wir nicht weiter ein, da dies ganz speziell für jedes Plug-in gemacht wird. Zudem brauchen Sie dafür – noch mehr als zur Bearbeitung von Themes – in der Regel sehr gute Kenntnisse in HTML, CSS, PHP, JavaScript und der Struktur von WordPress und Plug-ins.

7.2.2 Ausgewählte Plug-ins

Wir schauen uns nun exemplarisch drei Plug-ins an, die wir installieren und kurz behandeln wollen. Dabei soll die konkrete Funktionalität der Plug-ins nicht im Fokus stehen, sondern wie sie sich in WordPress integrieren. Diese ausgewählten Plug-ins agieren dabei unterschiedlich und zeigen damit gut die grundsätzlichen Wege.

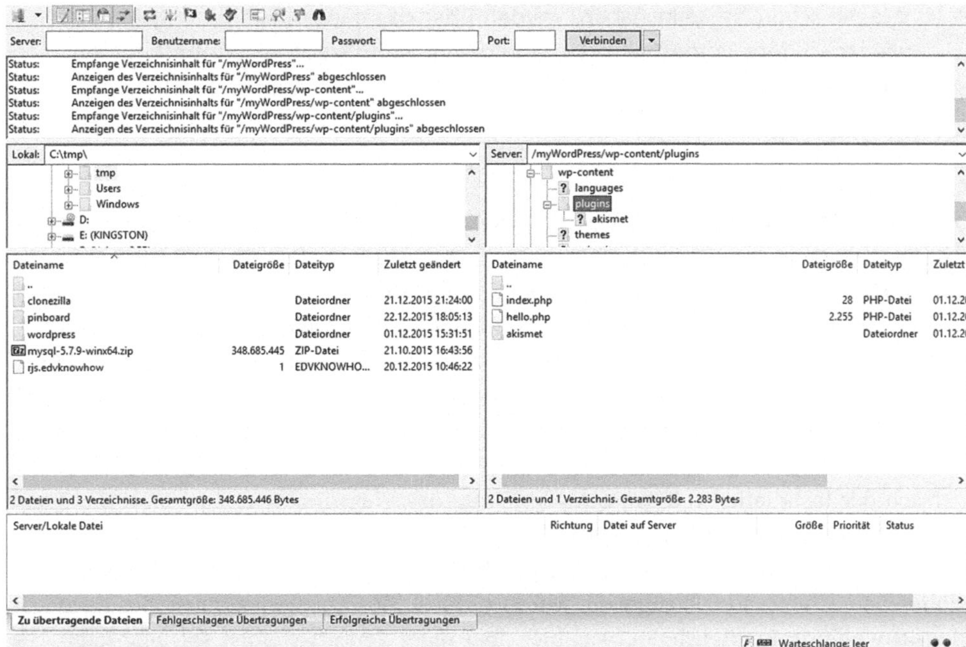

Abb. 7.35 Plug-ins manuell installieren

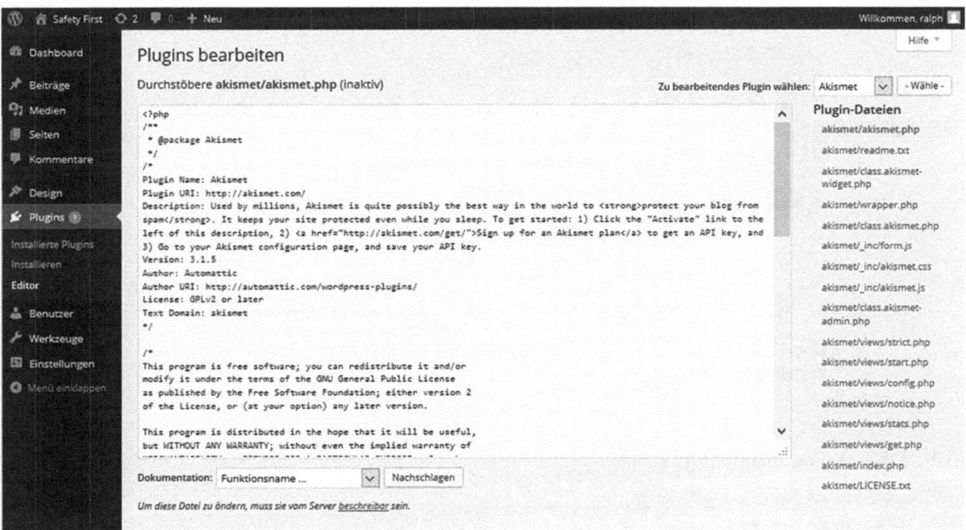

Abb. 7.36 Den Quellcode von Plug-ins bearbeiten

► Wie Sie schon bemerkt haben, werden über das ganze Buch hinweg immer wieder Plug-ins vorgestellt oder empfohlen, wenn sie in einem bestimmten Zusammenhang sinnvoll sind.

7.2.2.1 Yoast SEO

Das Plug-in von Yoast ist eines der umfangreichsten und bekanntesten Plug-ins rund um die Optimierung einer WordPress-Seite für Suchmaschinen. Das Plug-in arbeitet bereits „out of the box" sehr gut, ist aber über erweiterte Einstellungen auch sehr umfangreich konfigurierbar. Dann sollte man jedoch genau wissen, was man da macht.

Zum Installieren (Sie finden das Plug-in sofort bei den empfohlenen Plug-ins) klicken Sie einfach auf das Symbol für das Plug-in oder einen entsprechenden Button oder Link (Abb. 7.37). Sie können sich auch vorher Details ansehen, aber das wollen wir hier gar nicht weiter machen.

Nach der Installation müssen Sie wie gesagt das Plug-in aktivieren, damit Sie damit etwas anfangen können (Abb. 7.38).

Das Aktivieren des Plug-ins hat dazu geführt, dass von Yoast ein neuer Menüpunkt mit zahlreichen Unterpunkten angelegt wurde (Abb. 7.39). Darüber können Sie dann das Plug-in vielfältig konfigurieren, was hier aber nicht vertieft werden soll und kann. Sie sollen wie gesagt verschiedene Wege sehen, wie sich Plug-ins in WordPress nach der Aktivierung integrieren.

Abb. 7.37 Yoast installieren

Abb. 7.38 Yoast aktivieren

Abb. 7.39 Ein neuer
Menüpunkt wurde von Yoast
angelegt

Abb. 7.40 WordPress Simple Paypal Shopping Cart aktivieren

▶   Wenn Sie ein Plug-in wieder deaktivieren, werden die spezifischen Menü-
    punkte des Plug-ins in WordPress auch wieder verschwinden.

7.2.2.2 Plug-ins für einen Onlineshop – WordPress Simple Paypal Shopping Cart und Ecwid Shopping Cart

Als zweite Situation für Plug-ins wollen wir einen Onlineshop auswählen und zwei Plug-ins als Beispiele vorschlagen:

- WordPress Simple Paypal Shopping Cart (Abb. 7.40) und
- Ecwid Shopping Cart.

Abb. 7.41 WordPress Simple Paypal Shopping Cart legt an mehreren Stellen Menüs an

WP Paypal Warenkorb Einstellungen

Yoast SEO wurde auf Version 3.0.7 aktualisiert. Klicke hier, um herauszufinden, was es Neues gibt!

Wir haben unseren Algorithmus für die SEO Wertung aktualisiert. Klicke hier, um die SEO aktuelle Gesamtwertung für alle Beiträge und Seiten neu zu berechnen.

General Settings   Email Settings   Coupon/Discount

Simple PayPal Shopping Cart Settings v 4.1.6

For more information, updates, detailed documentation and video tutorial, please visit:
WP Simple Cart Homepage

Quick Usage Guide

Step 1) To add an 'Add to Cart' button for a product simply add the shortcode [wp_cart_button name="PRODUKTNAME" price="PRODUKTPREIS"] to a post or page next to the product. Replace PRODUCT-NAME and PRODUCT-PRICE with the actual name and price of your product.

Example add to cart button shortcode usage:

[wp_cart_button name="Test Product" price="29.95"]

Step 2) To add the shopping cart to a post or page (example: a checkout page) simply add the shortcode [show_wp_shopping_cart] in einem Artikel oder auf einer Seite. Oder Sie aktivieren das Sidebar Widget um den Warenkorb in der Sidebar anzuzeigen.

Example shopping cart shortcode usage:

[show_wp_shopping_cart]

PayPal und Warenkorb Einstellungen

Paypal E-Mail Adresse	ralph_steyer@gmx.de
Name des Warenkorbs	Ihr Warenkorb
Text/Bild für einen leeren Warenkorb	Ihr Warenkorb ist leer Sie können einfachen Text eintragen oder die URL eines Bildes angeben (wird bei einem leeren Warenkorb angezeigt)
Währung	EUR (z.B. USD, EUR, GBP, AUD)
Währungssymbol	€ (z.B. $, £, €)
Basisversandkosten	0 Die Basisversandkosten werden zu der Summer der individuellen Versandkosten der Produkte addiert. Tragen Sie 0 ein wenn Sie keine Basisversandkosten oder gar keine Versandkosten berechnen wollen. Weitere Informationen über die Versandkostenberechnung
Versandkostenfrei für Bestellungen über	 Wenn die Bestellung eines Kunden über diesen Betrag hinausgeht, entfallen die Versandkosten. Tragen Sie nichts ein, falls Sie diese Funktion nicht nutzen wollen.

Abb. 7.42 Der mächtige Einstellungsbereich von WordPress Simple Paypal Shopping Cart

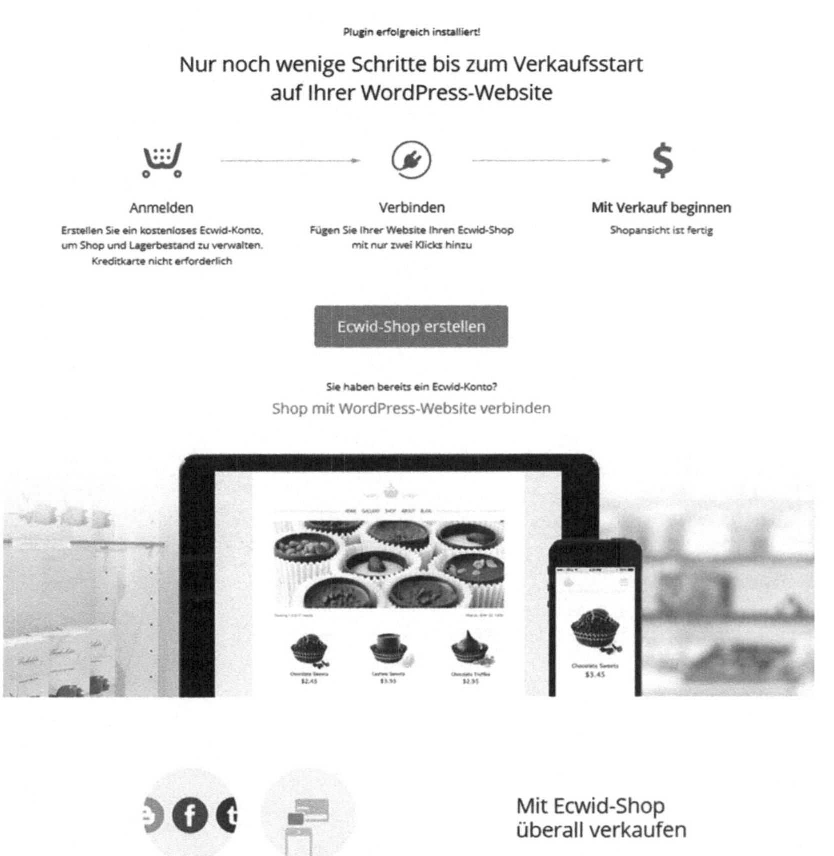

Abb. 7.43 Der Weg zur Einrichtung von Ecwid Shopping Cart

Abb. 7.44 Ein Assistent führt zur Einrichtung

Diese integrieren sich unterschiedlich in WordPress und sind deshalb interessant, um weitere Wege in WordPress kennenzulernen, wie Plug-ins nach der Installation bereitstehen.

Mit WordPress Simple Paypal Shopping Cart machen Sie aus WordPress einen vollständigen Onlineshop, bei dem Sie einen „In den Warenkorb"-Button für Ihr Produkt in alle Beiträge oder Seiten hinzufügen können. Der Warenkorb zeigt Benutzern, was sie derzeit in dem Einkaufswagen haben und ermöglicht es ihnen, die Menge zu ändern oder Dinge aus dem Warenkorb zu löschen. Dieses einfache Warenkorb-Plug-in verwandelt

Ihre WordPress-Seite in eine E-Commerce-Webseite. Wie der Name sagt, gibt es hauptsächlich Schnittstellen zu Paypal, um darüber Prüfungen und Abrechnungen zu ermöglichen, was sowohl Vor- als auch Nachteil dieser Lösung ist.

Wenn Sie das Plug-in aktivieren, erhalten Sie sowohl im Hauptmenü einen neuen Menüeintrag CART ORDERS als auch unter EINSTELLUNGEN einen neuen Eintrag WP WARENKORB (Abb. 7.41), der zu den umfangreichen Einstellungsmöglichkeiten von dem Plug-in führt (Abb. 7.42).

Ecwid Shopping Cart geht nun etwas anders vor, um im Backend dem Anwender die Einrichtung zu ermöglichen. Wenn Sie das Plug-in aktivieren, erhalten Sie nirgends im Menü einen neuen Menüeintrag. Stattdessen finden Sie bei den installierten Plug-ins unter dem Namen des Plug-ins einen Link EINRICHTUNG (Abb. 7.43).

Ein Assistent führt bei Ecwid Shopping Cart zur Einrichtung des Onlineshops. Dabei brauchen Sie allerdings ein Ecwid-Konto (Abb. 7.44).

Import und Export – Daten sichern und reproduzieren 8

Wie Sie Ihr WordPress portieren und an anderer Stelle reproduzieren können

Zusammenfassung

Durch die Trennung von Design, der Struktur und den Daten kann man in WordPress die Daten ziemlich einfach aus dem System exportieren und an anderer Stelle wieder importieren. Wenn man dann noch hochgeladene Dateien wie Tondateien, Bilder und Videos aus den speziellen Verzeichnissen auf dem Webserver sichert, ist die Portierung eines WordPress-Systems einfach. In dem Kapitel sehen Sie, wie das genau geht.

8.1   Daten exportieren

Es gibt viele Gründe, warum Sie Daten aus einer bestehenden WordPress-Installation exportieren wollen oder sollten. Die nachfolgenden drei dürften zu den wichtigsten zählen:

- Sie wollen eine allgemeine Datensicherung ausführen. Spätestens nach dem ersten Festplatten-Crash oder einem Datenverlust durch Viren, Trojaner oder Fehlbedienung weiß man den Wert zu schätzen – auch und gerade auf einem Server.
- Sie planen den Umzug auf ein anderes WordPress-System. Das kann durch einen Providerwechsel oder den Wechsel des Hosts notwendig werden, aber auch wenn man etwa nur auf ein anderes Hosting-Angebot des gleichen Providers umsteigt.
- Sie wollen Daten in ein anderes CMS umziehen. Auch wenn ich es mir nicht vorstellen kann ;-) – vielleicht gefällt Ihnen WordPress irgendwann nicht mehr, aber Sie wollen die Daten in einem anderen CMS weiter verwenden. Dabei muss hier gleich eingeschränkt werden, dass wir natürlich nur den Export aus WordPress heraus besprechen. Wie und ob die Daten in einem anderen CMS verwendet werden können, spielt hier keine Rolle.

© Springer Fachmedien Wiesbaden 2016   203
R. Steyer, *WordPress*, DOI 10.1007/978-3-658-12830-2_8

8.1.1 Die Dateien auf dem Webserver

Nun besteht ein WordPress-System auf der einen Seite aus den Dateien, die Sie auf dem Webserver in den Verzeichnissen der WordPress-Installation vorfinden.

Diese Daten lassen sich ganz einfach per FTP auf dem lokalen Rechner sichern. Dabei sind eigentlich nur individuell angepasste Themes und hochgeladene Mediendateien von Bedeutung. Die anderen Dateien lassen sich in der Regel viel besser durch Neuinstallation reproduzieren, wenn das notwendig wird (etwa bei einem Umzug auf ein anderes WordPress-System). Aber nichtsdestotrotz ist das Sichern der gesamten Dateien per FTP immer eine gute Idee, wenn man einen Umzug oder so plant oder einen gewissen Stand des CMS „einfrieren" möchte.

8.1.2 Die Datenbank selbst

Wichtiger ist jedoch die MySQL-Datenbank selbst, die im Hintergrund von Ihrem WordPress läuft. Denn diese enthält bei WordPress alles, was mit Content zu tun hat, unter anderem

- Benutzerdaten,
- Beiträge,
- Seiten,
- Metadaten,
- Kommentare,
- benutzerdefinierte Felder,
- Kategorien,
- Tags,
- Navigationsmenüs,
- benutzerdefinierte Inhaltstypen,
- Daten zum CMS selbst sowie
- Verlaufsinformationen und historische Tracking-Daten.

Die Datenbankdaten lassen sich nun auf (mindestens) zwei sinnvollen Wegen exportieren:

- Export mit einem Datenbank-Tool wie phpMyAdmin oder der MySQL-Konsole
- Export aus WordPress heraus

8.1.3 Die reine Datenbank direkt exportieren

Wenn Sie nur die Datenbank von WordPress exportieren wollen, sehen Sie nachfolgend zwei Möglichkeiten:

- einen einfachen und bequemen Weg über phpMyAdmin
- einen sehr flexiblen Weg über die MySQL-Konsole

8.1.3.1 Die MySQL-Datenbanken mit phpMyAdmin exportieren

Wenn Sie auf Ihrem System phpMyAdmin zur Verfügung haben, ist der Export der WordPress-Datenbank sehr einfach und bequem.

- Sie rufen phpMyAdmin auf.
- Sie wechseln in dem Web-Interface zu dem Register **Exportieren** (Abb. 8.1). Sie finden dies oben in der Webseite von phpMyAdmin.
- Wenn Sie die Standardvorgaben einhalten wollen (was meist in Ordnung ist), behalten Sie die Vorgabe SCHNELL – NUR NOTWENDIGE OPTIONEN ANZEIGEN für den Export bei.
- Behalten Sie ebenso das Ausgabeformat SQL für den Export bei. Sie können dort aber auch andere Formate wie XML, CSV, JSON und mehr festlegen. Das beste Ausgabeformat orientiert sich im Grunde daran, wo Sie die Daten später wieder importieren wollen. Wenn Sie die Daten von einem WordPress per phpMyAdmin in die Datenbank für ein anderes WordPress überführen wollen, ist SQL eine sehr gute Wahl.
- Klicken Sie auf den Button OK. Sie erhalten einen Speicherdialog, um die dann generierte SQL-Datei (oder bei geeigneter Auswahl eines anderen Formats) auf Ihren Rechner zu speichern (Abb. 8.2). Manche Browser speichern die Datei auch ohne Rückfrage im Downloadverzeichnis des Browsers.

▶ Wenn Sie flexible Anpassungen der Optionen für den Export vornehmen wollen, dann wählen Sie vor dem Exportieren die Einstellung ANGEPASST – ZEIGE ALLE MÖGLICHEN OPTIONEN aus (Abb. 8.3). Achten Sie aber darauf, dass Sie in der

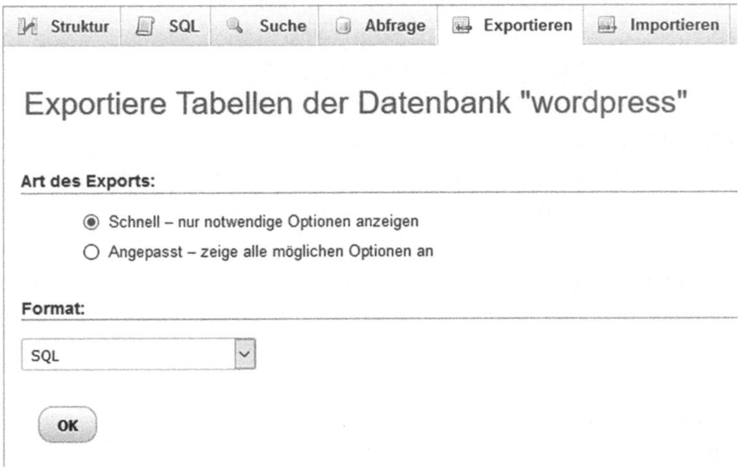

Abb. 8.1 Export mit phyMyAdmin

Abb. 8.2 Die Exportdatei kann
gespeichert werden

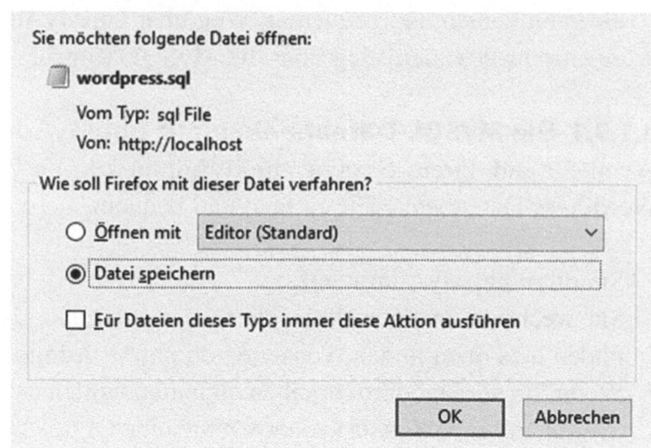

Kategorie Formatspezifische Optionen etwas weiter unten in der Webseite dann
entweder Daten oder Daten und Struktur festlegen (Abb. 8.4). Nur die Struktur zu
exportieren, ist bei einem CMS selten sinnvoll.

8.1.3.2 Die MySQL-Datenbanken über die Konsole exportieren

Für Anwender mit guten SQL-Kenntnissen bietet die MySQL-Konsole viele Möglichkeiten, um flexible Daten-Back-ups zu erstellen. So kann man sich der folgenden Befehle
bedienen, wenn man keine bequemere Alternative wie besagtes phpMyAdmin verwenden
will oder nicht zur Verfügung hat.

▶ Wir hatten ja in Kap. 4 für die Erstellung der WordPress-Datenbank schon die
  MySQL-Konsole kurz vorgestellt und damit bereits eine Datenbank generiert.
  Wie auch dort schon gewarnt: Der Abschnitt hier setzt neben Kenntnissen in
  SQL ebenfalls eine sichere Beherrschung des Betriebssystems sowie in der
  Regel auch des Fernzugriffs auf Hosts voraus. Er ist also wieder für fort-
  geschrittene Leser gedacht oder ambitionierte Leser, die Ihren Horizont über
  WordPress hinaus erweitern wollen. Und gerade bei einem Fernzugriff auf
  Remotecomputer kann es zu diversen individuellen Problemen kommen, die
  wir hier nicht einmal andeuten können und wollen.

Dabei kann man so vorgehen, wie wir es in Kap. 4 schon ähnlich gemacht haben.
Allerdings kommt nun ein anderes Programm der MySQL-Konsole zum Einsatz –
mysqldump:

• Sie öffnen eine Konsole.
• Falls Sie nicht auf dem Rechner mit der MySQL-Datenbank arbeiten, verbinden Sie
  sich über Telnet oder am besten mit SSH mit dem MySQL-Host.

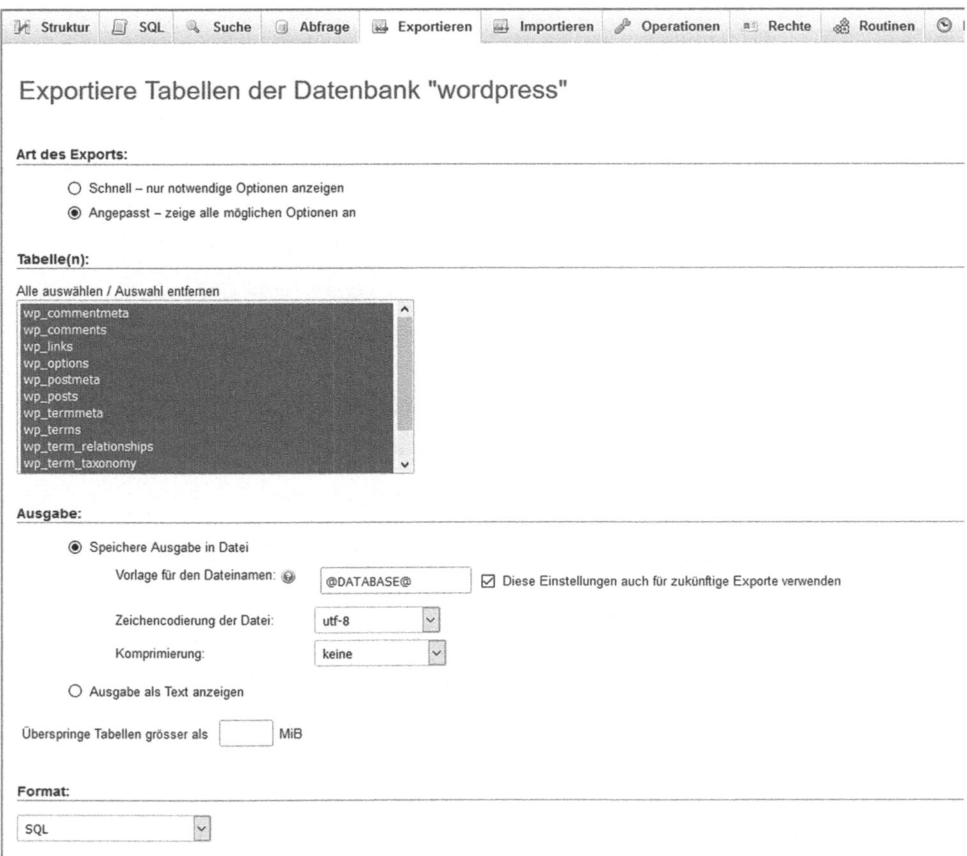

Abb. 8.3 Erweiterte Optionen für den Export

- Sie nutzen nun das Programm *mysqldump* mit den nachfolgenden Parametern. Dabei müssen Sie unter Umständen in das *bin*-Verzeichnis des MySQL-Installationsordners wechseln, wenn dieses nicht in dem Suchpfad des Betriebssystems eingetragen ist und meist auch noch den Benutzernamen und eventuell das Passwort angeben. Geben Sie dann den folgenden Befehl ein, um eine einzelne MySQL-Datenbank (diejenige, die Ihre WordPress-Daten enthält) zu exportieren:

    mysqldump -u username -p database_name > dump.sql

    Dabei ersetzen Sie natürlich die Angabe für den User und die Datenbank durch Ihre Daten, beispielsweise für den Anwender *root* ohne gesetztes Passwort und die Datenbank *wordpress*

    mysqldump -u root -p wordpress > dump.sql

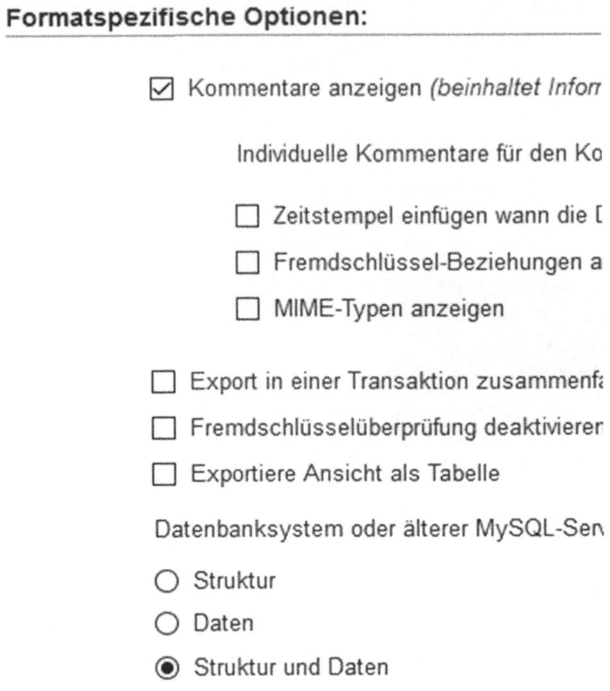

Formatspezifische Optionen:

☑ Kommentare anzeigen *(beinhaltet Inforr*

Individuelle Kommentare für den Ko

☐ Zeitstempel einfügen wann die [

☐ Fremdschlüssel-Beziehungen a

☐ MIME-Typen anzeigen

☐ Export in einer Transaktion zusammenfa

☐ Fremdschlüsselüberprüfung deaktivierer

☐ Exportiere Ansicht als Tabelle

Datenbanksystem oder älterer MySQL-Sen

○ Struktur

○ Daten

◉ Struktur und Daten

Abb. 8.4 Sie brauchen auf jeden Fall die Daten, nicht nur die Struktur

Beachten Sie das Größerzeichen. Damit leiten Sie die Ausgabe von einer Anweisung um. Wenn danach ein Dateiname wie *dump.sql* steht, bedeutet das eine Umleitung der Ausgabe in eine Datei dieses Namens. Mit dem Befehl wird also die gesamte Datenbank in eine SQL-Datei geschrieben. Diese können Sie sichern (etwa mit FTP, wenn Sie auf einem entfernten Server arbeiten) und dann auf den Host laden, auf dem Ihr Ziel-MySQL-Server läuft und dort dann wieder importieren (Abschn. 8.2.3.2).

Nun kann es sein, dass Sie schon eine Datenbank für WordPress haben und nur die Inhalte aus einer anderen WordPress-Installation übertragen wollen. Dann ist es nicht notwendig, dass Sie die Tabellen in der Datenbank neu erstellen (die Struktur) und dann brauchen Sie auch keine Erstellungsanweisungen in dem SQL-Skript, das Sie aus der alten Datenbank exportieren. Sie können in dem Fall die reinen Daten aus einer MySQL-Datenbank exportieren. Das geht so:

mysqldump -u username -p password --no-create-info database_name > dump.sql

Mit realen Daten für einen Benutzer *root* ohne gesetztes Passwort und die Datenbank *wordpress* sieht das also so aus:

mysqldump -u root -p --no-create-info wordpress > dump.sql

Beachten Sie den Parameter *--no-create-info*.

Wie wir bei der Arbeit mit phpMyAdmin gesehen haben, kann man auch nur die Struktur einer MySQL-Datenbank exportieren. Das geht so:

mysqldump -u username -p --no-data database_name > dump.sql

Beachten Sie den Parameter *–no-data*.

Konkret mit realen Daten für den Benutzer und die Datenbank sähe das wieder so aus:

mysqldump -u root -p --no-data wordpress > dump.sql

Das Exportieren der reinen Strukturinformationen ist in unserem Fall eher weniger sinnvoll und soll nur der Vollständigkeit halber erwähnt werden (was ja schon bei der Arbeit mit phpMyAdmin angedeutet wurde). Sie benötigen auf jeden Fall die Daten.

8.1.4 Der Export aus WordPress heraus

So flexibel der Export der reinen Datenbank mit phpMyAdmin oder der MySQL-Konsole auch ist, er ist weder trivial (selbst mit phpMyAdmin) noch immer möglich.

In vielen Fällen ist es der beste und bequemste Weg, wenn Sie einen Export direkt aus WordPress heraus vornehmen.

WXR
Wenn Sie eine WordPress Export-Datei herunterladen, erhalten Sie eine spezielle XML-Datei. Dieses Format wird **WordPress eXtended RSS** oder kurz **WXR** genannt. Nach dem Speichern der Datei kann diese unmittelbar mit der Importfunktion einer anderen WordPress-Installation genutzt werden, um alles Inhalte dieser originalen Webseite zu importieren (Abschn. 8.2.4). Das macht den besonderen Charme dieses Wegs aus.

Dazu gehen Sie zum Beispiel so vor:

- Sie wählen im Backend von WordPress im Dashboard in der Menüleiste auf der linken Seite den Menüpunkt Werkzeuge oder Tools aus.
- Dort finden Sie den Menübefehl Daten exportieren als Untermenü (Abb. 8.5).
- Wählen Sie in der zugehörigen Webseite dann die Option Alle Inhalte. Der Export enthält dann alle Beiträge, Seiten, Kommentare, benutzerdefinierte Felder, Kategorien, Tags, Navigationsmenüs, benutzerdefinierte Inhaltstypen etc. Gegebenenfalls können Sie aber auch gezielt nur einige Arten an Content auswählen (Beiträge, Seiten oder Medien).

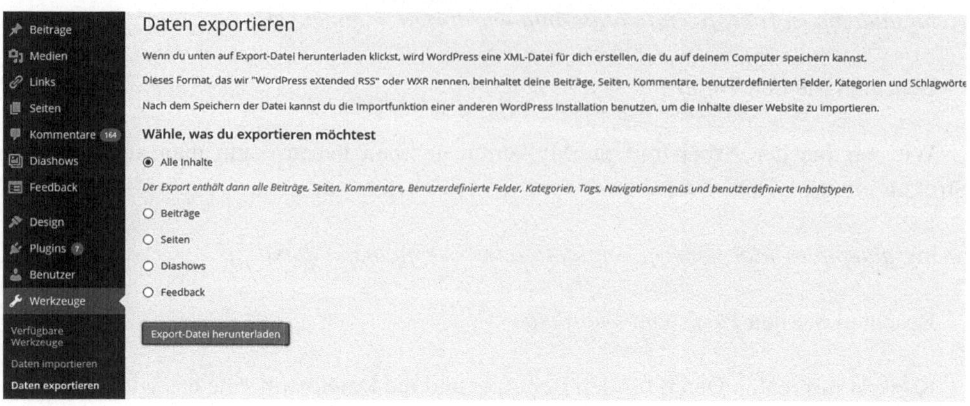

Abb. 8.5 Aus WordPress Daten exportieren

- Nach dem Bestätigen des Exports können Sie die Datei auf Ihrem Rechner speichern.

Dies ist ein Auszug aus einer entsprechenden WXR-XML-Datei:

Beispiel

```xml
<?xml version="1.0" encoding="UTF-8" ?>
<!-- This is a WordPress eXtended RSS file generated by WordPress as an export of
your site. -->
<!-- It contains information about your site's posts, pages, comments,
categories, and other content. -->
<!-- You may use this file to transfer that content from one site to another. -->
<!-- This file is not intended to serve as a complete backup of your site. -->
<!-- To import this information into a WordPress site follow these steps: -->
<!-- 1. Log in to that site as an administrator. -->
<!-- 2. Go to Tools: Import in the WordPress admin panel. -->
<!-- 3. Install the "WordPress" importer from the list. -->
<!-- 4. Activate & Run Importer. -->
<!-- 5. Upload this file using the form provided on that page. -->
<!-- 6. You will first be asked to map the authors in this export file to users -->
<!--    on the site. For each author, you may choose to map to an -->
<!--    existing user on the site or to create a new user. -->
<!-- 7. WordPress will then import each of the posts, pages, comments,
categories, etc. -->
<!--    contained in this file into your site. -->
<!-- generator="WordPress/4.3.1" created="2015-12-09 17:32" -->
<rss version="2.0"
    xmlns:excerpt="http://wordpress.org/export/1.2/excerpt/"
    xmlns:content="http://purl.org/rss/1.0/modules/content/"
```

```
xmlns:wfw="http://wellformedweb.org/CommentAPI/"
xmlns:dc="http://purl.org/dc/elements/1.1/"
xmlns:wp="http://wordpress.org/export/1.2/"
>
<channel>
  <title>RJS-Blog</title>
  <link>http://www.rjs.de/blog</link>
  <description>Der Blog von Ralph Steyer (RJS EDV-Know-how) mit Gedanken und
Information zu sozialen und technischen Themen rund um die Computerei und die
Aktivitäten in dem Bereich</description>
  <pubDate>Wed, 09 Dec 2015 17:32:18 +0000</pubDate>
  <language>de-DE</language>
  <wp:wxr_version>1.2</wp:wxr_version>
  <wp:base_site_url>http://www.rjs.de/blog</wp:base_site_url>
  <wp:base_blog_url>http://www.rjs.de/blog</wp:base_blog_url>
...
```

8.2   Import

Beim Import von Daten in WordPress sind wir nun in der genau entgegengesetzten
Situation wie beim Export. Aber die Vorgänge und Möglichkeiten sind ähnlich, laufen
nur in teils anderer Reihenfolge ab. Dennoch – die ganzen Schritte sind verwandt.

8.2.1   Die Dateien auf dem Webserver

Wenn Sie nur die Dateien einer anderen WordPress-Installation an einen neuen Ort
übertragen wollen, können Sie im Prinzip die per FTP gesicherten Verzeichnisse und
Dateien des alten Systems nehmen und einfach per FTP auf den neuen Host übertragen.
Dabei werden Sie in der Regel die Datei *wp-config.php* anpassen müssen. Das kann
funktionieren, wenn Sie auf die bisherige Datenbank zugreifen oder diese parallel portiert
haben. Im Grunde ist das vollständige Hochladen von den gesicherten Dateien nur dann
sinnvoll, wenn Sie parallel die alte Datenbank vollständig importieren.

Aber in fast allen Fällen ist eine komplette Neuinstallation viel besser und einfacher.
Nach dieser Neuinstallation kopieren Sie nur individuell angepasste Themes per FTP in
das WordPress-Unterverzeichnis *wp_content*. Die eventuell gesicherten Mediendateien
würde ich direkt über die Mediathek neu hochladen, um die Metadaten konsistent zu
halten.

8.2.2 Die Datenbank selbst

Die Datenbankdaten lassen sich analog zu dem Export auf (mindestens) zwei sinnvollen Wegen importieren, die natürlich synchron mit den Arten des Exports gehen:

- Import mit einem Datenbank-Tool wie phpMyAdmin oder der MySQL-Konsole
- Import aus WordPress heraus

8.2.3 Die reine Datenbank direkt importieren

Wenn Sie nur die Datenbank in ein MYSQL-DBMS importieren wollen, sehen Sie nachfolgend zwei Möglichkeiten:

- einen einfachen und bequemen Weg über phpMyAdmin
- einen sehr flexiblen Weg über die MySQL-Konsole

8.2.3.1 Die MySQL-Datenbanken mit phpMyAdmin importieren

Wenn Sie auf Ihrem System phpMyAdmin zur Verfügung haben, ist der Import genauso einfach und bequem wie der Export.

- Sie rufen phpMyAdmin auf.
- Sie wechseln zu dem Register **Importieren** (Abb. 8.6).
- Wählen Sie die SQL-Datei (oder eine Datei eines anderen unterstützten Formats) mit dem Klick auf den Button DURCHSUCHEN aus.
- Die weiteren Optionen können Sie in der Regel in den jeweiligen Vorgabeeinstellungen lassen.
- Klicken Sie auf OK. Die Datenbank sollte importiert werden

> ▶ Sollte es Probleme mit dem Hochladen der SQL-Datei geben, können Sie auch die SQL-Konsole von phpMyAdmin nutzen. Die finden Sie im Register SQL. Dort finden Sie ein Formulareingabefeld, in dem Sie direkt SQL-Befehle eingeben und mit der Schaltfläche OK abschicken können (Abb. 8.7).
> Sie können natürlich auch eine SQL-Datei lokal in einem Editor öffnen und den Inhalt in die Zwischenablage kopieren und dann in das Feld einfügen. Das ist manchmal eine gute Idee, wenn das Hochladen der Datei zu lange dauert und der Webserver dabei die Verbindung beendet.

8.2.3.2 Die MySQL-Datenbanken über die Konsole importieren

Für Anwender mit guten SQL-Kenntnissen bietet sich wieder – wie beim Export – in einigen Fällen die MySQL-Konsole an, um Daten-Back-ups wieder einzuspielen.

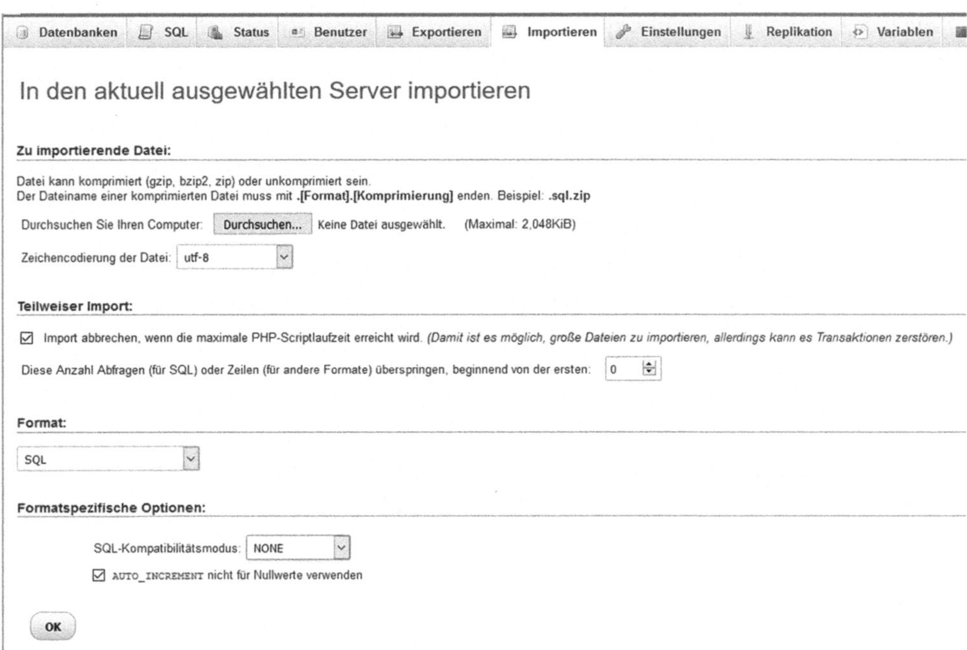

Abb. 8.6 Import mit phyMyAdmin

Abb. 8.7 Die SQL-Konsole von phyMyAdmin

Sie gehen analog wie beim Export vor, nur teils in anderer Reihenfolge und wieder mit dem Programm *mysql* statt *mysqldump*.

- Laden die Sie Export-Datei Ihres bisherigen WordPress auf den MySQL-Server (etwa mit FTP). Darin müssen sich die Anweisungen zum Reproduzieren der Datenbank für Ihr WordPress befinden.
- Sie öffnen wieder eine Konsole.
- Falls Sie nicht auf dem Rechner mit der MySQL-Datenbank arbeiten, verbinden Sie sich wieder über Telnet oder am besten mit SSH mit dem MySQL-Host.
- Rufen Sie dann das Programm *mysql* auf und geben in der MySQL-Konsole Folgendes ein:

    mysql -u username -p database_name < dump.sql

    Dabei ist *dump.sql* die exportierte SQL-Datei, die gegebenenfalls mit FTP auf den entfernten Rechner übertragen wurde. Mit den realen Daten für den Benutzer *root* und der Datenbank *wordpress* sähe das so aus:

    mysql -u root -p wordpress < dump.sql

Beachten Sie das Kleinerzeichen. Damit leiten Sie die Eingabe von einer Anweisung um. Wenn danach ein Dateiname wie *dump.sql* steht, bedeutet das eine Umleitung der Eingabe aus einer Datei. Das bedeutet, dass die SQL-Anweisungen aus der Datei gelesen und dann von dem MySQL-Interpreter verarbeitet werden. Mit dem Befehl wird also die gesamte Datenbank aus einer SQL-Datei reproduziert.

▶ Alternativ können Sie auch mit einem Programm **mysqlimport** arbeiten, das Sie ebenfalls im bin-Verzeichnis des MySQL-Ordners finden.

8.2.4 Der Import aus WordPress heraus

Wenn Sie per WordPress einen Export des CMS vorgenommen haben, ist das Gegenstück natürlich der Import aus WordPress heraus. Sie haben ja eine WXR-Datei zur Verfügung, die genau auf WordPress abgestimmt ist. Dennoch gibt es ein paar Feinheiten zu beachten:

- Sie wählen im Backend von WordPress in der Menüleiste wieder den Menüpunkt WERKZEUGE oder TOOLS aus.
- Dort finden Sie als Unterpunkt den Menübefehl DATEN IMPORTIEREN (Abb. 8.8).
- Sie sehen, dass WordPress aus auch verschiedenen anderen Systemen Daten importieren kann. Sie wählen natürlich die Option WORDPRESS. Aber behalten Sie diese

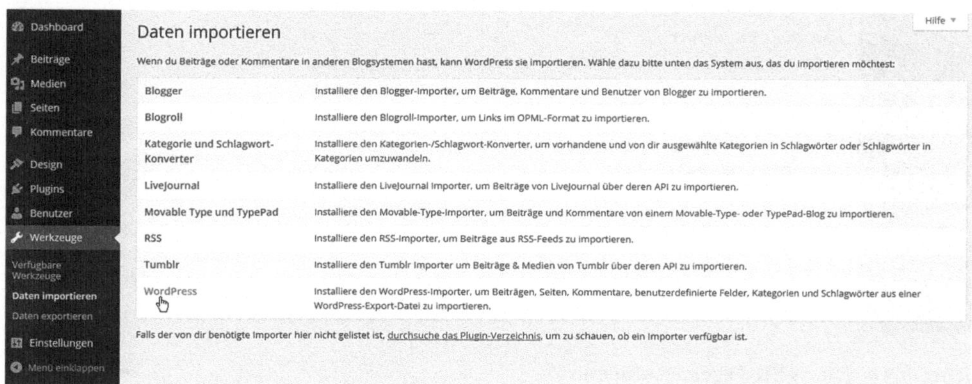

Abb. 8.8 Aus WordPress Daten importieren

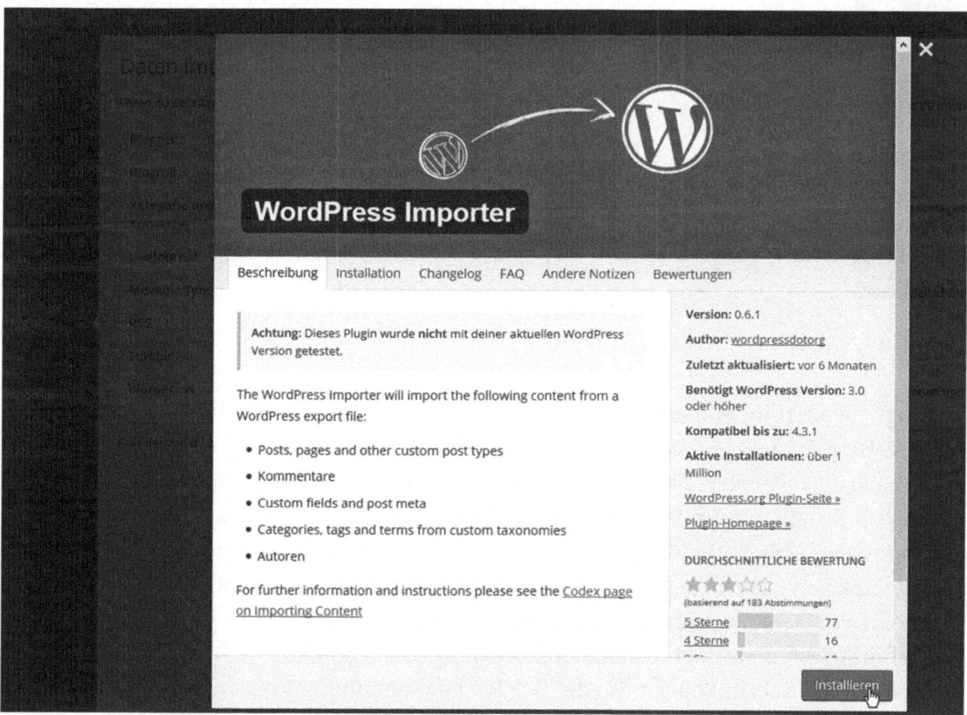

Abb. 8.9 Es kann sein, dass Sie noch ein Plug-in benötigen

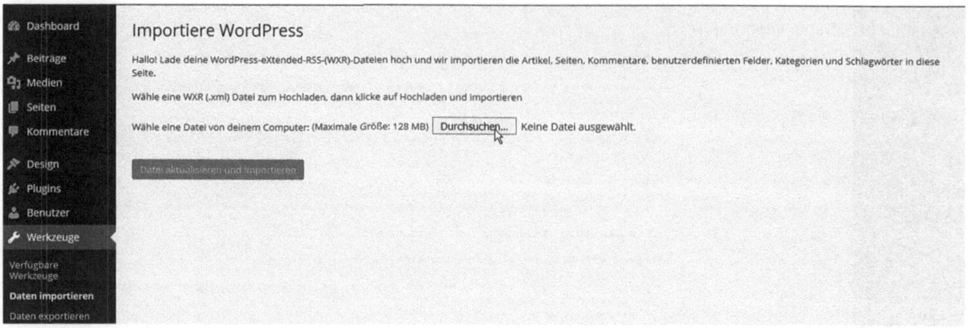

Abb. 8.10 Die WXR-Datei auswählen

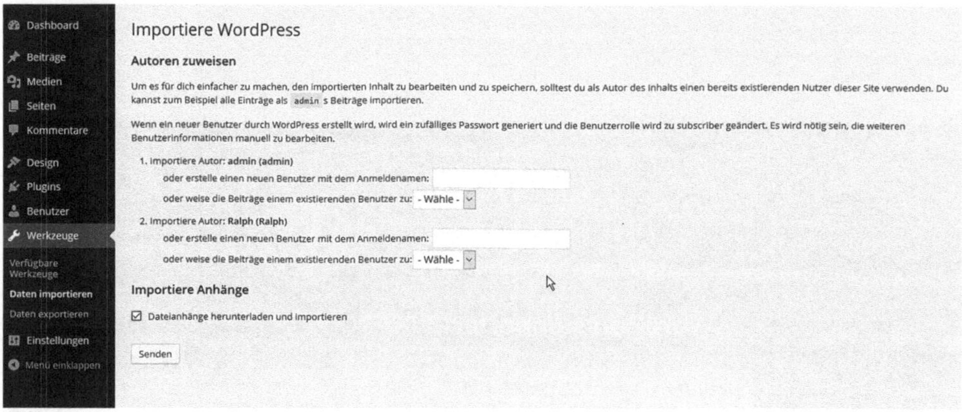

Abb. 8.11 Optionen zu Autoren festlegen

Möglichkeiten im Hinterkopf, denn vielleicht wollen Sie ja von einem anderen CMS bzw. Blog-System auf WordPress umsteigen und die Daten von da übernehmen.

- Es kann nun aber sein, dass Sie vor dem konkreten Import erst noch ein Plug-in für den Import installieren müssen. Bei der WORDPRESS–Option ist das der **WordPress Importer** (Abb. 8.9). Installieren Sie das Plug-in einfach bei Bedarf. Bei anderen Datenquellen stehen Ihnen entsprechend andere Plug-ins bereit, die Sie dann bei Bedarf vor dem Import erst installieren müssen. Aber diese Installation ist ja schon ausführlich in dem Buch behandelt worden.
- Im nächsten Schritt können Sie die WXR-Datei von Ihrem lokalen Rechner laden und verwenden. Dazu klicken Sie den Button DURCHSUCHEN an (Abb. 8.10).
- Im nun folgenden Schritt müssen eventuell noch Autoren importiert oder angelegt werden, denen die Inhalte zugeordnet werden (Abb. 8.11).
- Mit der Schaltfläche SENDEN importieren Sie dann die Daten des alten WordPress in das neue System.

WordPress mobile – WordPress unterwegs

Ihr CMS in der mobilen Welt

Zusammenfassung

Selbstverständlich kommen Sie bei WordPress auch mit mobilen Geräten in Berührung. Eine moderne Webseite muss das berücksichtigen und wir schauen uns an, was und wie WordPress das macht. Auf der anderen Seite kann es sein, dass Sie selbst mit einem mobilen Endgerät Ihr System verwalten wollen. Auch dazu gibt es Möglichkeiten, die Sie in diesem Kapitel kennenlernen.

9.1 Mobile Grundlagen

Nicht zuletzt durch HTML5, aber auch CSS3 werden Webtechnologien auf mobilen Endgeräten absolut konkurrenzfähig, gerade in Verbindung mit JavaScript und einem leistungsfähigen Framework im Rahmen des Browsers wie jQuery Mobile. Es hat eine Menge Charme, klassische RIAs für normale Webbrowser auf PC-Plattformen und verwandten Welten auf mobile Endgeräte zu übertragen beziehungsweise dahingehend anzupassen – von den „normalen" Webseiten ganz zu schweigen. Denn die meisten modernen Handys, Tablets und Smartphones sind internetfähig und haben einen aktuellen Standardbrowser dabei, der auch mit den modernen Webtechnologien umgehen kann. Und viele andere Geräte des täglichen mobilen Lebens werden internetfähig. Uhren und Navigationssysteme sind da vermutlich nur der Anfang.

Offline-Anwendungen

Man muss nicht einmal online sein, um solche Angebote für mobile Geräte zu nutzen. Gut gemachte Angebote werden bei einem Offline-Zustand Daten einfach im mobilen Endgerät speichern, von dort laden und – wenn sie entsprechend konzipiert sind – offline anwenden. Wenn sie wieder online sind, werden die Daten synchronisiert.

© Springer Fachmedien Wiesbaden 2016
R. Steyer, *WordPress*, DOI 10.1007/978-3-658-12830-2_9

Bei Webseiten für mobile Endgeräte müssen aber diverse Dinge beachtet werden:

- Die oft niedrigeren Auflösungen mobiler Geräte.
- Die Größe des Gerätes selbst.
- Die tatsächliche Breite und Höhe des Browserfensters. Oft werden dabei noch Bedienelemente und Werbeanzeigen abgezogen.
- Die Eingabemethoden – in der Regel per Touchscreen statt Tastatur und Maus oder aber auch verstärkt per Spracheingabe. Es gibt ebenso spezielle Gesten, die spezialisierte Ereignisse auslösen und nur bei einem Touchscreen unterstützt werden.
- Die Orientierung von mobilen Geräten kann sich ändern. Ein Anwender dreht das Gerät und die Bildschirmausgabe muss sich anpassen – wenn man das möchte.
- Mobile Geräte sind öfters wechselnd online und offline.
- Die Internet-Verbindungen im mobilen Kontext sind oft viel langsamer als im stationären Umfeld. Seiten müssen also viel schlanker sein, als es bei Webseiten für stationäre Geräte notwendig ist.
- Mobile Geräte haben bestimmte Features, die stationäre Geräte nicht haben, etwa GPS, einen Sensor für die Beschleunigung, einen Bewegungssensor oder einen Kompass-sensor für die Himmelsrichtung. Das kann man speziell nutzen, um zusätzliche Leistungen und Informationen bereitzustellen.

Es ist also in vielen Fällen sinnvoll, dass Sie sich um die mobile Welt speziell kümmern. Dabei gibt es zwei Facetten, die wir betrachten wollen:

- Das Aussehen und Verhalten Ihrer WordPress-Seite auf mobilen Geräten. Das umfasst Themes und Plug-ins sowie eine besondere Strategie beim Erstellen der Webseite.
- Das Veröffentlichen von Inhalten und Administrieren Ihrer WordPress-Seite über mobile Endgeräte.

9.2   Responsive Design mit angepassten Themes

Wenn Sie bei der Beschreibung eines Themes die speziellen Features und Details moderner Themes zu WordPress durchlesen, wird bei ganz vielen das Buzzword „Responsive Design" beziehungsweise „Responsive Webdesign" (**RWD**) oder ein ähnlich marktschreierischer Begriff auftauchen.

9.2.1   Was ist RWD?

Wie es in der Geschichte der Webentwicklung (oder allgemein Programmierung) üblich ist, fokussiert sich die Aufmerksamkeit der Szene in bestimmten Phasen immer wieder auf

irgendwelche Marketingbegriffe – ganz gleich, welche und ob überhaupt inhaltlich
Substanz dahinter steckt:

- Web 2.0
- Ajax
- E-Learning
- Green-IT
- Cloud
- Framework
- Big Data
- Smart Home

Die Liste ist noch viel länger und es gibt richtige Sammlungen im Web zu diesen
Worthülsen. Es ist schon faszinierend, was sich – meist – Marketing-Leute an Laut-
gebilden einfallen lassen, um technische Zustände und Zusammenhänge an Laien zu
verkaufen, oder meistens alten Wein in neuen Schläuchen an den Mann zu bringen.

So ist es im Grunde auch mit den sogenannten Responsive Websites auf verschiedenen
Endgeräten.

Man kann es kurz fassen.

► RWD: Die Webseiten passen sich den Gegebenheiten beim Besucher der Webseite an.

Das ist einfach eine Strategie, die jeder halbwegs informierter Webseitenersteller seit zig
Jahren beachtet oder aus Aufwandsgründen ignoriert – aber das Verfahren ist uralt.

Oder man macht daraus eine neue „Wissenschaft" beziehungsweise ein revolutionäres
gestalterisches und technisches Paradigma zur Erstellung von Webseiten.

Letztendlich ist dahinter aber ein nahezu zwangsläufiges Konzept zu sehen, wenn sich
der grafische Aufbau einer „responsiven" Webseite anhand der Anforderungen des
jeweiligen Gerätes ergeben soll (reaktionsfähiges Design – eine weitere Worthülse), mit
dem die Seite betrachtet wird. Dies betrifft insbesondere die Anordnung und Darstellung
einzelner Elemente:

- eine angepasste Navigation,
- Seitenspalten (Sidebars) oder eben nicht, wenn kein Platz ist,
- Texte in unterschiedlicher Größe und Formatierung,
- Bilder werden skaliert,
- die Nutzung unterschiedlicher Eingabemethoden und -techniken.

Ziel dieser Art der Erstellung einer Webseite ist, dass Webseiten ihre Darstellung so
anpassen, dass sie sich jedem Betrachter so übersichtlich und benutzerfreundlich wie
möglich präsentieren. Ein so logisches und zwangsläufiges Verhalten, dass es mich immer
wieder wundert, warum man das hervorheben muss.

Der Grund, warum RWD mittlerweile in den Fokus rückt, ist die immer bessere
Unterstützung von CSS in modernen Browsern. War es früher noch recht aufwendig, so
ein dynamisches Design zu erstellen (im Wesentlichen mit ausgefeilten Browserweichen
und anspruchsvollem JavaScript), ist dies durch modernes CSS viel einfacher geworden.
Die technische Basis für modernes RWD sind eben die besagten neueren Webstandards
HTML5, CSS3 (hier insbesondere die Media Queries) und JavaScript sowie Designvorlagen (Templates). Dazu gibt es eben auch die strategische Art, wie man „offiziell"
als responsiv „geadelte" Seiten definiert.

9.2.1.1 Mobile Webseite versus responsive Webseite

Rund um ein dynamisches beziehungsweise angepasstes Design werden verschiedene
Konzepte differenziert. Eine mobile Webseite ist nicht per se „responsive". Der wesent-
liche Unterschied zwischen einer „normalen" mobilen Webseite und einem responsiven
Design besteht in der Anzahl der Templates:

- Aus historischer Sicht bildet die Desktop-Version eines Templates die „normale"
  Ansicht der Webseite. Dieser wird nach der klassischen Methode ein zusätzliches,
  unabhängiges Template für mobile Endgeräte hinzugefügt.
- Beim RWD gibt es nur ein Template und damit eine einzige Version der Webseite, die
  sich automatisch an die Umgebung anpasst. Man redet hier auch von einem „fließen-
  den" Design.

Adaptiv versus responsiv

Im Zusammenhang mit RWD taucht auch immer wieder der Begriff der **adaptiven Webseite** auf.
Auch diese passt sich den Gegebenheiten des Besuchers an, besitzt aber nur eine gewisse Anzahl an
festen Templates, zwischen denen umgeschaltet wird. Das Layout bleibt dabei jeweils statisch. Eine
fließende Anpassung (**Fluid Layout**) an alle Auflösungen wie beim RWD findet nicht statt. Diese
Trennung ist jedoch willkürlich und gerade bei WordPress werden wir sehen, dass dort RWD eben
nicht zwingend an ein fließendes Layout gekoppelt ist – was meine Einschätzung als Buzzword stützt.

9.2.2   WordPress-Themes mit RWD

Da RWD also eigentlich nur eine fast zwangsläufige Reaktion auf die modernen
Gegebenheiten im Web und der mobilen Welt mittels einer speziellen Strategie zur
Umsetzung darstellt, wächst das Angebot an kostenlosen responsitiven WordPress-
Themes stetig.

- Sie müssen tatsächlich bei der Suche nach einem Theme in den Suchfiltern nur
  RESPONSIVE LAYOUT auswählen und mit den gefundenen Themes sind Sie für die
  Zukunft gerüstet.

Abb. 9.1 Responsive und fluid

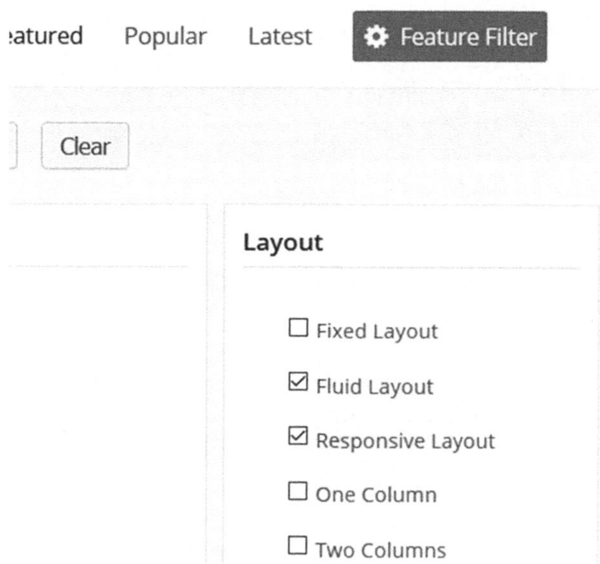

- Wenn Sie wollen, können Sie auch noch explizit FLUID LAYOUT selektieren, um das Feature ausdrücklich zu fordern (Abb. 9.1). Offiziell ist das bei einem resonsitiven Layout zwar eine zentrale Forderung, aber in WordPress kümmert man sich nicht um diese theoretischen Festlegungen. Denn das fließende Design ist bei den meisten Themes automatisch bei einem responsitiven Design inkludiert.

Wenn Sie die Suche nach solchen Themes bestätigen, erhalten Sie bereits bei WordPress.org hunderte von Treffern (Abb. 9.2). Es scheint fast jedes moderne Theme an die Anforderungen der mobilen Welt angepasst zu sein.

9.3 Plug-ins für mobiles WordPress

Neben responsitiven Themes gibt es auch diverse Tools und Plug-ins, um eine mobile Version der WordPress-Seite zu erstellen und zu unterstützen. Bei diversen dieser Tools oder Plug-ins benötigt man jedoch einen (oft aber kostenlosen) Account, um bei einem Dienstleister eine mobile Version der Webseite zu erstellen. In der Regel leitet dann ein zusätzliches Plug-in die Besucher automatisch zu der mobilen Variante Ihrer Webseite weiter. Sie müssen selbst entscheiden, ob Sie Ihre Webseite so aus der Hand geben wollen oder lieber ein bereits passendes Theme auswählen.

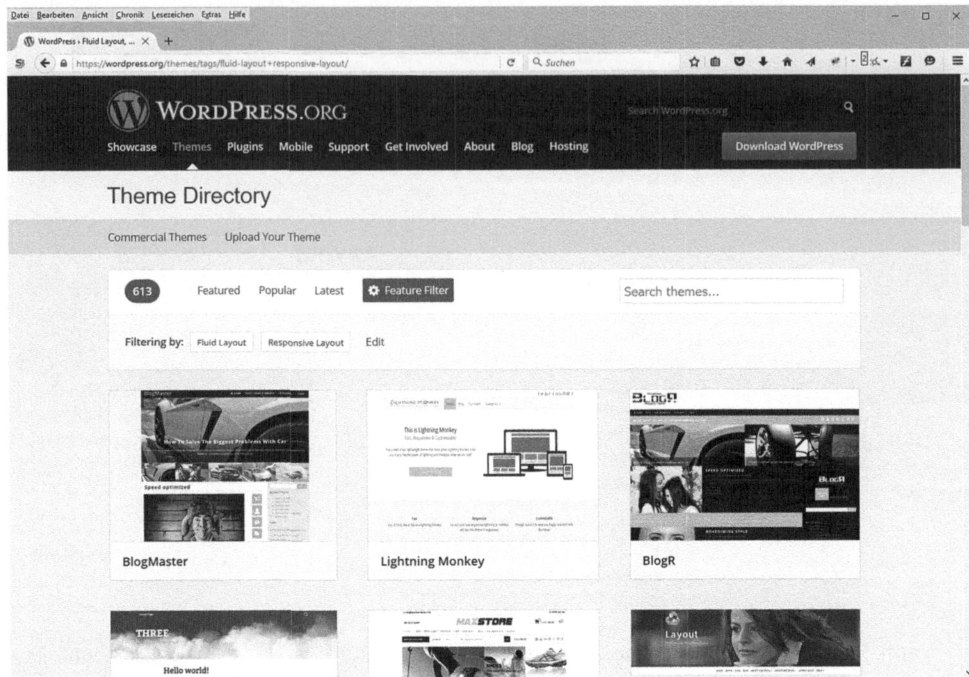

Abb. 9.2 Eine Vielzahl an Treffern

Nachfolgend finden Sie ein paar Vorschläge, wo Sie sich einmal umsehen könnten:

- Mobify arbeitet mit einem kostenlosen Account und kümmert sich um die Erstellung einer mobilen Version einer Webseite aus einer „normalen" WordPress-Seite und die nachfolgende Umleitung mobiler Besucher mit einem Plug-in.
- Das kostenlose WordPress Mobile Pack-Plug-in bietet jede Menge Optionen, um die WordPress-Seite für mobile Anforderungen einzurichten (Abb. 9.3). Es gibt einen Theme Switcher, verschiedene Themes und die Möglichkeit der CSS-Anpassung, eines mobilen Admin-Bereichs und etliche weiteren Features.
- WordPress Mobile Press ist ein weiteres kostenloses WordPress-Plug-in, um für die Webseite eine mobile Version zu erstellen (Abb. 9.4). Es bietet vor allen Dingen die Möglichkeit, eigene Themes für die unterschiedlichen mobilen Geräte zu erstellen.

Abb. 9.3 WordPress Mobile Pack-Plug-in

Abb. 9.4 WordPress Mobile Press

9.4   Mobil Inhalte einpflegen und WordPress administrieren

Wenn Sie von unterwegs Ihr WordPress administrieren oder Inhalte einstellen wollen, können Sie ganz normal Ihre Webseite über ein Smartphone oder Tablet aufrufen. Wenn Sie ein responsives Design ausgewählt haben, das auch das Backend umfasst, sollte das auch gut funktionieren.

Aber es kann bequemer sein, wenn Sie eine spezielle App verwenden. WordPress.org bietet unter https://wordpress.org/mobile/Apps für iOS und Android an (Abb. 9.5).

Diese Apps können Sie wie üblich auf Ihr Smartphone installieren (Abb. 9.6) und dann über diese App auf Ihre WordPress-Seite zugreifen.

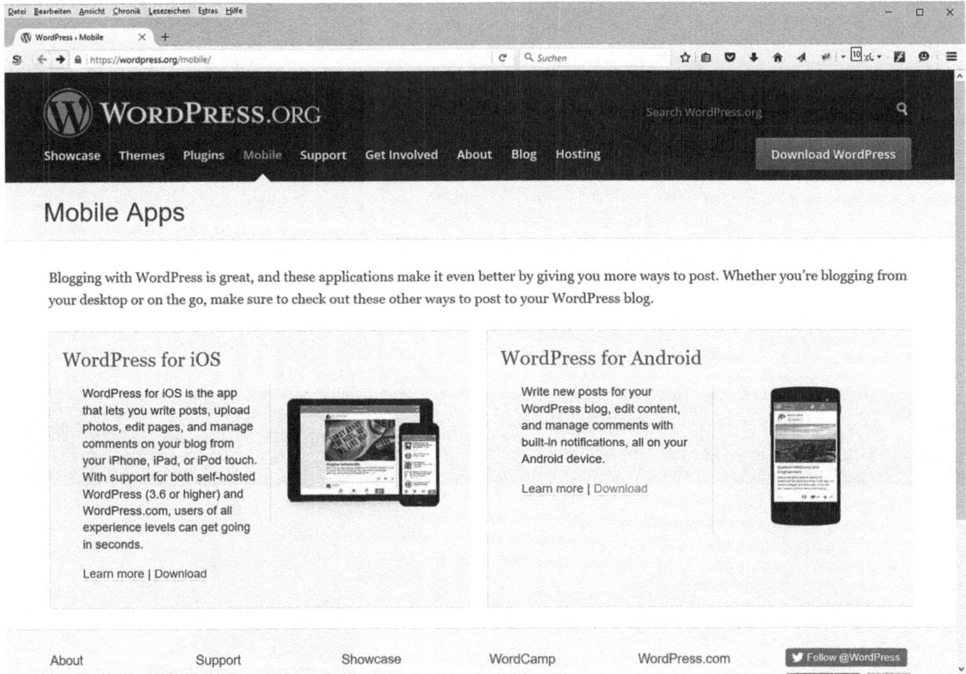

Abb. 9.5 Apps für WordPress

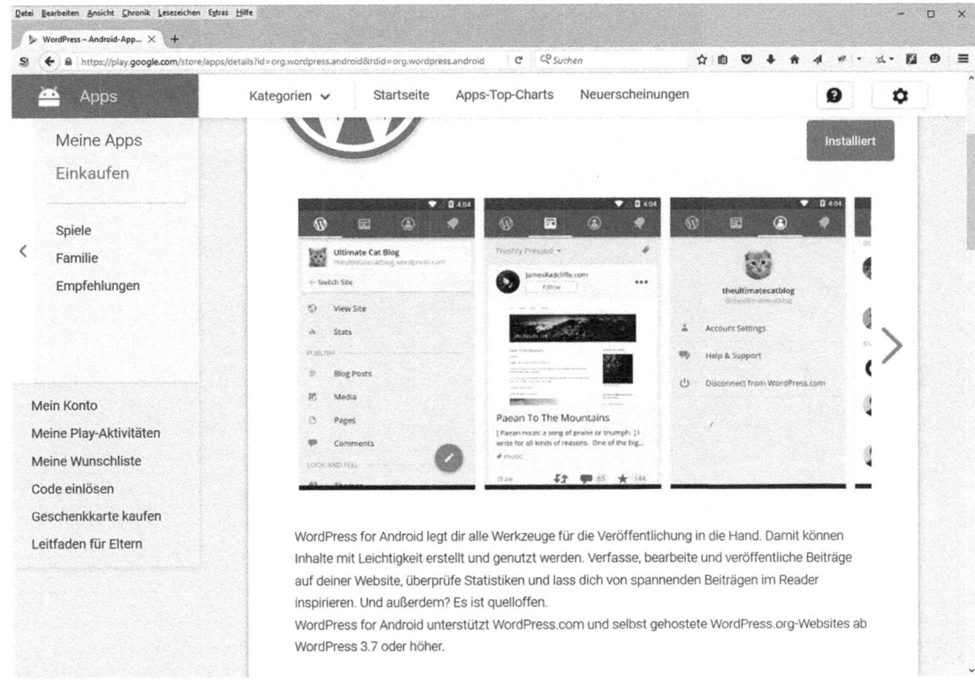

Abb. 9.6 Die WordPress-App wurde installiert

Themes erstellen und anpassen – So gestalten Sie die Oberfläche individuell 10

WordPress-Themes nach ganz einigen Bedürfnissen gestalten

> **Zusammenfassung**
>
> Wie Sie im Laufe des Buchs an verschiedenen Stellen kennengelernt haben, sind Templates beziehungsweise Themes der Schlüssel zum Aussehen Ihrer WordPress-Seite. Es gibt bei WordPress zahlreiche kostenlose als auch kommerzielle Themes, die zum Teil auch hoch konfigurierbar sind. Auch das haben Sie im Laufe des Buches gesehen. Die Basis sind im Kern verschiedene – teils vorgegebene – PHP- und CSS-Dateien sowie eine gewisse vorgegebene Struktur in Ihrem CMS. In diesem weiterführenden Kapitel wollen wir in die Erstellung von eigenen Templates beziehungsweise Themes einsteigen. Denn so umfangreich die Auswahl an vorgegebenen Themes auch ist – manchmal ist es sinnvoll oder auch notwendig, dass Sie eigene Themes erstellen. Ebenso wird es häufiger vorkommen, dass Sie den Quellcode von vorhandenen Themes für gewisse Anpassungen ändern wollen, wobei in diesem Fall die Anpassung direkt auf Quellcodeebene gemeint ist. Auch das werden Sie in diesem Kapitel lernen. Für das Verständnis der Ausführungen in diesem Kapitel sind nun jedoch Kenntnisse in HTML und CSS sowie gewisse Erfahrungen in der Programmierung (am besten in PHP oder auch JavaScript) sehr hilfreich.

10.1 Die grobe Struktur eines Themes unter WordPress

Verschiedene Themes beziehungsweise Templates in WordPress werden innerhalb des Dateisystems Ihres WordPress auf dem Webserver jeweils als eigene Ordner innerhalb von *wp-content/themes/* installiert (Abb. 10.1).

Ein Theme besteht dabei aus einer Reihe an PHP- und CSS-Dateien. Dazu kommen in der Regel bei aufwendigeren Themes noch Grafiken und oft auch JavaScripts (Abb. 10.2).

© Springer Fachmedien Wiesbaden 2016
R. Steyer, *WordPress*, DOI 10.1007/978-3-658-12830-2_10

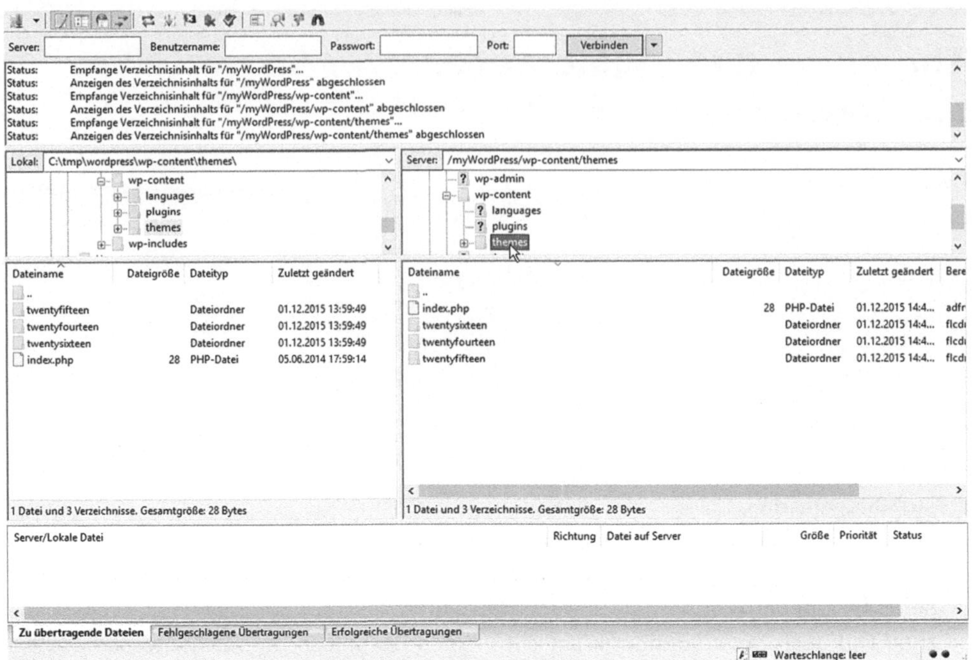

Abb. 10.1 Der Ordner wp-content enthält im Unterordner themes die verschiedenen Themes

▶ Im Anhang finden Sie einige wichtige Grundlagen zu PHP, JavaScript, HTML und CSS.

Nicht alle, aber viele Dateien in einem Theme-Ordner haben eine definierte beziehungsweise vorgegebene Bedeutung innerhalb von WordPress. Dabei sind sowohl die Dateinamen als auch der Speicherort von Interesse.

▶ Die einzelnen PHP-Dateien (zumindest alle ohne eine „Hilfsfunktionalität") in einem Theme-Ordner werden **Templates** oder Template-Dateien genannt, während die Summe der Dateien samt eventueller CSS-Dateien sowie gegebenenfalls weiterer Dateien wie Grafiken das **Theme** selbst darstellt. Allerdings werden die beiden Begriffe **Template** und **Theme** oft synonym verwendet.

▶ Die Namen der PHP-Template-Dateien werden explizit von diversen **Standardfunktionen** von WordPress vorausgesetzt, die man in einem Template einsetzen kann. Wenn Sie diese Standardfunktionen von WordPress verwenden wollen, müssen Sie diese Namen der Template-Dateien wie vorgegeben beibehalten.

Die Standard-Template-Dateien von WordPress stehen auch in einer **Hierarchiebeziehung** (Abschn. 10.5.1) zueinander. Das bedeutet, dass in gewissen Situationen bestimmte Dateien per Vorgabe von WordPress verwendet werden und wenn diese nicht da sind, kommen nachgeordnete Standard-Template-Dateien zum Einsatz (ein sogenanntes **Fallback**-Verfahren). Zur Hierarchie der Template-Dateien finden Sie im Internet unter https://developer.wordpress.org/themes/basics/template-hierarchy/ (Abb. 10.8) ausführliche Informationen.

▶   Eine Auflistung der Standardfunktionen von WordPress finden Sie im Internet in der **Funktionsreferenz** unter https://codex.wordpress.org/Function_Reference. Dort stehen alle notwendigen Informationen, was die Funktionen machen und Anweisungen, wie die Funktionen genau anzuwenden sind. Die meisten Standardfunktionen lassen sich ohne Parameter verwenden und zeigen dann ein Vorgabeverhalten, das in der Regel durch die Angabe von Parametern verändert werden kann.

Wenn Sie selbst ein eigenes Theme anlegen, dann werden Sie ebenfalls diese Template-Dateien erstellen (zumindest teilweise). Diese Dateien werden Sie in einem eigenen Ordner zusammenfassen und diesen Ordner dann in Ihrem WordPress unter */wp-content/themes/* bereitstellen.

▶   Unser erstes Theme für die folgenden praktischen Übungen nennen wir **rjslayout**.[1] Daher benötigen wir einen Ordner mit dem Namen *rjslayout* im Ordner */wp-content/themes/*. Der relative Pfad in dem WordPress sollte dann, wenn das Verzeichnis auf den Server geladen wurde, so aussehen:
    /wp-content/themes/rjslayout/

10.2   Die wichtigste Template-Datei – index.php

In jedem Theme-Ordner gibt es wie gesagt verschiedene Dateien, deren Name oft schon vorgegeben oder zwingend ist. Die wichtigste Template-Datei ist unzweifelhaft *index.php*, die Sie bei jedem Theme finden werden. Diese Datei ist auch die Fallback-Datei, die immer dann zum Einsatz kommt, wenn keine andere Template-Datei definiert ist. Im einfachsten Fall hat man mit dieser Datei alleine schon ein komplettes Theme. Aber es ist viel übersichtlicher und sinnvoller, wenn man mehrere Dateien verwendet. Dazu kommen wir gleich noch (Abschn. 10.5).

---

[1] Der Name ist natürlich willkürlich und Sie können einen beliebigen Namen verwenden.

Dateiname	Dateigröße	Dateityp	Zuletzt geändert	Berechtigu...	Besitzer/Gr...
..					
style.css	97.179	Kaskadiere...	01.12.2015 14:4...	adfrw (0644)	1000 1000
single.php	1.528	PHP-Datei	01.12.2015 14:4...	adfrw (0644)	1000 1000
sidebar.php	1.313	PHP-Datei	01.12.2015 14:4...	adfrw (0644)	1000 1000
search.php	1.405	PHP-Datei	01.12.2015 14:4...	adfrw (0644)	1000 1000
screenshot.png	376.628	PNG-Bild	01.12.2015 14:4...	adfrw (0644)	1000 1000
rtl.css	12.384	Kaskadiere...	01.12.2015 14:4...	adfrw (0644)	1000 1000
readme.txt	3.033	Textdokum...	01.12.2015 14:4...	adfrw (0644)	1000 1000
page.php	902	PHP-Datei	01.12.2015 14:4...	adfrw (0644)	1000 1000
index.php	1.765	PHP-Datei	01.12.2015 14:4...	adfrw (0644)	1000 1000
image.php	2.940	PHP-Datei	01.12.2015 14:4...	adfrw (0644)	1000 1000
header.php	1.807	PHP-Datei	01.12.2015 14:4...	adfrw (0644)	1000 1000
functions.php	12.418	PHP-Datei	01.12.2015 14:4...	adfrw (0644)	1000 1000
footer.php	823	PHP-Datei	01.12.2015 14:4...	adfrw (0644)	1000 1000
content.php	1.702	PHP-Datei	01.12.2015 14:4...	adfrw (0644)	1000 1000
content-search.php	1.101	PHP-Datei	01.12.2015 14:4...	adfrw (0644)	1000 1000
content-page.php	1.117	PHP-Datei	01.12.2015 14:4...	adfrw (0644)	1000 1000
content-none.php	1.166	PHP-Datei	01.12.2015 14:4...	adfrw (0644)	1000 1000
content-link.php	1.753	PHP-Datei	01.12.2015 14:4...	adfrw (0644)	1000 1000
comments.php	1.473	PHP-Datei	01.12.2015 14:4...	adfrw (0644)	1000 1000
author-bio.php	1.141	PHP-Datei	01.12.2015 14:4...	adfrw (0644)	1000 1000
archive.php	1.914	PHP-Datei	01.12.2015 14:4...	adfrw (0644)	1000 1000
404.php	809	PHP-Datei	01.12.2015 14:4...	adfrw (0644)	1000 1000
languages		Dateiordner	01.12.2015 14:4...	flcdmpe (0...	1000 1000
js		Dateiordner	01.12.2015 14:4...	flcdmpe (0...	1000 1000
inc		Dateiordner	01.12.2015 14:4...	flcdmpe (0...	1000 1000
genericons		Dateiordner	01.12.2015 14:4...	flcdmpe (0...	1000 1000
css		Dateiordner	01.12.2015 14:4...	flcdmpe (0...	1000 1000

Abb. 10.2   Der Inhalt von einem typischen Template-Ordner

Doch erst mal erstellen wir in dem Theme-Ordner diese Datei *index.php*. Der relative Pfad dahin sollte dann folgendermaßen aussehen:

wp-content/themes/tutorial/index.php

10.2.1 Die Schablone – das Wireframe

Webseiten unter WordPress haben oft (aber nicht immer) einen sehr ähnlichen Aufbau. Das wird Ihnen schon aufgefallen sein. Es gibt oft

- einen **Kopfbereich,**
- einen **Fußbereich,**
- einen Bereich für den **Inhalt** und
- häufig eine Seitenleiste – die sogenannte **Sidebar.**

Diese Bereiche werden von einem **Rahmen** (Frame[2]) ummantelt.

---

[2] Nicht zu verwechseln mit HTML-Frames.

Diese Bereiche bilden damit eine Struktur der Webseite, die eine Schablone (gelegentlich **Wireframe** genannt) bildet. Und so etwas wollen wir als Basis erst einmal nachbilden.

Wir benötigen also folgende Strukturen in der Datei *index.php*:

- Einen ummantelnden Bereich, der alle anderen Bereiche enthält und oft zentriert auf der Seite angezeigt wird. *Ummanteln* heißt auf Englisch *to wrap* und deshalb nennt man diesen Bereich häufig **Wrapper**.
- Der Kopfbereich des Layouts (**Header**) enthält meist den Namen und/oder das Logo der Seite sowie oft auch das Motto der Seite, welches in WordPress in der Regel **Tagline** genannt wird.
- Im Bereich **Main/Content** werden die Artikel/Inhalte/Blogbeiträge angezeigt. Das ist der zentrale Bereich mit dem entscheidenden Inhalt.
- Die **Sidebar** enthält Links zu Kategorien, zum Archiv, Auflistung der Seiten etc., also die Widgets, die Sie in Ihrem WordPress anzeigen wollen. Die Sidebar kann rechts oder links stehen, aber im Prinzip auch an jeder anderen Stelle. Eine Sidebar ist auch nicht zwingend und kann selbst innerhalb einer WordPress-Installation einmal vorhanden sein und einmal nicht. Üblich ist die Anordnung auf der rechten Seite und das wollen wir auch machen.
- Im Fußbereich (**Footer**) befinden sich meist wichtige Links (zum Beispiel zum Impressum der Seite), Kommentare oder auch besondere andere Widgets. Das sind also in irgendeiner Form ergänzende Informationen.

10.2.1.1 Eine grundlegende HTML-Struktur für die Datei index.php

Um über die Datei *index.php* die gewünschte Struktur anbieten zu können, verwenden wir sogenannte Div-Elemente aus HTML, die mit Ids angesprochen werden können.[3] Die PHP-Datei *index.php* enthält zudem zunächst ein komplettes HTML-Gerüst. Dabei verwenden wir HTML5-Notation. Der Code soll im ersten Schritt so aussehen:

```
<!DOCTYPE html>
<html>
<head>
  <meta charset="UTF-8" />
  <title></title>
</head>
<body>
  <div id="wrapper">
```

---

[3] Früher hat man oft mit Tabellen gearbeitet, aber das ist mittlerweile nicht mehr üblich. Bei HTML5 sollen diese Div-Elemente durch sogenannte semantische Elemente abgelöst werden, aber diese lassen sich in einigen älteren Browsern nicht zuverlässig einsetzen. Für die Praxis ist es auf absehbare Zeit also sinnvoll, weiter Div-Elemente zu verwenden.

```
    <div id="header"></div><!-- Header -->
    <div id="main"></div><!-- Content -->
    <div id="sidebar"></div><!-- Sidebar -->
    <div id="footer"></div><!-- Footer -->
  </div><!-- Wrapper -->
</body>
</html>
```

10.2.1.2 Das Stylesheet

Die reinen HTML-Strukturen und die Div-Elemente sind optisch noch nicht so gestaltet, wie wir das wollen. Die Div-Elemente sind Blockelemente, die einfach über die gesamte Breite des Browserfensters reichen und untereinander angeordnet werden. Ein „vernünftiges" WordPress-Theme benötigt zur optischen Aufbereitung eine CSS-Datei. Deshalb legen wir diese jetzt in dem Theme-Ordner an. Die Datei soll *style.css* heißen und wird von der Datei *index.php* im Head-Bereich referenziert. Der Name der CSS-Datei ist im Grunde willkürlich, aber wenn man Dinge mit WordPress-Standardfunktionen automatisieren will (was wir noch machen Abschn. 10.4.2.3), sollten der Name und der Speicherort auf jeden Fall so gewählt werden.

Beachten Sie aber, dass Sie bei einem Theme in der Regel keine „hartkodierte" Adresse für die Stylesheets-Datei angeben sollten. Stattdessen wird man Pfad- und Namenamensangaben zum Theme mit PHP dynamisch auslesen und damit die Referenzierung viel flexibler machen (Abschn. 10.4.2.3). Und dabei spielen eben auch der vorgegebene Ort und die Namen eine wichtige Rolle, wenn man die Standardfunktionen von WordPress verwenden will.

10.2.1.3 Das Stylesheet referenzieren

Für den ersten Ansatz verwenden wir dennoch eine hartkodierte Referenz, denn das ist dann reines HTML und sehr einfach und damit haben wir dennoch schon mal die CSS-Datei im Template eingebunden. Das werden wir wie gesagt später dann flexibilisieren.[4]

▶ Beachten Sie, dass der hartkodierte Pfad zur CSS-Datei relativ zum **Wurzelverzeichnis** Ihrer WordPress-Installation angegeben werden muss (was letztlich den größten Nachteil von dieser Form der Einbindung darstellt).

```
<!DOCTYPE html>
<html>
<head>
  <meta charset="UTF-8" />
```

---

[4] Auch den Titel und den Zeichensatz und weitere Dinge werden wir noch flexibler gestalten.

```
<title></title>
<link href="wp-content/themes/rjslayout/style.css" type="text/css"
    rel="stylesheet" />
</head>
<body>
...
</body>
</html>
```

10.2.1.4 Die CSS-Regeln

Nun fügen wir folgenden Code in unser Stylesheet (die Datei *style.css*) ein, um die gewünschte Hauptstruktur unseres Themes zu formen und das Stylesheet in WordPress im Rahmen eines Themes verfügbar zu machen. Die eigentlichen CSS-Formatierungen sind irrelevant, sollen aber dennoch schon ein halbwegs vernünftiges Layout bewirken:

```css
/*
  Theme Name: rjslayout
  Theme URI: http://rb.autoren-net.de.
  Description: Template zum Wordpress-Buch
  Author: Ralph Steyer
  Author URI: http://rjs.de.
*/
body {
  color: black;
  background: lightblue;
}
h1, h2, h3, h4, h5, h6 {
  text-align: center;
  color: blue;
  text-shadow: 1px 1px 2px black, 0 0 1px gray, 0 0 3px darkgray;
  -webkit-border-radius: 5px;
  -moz-border-radius: 5px;
  border-radius: 5px;
  background: lightgray;
  padding: 5px;
}
a {
  text-decoration: none;
  color: blue;
}
a:hover {
```

```css
  color: white;
}
#wrapper {
  width: 850px;
  margin: auto;
  text-align: left;
  background: #fff;
  box-shadow: 10px 10px;
  -webkit-box-shadow: 10px 10px;
  -moz-box-shadow: 10px 10px;
  -webkit-border-radius: 5px;
  -moz-border-radius: 5px;
  border-radius: 5px;
}
#header {
  height: 160px;
  padding: 20px;
}
#main {
  width: 520px;
  padding: 20px;
  float: left;
}
#sidebar {
  width: 270px;
  padding: 10px;
  padding-top: 20px;
  float: left;
}
#footer {
  clear: both;
  height: 100px;
  padding: 20px;
}
.entry {
  color: white;
  margin: 5px;
  padding: 5px;
  -webkit-border-radius: 5px;
  -moz-border-radius: 5px;
  border-radius: 5px;
  background: blue;
}
```

10.2.1.4.1   Der Kommentarbereich am Anfang der CSS-Datei

Ihnen sollte der Kommentar am Anfang der CSS-Datei auffallen. Damit ein Theme in WordPress erkannt wird, muss die verwendete CSS-Datei einen solchen Kommentar als Header enthalten, der gewissen Vorgaben genügen muss.

In dem Kommentar sind gewisse Token (sinnbehaftete Ausdrücke) enthalten, die für WordPress eine Bedeutung haben. Das bedeutet, dass dieser Bereich zwar in Hinsicht auf CSS einen zu ignorierenden Kommentar darstellt, von WordPress (von dem **Theme Manager**) aber ausdrücklich verarbeitet wird:

- Theme Name: Dies ist der wichtigste Eintrag in dem Kommentar. Darüber identifiziert der Theme Manager von WordPress das Theme.
- Theme URI: Eine Webseite, worüber Anwender das Theme finden. So können Aktualisierungen etc. verbreitet werden.
- Description: Eine Beschreibung des Themes.
- Author: Der Name desjenigen, der das Theme erstellt hat
- Author URI: Der URL zur Webseite des Themes-Autoren.

10.2.1.4.2   Die CSS-Formatierungen

Die CSS-Angaben in der Datei sprechen über einen sogenannten ID-Selektor die einzelnen oben angesprochenen Bereiche in dem Theme an, um diese zu formatieren und zu dem gewünschten Layout zu führen. Dazu werden noch ein paar weitere Regeln für Elemente und Klassen vorgegeben. Die eigentlichen CSS-Regeln sind mit normalen Formatierungen versehen, die man in CSS3 machen kann. Im Anhang finden Sie dazu ein paar Ausführungen, aber zu tiefergehenden Details muss auf spezielle Literatur zu CSS verwiesen werden.

10.2.1.5 Das neue Theme im Theme Manager von WordPress

Wenn Sie nun das Theme *rjslayout* auf den Server laden, werden Sie sehen, dass der **Theme Manager** das neue Theme erkennt (Abb. 10.3).

Wenn Sie das Theme jedoch für Ihre WordPress-Seite auswählen, werden Sie allerdings nicht viel im Frontend der Seite sehen. Es werden noch keine Inhalte angezeigt. Das müssen wir noch explizit programmieren und für das Verständnis dieser Schritte sind gewisse Erfahrungen in der Programmierung (am besten in PHP oder auch JavaScript) sehr hilfreich.

10.3   Die erste Ausgabe mit loop

Die **WordPress-Schleife** (allgemein **loop** genannt) ist das wichtigste Konstrukt in einem Theme, um Inhalte anzuzeigen, sowohl Beiträge, aber auch statischen Content. Im Content-Div der Datei *index.php* fügen wir eine solche Schleife ein. Das sieht dann so aus:

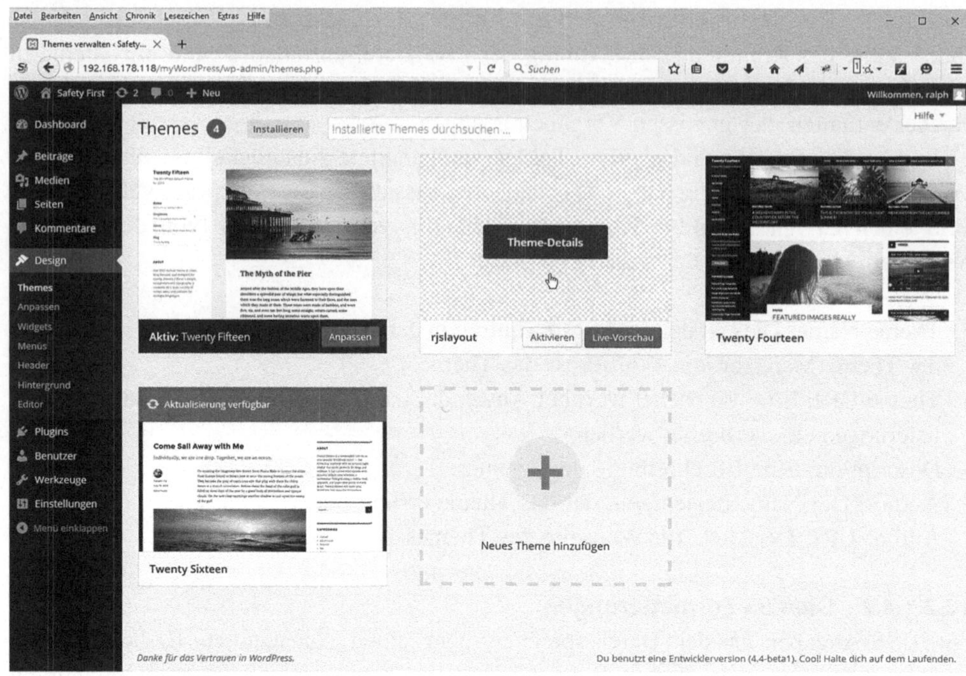

Abb. 10.3 Der Theme Manager erkennt das neue Theme

```html
<!DOCTYPE html>
<html>
...
    <div id="main">
      <?php if (have_posts()) : while (have_posts()) : the_post(); ?>
          <h2><?php the_title(); ?></h2>
          <div class="entry">
             <?php the_content(); ?>
          </div>
      <?php endwhile; endif; ?>
    </div><!-- Content -->
...
</body>
</html>
```

- Mittels der WordPress-Standardfunktion *have_posts()* prüft WordPress, ob grundsätz-lich Beiträge in der Datenbank vorhanden sind. Das nutzen wir in einer if-Entscheidungsstruktur, wie man diese üblicherweise unter PHP einsetzt.
- Findet WordPress Beiträge, wird eine while-Schleife aufgerufen (loop), die mittels einer weiteren Standardfunktion *the_post()* alle Beiträge aus der Datenbank holt und

zur Darstellung auf der Webseite bereitstellt. Der Titel des jeweiligen Beitrags wird in unserem Template in einer HTML-Überschrift vom Typ h2 angezeigt.

- Die WordPress-Funktion namens *the_title()* gibt den Titel des aktuellen Artikels aus. Diese Funktion funktioniert nur innerhalb der Schleife, denn man muss einen konkreten Artikel im Zugriff haben.
- In dem Div-Element mit der Klasse *entry* wird jeweils ein Artikel ausgegeben. Dazu kommt eine weitere WordPress-Standardfunktion mit Namen *the_content()* zum Einsatz. Diese gibt den Artikel selbst aus.
- Am Ende des PHP-Snippets wird die Schleife beendet und der Block der if-Abfrage wird geschlossen.

▶ Abhängig von der Stelle, an der sich ein Besucher gerade befindet, liefert die Funktion *have_posts()* unter Umständen unterschiedliche Artikel:

- Auf der Startseite liefert *have_posts()* in der Regel die zehn neuesten Artikel.
- In einer Kategorie jedoch die letzten 10 Artikel dieser Kategorie.
- Bei Anwendung einer Suchfunktion liefert *have_posts()* die letzten zehn Artikel, in denen der Suchbegriff gefunden wurde.
- Und bei einer statischen Seite wird genau ein Inhalt – die statische Seite – als Ergebnis geliefert (auch wenn der Namensanteil „*posts*" eindeutig Postbeiträge suggeriert).

Sie sollten nun im Frontend oder der Vorschau die Inhalte von dem Blog erkennen (Abb. 10.4).

10.4 Flexible Themes

Die PHP-Dateien eines Themes sehen aus wie „normale" Webseiten, sind es aber nicht. Es sind ja explizit **Vorlagen**. Das bedeutet implizit, dass diese „angepasst" und „gefüllt" werden (können) und das daraus entstehende Resultat letztendlich als Webseite beim Betrachter landet. Im Grunde haben wir das auch schon gemacht, als die einzelnen Beiträge aus der Datenbank mit den WordPress-Standardfunktionen *have_posts()*, *the_title()* und *the_content()* in die Webseite befördert wurden. Das werden wir noch erweitern.

Denn nicht nur Inhalte können mit WordPress-Standardfunktionen durch Platzhalter im Theme ersetzt werden. Auch Metainformationen und Referenzen auf externe Ressourcen, wie man sie im Head-Bereich einer Webseite findet, kann (und sollte) man in einem Theme durch Platzhalter ersetzen. Diese Platzhalter werden in Form von weiteren WordPress-Standardfunktionen notiert und machen ein Theme viel flexibler und dynamischer.

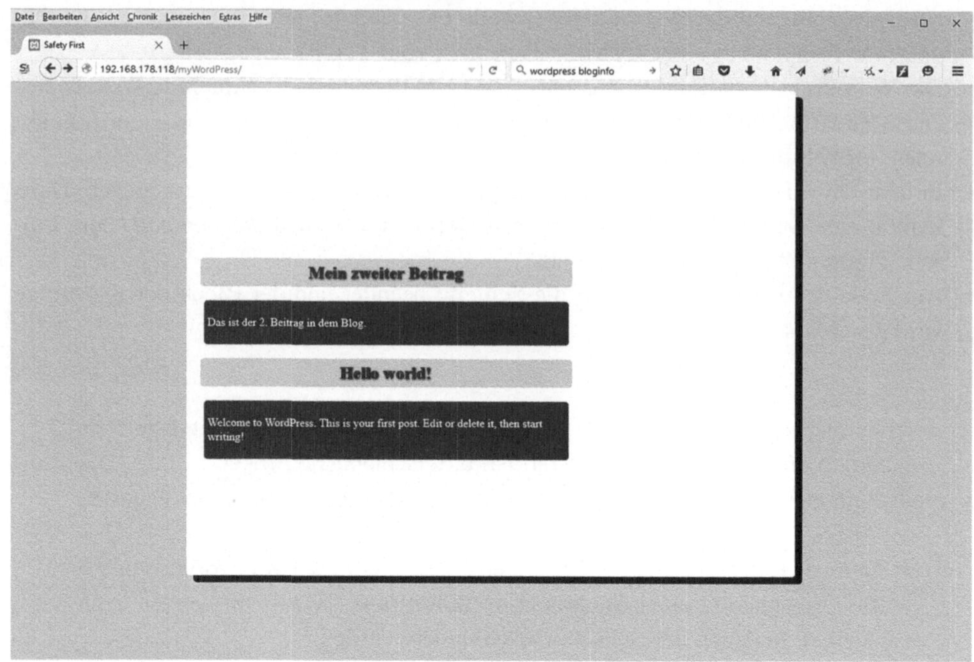

Abb. 10.4 Die ersten Beiträge in dem WordPress mit dem neuen Layout

In unserem Theme werden wir nun Verknüpfungen sowie verschiedene Metainformationen und Referenzen dynamisieren.

10.4.1 Titel verlinken und Einzelartikel anzeigen mit the_permalink()

Bei einem Blog werden verschiedene Beiträge immer untereinander angezeigt. Oft sehen Besucher auch nur ein Extrakt aus dem gesamten Beitrag. Wenn man den gesamten Beitrag lesen will, selektiert man den Beitrag und bekommt dann erst in einer **Einzelartikelseite** den vollständigen Beitrag angezeigt. Aber das geht nicht automatisch, das muss programmiert werden. In der Regel wird dazu der Titel eines Beitrags mit dem Artikel selbst verknüpft. Dadurch kann man von der Startseite ganz schnell zum Einzelartikel gelangen.

Dazu muss nur eine kleine Änderung an der Datei *index.php* vorgenommen werden. Es wird ein Hyperlink um den Titel des Beitrags gelegt und dessen URL verweist auf eine Informationen, die aus der Datenbank von WordPress ausgelesen wird. Dazu wird die WordPress-Standardfunktion *the_permalink()* verwendet. Wenn Sie nun auf der Startseite einen Artikel-Titel anklicken, sollten Sie auf der Seite mit dem Einzelartikel landen.

10.4.2 Die Funktion bloginfo()

Für das Auslesen von Hintergrundinformationen eines Blogs gibt es die sehr mächtige und nützliche Standardfunktion *bloginfo()*. Diese bietet Zugriff auf allerlei wichtige Informationen über Ihre Webseite. Diese Daten werden meist aus Ihrem Benutzerprofil und allgemeinen Einstellungen Ihrer WordPress-Installation gesammelt. Die Funktion kann überall innerhalb einer Theme-Datei verwendet werden. Sie gibt das Ergebnis eines Aufrufs an den Browser zurück.

Der Aufruf erfolgt so:

```
<?php bloginfo([Parameter]); ?>
```

Der Parameter wird durch die gewünschte Information ersetzt.

10.4.2.1 Name der Webseite anzeigen
Vorgabe ist bei *bloginfo()* der Parameter *name* (also identisch zu *bloginfo('name')*) und das ist der Name des Blogs beziehungsweise der Webseite. Wir wollen damit den Namen im Titel der Webseite anzeigen.

10.4.2.2 Der Zeichensatz
Bisher haben wir den Zeichensatz hartkodiert in der Webseite notiert. Dies soll flexibel an die Vorgaben beim Besucher angepasst werden. Das erledigt die Funktion mit dem Parameter *charset*.

10.4.2.3 Die Stylesheet-Datei flexibel einbinden
Bisher haben wir auch die Referenz auf die CSS-Datei hartkodiert notiert, aber schon angedeutet, dass das flexibler erfolgen soll. Mit *bloginfo("stylesheet_url")* kann man den URL zur Datei *style.css* aus den Einstellungen selbst auslesen, um die Verknüpfung zu der Datei zu erhalten.

10.4.2.4 Einen Pingback setzen
Blogs leben davon, dass man Pingbacks verwendet. Mit *bloginfo('pingback_url')* kann man das Verfahren in einem Theme aktivieren und WordPress generiert daraus im Hintergrund den gesamten notwendigen Code (JavaScript), damit das vernünftig funktioniert.

10.4.3 Der Name des Artikels mit der Funktion wp_title()

Eine weitere WordPress-Standardfunktion namens *wp_title()* liefert den Namen eines Artikels. Diese Information nehmen wir in den Titel der Webseite auf, wenn auf einer Einzelartikelseite ein Beitrag angezeigt wird.

10.4.4 Einen Head-Bereich explizit kennzeichnen mit wp_head()

Eine sehr wichtige WordPress-Standardfunktion ist *wp_head()*, denn viele Plug-ins funktionieren nur dann korrekt, wenn diese Funktion im Head-Bereich einer Template-Datei notiert wurde.

10.4.5 Die modifizierte Datei index.php

So sieht nun die modifizierte Datei *index.php* aus:

```
<!DOCTYPE html>
<html>
  <head>
    <meta charset="<?php bloginfo('charset'); ?>" />
    <title><?php bloginfo('name'); ?> <?php wp_title(); ?></title>
    <link rel="stylesheet" href="<?php bloginfo('stylesheet_url'); ?>"
      type="text/css" media="screen" />
    <link rel="pingback" href="<?php bloginfo('pingback_url'); ?>" />
    <?php wp_head(); ?>
  </head>
  <body>
    <div id="wrapper">
      <div id="header"></div><!-- Header -->
      <div id="main">
        <?php if (have_posts()) : while (have_posts()) : the_post(); ?>
          <h2><a href="<?php the_permalink() ?>"><?php the_title(); ?>
            </a></h2>
          <div class="entry">
            <?php the_content(); ?>
          </div>
        <?php endwhile; endif; ?>
      </div><!-- Content -->
      <div id="sidebar"></div><!-- Sidebar -->
      <div id="footer"></div><!-- Footer -->
    </div><!-- Wrapper -->
  </body>
</html>
```

In der Vorschau oder dem Frontend sehen Sie die Veränderungen (Abb. 10.5).

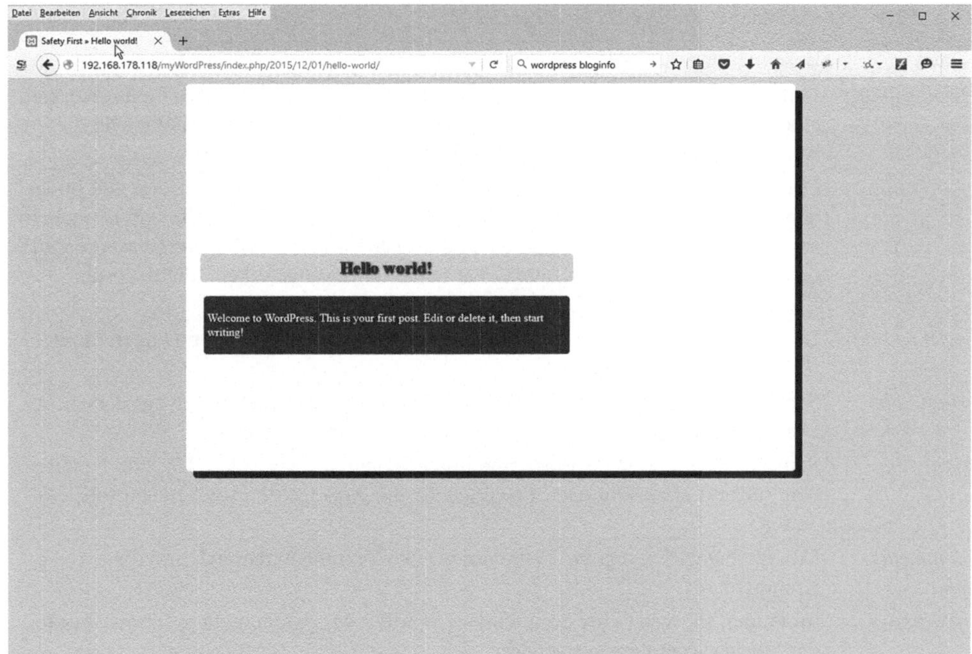

Abb. 10.5 Das neue Theme ist flexibel und zeigt auf der Seite der Einzelartikel den dynamischen Titel an

10.5   Aufsplitten in verschiedene Template-Dateien

Auch wenn für ein voll funktionsfähiges WordPress-Theme die Dateien *index.php* und *style.css* bereits ausreichen, so wird man in vielen Fällen unterschiedliche Seiten im CMS individuell gestalten wollen. So möchte man beispielsweise die Kategorie-Übersicht anders als die Anzeige von Blogbeiträgen gestalten. Das kann man mit verschiedenen PHP-Dateien machen, die von der Datei *index.php* verknüpft werden.

10.5.1 Template-Hierarchie

Wenn Sie ein Theme in WordPress in verschiedene Dateien aufspalten wollen, sollte man gewisse Standardstrukturen beibehalten. WordPress „kennt" einige typische Dateien, mit denen man sein Theme einfach und übersichtlich aufsplitten kann und die auch von Standardfunktionen von WordPress direkt verwendet werden. Diese haben in der Regel die in Tab. 10.1 dargestellten Namen.

Tab. 10.1 Standarddateien in WordPress-Themes

Datei	Beschreibung
header.php	In diesem Teil eines Templates lagert man oft typische Dinge aus, die im Kopfteil einer Webseite stehen. Das sind üblicherweise Meta-Tags, der Titel sowie die Referenzen auf Stylesheets und JavaScripts.
footer.php	Der Fußbereich einer Seite steht üblicherweise am Ende der Webseite und bildet damit den Template-Abschluss. Da der Fußbereich einer Webseite von Besuchern meist kaum beachtet wird, sollten an dieser Stelle nur Daten platziert werden, die nicht ganz so wichtig sind, etwa eine Liste von Zufallsartikeln, die neuesten Kommentare etc.
sidebar.php	Die Sidebar enthält in der Regel einen Menübereich und vor allen Dingen Bereiche für verschiedene Widgets.
single.php	Sehr oft möchte man einzelne Beiträge in einem individuellen Layout darstellen. Diese Datei dient als Template für die Anzeige von Beiträgen.
page.php	Statische Seiten in WordPress sind immer wichtiger geworden. Deshalb benötigt man sehr oft ein besonderes Template für die Anzeige von solchen statischen Seiten.
comments. php	Das ist standardmäßig das Template für den Kommentarbereich und die Kommentare.
404.php	Im Fehlerfall, wenn eine Seite in dem WordPress-System nicht gefunden wurde, wird dieses Template verwendet.
search.php	Das Template für eine Suche im WordPress-System.

Neben diesen typischen WordPress-Template-Dateien kann man auch spezialisierte Dateien erzeugen, etwa spezielle Dateien für unterschiedliche Einzelseiten. Sie können auch eigene Template-Dateien mit individuellen Namen anlegen. Diese müssen Sie dann nur mit normalen PHP-Mitteln (include, require etc.) einbinden.

10.5.2 Eine neue Variante unseres Themes

Unser erstes Theme *rjslayout* ist derzeit schon in einem sinnvoll zu gebrauchenden Zustand. Für die folgenden praktischen Übungen wollen wir dieses deshalb nicht mehr weiter ändern. Stattdessen soll der vorhandene Stand kopiert und in ***rjslayout2*** umbenannt werden. Das entspricht in der Praxis einer neuen Version eines Themes. Erstellen Sie also einen neuen Ordner mit dem Namen *rjslayout2* im Ordner */wp-content/themes/*. Dort kopieren Sie den Inhalt des bisherigen Ordners *rjslayout* (oder wie Sie ihn genannt haben) hinein.

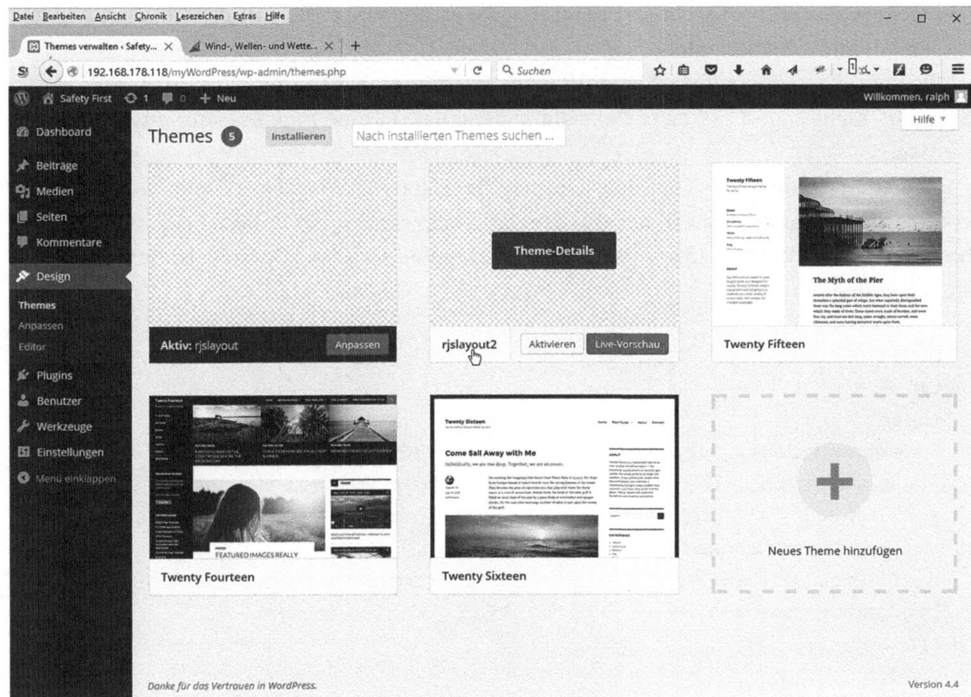

Abb. 10.6 Das neue Theme wird vom Theme Manager erkannt

In der Datei *style.css* benennen Sie im Kommentar den Namen des Themes um:

```
...
Theme Name: rjslayout2
...
```

Der Theme Manager von WordPress erkennt das neue Theme nach dem Upload sofort, auch wenn es sich nicht signifikant von dem alten Theme unterscheidet (Abb. 10.6).

10.5.3 header.php – den Kopfteil auslagern

Lagern wir nun zuerst den Kopfteil der Webseite aus. Dieser wird allgemein *Header* genannt und deshalb nennt sich unsere erste spezialisierte Template-Datei *header.php*. Allerdings muss man etwas aufpassen, denn der Header in unserem Sinn ist nicht vollkommen identisch mit dem Head-Bereich der Webseite. Dieser ist zwar ein wesentlicher Bestandteil, aber wir verstehen darunter noch mehr.

Der Header beinhaltet neben dem kompletten HTML-Head-Teil auch die einleitende DOCTYPE-Anweisung, den Beginn des Grundgerüsts mit dem einleitenden Tag html und den Beginn des body-Abschnitts, denn da gibt es noch den Div mit der Id *header*. Auch dieser soll zum Header zählen.

Da sich dieser Bereich auf allen Seiten, Beiträgen, Kategorien, Archiven etc. in der Struktur[5] nicht ändert, ist er perfekt dafür geeignet, in eine eigene Datei ausgelagert zu werden.

Zuerst muss also im Template-Ordner die Datei *header.php* erstellt werden. Dort kommt der gesamte Anteil der bisherigen Datei *index.php* hinein, der den Header beschreibt. Das kann man einfach aus der Datei *index.php* kopieren beziehungsweise ausschneiden:

```
<!DOCTYPE html>
<html>
  <head>
    <meta charset="<?php bloginfo('charset'); ?>" />
    <title><?php bloginfo('name'); ?> <?php wp_title(); ?></title>
    <link rel="stylesheet" href="<?php bloginfo('stylesheet_url'); ?>"
      type="text/css" media="screen" />
    <link rel="pingback" href="<?php bloginfo('pingback_url'); ?>" />
    <?php wp_head(); ?>
  </head>
  <body>
    <div id="wrapper">
      <div id="header"></div><!-- Header -->
```

10.5.3.1 Ein Logo und eine Tagline (Spruch) angeben

Der Bereich des Headers ist zwar strukturell vorhanden, zeigt aber noch keinen Inhalt an. Das soll nun geändert werden. Laut unserem Wireframe soll oben auf der Seite der Name der Webseite und ein passender Spruch angezeigt werden (Abb. 10.7). Diese Daten können im Backend von WordPress unter SETTINGS -> GENERAL oder auf Deutsch EINSTELLUNGEN -> ALLGEMEIN eingestellt werden und betreffen den Blog Title (Titel) und die Tagline (Untertitel).

Wenn diese Felder ausgefüllt sind, können wir mit der Standard-Funktion *bloginfo()*, die wir schon kennen, darauf zugreifen. Sie müssen in dem Fall bloß entsprechende Parameter angeben. Die Datei *header.php* soll wie folgt geändert werden:

```
<!DOCTYPE html>
<html>
  <head>
    <meta charset="<?php bloginfo('charset'); ?>" />
    <title><?php bloginfo('name'); ?> <?php wp_title(); ?></title>
```

---

[5] Inhalte werden teils dynamisch angepasst, aber das ist sogar von Vorteil.

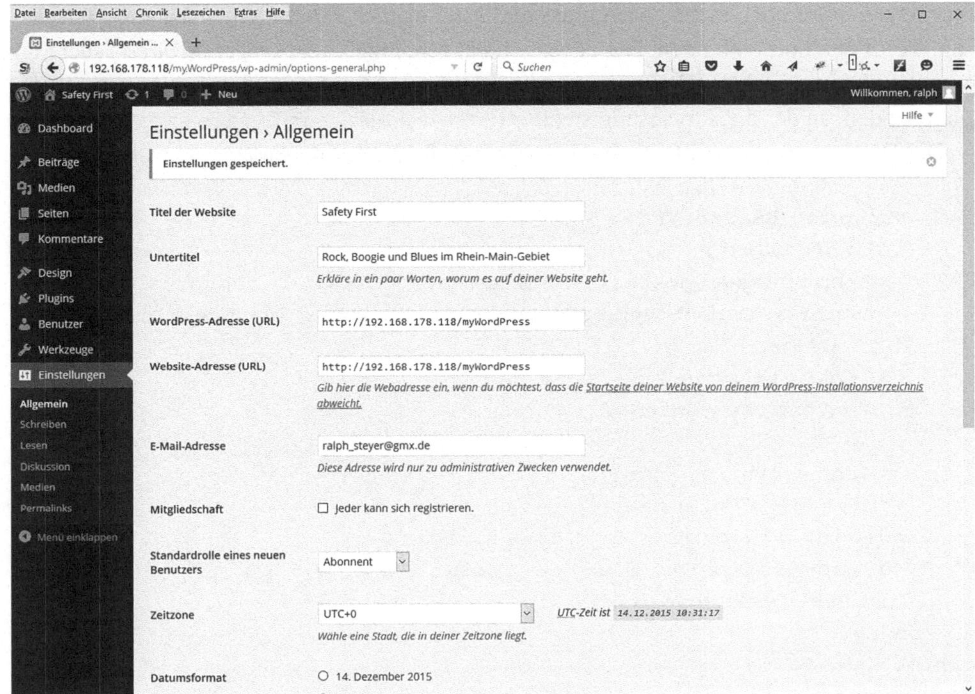

Abb. 10.7 Der Name und die Beschreibung im Dashboard

```
<link rel="stylesheet" href="<?php bloginfo('stylesheet_url'); ?>"
    type="text/css" media="screen" />
<link rel="pingback" href="<?php bloginfo('pingback_url'); ?>" />
<?php wp_head(); ?>
</head>
<body>
  <div id="wrapper">
    <div id="header">
      <h1><?php bloginfo('name'); ?></h1>
      <h3><?php bloginfo('description'); ?></h3>
    </div><!-- Header -->
```

Im h1-Tag zeigen wir den Blogtitel an. Dieser wird über den Parameter-Wert *name* ausgegeben. Die Tagline, also der Spruch des Blogs, erhält man mit dem Parameter-Wert *description*.

10.5.3.2 Die Verbindung zur Datei index.php – get_header()

In der Datei *index.php* wird der gesamte Code, der jetzt in der Datei *header.php* notiert wird, komplett weggenommen. Aber davon „weiß" unsere Datei *index.php* beziehungsweise

WordPress selbst noch nichts. Man muss die Datei *header.php* mit einer Standardfunktion von WordPress dort einbinden. Die entsprechend benannte Funktion *get_header()* sucht im Template-Ordner nach der Datei *header.php*. Wenn sie gefunden wird, wird sie an der Stelle eingebunden, an der die Anweisung steht.

Die Datei *index.php* sollte nach der Änderung folgendermaßen aussehen:

```php
<?php get_header(); ?>
<div id="main">
  <?php if (have_posts()) : while (have_posts()) : the_post(); ?>
    <h2><a href="<?php the_permalink() ?>"><?php the_title(); ?>
      </a></h2>
    <div class="entry">
     <?php the_content(); ?>
    </div>
  <?php endwhile; endif; ?>
</div><!-- Content -->
<div id="sidebar"></div><!-- Sidebar -->
<div id="footer"></div><!-- Footer -->
 </div><!-- Wrapper -->
 </body>
</html>
```

Das Template sollten wir zum Test einmal dem vorhandenen Blog oder der Webseite zuweisen. Es sollte sich nichts gegenüber dem Layout *rjslayout* geändert haben. Aber das Theme hat dennoch schon einen entscheidenden Schritt in Hinsicht auf Übersichtlichkeit, Flexibilität und Modularität nach vorne gemacht.

10.5.4 Die Datei footer.php für den Fußbereich

Vollkommen analog wie den Header lagern wir den Fußbereich des Themes aus. Mit der neu zu erstellenden Datei *footer.php* wird unser Template abgeschlossen. Darin platzieren wir unter anderem die abschließenden HTML-Tags für <html> und <body>, sowie das schließende Div-Element für die Wrapper-Box. Aus unserer jetzigen index.php schneiden wir den genannten Teil aus und fügen ihn in die Datei *footer.php* ein:

```php
<div id="footer"></div><!-- Footer -->
 </div><!-- Wrapper -->
<?php wp_footer(); ?>
 </body>
</html>
```

Dabei sollte Ihnen eine neue Funktion *wp_footer()* auffallen. Die Funktion ist genau wie *wp_head()* ein sogenannter Template- „Hook", weil einige Plug-ins diesen benötigen.

10.5.4.1 Die Verbindung zur Datei index.php – get_footer()

Auch beim Fußbereich brauchen wir natürlich wieder die Verbindung mit der Datei *index. php*. Wie beim Header gibt es eine Standardfunktion, die sich am Namen der PHP-Datei orientiert und deshalb *get_footer()* heißt. Damit binden wir die Datei *footer.php* in unsere *index.php* ein. Das soll die neue Version der Datei *index.php* sein:

```
<?php get_header(); ?>
<div id="main">
  <?php if (have_posts()) : while (have_posts()) : the_post(); ?>
    <h2><a href="<?php the_permalink() ?>"><?php the_title(); ?>
      </a></h2>
    <div class="entry">
      <?php the_content(); ?>
    </div>
  <?php endwhile; endif; ?>
</div><!-- Content -->
<div id="sidebar"></div><!-- Sidebar -->
<?php get_footer(); ?>
```

10.5.5 Die Sidebar auslagern mit sidebar.php

Auch die Sidebar eines Themes kann man hervorragend von der Datei *index.php* abspalten. Aber dazu sollte man dort auch ein paar typische WordPress-Elemente für den Bereich auf der rechten Seite unterbringen.

Die meisten Standard-Themes platzieren dort folgende Elemente:

- Meta-Daten (Login/Logout, RSS, etc.)
- Verknüpfungen zu statischen Seiten
- Kategorien
- Kommentare
- Letzte Artikel
- Ein Archiv

Dies kann im Detail aber abweichen. Die Basis sind in jedem Fall verschiedene Standardfunktionen von WordPress (Abb. 10.8) sowie die klassischen Widgets, die Sie in die Sidebar einbinden können.

Wir legen als erstes wieder eine neue Datei im Theme-Ordner an – die Datei *sidebar. php* in dem Theme-Ordner *rjslayout2*.

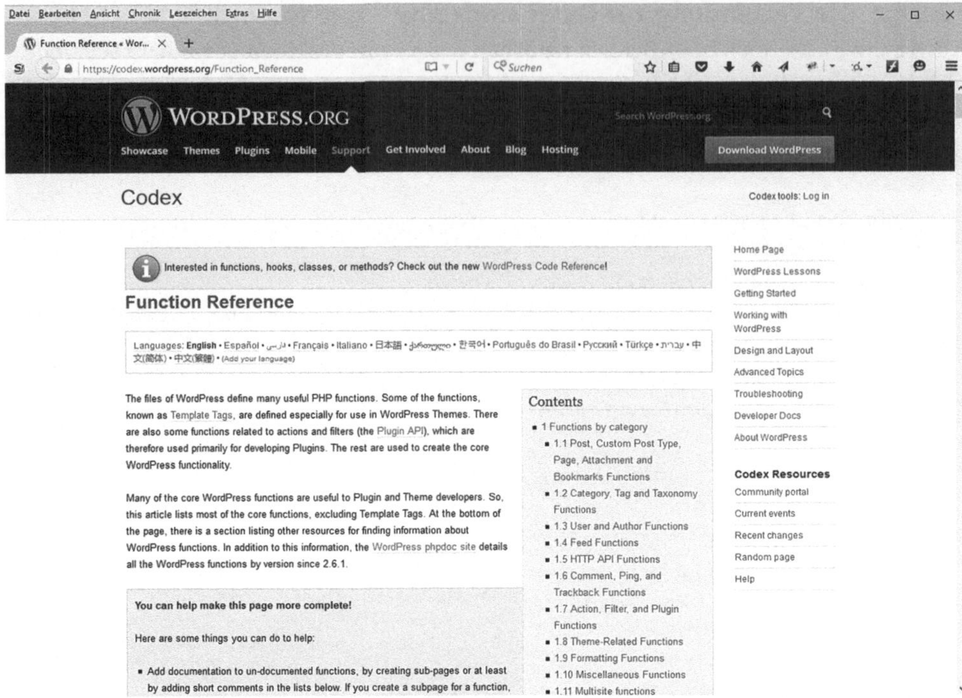

Abb. 10.8 Die Funktionsreferenz von WordPress

In der Sidebar dieses Themes wollen wir nur zwei Dinge anzeigen, um die Sache einfach zu halten:

1. ein Login-Formular, mit dem ein Besucher sich anmelden kann sowie
2. ein Archiv.

10.5.5.1 Das Login-Formular mit wp_login_form()

Die Standardfunktion *wp_login_form()* zeigt ein einfaches Anmeldeformular an, über das sich ein Besucher für das Backend im System anmelden kann. Wir kennen das als Meta-Widget.

10.5.5.2 Mit wp_get_archives() ein Archiv anzeigen

Das Archiv ist eine typische Erkennungsmarke für einen Blog. Meist wird eine Liste der letzten Monate chronologisch absteigend aufgelistet. Mit der Funktion *wp_get_archives()* binden wir ein einfaches Archiv in die Sidebar ein. Die Default-Werte geben ein Monats-Archiv aus, man kann aber auch ein Wochen oder sogar Tages-Archiv anzeigen lassen. Die Datei *sidebar.php* soll nun so aussehen:

```
<h2>Anmeldung</h2>
<div class="aside">
  <?php wp_login_form( ); ?>
</div>
<h2>Archiv</h2>
<ul>
  <?php wp_get_archives('type=monthly'); ?>
</ul>
```

Wir verwenden zur Gestaltung des Anmeldeformulars eine neue CSS-Klasse aside und die ergänzen wir noch schnell in der CSS-Datei *style.css*:

```
...
.aside{
  border-style:solid;
  border-width:1pt;
  -webkit-border-radius: 5px;
  -moz-border-radius: 5px;
  border-radius: 5px;
  padding-left:20px;
  padding-right:35px;
  padding-top:5px;
  padding-bottom:5px;
}
```

10.5.5.3 Die Sidebar mit get_sidebar() einbinden

Um die Sidebar in die Datei *index.php* einzubinden, verwendet man die Funktion *get_sidebar()*. Unsere neue Version der Datei *index.php* sieht so aus:

```
<?php get_header(); ?>
<div id="main">
  <?php if (have_posts()) : while (have_posts()) : the_post(); ?>
    <h2><a href="<?php the_permalink() ?>"><?php the_title(); ?>
      </a></h2>
    <div class="entry">
      <?php the_content(); ?>
    </div>
  <?php endwhile; endif; ?>
</div><!-- Content -->
<div id="sidebar">
    <?php get_sidebar(); ?>
</div><!-- Sidebar -->
<?php get_footer(); ?>
```

Betrachten wir das neue Layout in der Vorschau oder dem Frontend (Abb. 10.9).

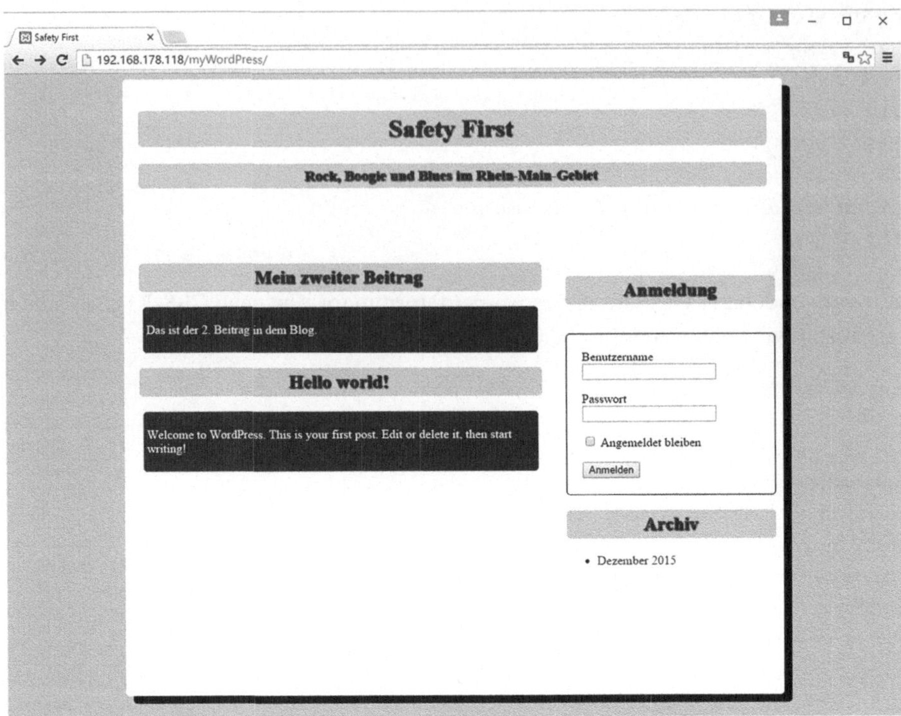

Abb. 10.9   Das neue Layout der Seite mit der Sidebar

10.6   Spezielle Seiten

Nun ist die Datei *index.php* mit den darin eingebunden externen PHP-Dateien in vielen Fällen bereits ausreichend. Aber es gibt noch ein paar spezielle Dateien, die insbesondere für drei Situationen normalerweise zu jedem Template dazu gehören:

- eine Datei für einzelne Beiträge,
- eine Datei für statische Seiten und
- eine Datei für den Fall, dass eine Seite oder ein Inhalt nicht gefunden wurde

▶ Weitere Dateien, die bei vielen Templates dabei sind, sind *search.php* für eine Suchseite und *comments.php*, um Kommentare zu Beiträgen zu schreiben und anzuzeigen. Darüber hinaus gibt es noch weitere Template-Standard-Dateien, für die aber auf die Dokumentation verwiesen wird (https://developer. wordpress.org/themes/basics/template-hierarchy/).

10.6.1 Die Datei single.php – das Template für Beiträge/Posts

Die Basis jedes Themes in WordPress ist wie gesagt die Datei *index.php*. Wenn WordPress jedoch einen einzelnen Beitrag anzeigen soll, wird defaultmäßig erst mal nach der Datei *single.php* gesucht. Wenn WordPress sie findet, benutzt das System diese Template-Datei, um eine Seite für den Beitrag anzuzeigen. Nur wenn diese nicht da ist, greift WordPress als Fallback auf die Datei *index.php* zur Anzeige zurück. Dies ist bislang bei uns immer so der Fall, doch das wollen wir nun ändern.

Dazu legen wir erst einmal die Datei *single.php* im Template-Ordner als reine Kopie der Datei *index.php* an. Danach sollten zwei Dateien mit identischem Code vorliegen. Aber die Datei *single.php* sollte natürlich modifiziert werden.

10.6.1.1 Autor, Datum und Kategorie

Unterhalb des Titels eines Beitrags sollen der Namen des Autors, das Datum der Veröffentlichung und die Kategorie des Beitrags angezeigt werden (Abb. 10.10). Um diese Informationen zu bekommen, gibt es wieder eine Reihe von Standardfunktionen in WordPress, die man in einer Vorgabefunktion nutzen oder auch durch Parameter anpassen kann:

- Mit *the_date(‚d.m.Y‘)* bekommt man das Datum, wann der Artikel erstellt wurde. Dabei legen wir mit dem Parameter ein Format fest, dass zuerst der Tag (**day**), dann der Monat (**month**) und dann das Jahr (**year**) folgen soll und die Daten durch jeweils einen Punkt getrennt werden.
- Mit *the_author()* erhält man den Autor des Beitrags.
- Mit *the_category(‚, ‚)* erhält man eine kommaseparierte Liste der Kategorien, mit denen der Beitrag assoziiert ist.

Der Code von *single.php* sieht also so aus:

```
<?php get_header(); ?>
<div id="main">
```

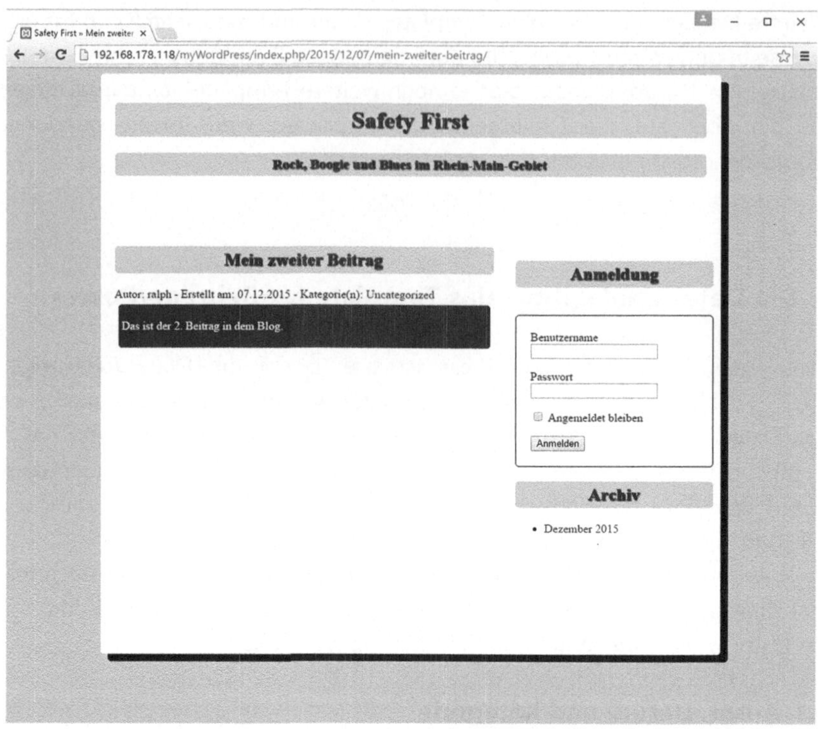

Abb. 10.10 Das Layout einer Seite für einzelne Beiträge

```php
<?php if (have_posts()) : while (have_posts()) : the_post();
?>
<h2><a href="<?php the_permalink() ?>"><?php the_title(); ?></a></
h2>
<div>
   Autor: <?php the_author(); ?>
   - Erstellt am: <?php the_date('d.m.Y'); ?>
   - Kategorie(n): <?php the_category(', '); ?>
</div>
<div class="entry">
   <?php the_content(); ?>
</div>
<?php endwhile; endif; ?>
</div><!-- Content -->
<div id="sidebar">
   <?php get_sidebar(); ?>
</div><!-- Sidebar -->
<?php get_footer(); ?>
```

10.6.2 page.php – Template für Seiten/Pages

WordPress ist zwar ursprünglich als Blog-System entwickelt worden, aber mittlerweile wird es immer mehr zum Erstellen von „normalen" Webseiten verwendet. Entsprechend passt die Blog-Struktur der Datei *index.php* mit der chronologischen Anzeige von Beiträgen für diese Fälle nicht. Stattdessen benötigt man ein Template für statische Seiten. Und dieses wird in WordPress standardmäßig *page.php* genannt. Diese wird von WordPress automatisch gesucht, wenn eine statische Seite angezeigt werden soll. Nur wenn es die nicht gibt, wird wieder die Datei *index.php* als Fallback verwendet.

Der Grundaufbau der Seite *page.php* kann allerdings vollkommen dem der Datei *index.php* oder auch *single.php* entsprechen. Es kommt darauf an, ob der Autor, das Datum, Kommentare etc. auftauchen sollen oder nicht. Dann packen Sie einfach diese Standardfunktionen in die Datei *page.php* oder eben nicht. Ebenso können Sie natürlich weitere Standardfunktionen und individuelle HTML-, JavaScript- und CSS-Elemente verwenden, wenn Ihnen das sinnvoll erscheint. Ebenso können Sie auch gewisse Elemente wegnehmen.

Wir wollen die Sache hier aber einfach halten und beschränken uns auf diese folgende einfach gehaltene Datei *page.php*. Es gibt keine Kommentare oder Hinweise auf den Autor und zudem entfällt die Sidebar, was man oft bei statischen Seiten macht (Abb. 10.11). Aber wie gesagt – das ist im Grunde ausschließlich Ihr persönlicher Anspruch, was Sie da neben den statischen Inhalten sehen wollen.

```php
<?php get_header(); ?>
<div id="main">
  <?php if (have_posts()) : while (have_posts()) : the_post();
  ?>
  <h2><a href="<?php the_permalink() ?>"><?php the_title(); ?></a></h2>
  <div class="entry">
    <?php the_content(); ?>
  </div>
  <?php endwhile; endif; ?>
</div><!-- Content -->
<div id="sidebar"></div><!-- Sidebar -->
<?php get_footer(); ?>
```

10.6.3 Die Fehlerseite 404.php

Es gibt in WordPress auch ein extra Fehler-Template. Diese Datei wird *404.php* benannt. Wenn etwa ein Link tot ist oder der Anwender in der Adresszeile des Browsers einen falschen URL angibt, bekommt der Benutzer als Antwort diese Datei angezeigt.

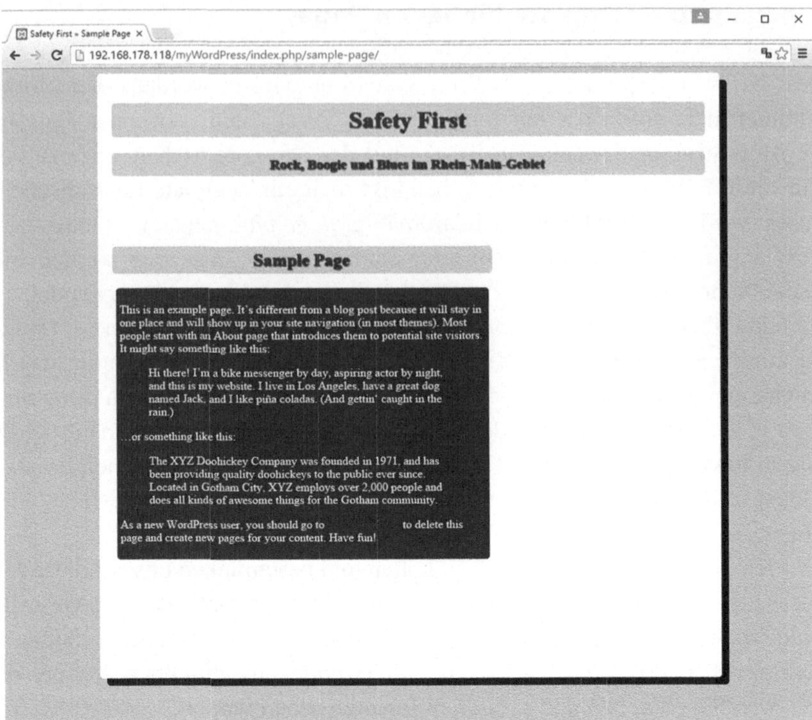

Abb. 10.11 Das Layout einer statischen Seite

Von der Struktur her ist die Datei vollkommen analog zu den Dateien *index.php*, *single.php* oder *page.php* aufgebaut. Sie binden wieder einfach die üblichen Standardelemente ein. Aber im Content-Bereich erhält ein Besucher qualifizierte Hinweise auf die fehlende Seite statt der üblichen Daten aus der Datenbank. Außerdem empfiehlt es sich, eine Kontaktinformation anzugeben, damit Besucher Sie auf fehlende Seiten hinweisen können, sowie diverse weitere Informationen, damit die Seite nicht so „leer" erscheint (etwa eine Liste mit den letzten Beiträgen, eine Sucheingabe etc.).

Wir beschränken uns hier nur auf den Hinweis, dass die Seite nicht gefunden wurde und die Angabe einer E-Mail-Adresse (Abb. 10.12).

```php
<?php get_header(); ?>
<div id="main">
  <h2>Es tut uns leid, aber die Seite wurde nicht gefunden</h2>
  <div>
    Sind Sie sicher, dass Sie die richtige Adresse gewählt haben? Dann <a
href="mailto:ralph.steyer@rjs.de?subject=<?php    echo    get_bloginfo
('name'); ?>">informieren</a> Sie uns über den Fehler. Wir sind für solche
Hinweise dankbar.
  </div>
```

Abb. 10.12 Eine individuelle Fehlerseite

```
</div><!-- Content -->
<div id="sidebar">
  <?php get_sidebar(); ?>
</div><!-- Sidebar -->
<?php get_footer(); ?>
```

10.6.4 Templates optimieren

Für richtig ansprechende Themes ist es oft sinnvoll, wenn Sie zusätzliche Bibliotheken einbinden. Das können JavaScript-Frameworks wie jQuery (https://jquery.com/) und jQuery UI (https://jqueryui.com/) sein, aber auch spezielle CSS-Bibliotheken. Im Umfeld von WordPress wird oft Blueprint CSS (http://www.blueprintcss.org/) verwendet. Dieses sorgt vor allen Dingen für eine saubere Grundformatierung und ein identisches Aussehen in allen wichtigen Browsern. Wir wollen für eine Weiterentwicklung unseres Themes Blueprint CSS mit einbinden.

10.6.4.1 Wieder eine neue Variante unseres Themes

Unser zweites Theme *rjslayout2* haben wir nun ziemlich weit entwickelt und wollen es wieder „einfrieren". Das bedeutet mit anderen Worten, dass wir wiederum eine neue Version erzeugen und dazu ein neues Theme erstellen, das auf diesem Theme *rjslayout2* basiert. Erstellen Sie also einen neuen Ordner mit dem Namen *rjslayout3* im Ordner */wp-content/themes/*. Da hinein kopieren Sie den Inhalt des bisherigen Ordners *rjslayout2* (oder wie Sie ihn genannt haben).

In der Datei *style.css* benennen Sie wieder im Kommentar den Namen des Themes um:

```
...

Theme Name: rjslayout3

...
```

10.6.4.2 Blueprint CSS runterladen & installieren

Zuerst laden wir das Blueprint CSS Framework als Archiv herunter. Wenn Sie dies entpacken, erhalten Sie ziemlich viele Dateien und Ordner, von denen wir für unsere Zwecke ausschließlich den Unterordner „blueprint" benötigen. Den kopieren wir unverändert in den Template-Ordner *rjslayout3*.

10.6.4.3 Die neuen Stylesheets einbinden

Damit das Template die Stylesheets auch verwendet, müssen wir sie noch in die Datei *header.php* einbinden. Das geht vollkommen analog zu den Einbindungen anderer CSS-Dateien. Beachten Sie aber, dass die CSS-Datei des Frameworks *vor* der CSS-Datei *style.css* eingebunden werden sollte:

```html
<!DOCTYPE html>
<html>
  <head>
    <meta charset="<?php bloginfo('charset'); ?>" />
    <title><?php bloginfo('name'); ?> <?php wp_title(); ?></title>
    <link rel="stylesheet" href="<?php bloginfo('template_directory');
?>/blueprint/screen.css"
type="text/css" media="screen, projection">
    <link rel="stylesheet" href="<?php bloginfo('template_directory');
?>/blueprint/print.css"
type="text/css" media="print">
    <!--[if lt IE 8]><link rel="stylesheet" href="<?php bloginfo
('template_directory');     ?>/blueprint/ie.css"     type="text/css"
media="screen, projection"><![endif]-->
    <link rel="stylesheet" href="<?php bloginfo('stylesheet_url'); ?>"
      type="text/css" media="screen" />
    <link rel="pingback" href="<?php bloginfo('pingback_url'); ?>" />
```

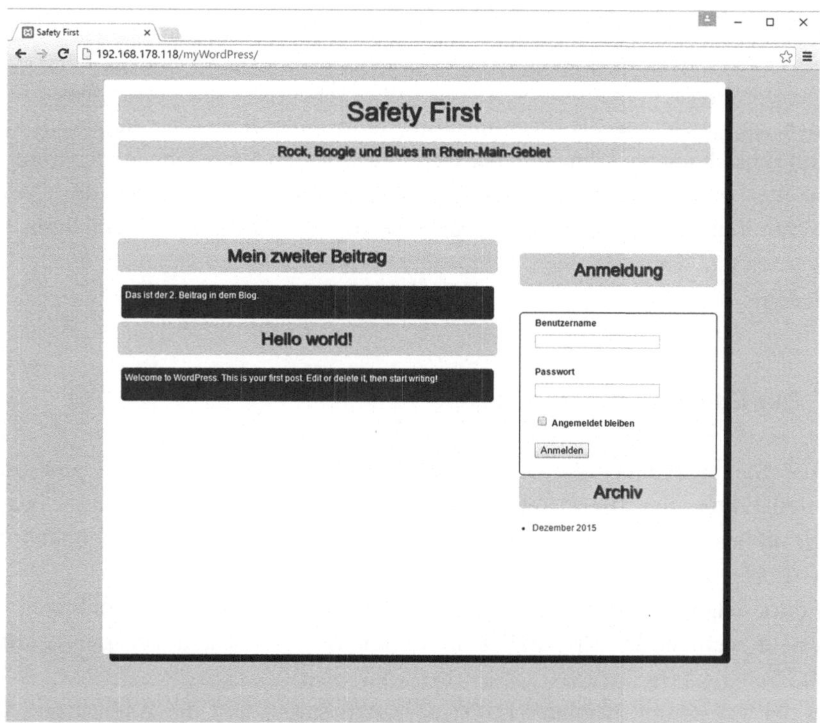

Abb. 10.13 Ein abgesichertes und etwas runderes Design

```php
    <?php wp_head(); ?>
  </head>
  <body>
    <div id="wrapper">
      <div id="header">
    <h1><?php bloginfo('name'); ?></h1>
    <h3><?php bloginfo('description'); ?></h3>
      </div><!-- Header -->
```

Die Änderungen in Ihrem Layout werden nicht gravierend sein, aber browserspezifische Abweichungen sollten kompensiert werden und das Design ist insgesamt „runder" (Abb. 10.13).

Sie können natürlich auch beliebige andere CSS-Frameworks und Dateien auf diese Weise zur Optimierung Ihres Themes verwenden.

10.7   Bestehende Theme-Codes anpassen

Für WordPress gibt es zahlreiche vorgefertigte Themes. Wir haben diese ja schon besprochen und auch, wie Sie diese installieren, aus WordPress heraus visuell konfigurieren und für sich nutzen können. Aber wenn Sie von den vorgegebenen Konfigurationsmöglichkeiten eines Themes abweichen wollen, dann müssen Sie auf die Codeebene gehen. Dazu können Sie entweder die Dateien des Themes per FTP auf Ihren lokalen Rechner laden und dann mit einem Editor Ihrer Wahl bearbeiten und dann wieder auf den Server laden.

10.7.1 Der Editor in WordPress

Oder aber Sie bearbeiten die Dateien in WordPress selbst. Denn da gibt es einen integrierten Editor, um alle Dateien eine Templates direkt im Browser zu bearbeiten und dann auf dem Server zu speichern. Im Menü finden Sie unter dem Menüpunkt Design den Link Editor (Abb. 10.14).

Im Editor sehen Sie dann alle Template-Dateien, die von einem konkreten Theme bereitgestellt werden. Durch Anklicken wählen Sie eine Datei zur Bearbeitung aus (Abb. 10.15).

Nach der Anpassung wählen Sie Datei aktualisieren und die Änderungen werden übernommen.

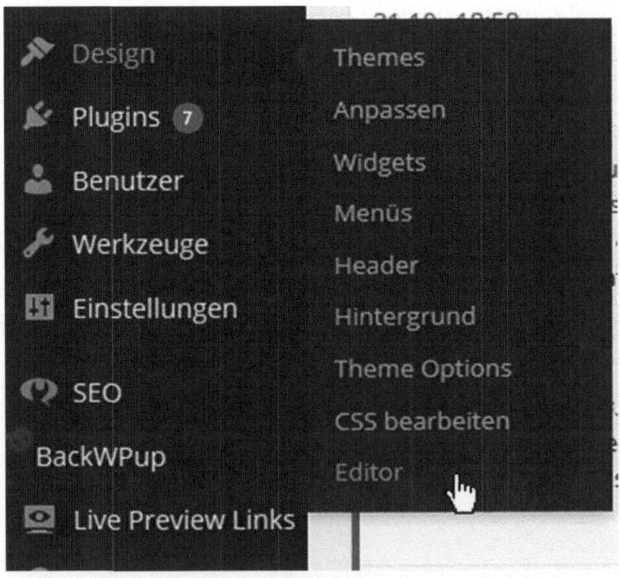

Abb. 10.14 Das Theme können Sie direkt in WordPress anpassen

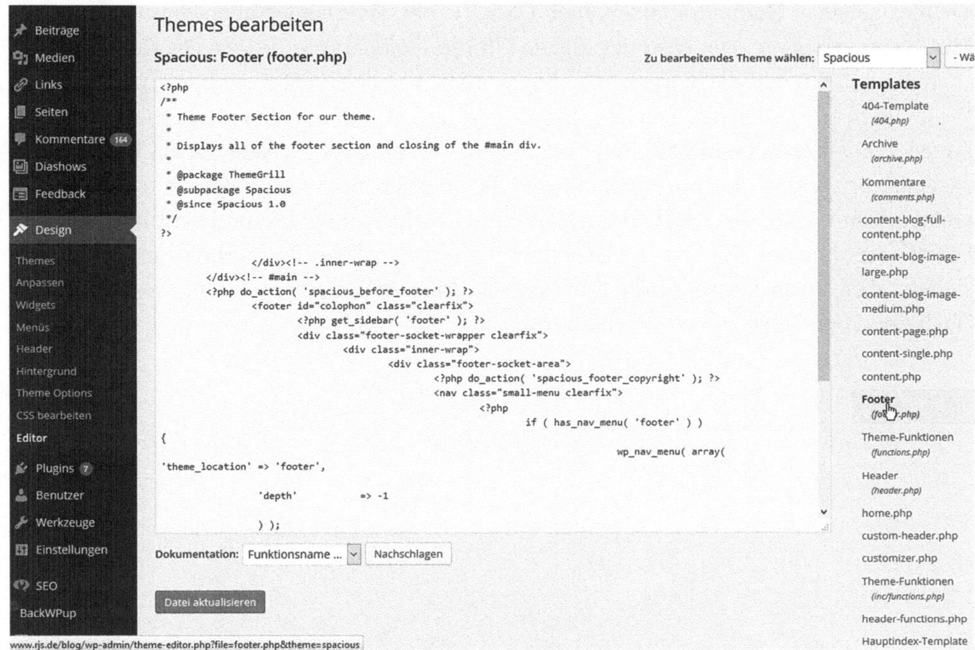

Abb. 10.15 Im Editor wählen Sie eine Datei zur Bearbeitung aus

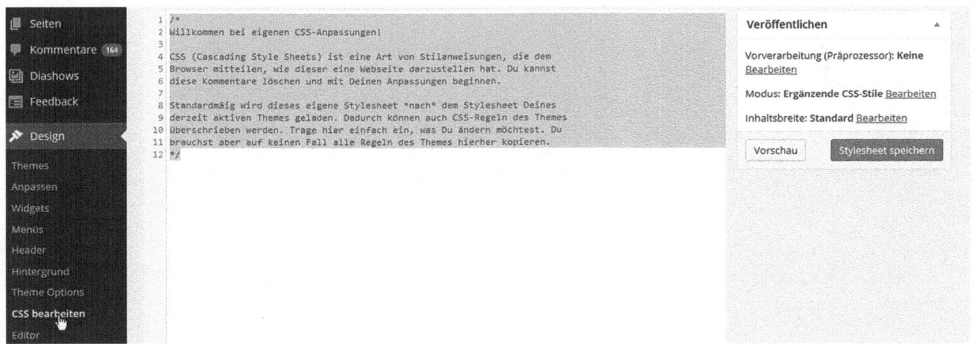

Abb. 10.16 Dem Theme ein eigenes Stylesheet hinzufügen

10.7.2 Neue CSS hinzufügen

Mit dem Link CSS BEARBEITEN können Sie zusätzliche eigene CSS-Anpassungen eines
Themes vornehmen (Abb. 10.16). Das bedeutet, dass man zu dem Standard-CSS des
Themes ein weiteres CSS mit eigenen Regeln ergänzt. Standardmäßig wird dieses
eigene Stylesheet aber erst nach dem Standard-Stylesheet des derzeit aktiven

Themes geladen. Dadurch können auch CSS-Regeln des Themes überschrieben werden. Mit STYLESHEET SPEICHERN wird das eigene CSS gespeichert und in das Theme integriert.

Wie auch immer Sie vorgehen – Sie werden bei den vorgefertigten Templates im Wesentlichen die gleichen Dateien, Strukturen und WordPress-Standardfunktionen vorfinden, die wir eben beim Erstellen eines eigenen Templates gesehen haben. Oder anders ausgedrückt: Wenn Sie ein eigenes (und wenn auch nur einfaches) Theme erstellen können, dann sollte die Bearbeitung von einem vorhandenen Theme leicht fallen. Unter Umständen müssen Sie die API-Dokumentation der WordPress-Funktionen zu Rate ziehen, aber ansonsten sollte die Aufgabe – auch mit den Kenntnissen, die Sie in dem Buch erworben haben – von Ihnen zu lösen sein.

Anhang: Background-Informationen zu WordPress und Quellen

Ralph Steyer

Zusammenfassung

In diesem Anhang finden Sie verschiedene ergänzende Informationen zu WordPress und zu wichtigen Grundlagentechnologien im Web sowie die Zusammenfassungen und Erläuterungen wichtiger Fakten und Fachbegriffe.

Grundlagentechniken im WWW

WordPress basiert serverseitig auf PHP und MySQL als DBMS. Im Browser kommen hingegen neben Content in reiner Textform HTML, CSS und JavaScript sowie diverse multimediale Dateien an – wie bei jeder anderen Webseite auch. In dem Abschnitt des Anhangs finden Sie einen kurzen Einstieg in diese Grundlagentechniken. Sie können sowohl beim Anlegen von besonders aufbereiteten Inhalten in WordPress im Backend als auch beim Anpassen und Erstellen von Vorlagen oft nicht darauf verzichten, dass Sie direkt mit den Techniken arbeiten. Oder anders ausgedrückt: Wenn Sie von den vorgegebenen Wegen in WordPress abweichen, eigene Ideen integrieren oder das System ausreizen und anpassen wollen, benötigen Sie gewisse Grundlagen in PHP, HTML, CSS und JavaScript.

> ▶ Das kann und soll hier im Anhang natürlich keine vollständige Einführung in diese Techniken werden, aber zumindest ein grober Überblick beziehungsweise Einstieg.

© Springer Fachmedien Wiesbaden 2016
R. Steyer, *WordPress*, DOI 10.1007/978-3-658-12830-2

HTML und XHTML

Wann immer Sie eine Webseite im Browser sehen, wird das im Kern HTML oder XHTML sein. Dazu kommen zwar diverse andere Dateiformate wie Style Sheets, JavaScripts, Bilder, Videos, Animationen etc., aber das alles wird in ein Gerüst aus HTML/XHTML eingebettet. Um es ganz deutlich zu formulieren: Ohne HTML/XHTML gibt es kein WWW und keine Webseiten. Das sollte die Bedeutung klar machen.

HTML ist von seiner Struktur her eine **Dokumentbeschreibungssprache** mit einem festgelegten Satz von Anweisungen, mit der im Wesentlichen die logischen Strukturen eines Dokuments beschrieben werden. Derzeit wird gerade die Version 5 (HTML5) im Web eingeführt, aber auf absehbare Zeit werden viele Browser, die in der realen Welt im Einsatz sind, noch auf den Standard HTML4 beschränkt sein und maximal vereinzelte Neuerungen von HTML5 unterstützen.

HTML-Dateien selbst bestehen immer aus reinem Klartext ohne irgendwelche Formatierungen zur Gestaltung des Quellcodes. Damit sind HTML-Dokumente plattformunabhängig. Eine HTML-Datei muss jedoch im Browser **interpretiert** werden, um dem Dokument eine über reinen Text hinausgehende Bedeutung zu verleihen. Dabei kann man auch binäre Ressourcen wie Bilder, Videos oder Tondateien durch Verknüpfung verwenden, die eingebunden und dargestellt bzw. wiedergegeben, aber selbst nicht interpretiert werden.

▶ Eine statische Webseite ist ein Klartextdokument, das in der Regel mit der Dateierweiterung.*html* versehen ist. Das ist nicht mit dem Verständnis einer statischen Seite in WordPress zu verwechseln.

HTML verfügt nun im Gegensatz zu vollständigen Programmier- oder Skriptsprachen (wie etwa PHP oder JavaScript) über keine Kontrollstrukturen in Form von Bedingungen, Sprüngen oder Schleifen. Es gibt keinen Programmfluss in dem Sinn, wie er bei Programmen oder Skripten vorkommt. Ein HTML-Dokument wird einfach vom Browser von oben nach unten abgearbeitet und dabei wird es interpretiert.

Ebenso werden Sie in HTML keine Variablen finden (im engeren Sinn – Formularfelder kann man im weiteren Sinn als Variablen verstehen).

Es gibt ebenfalls keine Befehle im Sinne von Befehlsworten, die eine Aktion auslösen. Allerdings beinhaltet HTML ab der Version 4 Schlüsselworte, die Voraussetzung für das Aufrufen von Funktionen sind (so genannte **Eventhandler**). Ein solcher Eventhandler dient in HTML aber zum Aufruf von Funktionen wie JavaScripts und nicht zu einer Programmflusssteuerung auf Basis von HTML.

Nun werden auch Dokumentenbeschreibungssprachen wie HTML über die Zeit immer weiterentwickelt. Es gibt dementsprechend eine Vielzahl von Browsern, die spezielle Varianten von HTML verstehen, die für andere Browser unbekannt sind. Zudem gibt es über die gesamte Existenz des WWW immer ältere Browser, die Befehle neuerer Sprachversionen nicht kennen (können), da zu deren Entstehungszeit die entsprechenden Befehle noch nicht vorhanden waren. Kurz gefasst: Es gibt also Befehle, die der eine Browser kennt, der andere jedoch nicht. Gerade der aktuelle Übergang von HTML4 zu HTML5 ist wieder so eine Phase, in der auf viele Jahre hinaus Browser mit unterschiedlichen Fähigkeiten parallel verwendet werden.

Das Prinzip der Fehlertoleranz

Was soll nun aber geschehen, wenn ein Browser eine Webseite mit einer Anweisung lädt, die er nicht versteht. Abstürzen? Oder eine Fehlermeldung bringen, mit der üblicherweise kein Anwender etwas anfangen kann?

Es gibt noch eine dritte Lösung – ein Browser kann unbekannte Befehle einfach ignorieren. Das mag zwar erst einmal nicht besonders positiv erscheinen, ist aber – zumindest bei der Beschreibung von Dokumenten – eine sehr vernünftige Vorgehensweise. Das Ignorieren von unbekannten Anweisungen durch den Browser basiert auf dem **Prinzip der Fehlertoleranz**, welches zu den fundamentalen Eckdaten der Interpretation von HTML respektive dem gesamten WWW gehört.

Vereinfacht gesagt veranlasst das Prinzip der Fehlertoleranz Programme zur Auswertung von HTML-Dokumenten, bei der Interpretation so fehlertolerant wie irgend möglich zu sein. Der äußerst positive Effekt ist, dass dann auch syntaktisch unkorrekte Dokumente oder Dokumente mit unbekannten Anweisungen so weit wie möglich ausgewertet werden können. Soweit Browser korrekte beziehungsweise bekannte Anweisungen vorfinden, werden diese Anweisungen ausgeführt. Falsche, unbekannte oder unvollständige Anweisungen werden ganz einfach ignoriert. Im ungünstigsten Fall bleibt reiner, unformatierter Text über und damit jedoch die eigentliche Information einer Webseite weitgehend erhalten.

Und das Prinzip der Fehlertoleranz sorgt ebenso dafür, dass fehlende Elemente in einer HTML-Seite quasi automatisch vom Browser im Hintergrund ergänzt werden, wenn die Ergänzung eindeutig möglich ist. Dies ist zum Beispiel der Grund, warum auch Webseiten ohne Grundgerüst im Browser angezeigt werden – meist gänzlich ohne Probleme.

XML und XHTML – die Abschaffung des Prinzips der Fehlertoleranz

Lassen Sie uns festhalten: Das Prinzip der Fehlertoleranz vereinfacht die Bereitstellung von Informationen erheblich und hat in der Anfangszeit ohne Zweifel erst den Erfolg des Webs ermöglicht. Allerdings verlieren solche nur lose reglementierten Klartextdokumente die Möglichkeit, zuverlässig von automatischen Analysesystemen ausgewertet zu werden. Und natürlich geht ein Stück Information verloren, wenn es keine Eindeutigkeit von Strukturen gibt.

Aus dem Grund wurde bereits in den 90er-Jahren HTML mittels **XML** XHTML (Extensible **H**ypertext **M**arkup **L**anguage) redefiniert. XML (Extensible Markup Language – engl. „erweiterbare Auszeichnungssprache") ist eine allgemeine Auszeichnungssprache zur Darstellung hierarchisch strukturierter Daten in Form von Textdateien. Bei XHTML wurde damit das Prinzip der Fehlertoleranz explizit abgeschafft! Das war im Grunde der hauptsächliche Fortschritt von XHTML, obgleich es vielen Webseitenerstellern als Nachteil erschienen ist und letztendlich zum Scheitern von XHTML geführt hat. Untersuchungen zeigen, dass die Verbreitung von echten XHTML-Seiten im niedrigen einstelligen Prozentbereich liegt.

HTML5 versucht erneut das Prinzip der Fehlertoleranz zu entkräften, aber nicht so radikal wie XHTML, sondern mehr praxisorientiert.

▶ In dem Buch wird grundsätzlich HTML als Oberbegriff für HTML und XHTML verwendet – es sei denn, XHTML wird explizit erwähnt.

Die Syntax von HTML

Betrachten wir nun einige wichtige Fragen zur grundsätzlichen Syntax von HTML.

Steueranweisungen und Tags

HTML wird mit Hilfe sogenannter **Steueranweisungen** beschrieben. HTML-Steueranweisungen selbst sind wiederum aus sogenannten **Tags** aufgebaut. Ein Tag beginnt immer mit einer geöffneten spitzen Klammer < und endet mit der geschlossenen spitzen Klammer >. Im Inneren der beiden Klammern befindet sich der konkrete Befehl (der Name eines HTML-Elements).

Ein Tag kann unter HTML sowohl klein als auch groß geschrieben werden. Auch Mischen von Groß- und Kleinbuchstaben ist erlaubt. Das hat absolut keine unterschiedliche Auswirkung. Dies gilt jedoch nicht für XHTML. Dort werden Anweisungen ausschließlich klein geschrieben.

▶ Um konform zu den strengen XHTML-Regeln die Webseiten zu erstellen, sollten Sie in neuen Seiten Steueranweisungen ausschließlich klein schreiben beziehungsweise Ihren HTML-Editor so konfigurieren, dass er das im Hintergrund automatisch macht. XHTML-Regeln einzuhalten ist niemals von Nachteil, denn auch für ältere Browser ist das dann eben einfach nur (besseres) HTML.

Anfang- und Ende-Tag

In HTML gibt es zwei Formen von Tags:

1. Einen einleitenden Tag (Anfangs-Tag oder Beginn-Tag genannt).
2. Einen beendenden Tag (Abschluss-Tag oder Ende-Tag genannt).

Der einleitende Tag öffnet eine Anweisung, während der beendende Tag sie wieder ausschaltet.

Beide Tags sehen fast identisch aus, außer dass beim beendenden Tag dem Tag-Befehl ein Zeichen vorangestellt wird – der Slash (Schrägstrich)/. Der öffnende Tag <h2> würde mit </h2> wieder geschlossen.

Wenn beide Tags angegeben werden, bilden Sie immer einen **Container** (in XML wird dieser Container **Element** genannt und diese Bezeichnung kann man auch unter HTML verwenden). Dies bedeutet, die im einleitenden Tag angegebene Anweisung (etwa eine Formatierung) wirkt sich auf sämtliche Dinge (Objekte) aus, die sich im Inneren des Containers befinden. Dies wird in vielen Fällen ein Text sein, es kann sich aber auch um eine Grafik oder andere Multimediaobjekte handeln. Der Ende-Tag hebt die Wirkung eines Anfang-Tags auf.

> ▶ In reinem HTML werden die meisten Tags paarweise vorkommen und damit Containerelemente bilden. Es gibt jedoch einige Situationen, in denen HTML-Tags keine Container bilden oder Sie vergessen, ein Ende-Tag anzugeben. In einigen Fällen greift das Prinzip der Fehlertoleranz. Das betrifft die Tags, die nach offizieller Vorgabe paarweise auftreten müssten, aber deren Wirkungs-ende sich auch ohne Abschluss-Tag auf Grund einer anderen Situation eindeu-tig ergibt (etwa bei Listen – ein neuer Listeneintrag beendet den vorherigen). Der andere Fall betrifft die HTML-Tags, die gar keinen offiziellen Abschluss-Tag haben (etwa ein Zeilenvorschub mit dem Tag <br> oder eine horizontale Trennlinie mit <hr>). In XHTML muss aber jeder Tag mit einem Abschluss-Tag versehen oder explizit als sogenanntes leeres Element definiert werden (etwa so: <br/> oder
</br>).

Container beziehungsweise Elemente können beliebige – sinnvolle – andere Tags (sogenannte Kindelemente) enthalten, aber die Reihenfolge der Auflösung sollte einge-halten werden! Wenn ein Container weitere Container enthält, sollten diese wieder von innen nach außen beendet werden – in umgekehrter Reihenfolge der Einleitungs-Tags. Man nennt so eine Möglichkeit der Verschachtelung von Elementen ein Strukturmodell. In HTML ist das aber sehr locker formuliert und eine falsche Verschachtelung wird durch das Prinzip der Fehlertoleranz auch stark abgemildert.

> ▶ In XHMTL ist das Einhalten der richtigen Reihenfolge beim Schließen von Ele-menten zwingend. Ebenso ist hier ziemlich genau festgelegt, welche Elemente

überhaupt ineinander verschachtelt werden dürfen. Oder anders ausgedrückt: Es gibt hier ein sehr strenges Strukturmodell. Auch HTML5 verfolgt einen strengen Ansatz, ohne jedoch Browser zu einer Fehlerreaktion zu zwingen.

Attribute bzw. Parameter

Viele Tags sind erst dann sinnvoll einzusetzen, wenn sie genauer spezifiziert werden. Das gilt nicht für jeden Tag, denn ein Zeilenumbruch ist beispielsweise in HTML durch *
* vollständig beschrieben. Aber nicht alle Anweisungen sind eindeutig. Diese müssen mit Attributen bzw. Parametern beim Beginn-Tag erweitert werden. Der Abschluss-Tag wird allerdings niemals mit Parametern erweitert.

Parameter spezifizieren damit genauer die Bedeutung von dem Tag. In HTML gibt es zwei Formen von Parametern:

1. Parameter mit einer Wertzuweisung
2. Parameter, die bereits einen Wert repräsentieren

Parameter mit einer Wertzuweisung bekommen über einen Zuweisungsoperator – das Gleichheitszeichen (=) – den entsprechenden Wert zugeordnet. Dies kann ein Text oder eine Zahl sein. Der zugewiesene Wert kann auch eine beliebige andere Form haben. Ein Tag mit einem Parameter mit einer Wertzuweisung sieht schematisch so aus:

```
<[HTML-Anweisung] [Parameterbezeichner] = "[Wert]">
```

Viele Befehle lassen sich über mehr als einen Parameter spezifizieren. Diese werden dann einfach durch Leerzeichen getrennt aufgelistet. Bei mehreren Parametern spielt die Reihenfolge der Parameter keine Rolle.

Ein Beispiel für einen Tag mit Parametern ist die folgende Anweisung, womit eine Bildressource samt einer alternativen Beschreibung festgelegt werden kann.

```
<img src="bild.png" alt="Bild"/>
```

Strukturierung und Gestaltung mit HTML

Obwohl HTML über die Zeit zahlreiche Gestaltungsmöglichkeiten für eine Webseite erworben hat und die Web-Designer diese in der Vergangenheit auch exzessiv verwendet haben, versucht man seit Jahren, möglichst alle Layout-Fragen einer Webseite nicht mehr mit HTML zu lösen. Stattdessen wird das Layout vollkommen in – möglichst externe – Style Sheets (Formatvorlagen) ausgelagert oder es wird zumindest mit Style Sheet-Parametern bei Tags gearbeitet. Dies erleichtert auch massiv die dynamische Veränderung der Seite per JavaScript.

HTML wird nur noch zur Strukturierung einer Webseite verwendet. Das beginnt mit dem Grundgerüst samt vorangestelltem Prolog (wenn nötig) und geht weiter über die eigentliche Webseite im Inneren des *<body>*—Tags. Dieser Schritt ist ein Teil dessen, das WWW in ein semantisches Web umzuwandeln, in dem die reinen Inhalte stark formalisiert und damit maschinenlesbar werden. Gerade HTML5 forciert diese Entwicklung.

▶ Unter dem Begriff **Semantik** versteht man die Lehre von der Bedeutung von Zeichen (Wörter, Phrasen oder Symbole).

Das Grundgerüst einer Webseite

Ein typisches, vollständiges HTML-Grundgerüst einer Webseite sieht so aus (HTML 4.01 - Strict):

```
<!DOCTYPE html PUBLIC "-//W3C//DTD HTML 4.01//EN"
 "http://www.w3.org/TR/html4/strict.dtd">
<html lang="de">
 <head>
  <meta http-equiv="Content-Type" content="text/html; charset=utf-8">
   <title></title>
    ...Meta-Informationen
 </head>
 <body>
  ...sichtbarer Bereich der Webseite
 </body>
</html>
```

In dem Kopfbereich der Seite werden Metainformationen zu der Webseite wie der Titel, der Zeichensatz, der Autor, Schlüsselworte für Suchmaschinen, eine Beschreibung für Suchmaschinen oder ähnliche Informationen untergebracht.

Im Körper der Webseite werden alle in der Webseite anzuzeigenden Informationen samt formatierender Tags notiert.

In HTML5 vereinfacht man die erste DOCTYPE-Anweisung und die Meta-Tags etwas. Hier beginnt ein Grundgerüst so:

```
<!DOCTYPE html>
 <html lang="de">
 <head>
  <meta charset="utf-8">
 ...
```

▶ Auch wenn HTML5 noch nicht vorausgesetzt werden darf und ältere Browser
schon gar nicht diese neuen Elemente und Strukturen von HTML5 verstehen,
können Sie dennoch in der Praxis ein Grundgerüst nach dem HTML5-Standard
verwenden. Die alten Browser reagieren nach dem Prinzip der Fehlertoleranz
und „korrigieren" das intern zu einem für sie passenden Grundgerüst.

Der Header

Der Kopfbereich oder Header einer Webseite ist der Abschnitt einer Webseite, der im
Anzeigebereich des Browsers nicht angezeigt wird. Dennoch ist der Header sehr wichtig,
denn er enthält Metainformationen über die Webseite. Einer der wichtigsten Bestandteile
einer Webseite ist der Titel. Innerhalb des Kopfbereichs einer Webseite können diverse Tags
untergebracht werden, zum Beispiel Hintergrundinformationen über das Dokument wie den
Autor, das Erstellungsdatum oder den verwendeten Zeichensatz. Diese Metadaten werden
dem Betrachter einer Seite nicht direkt angezeigt, stehen aber auswertenden Programmen
wie Suchmaschinen oder anderen Dokumentationstools zur Verfügung. Daneben gibt es
Aktionen wie eine Weiterleitung einer Seite, die über Metainformationen ausgelöst werden.

Der Körper von Webseiten

Die Bedeutung von HTML kann man bei modernen Seiten auf drei wesentliche Aufgaben
reduzieren:

- Verknüpfung von Ressourcen. Solche Ressourcen können beispielsweise Grafiken,
  Multimediadateien, externe Style Sheets oder JavaScripts oder andere Webseiten sein.
  Das bedeutet, zu dem HTML-Gerüst einer Webseite werden andere Dateien hinzu
  gebunden und in der Webseite verwendet. Für den Besucher einer Webseite ist das
  vollkommen verborgen. Die Webseite wird für ihn unsichtbar im Hintergrund aus
  verschiedenen Ressourcen zusammengesetzt, die sogar von den unterschiedlichsten
  Servern stammen können.
- Struktur und Semantik festlegen. Das macht man etwa mit Überschriften ($<h1>$ bis
  $<h6>$), Aufzählungslisten ($<ul>$ oder $<ol>$ als äußerer Container und $<li>$ für die
  Listenpunkte) oder auch Absätzen ($<p>$) sowie die Strukturelemente $<div>$ und
  $<span>$. Ganz vergessen sollte man auch Tabellen nicht, obwohl die nicht ganz
  unumstritten sind und vorsichtig eingesetzt werden sollten.
- Interaktionsmöglichkeiten festlegen. Das umfasst Hyperlinks, die den E-Mail-Client
  öffnen können, aber vor allen Dingen Formulare. Ein Formular in einer Webseite dient
  allgemein der weit reichenden Interaktion mit einem Besucher und kann unter anderem
  aus Eingabefeldern, mehrzeiligen Textfeldern, Listen und Aufzählungen,
  Schaltflächen und beschreibendem Text bestehen. Gerade die Interaktion über Formulare baut HTML5 ziemlich aus, wobei es noch Jahre dauern wird, bis man diese neuen
  Features auch zuverlässig voraussetzen kann.

Sie sehen, dass explizit Layout-Aufgaben in der Aufzählung fehlen.

PHP und MySQL

PHP steht in den aktuellen Versionen für **PHP H**ypertext **P**reprocessor und ist ein sogenanntes rekursives Akronym, weil es die Abkürzung in der ausgeschriebenen Form wiederholt. PHP ist im Kern für serverseitige Web-Programmierung gedacht und wurde ursprünglich bereits 1995 von Rasmus Lerdorf entwickelt. Damals wurde es noch PHP/FI (Personal Home Page/Forms Interpreter) genannt. Aktuell liegt PHP in der Version 5 vor und wurde zwischenzeitlich vollkommen neu geschrieben. Die Popularität von PHP basiert auf einigen vorteilhaften Eigenschaften:

1. PHP hat eine flache Lernkurve.
2. PHP ist leicht zu benutzen, denn PHP-Befehle können einfach in HTML-Strukturen eingebettet werden.
3. PHP ist auf diverse Anforderungen im Rahmen von Webanwendungen spezialisiert.
4. PHP ist Open Source Software und damit frei verfügbar.
5. PHP kann auf allen gängigen Betriebssystemen verwendet werden.
6. PHP unterstützt mehr als 20 verschiedene Datenbanksysteme.
7. Nahezu alle Webhosting-Angebote stellen mittlerweile eine PHP-Unterstützung zur Verfügung.
8. Eine weite Verbreitung von PHP sowie eine große und aktive PHP-Community.
9. Zahlreiche fertige PHP-Skripte zu vielen Aufgabenstellungen, die häufig auch zum Download angeboten werden.

Funktionsweise von PHP

Sehen wir uns im Folgenden kurz an, wie PHP-Dateien ausgeführt werden:

1. Im ersten Schritt sendet der Client (in der Regel ist es ein Webbrowser) eine Anfrage an den Webserver. Dabei wird der Name einer PHP-Datei angegeben.
2. Der Webserver sucht die Datei im Dateisystem. Anhand der Dateinamenserweiterung (in der Regel.*php*) identifiziert der Server die Datei als PHP-Datei, die zu parsen (untersuchen) ist. Das Verfahren nennt sich SSI (serversite include).
3. Die Datei wird zur weiteren Verarbeitung an den PHP-Interpreter übergeben, der auf dem Server ausgeführt wird.
4. Der PHP-Interpreter führt eine Syntaxanalyse durch (parsen). Dabei zerlegt er den Quelltext der Datei und bringt ihn in eine für die Ausführung geeignete Form.
5. Anschließend wird der PHP-Code ausgeführt.
6. Das Ergebnis liefert der Interpreter dann zurück an den Webserver.
7. Der Webserver sendet das Ergebnis (HTML und ggfls. CSS und JavaScript) als Antwort an den Client zurück.
8. Auf dem Client wird die Antwort des Webservers interpretiert.

PHP einbinden

Wie erwähnt, wird PHP in der Regel in eine Textdatei eingefügt, die mit der Dateierweiterung.p*hp* versehen ist. Diese besteht aus PHP-Segmenten, aber unter Umständen auch aus Passagen mit statischem Text und HTML. Im Grunde liegt also ein HTML-Dokument vor, das serverseitig untersucht wird und dann aber als HTML-Code an den Client gesendet wird – wie eine „normale" Webseite mit der Erweiterung.h*tml*.

Wenn dem PHP-Interpreter eine PHP-Datei übergeben wird, interessieren ihn dort nur die Bereiche, die zwischen dem öffnenden <*?php* und dem schließenden *?*> stehen. Diese sogenannten **PHP-Snippets** werden vom PHP-Interpreter interpretiert. Alles was sich außerhalb befindet, wird vom Interpreter ignoriert und bleibt damit bei der Verarbeitung des Skripts unverändert. Dort kann also sowohl reiner Text, aber auch HTML stehen. Aus den statischen und den generierten Passagen wird eine gemeinsame Antwort erstellt, bei der man nicht mehr unterscheiden kann, ob diese statischen oder dynamischen Ursprungs ist.

▶ Es gibt weitere Tags zum Einbinden von PHP in ein Textdokument. Sie sind aber in der Praxis kaum zu finden und werden hier nicht verfolgt.

PHP-Snippets dürfen Sie an nahezu beliebigen Stellen in der PHP-Datei verwenden und das sogar mehrfach. Und machen Sie sich noch einmal klar, dass im Browser rein gar nichts von den PHP-Befehlen zu sehen ist. Es ist für den Client nicht zu erkennen, ob die Angaben hartkodiert – also statisch – sind oder ob einige Inhalte beim Seitenaufruf dynamisch erzeugt wurden.

Grundlegende Syntax von PHP

PHP geht wie JavaScript auf die Programmiersprache C zurück. Die meisten Syntaxregeln sind bei diesen Sprachen ähnlich, aber PHP (und auch JavaScript) vereinfachen viele Dinge gegenüber mächtigeren Sprachen. Wie alle Programmiersprachen verfügt PHP über Variablen, Datentypen, Iterationsanweisungen (Schleifen), Entscheidungsanweisungen und Unterprogramme (Funktionen). In PHP können Sie prozedural als auch objektorientiert programmieren.

Sehen wir uns einige grundlegende Dinge der PHP-Syntax einmal an.

Variablen und Datentypen

Variablen sind benannte Stellen im Hauptspeicher, in denen Sie temporär Werte zwischenspeichern und verändern können. Datentypen beschreiben die Art der Werte. In PHP beginnen Variablen mit dem $-Zeichen. Die Datentypen ergeben sich implizit durch Zuweisung von einem Wert. PHP ist eine sogenannte lose typisierte Sprache.

Abschluss von Anweisungen

Anweisungen müssen in PHP – wie in vielen anderen Skript- und Programmiersprachen auch – mit einem Semikolon abgeschlossen werden. Nur vor dem schließenden PHP-Tag *?>* (bei der letzten Anweisung eines PHP-Snippets) können Sie auf das Semikolon verzichten.

Code-Blöcke

Mehrere Anweisungen werden in PHP in Form von Blöcken zusammengefasst. Ganze Code-Blöcke werden in geschweiften Klammern eingeschlossen. Code-Blöcke kommen beispielsweise bei Bedingungen, Schleifen und Funktionen vor. Zu jeder öffnenden geschweiften Klammer gehört immer eine schließende.

Groß- und Kleinschreibung

PHP ist bei Groß- und Kleinschreibung leider nicht eindeutig. Manchmal können Sie Dinge groß und klein schreiben, manchmal muss man Groß- und Kleinschreibung beachten. Man sollte unbedingt auf eine einheitliche Schreibweise achten. Konsequente Kleinschreibung ist zu empfehlen und üblich.

Kommentare

Sie können Quelltexte durch Kommentare versehen. Damit der Interpreter einen Kommentar als solchen erkennt und beim Ausführen ignoriert, muss er besonders gekennzeichnet werden.

PHP bietet zwei Kommentarzeichen:

1. Der einzeilige Kommentar //. Alles, was in der Zeile rechts von dem Kommentarzeichen // steht, wird als Kommentar betrachtet und ignoriert.
2. Der mehrzeilige Kommentar /* ... */. Damit können Sie einen Bereich mit mehreren Zeilen als Kommentar markieren. Die Zeichen /* markieren dabei den Beginn und die Zeichen */ das Ende des Kommentars. Alles was zwischen diesen Zeichen steht, wird als Kommentar betrachtet.

Zusammenarbeit zwischen PHP und MySQL

MySQL-Datenbanken lassen sich mit SQL (ursprünglich die Abkürzung für Structured Query Language – mittlerweile steht **S** für Standard Abschn. 1.1.3) abfragen – auch aus PHP. Für die Zusammenarbeit mit MySQL stellt PHP zwei Erweiterungen zur Verfügung: MySQL und MySQLi. MySQLi ist die neuere Erweiterung, die neben der prozeduralen Programmierung auch die objektorientierte Programmierung erlaubt.

Die Schnittstelle zwischen PHP und dem MySQL-Server besteht bei Verwendung von MySQLi aus lediglich drei Klassen: für den Verbindungsaufbau, für die Ergebnisse von Abfragen und für vorbereitende Anweisungen.

Ablauf

Der Ablauf einer Zusammenarbeit von PHP und MySQL ist immer ähnlich und besteht aus folgenden Schritten:

1. Verbindung zum MySQL-Server herstellen, Datenbank auswählen und Anmeldeinformationen senden.
2. Abfrage(n) senden.
3. Ergebnis(se) verarbeiten, aufbereiten und ausgeben.
4. Verbindung schließen.

SQL

WordPress nutzt wie gesagt MySQL als Datenbank bzw. DBMS. Dabei greift man darauf aus den PHP-Skripten von WordPress explizit mittels SQL zu. SQL-Anweisungen werden mittels geeigneter PHP-Funktionen und –Methoden zur Datenbank gesendet.

SQL unterscheidet die Befehle im Wesentlichen in vier Sprachschichten, wobei die Einordnung der SQL-Befehle nicht immer eindeutig und im Grunde auch irrelevant ist:

- Data Query Language (DQL)
- Data Control Language (DCL)
- Data Manipulation Language (DML)
- Data Definition Language (DDL)

Data Query Language

Unter **Data Query Language** fasst man SQL-Befehle zur Datenabfrage zusammen. Genau genommen handelt es sich nur um den Befehl *select*, der aber mit zahlreichen Klauseln sehr genau spezifiziert werden kann und den Inhalt von Datenbanktabellen auslesen lässt.

Beispiel:

```
select * from adressen;
```

Data Manipulation Language

Die **Data Manipulation Language** umfasst im Wesentlichen Befehle zum Einfügen (*insert*), Aktualisieren (*update*) und Löschen (*delete*) von Daten. Auch diese Befehle lassen sich mit Attributen sehr weitreichend konfigurieren.

Beispiel:

```
insert into adressen (Name, Vorname) values ('Steyer', 'Ralph');
```

Data Definition Language

Die **Data Definition Language** umfasst SQL-Befehle zum Erstellen einer Datenbank bzw. Tabelle (*create*), zum Löschen einer Datenbank bzw. Tabelle (*drop*) und zum Definieren einer Spalte in einer Tabelle (*alter*). Auch diese Befehle lassen sich mit Attributen sehr weitreichend konfigurieren.

Beispiel:

```
create table neu;
```

Data Control Language

Mit der **Data Control Language** können Sie Rechte in der Datenbank manipulieren. Der Befehl *grant* legt die Art des Zugriffs fest und *revoke* entzieht Rechte. Wie bei allen SQL-Anweisungen bestehen umfangreiche Konfigurationsmöglichkeiten.

Beispiel:

```
grant insert, select on bibliothek.cds to max;
```

Die MySQL-Konsole

Wenn Sie die MySQL-Konsole öffnen, haben Sie hinter dem mysql> (dem sogenannten Prompt) nicht nur die Möglichkeit, SQL-Befehle einzugeben. Sie können auch die Konsole selbst steuern. Dazu dienen eine Reihe an Schlüsselworten bzw. Befehle. Die Tab. 1 gibt ein paar wichtige Schüsselworte an.

Tab. 1

Befehl	Bedeutung
? oder *help*	Hilfe zur MySQL-Konsole.
clear	Die aktuelle Anweisung bereinigen.
connect	Erneut mit dem Server verbinden.
exit oder *quit*	Die MySQL-Konsole schließen.
source	Die nachfolgende Datei als SQL-Skriptbefehle interpretieren.
status	Der Status des MySQL-Servers.
use	Die nachfolgende Datenbank verwenden. Das braucht man, wenn man eine Datenbank wechseln möchte.

Befehle in der MySQL-Konsole

JavaScript

Wenn im Rahmen einer Webseite im Browser dynamische oder aktive Dinge ablaufen, werden dies entweder Animationen mit proprietären Techniken sein (früher beispielsweise oft Flash, aber das ist ganz stark auf dem Rückzug) oder aber es werden Skripte ausgeführt. Und diese sind so gut wie ausnahmslos in JavaScript erstellt. Aus diesem Grund beschäftigen wir uns nun auch noch kurz mit wichtigen Grundlagen zu JavaScript, ohne das Thema vollständig auszuschöpfen.

Die Versionszyklen von JavaScript und der offizielle Standard ECMAScript

JavaScript wurde 1995 von der Firma Netscape vorgestellt und ist seitdem durch mehrere Versionszyklen gegangen. Grundsätzlich muss dabei beachtet werden, dass für nahezu alle neu eingeführten Sprachzyklen von JavaScript kaum ein zeitnah aktueller Browser den offiziellen Standard vollständig unterstützt hat und es immer geraume Zeit dauerte, bis die nächsten Browserversionen einen vollständig Sprachzyklus verdaut hatten! Ebenso gab es immer Derivate von JavaScript wie JScript von der Firma Microsoft.

Bei der internationalen Industrievereinigung ECMA (European Computer Manufacturers Association) mit Sitz in Genf/Schweiz (http://www.ecma.ch/) wurde aber ein Standard für alle Dialekte von JavaScript geschaffen, an dem diese sich zu orientieren haben. Der Name ist ECMAScript.

Die Einbindung in Webseiten

Wir wollen uns in diesem Abschnitt im Wesentlichen damit beschäftigen, wie Sie JavaScripts in Webseiten einbinden können. Denn bevor Sie mit JavaScript einen Browser beziehungsweise die Webseite programmieren können, müssen Sie eine Verbindung zwischen HTML (dem Gerüst der Webseite) und der Skript-Funktionalität schaffen. Dies ist ausschließliche Aufgabe von HTML-Befehlen.

Verbindung 1 – die Notation eines Skript-Containers in der Webseite

JavaScript-Anweisungen können in eine Webseite eingebunden werden, indem sie einfach in die entsprechende HTML-Datei als Klartext hineingeschrieben werden. Allerdings muss der Skriptbereich klar von der „normalen" Webseite getrennt werden. Der Beginn eines Skripts wird durch eine HTML-Steueranweisung realisiert, die mit ihrem zugehörigen Abschluss-Tag einen Container für die Skriptanweisungen bildet.

Es handelt sich bei dieser Steueranweisung um den Tag *<script>*. Dieser gehört explizit zu HTML, aber all das, was in dem eingeschlossenen Bereich notiert wird, wird vom Browser als ein Skript interpretiert.

Über den optionalen Parameter type können Sie angeben, um welche Skriptsprache es sich im Inneren des Containers handelt. Damit geben Sie den MIME-Typ an (für JavaScript ist das der Wert *"text/javascript"*).

Ein *<script>*–Tag kann an jeder beliebigen Stelle innerhalb einer Webseite platziert werden. Die Skriptanweisungen werden einfach geladen, wenn die Webseite von oben nach unten im Browser abgearbeitet wird. Wenn der Browser eine auszuführende Anweisung lädt, wird sie ausgeführt.

Entsprechend ist klar, dass unten in einer Webseite notierte Skriptanweisungen auch erst dann zur Verfügung stehen, wenn die Seite bis dahin geladen ist. Das ist dann kein Problem, wenn das Skript genau da notiert wird, wo es benötigt wird und es beim Laden automatisch ausgeführt werden soll.

Verbindung 2 – die Verwendung von externen JavaScript-Dateien

In fast jedem Fall macht es sehr viel Sinn, JavaScripts in einer oder mehreren externen Datei(en) auszulagern. Diese Vorgehensweise trägt der Tatsache Rechnung, dass man ab einer gewissen Größe Projekte strukturieren muss. Zudem können gemeinsame Funktionalitäten in einer Datei bereitgestellt werden und nicht jede Webseite muss deren Implementierung enthalten. Natürlich wird die Wartung und Anpassung erheblich erleichtert, und auch sonst gibt es weitere Vorteile. Es wird bei der Referenz auf externe Skriptdateien wieder der *<script>*–Tag verwendet, der dann aber über das Attribut *src* die externe Datei angibt.

Die Syntax ist so:

```
<script type="text/javascript" src="[externe JavaScript-Datei]"></script>
```

In Anführungszeichen wird hinter dem Attribut *src* der Name beziehungsweise vollständige URL der separaten Datei angegeben. Dabei gelten beim Referenzieren von separaten JavaScript-Dateien die üblichen Regeln für URLs. Entweder geben Sie einen relativen Pfad an oder aber einen vollständigen URL, der mit dem Protokoll (in der Regel *http*) beginnt.

Die Datei mit dem Quellcode muss – wie HTML-Dateien – eine reine Klartextdatei sein und ausschließlich JavaScript-Code enthalten. Eine solche JavaScript-Datei enthält explizit kein Grundgerüst. Üblich ist die Dateierweiterung.*js*, aber das ist nicht zwingend.

Die externe JavaScript-Datei enthält nur JavaScript-Code in Form von Klartext. Allerdings wird bei externen JavaScript-Dateien fast immer mit Funktionen gearbeitet, da sonst alle in der externen Datei notierten Anweisungen beim Laden einer Webseite mit einer Referenz auf die externe Datei abgearbeitet werden. Das ist in der Regel nicht gewünscht, denn meist finden sich mehrere Funktionalitäten in einer einzigen Datei. Funktionen geben die Möglichkeit, gezielt nur eine der Schrittfolgen aufzurufen.

Sie müssen natürlich nicht alle in einer Datei oder einem Container deklarierten Funktionen auch wirklich nutzen. Das ist einfach eine Bibliothek.

Verbindung 3 – die Inline-Referenz

Eigentlich nur noch historisch interessant ist der Aufruf einer JavaScript-Anweisung, die direkt in eine HTML-Referenz geschrieben wird. Dies ist die sogenannte Inline-Referenz, die es in ähnlicher Form auch bei Style-Sheets gibt. Dieses System hat aber einige erhebliche Nachteile und wir verfolgen es nicht weiter.

Der gemeinsame Namensraum

Sie können in einer Webseite mehrere verschiedene externe JavaScript-Dateien als auch interne Skripts sowie Inline-Referenzen gemeinsam verwenden. Dabei sollten Sie aber beachten, dass es dann in den verschiedenen Dateien und Bereichen keine Funktionen oder Variablen mit gleichen Namen gibt. In dem Konfliktfall wird bei den meisten Browsern die zuletzt definierte Funktion oder Variable (im Sinne der Abarbeitung der Webseite von oben nach unten) verwendet. Aber darauf können Sie sich nicht verlassen und Sie sollten tunlichst eine solche Konfliktsituation vermeiden. Der Grund ist, dass alle JavaScripts in einem gemeinsamen Namensraum operieren, was die sehr nützliche Folge hat, dass Sie an der einen Stelle Definitionen vornehmen und an anderen Stellen (auch in anderen Dateien, wenn diese in der gleichen Webseite referenziert werden) darauf zugreifen können.

Elementare JavaScript-Grundstrukturen und das DOM-Konzept

Die elementaren Grundstrukturen und Syntaxbegriffe von JavaScript sind denen in PHP sehr ähnlich. Das liegt an der gemeinsamen Sprachherkunft, aber auch an der konzeptionellen Verwandtschaft. Nur ist PHP für die Ausführung auf dem Webserver optimiert, während JavaScript ursprünglich auf die Ausführung im Client (also dem Browser) hin optimiert wurde. Obwohl JavaScript mittlerweile auch auf verschiedenen Webservern verwendet werden kann, ist die Verwendung im Browser auch heute noch das Haupteinsatzgebiet. Und dazu stellt ein Browser eine Schnittstelle bereit, die man mit JavaScript ansprechen und darüber den Browser und die Webseite programmieren kann.

Diese Schnittstelle nennt sich **DOM** (**Document Object Model**). In diesem Konzept wird eine HTML-Seite (oder allgemein ein baumartig aufgebautes Dokument – zum Beispiel auch ein XML-Dokument) nicht als statisch aufgebaute, fertige und nicht unterscheidbare Einheit, sondern als differenzierbare Struktur betrachtet, deren einzelne Bestandteile Programmen und Skripten dynamisch zugänglich sind. Dieser Ansatz ermöglicht die individuelle Behandlung von Bestandteilen einer Webseite auch dann, wenn die Webseite bereits in den Browser geladen ist, und zwar eine Behandlung, die weit über die einfache Interpretation durch den Browser beim Laden eines Dokuments von oben nach unten hinausgeht.

Das DOM-Konzept beinhaltet verschiedene Teilaspekte. Es veranlasst beispielsweise einen Browser, eine HTML-Seite zwar wie eine gewöhnliche Textdatei zu lesen und entsprechende HTML-Anweisungen auszuführen. Darüber hinaus wird der Browser jedoch beim Laden der Webseite alle ihm im Rahmen des Konzepts bekannten und einzeln identifizierbaren Elemente einer Webseite bezüglich ihres Typs, ihrer relevanten Eigenschaften und ihrer Position innerhalb der Webseite indizieren. Dies ist eine Art Baum im Hauptspeicher des Rechners, der beim Laden der Webseite aufgebaut und beim Verlassen der Seite wieder gelöscht wird. Ähnliche Elemente werden dabei bei der Indizierung vom Browser gemeinsam in einem Feld verwaltet. Auf diese Weise hat der Browser nach dem Laden der Webseite genaue Kenntnis über alle relevanten Daten sämtlicher eigenständig für ihn ansprechbarer Elemente in der Webseite.

Das DOM-Konzept hat für dynamische Webseiten erst die Grundlage gelegt. Denn jedes ansprechbare Element (etwa ein bestimmter HTML-Tag) kann bei Bedarf auch während der Lebenszeit der Webseite aktualisiert werden, etwa wenn mittels eines Skripts die Position eines Elementes in der Webseite verändert oder über Style Sheets nach dem vollständigen Laden der Webseite das Layout eines Elementes dynamisch verändert wird.

Grundlagen zu CSS

Parallel zu HTML5 steht aktuell die dritte Version von CSS vor dem endgültigen Durchbruch, wobei CSS3 schon seit einigen Jahren in der Entwicklung ist und dennoch bis zu dessen endgültiger Verabschiedung und erst recht flächendeckender Unterstützung noch viel Zeit vergehen wird. Die meisten Browser, die aktuell in der Praxis verwendet werden, unterstützen die Neuerungen von CSS3 gar nicht oder nur eingeschränkt. Nur die ganz neuen Browser unterstützen die meisten Features. CSS an sich kann aber vollständig vorausgesetzt werden und die wichtigsten Formatierungen sollten überall funktionieren.

Was sind Style Sheets?

Style Sheets bezeichnen keine eigene Sprache, sondern nur ein Konzept mit Formatvorlagen. Und es gibt nicht nur eine einzige Style Sheet-Sprache, sondern diverse Ansätze beziehungsweise verschiedene Sprachen. Die genauen Regeln und die syntaktischen Elemente für die Style Sheets werden je nach verwendeter Sprache etwas differieren, aber oft ähnlich aussehen. Im Web kommen derzeit hauptsächlich die sogenannten CSS (Cascading Style Sheets) zum Einsatz.

Allgemein liegen bei einer Anwendung von Style Sheets Daten in einer Rohform oder einer nicht gewünschten Darstellungsweise vor, die auf spezifische Weise verändert werden soll. Die Darstellung der Daten erfolgt dann in einer anderen Form, wobei die Informationen selbst meist erhalten bleiben. Unter Umständen werden allerdings im Ausgabedokument Daten der Quelle unterdrückt und/oder durch Zusatzdaten ergänzt. Die Beschreibung der Transformation beziehungsweise Formatierung erfolgt in der Regel in Form einer externen Datei, kann aber auch in einigen Situation direkt in die Datei mit den Daten notiert werden (etwa eine Webseite). Style Sheets geben vorhandenen Informationen also einfach ein neues Aussehen. Dazu werden die Daten und die Formatierungsinformationen von einem interpretierenden System zu einer neuen Darstellung verarbeitet.

Stilregeln können in Webseiten im Grunde auf beliebige HTML- beziehungsweise XML-Elemente angewendet werden. Es gibt jedoch einige Elemente, die sich besonders nachdrücklich für die Anwendung von Style Sheets eignen und manchmal sogar ihren einzigen Nutzen daraus beziehen, dass sie mit Style Sheets formatiert werden.

Die Anwendung von Style Sheets

Style Sheets bestehen allgemein aus verschiedenen Regeln zur Formatierung von Elementen. Um Style Sheets wie CSS in einer Webseite zu verwenden, müssen Sie diese einer HTML-, XHTML- oder XML-Seite hinzufügen. Dies kann darüber geschehen, dass Sie Style Sheets in ein Dokument einbetten oder aus einer externen Datei importieren. Ob und wie das geht, hängt vom Typ der Daten ab, auf die eine CSS-Formatierung angewendet werden soll.

Die Einbettung eines internen Style Sheets in eine Webseite erfolgt über den *<style>*-Tag, einem reinen HTML-Container. In dessen Inneren werden alle Stilregeln definiert. In HTML kann so ein Style-Bereich an jeder Stelle der Webseite notiert werden.

Ein Style Sheet wird bei HTML schematisch wie folgt eingebunden:

```
<style type="text/css">
.. irgendwelche CSS-Formatierungen ...
</style>
```

Wenn Sie bei nur einem Element eine individuelle Stilinformationen angeben wollen, können Sie bei Webseiten eine Style Sheet-Anweisung auch als Inline-Definition eines Elementes verwenden. Dies bedeutet, über einen zusätzlichen *style*-Parameter innerhalb des Tags wird ein Attributwert gesetzt und die Stilregel gilt ausschließlich innerhalb des definierten Containers.

In nahezu jedem Fall ist die Verwendung von externen Style Sheets die beste Wahl. Eine Referenz auf ein externes Style Sheet notieren Sie in einer Webseite mit Hilfe des *<link>*-Tags.

Nachfolgend sehen Sie das Schema zur Referenz auf eine externe CSS-Datei:

```
<link type="text/css" rel="stylesheet" href=" [URL der CSS-Datei] "/>
```

Regeln und deren Kaskadierung

Mit Style Sheets legen Sie Regeln für bestimmte Designs und Layouts von Elementen fest. Diese sind als Formatvorlagen für diese Elemente zu sehen. Jede CSS-Stilinformation in einer Webseite, die im Widerspruch zu einer HTML-Formatierung steht, wird die HTML- beziehungsweise XHTML-Angaben überschreiben. Ansonsten gelten in einer Webseite erst einmal alle Angaben aus HTML weiter. Angenommen, Sie legen mit HTML die Hintergrund- und Vordergrundfarbe einer Webseite fest und spezifizieren dann mit einem Style Sheet den Hintergrund mit einer anderen Farbe, dann wird die Vordergrundfarbe unverändert aus den HTML-Definitionen wirken, während die HTML-Definition des Hintergrunds über die Style Sheet-Definition geändert wird.

Diese Form der Modifizierung einer Layout-Beschreibung nennt man **Kaskadierung**, was auch zur Namensgebung von CSS beigetragen hat. Diese wirkt sich auch auf Style Sheets selbst aus. Abhängig von der Art und Reihenfolge der Stilvereinbarungen ergänzen oder überschreiben sich Regeln. Dabei gilt, dass die Wirkung einer Regel aus einer externen Style Sheet-Datei durch eine widersprechende Regel aus einem eingebetteten Style Sheet und diese wiederum von einer widersprechenden Inline-Regel überschrieben wird. Wenn auf der gleichen Ebene widersprechende Stilinformationen zu finden sind, ist das Verhalten von Browsern leider nicht ganz einheitlich. In der Regel wird jedoch die zuletzt notierte Stilvereinbarung als gültig angesehen.

Die konkrete Syntax von CSS-Deklarationen

Kommen wir nun kurz noch zu der konkreten Syntax von CSS-Deklarationen und den Möglichkeiten zur Angabe von Formatierungsregeln.

Die Syntax einer CSS-Deklaration folgt immer dem gleichen Aufbau. Sie geben einen Namen, einen Doppelpunkt und die zu formatierende Eigenschaft an.

Die Syntax einer CSS-Deklaration sieht schematisch so aus:

```
[name] : [wert];
```

Der Selektor

Das oder die zu formatierende(n) Element(e) werden mit einem so genannten **Selektor** angegeben. Ein Selektor wird einer Regel vorangestellt. Mehrere Formatregeln für ein Element werden durch Semikola getrennt und meist in geschweifte Klammern gesetzt. Dabei gibt es verschiedene Formen an Selektoren.

Elementselektoren

Im Fall eines Elementselektoren ist der Selektor einfach der Name von einem Element, das in der Webseite (oder auch einer XML-Datei) vorkommt. Mit einem Style Sheet können Sie somit beispielsweise jeden HTML-Tag modifizieren. Jeder Tag des formatierten Typs in der Webseite wird dann die Formatvereinbarungen berücksichtigen, die das Style Sheet über den passenden Selektor zugeordnet hat. So würde zum Beispiel eine Überschrift der Ordnung 1 formatiert:

```
h1 {
 border-width: 2;
 border-style: solid;
 text-align: center;
}
```

Sie können auch mehrere Elementselektoren durch Kommata getrennt notieren und eine gemeinsame Stilvereinbarung zuweisen, wenn diese für alle Elemente gelten soll. Beispiel:

```
h1, h2, h3 {
 text-align: center;
}
```

Attributselektoren

Eine andere Form eines Selektors nennt sich Attributselektor. Das Verfahren ist zwar bezüglich der ansprechbaren Attribute recht allgemeingültig, aber in der Praxis haben sich bei Attributselektoren zwei Varianten etabliert, die nahezu ausschließlich zum Einsatz kommen und für die es Kurzschreibweisen in der CSS-Definition gibt: der Punkt und die Raute. Sie spezifizieren hiermit spezielle Ausprägungen von einem Element.

Mit dem Punkt wird eine **Klasse** angegeben. Beispiel:

```
.neuefarbe {
 color : red
}
```

Diese Klasse kann beliebigen Elementen in der Webseite über den Parameter *class* zugeordnet werden. Die Regel wirkt dann ausschließlich auf die HTML-Tags, die damit gekennzeichnet sind.

Mit dem Zeichen # wird eine **ID** spezifiziert. Diese sollte in der Webseite eindeutig sein. Das bedeutet, es gibt in der Webseite maximal ein Element mit dem angegebenen Bezeichner als Wert des Attributs *id*. Damit ergibt sich die eindeutige Zuordnung dieser Regel zu genau einem Element in der Webseite.

Universalselelektor

Die dritte wichtige Form eines Selektors ist der Universalselektor *. Damit werden alle Elementknoten in dem Dokumentbaum ausgewählt – unabhängig vom Elementtyp.

Generationenselektoren

In CSS können Sie auch Selektoren bezüglich einer Generationenbeziehung spezifizieren. Diese geben an, wie Elemente aufeinander im DOM folgen oder ineinander verschachtelt werden.

Pseudo-Klassen

Darüber hinaus spezifiziert die CSS-Definition auch sogenannte **Pseudo-Klassen**, die mit einem Doppelpunkt beginnen. Bekannt sind beispielsweise *:hover* oder *:visited*, aber es gibt vor allen Dingen in CSS3 noch weitere Möglichkeiten, die auch Generationenbeziehungen angeben können.

Die Neuerungen in CSS3 und die Präfix für proprietäre Erweiterungen

CSS3 bringt eine ganze Reihe von Erweiterungen mit sich, die in älteren Browsern nicht verfügbar sind und auch in neuen Browsern nicht immer zu 100% unterstützt werden. Ziemlich klar ist jedoch, welche Effekte damit beschrieben werden sollen. Denn es gibt bereits sehr lange proprietäre Implementierungen der Mozilla-Foundation (zu erkennen an dem jeweils vorangestellten *-moz*) beziehungsweise von Google und anderen Firmen (zu erkennen an einem jeweils vorangestellten *-webkit* etc.), die sich ziemlich ähnlich sind und in vielen Fällen die standardisierten CSS3-Eigenschaften vorwegnehmen, bei denen oft nur die Präfixe wegfallen.

Damit können Sie wesentliche Features von CSS3 eigentlich schon für alle aktuellen Browser verwenden, wenn Sie einfach verschiedene Syntaxvarianten redundant und ggf. syntaktisch etwas angepasst notieren. Viele Browser unterstützen auch mehrere der Syntaxvarianten, was grundsätzlich kein Problem darstellt.

Quellen rund um WordPress und das Buch

Tab. 2 Quellen

URL	Beschreibung
http://blog.rjs.de	Der fachliche WordPress-Blog des Autors
http://faq.wpde.org/	FAQ zu WordPress
http://fliegerblog.rjs.de	Der WordPress-Blog des Autors zu seinem Hobby Gleitschirmfliegen
http://httpd.apache.org/	Das Apache-Projekt
http://rjs.de	Die Homepage des Autors
http://wordpress.meetup.com/de/	Meetups
http://wpde.org/	WordPress Deutschland
http://www.ecma.ch/	European Computer Manufacturers Association
http://www.joomla.de	Eine deutsche Seite zum Joomla!-Projekt
http://www.joomla.org	Originalseite des Joomla!-Projekts
http://www.oracle.com/	Die Homepage von Oracle
http://www.w3.org	Das W3C
https://automattic.com/	Die Firma Automattic
https://central.wordcamp.org/	WordCamps
https://de.wordpress.com/	Der deutsche Ableger von WordPress.com – dem Bloghosting-Dienst von Automattic
https://de.wordpress.org/	Die deutsche Seite von WordPress.org
https://demo.joomla.org/	Demo-Account, um Joomla! auszuprobieren
https://dewp.slack.com/	Slack, um sich in die deutschsprachige WordPress-Community einzubringen
https://typo3.org/	Die Projektseite von Typo3
https://www.apachefriends.org/de/	Homepage der Apache-Friends – Download von XAMPP
https://www.drupal.org/	Die Projektseite von Drupal
https://www.facebook.com/WordPress/	WordPress bei Facebook
https://www.gnu.org/licenses/gpl-2.0.html	GNU GPLv2+
https://www.mysql.de/	Die deutsche Vertretung vom MySQL

Quellen im Internet

Glossar

Tab. 3 Glossar

Begriff	Erklärung
Ajax (Asynchronous JavaScript and XML)	Ein Standard auf Basis von JavaScript zum asynchronen Datenaustausch zwischen Browser und Webserver.
API (Application Programming Interface)	Schnittstelle zur Anwendungsprogrammierung.
ARPANET	Ursprünglicher Name des Internets.
Backend	Verwaltungsbereich eines CMS mit beschränktem Zugang.
Blog	Tagebuch im Internet.
Chat	Echtzeitkommunikation über das Internet beziehungsweise ein Netzwerk.
Cloud	Ein Begriff in der EDV (oft auch Cloud Computing), der nur das Speichern und Bereitstellen von Daten in einem entfernten Rechenzentrum sowie unter Umständen auch die Ausführung von Programmen, die nicht auf dem lokalen Rechner installiert sind, bezeichnet. Diese Art der Infrastruktur gibt es im Grunde seit der Entstehung von Computern, aber durch den Ansatz, die Erklärung für abstrahierte IT-Infrastrukturen als „verborgen wie in einer Wolke" zu vereinfachen, lassen sich auch Laien damit zur gemeinsamen Nutzung von Ressourcen gewinnen.
CMS (Content Management System)	Ein System, das auf die Verwaltung und Bereitstellung von Inhalt (engl. Content) spezialisiert ist.
Content Life Cycle Management	Ein Verfahren, um Inhalte automatisch zeitlich begrenzt zu veröffentlichen oder zu archivieren.
CSS (Cascading Style Sheets)	Formatvorlagen zur Auszeichnung des Layouts von Dokumenten. CSS kommen viel im Web bei HTML-Seiten vor, sind aber nicht darauf beschränkt.
DBMS (Datenbankmanagementsystem)	Ein System zur Verwaltung von Datenbanken. Sehr populär im Web ist MySQL, was auch bei Joomla! meist zum Einsatz kommt.
Dienst oder Dienstprotokoll	Eine konkrete Anwendung im Internet wie das WWW, E-Mail, FTP oder SSH.
DNS (Domain Name System)	Ein System zur Überführung von symbolischen Namen (DNS-Namen) in die IP-Adresse eines Servers über Nameserver.

(Fortsetzung)

Begriff	Erklärung
DOM (Document Object Model)	Ein Objektmodell für baumartig strukturierte Dokumente (XML oder Webseiten), das einen Zugriff aus seiner Programmierumgebung gestattet.
Domain	Ein Teilbereich des hierarchischen Domain Name Systems (DNS), mit dem im Internet Ressourcen adressiert werden.
ECMA	Die internationalen Industrievereinigung European Computer Manufacturers Association. Dort wird JavaScript und ECMAScript standardisiert.
E-Mail	Elektronische Post.
Feeds	Web-Feeds (oder auch News-Feed) bezeichnen eine Technik zur einfachen und strukturierten Veröffentlichung von Änderungen auf Webseiten in standardisierten Formaten wie RSS und Atom, die selbst auf XML basieren. Joomla! unterstützt Web-Feeds.
Frameworks	Funktionsbibliotheken, die meist auf JavaScript und teils auf CSS basieren, und die neben vielen vorgefertigten Funktionen auch eine eigenständige Syntax bereitstellen, die JavaScript erweitert.
Frontend	Die öffentlich zugängliche Ebene eines CMS für Besucher.
FTP (File Transfer Protocol)	Ein Dienstprotokoll zum Up- und Download von Dateien.
HTML (Hyper Text Markup Language)	Eine Dokumentenbeschreibungssprache, welche die Grundlage des gesamten WWW bildet.
HTTP (**H**yper **T**ext **T**ransfer **P**rotocol)	Dienstprotokoll des WWW.
JavaScript	Eine Skriptsprache, die hauptsächlich im Web in Verbindung mit HTML eingesetzt wird, aber nicht darauf beschränkt ist.
MIME	Die Multipurpose Internet Mail Extensions wurden ursprünglich als Datenformat für E-Mails eingeführt, werden aber mittlerweile universeller und im Internet für diverse Datenübertragungen verwendet. Das MIME-Konzept ermöglicht es, zwischen Sender und Empfänger Informationen über den Typ der übermittelten Daten auszutauschen und gleichzeitig eine für den verwendeten Übertragungsweg sichere Zeichenkodierung (Content-Transfer-Encoding) festzulegen. .
MVC	Model-View-Controller-Konzept ist ein Muster zur Strukturierung von Software in drei Einheiten: - Das Datenmodell. - Die Präsentation. - Die Programmsteuerung.

(Fortsetzung)

Begriff	Erklärung
MySQL	Ein relationales Datenbankmanagementsystem (RDBMS), das es seit Mitte der 1990er-Jahre gibt und von WordPress verwendet wird.
OpenSource	Eine Lizenz, bei der der Quelltext der Programme für jedermann öffentlich einsehbar ist und frei verändert, kopiert und verbreitet werden darf.
PHP (PHP Hypertext Preprocessor)	Eine an C angelehnte Skriptsprache, die unter einer freien Lizenz verbreitet wird, und bei serverseitiger Programmierung im Web sehr populär ist. WordPress ist in PHP programmiert. Auch alle Erweiterungen von WordPress basieren auf PHP.
Provider	In der Regel nutzt man den Begriff als Abkürzung für einen Internetdienstanbieter oder Internetdienstleister (engl. Internet Service Provider, abgekürzt ISP). Das sind Anbieter von Diensten, Inhalten oder technischen Leistungen, die für die Nutzung oder den Betrieb von Inhalten und Diensten im Internet erforderlich sind. Es gibt aber auch zum Beispiel zur Verwendung des Telefons Provider (Telekommunikationsanbieter).
Quellcode	Für Menschen lesbarer, aber in einer Programmier-, Skript oder Dokumentenbeschreibungssprache geschriebener Text von Software.
RDBMS (Relationales Datenbankmanagementsystem)	Ein DBMS, das explizit auf Relationen (Tabellen) basiert.
Redaktionssystem	Ein CMS, bei dem es einem oder mehreren Autoren möglich ist, Texte und Bilder mithilfe von Upload- und Editierwerkzeugen online zu stellen.
Responsive Design	Ein Design, das sich an die Gegebenheiten bei einem Besucher anpasst, etwa an die Besonderheiten bei einem mobilen Endgerät, der speziellen Auflösung des Bildschirms oder einem Gerät für Sehbehinderte.
RIA (Rich Internet Application)	Ein populärer, aber nicht standardisierter Begriff, um Internetanwendungen zu charakterisieren, die reichhaltige Features und Interaktionsmöglichkeiten anbieten. Meist laufen RIA in Webbrowsern, aber das muss nicht zwangsläufig sein.
Rollensystem	Ein Regelwerk, was welcher Benutzer in einem CMS machen darf.
RSS (ursprünglich **Rich Site Summary**, später **Really Simple Syndication**)	Ein XML-Format für Web-Feeds.
SGML (Structured Generalized Markup Language)	Dokumentenbeschreibungssprache (oder auch Dokumentenformat) in Klartextform, welche die logischen Strukturen eines Dokuments beschreibt. HTML wurde mit SGML beschrieben.

(Fortsetzung)

Begriff	Erklärung
SQL (Structured Query Language)	Eine Datenbanksprache mit Befehlen zur Datenbankverwaltung, zum Anlegen einer Datenbank sowie zum Erstellen, Ändern und Löschen von Tabellen und Daten. Außerdem kann man Abfragen auf den Datenbestand durchführen, um nach bestimmten Kriterien gefilterte Daten zu erhalten.
SSH (Secure Shell)	Ein sicheres Dienstprotokoll zum Fernsteuern von Rechnern.
Subdomain	Eine Domain, welche in der Hierarchie unterhalb einer anderen liegt
Tag	Steuerelement in HTML oder auch XML, um den Inhalten Struktur und teils auch Bedeutung zu geben.
URL (Uniform Resource Locator)	Die eindeutige Adresse einer Ressource (etwa eine Webseite). In der Regel meint man damit eine Internet-Adresse.
V-Server	Ein virtueller Server, bei dem auf einem physikalischen Rechner mehrere Serverprogramme emuliert (virtualisiert) werden können.
WCMS (Web-CMS)	Die genauere Bezeichnung für ein Online-CMS, bei dem sowohl der Inhalt als auch die gesamte Verwaltung über einen Browser dargestellt werden. Die gemeinschaftliche Erstellung, Bearbeitung und Organisation von Inhalten basiert dabei auf interaktiven Webseiten, die insbesondere durch die Techniken des sogenannten Web 2.0 Möglichkeiten wie bei normalen Desktop-Programmen eröffnen.
Web 2.0	Ein Modebegriff als Oberbegriff der meisten interaktiven Webangebote, die seit etwa dem Jahr 2005 damit zusammengefasst wurden. Oft nennt man das Web 2.0 auch „Mitmach-Web", weil Anwender nicht nur reine Konsumenten sind, sondern selbst Content beisteuern.
Webserver	Ein Programm, das im WWW auf Anfrage eines Clients (Browser) Daten und Ressourcen ausliefert.
XAMPP	Ein Paket mit Apache, MySQL, PHP etc. unter einer gemeinsamen Installations- und Verwaltungsstruktur.
XHTML (Extensible HyperText Markup Language)	Eine strenge Variante von HTML und auf Basis von XML.
XML (Extensible Markup Language)	Dokumentenbeschreibungssprache (oder auch Dokumentenformat) in Klartextform, welche die logischen Strukturen eines Dokuments beschreibt. Leichtgewichtiger Nachfolger von SGML.

Wichtige Fachbegriffe und Abkürzungen

Sachverzeichnis

© Springer Fachmedien Wiesbaden 2016
R. Steyer, *WordPress*, DOI 10.1007/978-3-658-12830-2